현대 인식론 입문

An Introduction to Contemporary Epistemology
by
Matthias Steup

Authorized translation from the English language edition, entitled
AN INTRODUCTION TO CONTEMPORARY EPISTEMOLOGY, AN,
1st Edition, ISBN: 0130370959 by STEUP, MATTHIAS,
published by Pearson Education, Inc, publishing as Prentice Hall, Copyright © 1996

KOREAN language edition published by SEOKWANGSA PUBLISHING COMPANY,
Copyright © 2008

현대 인식론 입문

마티아스 슈토이프 지음
한상기 옮김

서광사

이 책은 Matthias Steup의 *An Introduction to Contemporary Epistemology* (Upper Saddle River, New Jersey: Prentice-Hall, Inc., 1996)를 완역한 것이다.

현대 인식론 입문

마티아스 슈토이프 지음
한상기 옮김

펴낸이—이숙
펴낸곳—도서출판 서광사
출판등록일—1977. 6. 30.
출판등록번호—제 406-2006-000010호

(10881) 경기도 파주시 회동길 77-12 (문발동)
Tel: (031)955-4331 / Fax: (031)955-4336
E-mail: phil6161@chol.com
http://www.seokwangsa.co.kr / http://www.seokwangsa.kr

제1판 제1쇄 펴낸날 · 2008년 1월 30일
제1판 제6쇄 펴낸날 · 2023년 3월 20일

ISBN 978-89-306-2161-8 93160

| 옮긴이의 말 |

전통적으로 인식론은 철학의 핵심 분야로 인정되어 왔다. 철학에서 인식론의 중요성은 철학사를 볼 때 인식론이 형이상학과 더불어 제일철학의 위치를 놓고 오랜 세월 동안 주도권 싸움을 벌여 왔다는 사실에서도 알 수 있지만, 멀리 갈 것 없이 우리나라 각 대학의 철학과 교과 과정에 인식론이 거의 필수과목으로 지정되어 있다는 사실에서 잘 드러난다.

그럼에도 불구하고 20세기 후반에 인식론 자체의 성격이나 근거 혹은 존립 여부, 그리고 철학의 다른 분야나 개별 과학들과의 관계에 대해 끊임없는 논쟁과 논란이 일고, 내부의 세부 주제들과 관련해서도 숱한 이견을 낳았던 것이 바로 이 분야다. 지식이란 무엇인가 하는 문제, 토대론 대 정합론, 내재주의 대 외재주의, 자연주의 인식론 대 비자연주의 인식론(전통적 인식론), 선천적 지식의 가능성과 범위, 회의주의 등을 둘러싼 숱한 이론과 논쟁이 바로 그 예라 할 것이다. 어떤 점에서 철학자들 사이의 이러한 논쟁과 이견들은 역사상 그 어느 때보다 활발했던 20세기 후반 인식론자들의 활동과 성과를 반영한다는 점에서 환영할 만하다.

하지만 이러한 상황은 인식론을 처음 공부하는 사람들, 아니 상당한 정도의 전문적인 철학 지식을 갖춘 사람이라 하더라도 당혹스럽게 만들기에 충분하다. 도대체 각 이론들의 핵심 기본주장이 무엇이고, 이론들 사이의 논쟁점이 무엇이며, 이론들의 정확한 격위가 무엇인지, 더 나아가 각 이론들이 철학 자체나 과학과 관련해서 어떤 의미를 함축하고 있는지 판단하는 데 애를 먹을 수밖에 없는 것이다.

옮긴이가 이 책 『현대 인식론 입문』(*An Introduction to Contemporary Epistemology*, Prentice Hall, 1996)을 우리말로 옮기기로 결심한 것은 바로 그러한 심리적 배경에서였다. 이 책을 처음 접한 건 옮긴이가 미국 애리조나대학교 철학과에서 객원연구원으로 있던 때였다. 마침 골드맨(A. Goldman) 교수의 "인식론" 강의를 청강하게 되었는데, 그 때 골드맨은 막 출판된 이 책을 교재로 선택하였고, 각 이론들 사이의 균형을 잘 맞춘 책으로 소개했던 기억이 난다. 당시 옮긴이로서는 수년에 걸쳐 인식론에 관심을 갖고 공부했으면서도 솔직히 20세기 후반 인식론 분야에서 전개된 다양한 이론과 숱한 논쟁들 때문에 정신을 차릴 수가 없었다. 기껏해야 인식적 정당화와 관련해서 레러(K. Lehrer)의 정합론을 주제로 학위 논문을 썼고, 그의 책 *Theory of Knowledge*(Westview Press, 1990, 『현대 지식론』, 서광사)를 우리말로 번역하긴 했지만, 옮긴이에게는 섣불리 맘에 드는 한 이론의 골짜기에 파묻혀 안주하는 것보다 다양한 이론들의 핵심 기본주장과 격위를 파악하고 각 이론들 사이에 균형을 잡는 일이 시급하게 여겨졌었다. 그런 점에서 이 책은 각 이론들 사이의 정확한 논쟁점이 무엇이고, 이론들이 서로 어떻게 연결되어 있는지에 대해 전체적으로 선명한 윤곽과 지도를 제공함으로써 옮긴이의 욕구를 채워 주었던 것이다.

우선 무엇보다도 이 책은 20세기 후반에 전개된 최근의 인식론에 대해 체계적으로 개관하고 있는 책이라 할 수 있다. 따라서 이 책은 전체적으로 그동안 인식론자들이 벌였던 핵심 논쟁들을 몇 가지 쟁점으로 나누어 각 장별로 다루고 있고, 그래서 목차만 보고도 현대 인식론자들의 주요 활동과 논쟁점들을 한눈에 알아볼 수 있도록 편성하고 있다.

그러면서도 초보자들을 위해 독자의 철학적 지식이 거의 없다고 감안한 상태에서 주요 이론의 핵심 주장을 명료하게 드러내 설명하고, 철학적 토론이나 분석에 필요한 기본적인 개념적 도구나 논리적 도구를 예들을 통해 아주 쉽게 설명하고 있다. 또 각 장마다 연구문제와 연습문제를 마련하여 누구라도 이 책을 읽다 보면 각 장의 주제와 관련된 주요 이론의 성격이 선명하게 정리될 수 있도록 하고 있다. 따라서 평소에 인식론 분야에 특별한 관심을 기울이지 않았던 독자라 하더라도 비교적 쉽게 인식론과 접할 수 있는 책이라 생각된다.

게다가 이 책은 이론이나 논증들을 서로 논쟁을 벌이는 양 진영의 대표 철학자들과 긴밀하게 연결시켜 각 쟁점들에 생기를 불어넣고, 독자로 하여금 기초적인 단계로부터 각 논쟁의 심장부에 이르게 함으로써 철학적 토론의 생생한 현장으로 안내한다. 독자는 게티어(E. Gettier)를 비롯해 콰인(W. V. Quine), 치섬(R. Chisholm), 올스턴(W. Alston), 골드맨, 김재권, 레러, 반주어(L. BonJour), 펠드맨(R. Feldman), 콘블리스(H. Kornblith), 매피(J. Maffie), 오디(R. Audi) 등 20세기 후반에 활약하고 지금도 활동하고 있는 철학자들의 생생한 토론 장면을 이 책을 통해 경험할 수 있을 것이다.

이 책은 원래 2000년에 제일서적에서 『현대 인식론 길잡이』란 제목으로 나왔다. 그동안 1쇄가 나온 후 2쇄를 발행하지 못하고 있던 중 제일서적의 양해를 구해 서광사로 옮겨 다시 출판하게 되었다. 그동안 인식론 강의교재로 사용해 오다가 첫 번역에서 미흡했던 점을 보완하고 제목도 『현대 인식론 입문』으로 바꾸어 새로이 내놓게 되었다. 어떤 의미에서 번역 작업은 논문이나 책을 쓰는 작업보다 더 힘들다는 생각이 든다. 특히 이 책을 옮기면서 더욱 그런 생각이 들었다. 무엇보다도 생소한 전문 용어를 우리말로 옮기는 일이 힘들었는데, 나름대로 가장 적절한 용어를 선택해 보려고 고심했다. 이 과정에서 국내 학자들의 글을 참고하고 문의하기도 했는데, 그러다 보니 과거 옮긴이가 쓰거나 옮긴 글에서 채택했던 용어들과 달라진 것도 있게 되었다. 어쨌든 지은이의 의도를 크게 왜곡하지 않았기를 바라면서 독자의 애정 어린 비판과 지적을 바란다.

이 책이 나오기까지 변함없이 애정을 베풀어 주신 건지산 은사님들과 동료들에게 감사드린다. 객원연구원 시절 옮긴이를 위해 정기적인 세미나를 마련하는 등 많은 관심과 호의를 베풀었던 미국 애리조나대학교 레러, 골드맨 교수, 석봉래, 박승배 선생에게 깊이 감사드린다. 마지막으로 이 책의 재계약 과정에서 옮긴이의 요구를 흔쾌히 들어준 제일서적 이유성 사장, 어려운 출판계 상황에도 꿋꿋하게 철학서적의 출판과 보급에 애써 온 서광사 여러분께 감사드린다.

2008년 1월

건지산 자락에서 옮긴이

| 차 례 |

| 한국 독자께 |

20세기 후반은 미국에서 인식론이 엄청나게 만발한 시기였습니다. 그래서 지금은 엄청난 양의 인식론 문헌들이 나와 있는데, 이 문헌들은 아주 다양하면서도 저마다 우리를 매혹시키는 이론과 연구 방법을 제시하고 있습니다. 이런 상황에서 이제 『현대 인식론 입문』을 한국의 독자들이 읽을 수 있다는 사실과, 이 방대한 인식론 문헌들 가운데 약간을 한국 독자들이 접할 수 있다는 사실을 알게 되어 매우 기쁩니다. 모쪼록 인식론을 공부하면서 내 자신이 경험했던 지적 흥분이 한국 독자들께 그대로 전해지기를 바랍니다. 내 책을 한국말로 옮기는 힘든 작업을 해 준 한상기 교수께 깊은 감사를 드립니다.

지난 수십 년 동안 미국에서 인식론이 만발했던 것은 브라운대학 로데릭 치섬(Roderick Chisholm) 교수의 연구가 결코 적지 않은 기여를 했다고 생각하는데, 유감스럽게도 치섬 교수께서는 1999년 2월에 서거하셨습니다. 1982~1985년 동안 나는 그분의 제자가 되는 즐거움과 영광을 누렸습니다. 이 한국어판은 바로 그분에게 바치고 싶습니다.

2000년 4월

미네소타 세인트클라우드에서

마티아스 슈토이프

| 지은이의 말 |

이 책은 오늘날의 인식론 상황을 최근 모습까지 체계적으로 설명한다. 이 책이 인식론 입문 과정의 교재로 적절하다는 점을 확실히 하기 위해 지은이는 독자가 거의 철학적 지식이 없다고 미리 전제한 상태에서 각각의 쟁점을 원점에서부터 설명했고, 철학적 토론과 분석에 사용되는 논리적 도구와 개념적 도구들에 대한 설명을 포함시켰다. 각 주제의 알맹이를 이루는 문제, 이론, 반론, 논박 등은 많은 예를 통해 설명하였고, 각 장의 끝 부분에 나오는 연구문제와 연습문제를 통하여 그 장에서 다룬 주제를 재검토하여 보강하도록 했다.

한정된 지면을 가지고 교재를 집필하는 사람은 그 교재의 폭과 깊이, 즉 개개의 중요한 주제를 모두 포함시키는 일과 자기가 고른 모든 주제에 대해 충분히 공정을 기하는 일 사이에서 일종의 흥정을 하지 않을 수 없게 마련이다. 지은이는 이 책이 합리적인 타협점을 제시했다고 믿는다. 이 책은 인식론의 핵심적인 주제 모두에 관한 장들—지식에 대한 분석, 인식적 정당화, 토대론, 정합론, 신빙론, 전통적 인식론 대 자연주의적 인식론, 회의주의—을 담고 있고, 이 주제들 각각에 대해 깊이 있게 논의하고 있다. 따라서 이 책은 인식론이라는 탐구 영역에 친숙해지고 싶어 하는 대학생이나 갓 대학원에 진학한 학생 모두에게 중요하다.

이 책에는 어떤 사람들이 지은이가 불필요하게 주된 논제로부터 벗어나거나 특정 쟁점을 너무 길게 다루고 있다고 생각할 만한 절들이 있다. 그런 문제들에 관해 판단이 갈리는 것은 불가피한 일이므로 지은이는 그저 가르치는 사람 자신이 목차에서 자기 취향의 메뉴를 고를 것을 제안한다.

이 책에서 빠져 있는 눈에 띄는 인식론의 주제 한 가지는 지각이다. 이 주제를 포함시키게 되면, 입문용 교재로는 책이 너무 길어지거나 혹은 너무 중요해서 도저히 뺄 수 없다고 생각되는 다른 어떤 주제를 빼야 할 것이기 때문에 이 주제를 빼기로 하였다. 지각을 포함해서 다루고 싶다면 가르치는 사람이 수업을 진행하면서 보충 자료를 이용할 것을 제안한다. 이 책의 또 한 가지 다른 특징으로 설명할 필요가 있는 것은 회의주의에 관한 장의 위치다. 회의적 논증들은 학생들로 하여금 인식론 공부에 대한 흥미를 유발시킬 수 있는 훌륭한 장치이므로 회의주의를 마땅히 이 책의 첫 장에서 논의했어야 한다고 생각할 수도 있을 것이다. 그렇지만 회의주의를 만족스럽게 다루기 위해서는 인식론이 무엇을 하는 학문인가에 대해서 잘 파악하고 있어야 하고, 또 철학적 추론에 대해 어느 정도의 숙달도 필요하다. 이런 이유들로 지은이는 회의주의에 관한 논의를 책의 맨 뒷부분으로 미루었다.

철학적 쟁점을 꿰뚫어 보는 최고의 방법은 널리 그 쟁점의 양 진영을 대표한다고 간주되는 철학자들의 저작을 살펴보는 것이라고 생각하기 때문에 지은이는 가능한 한 특정 이론과 그 이론을 옹호하는 철학자를 연결시켜 논의하고자 하였다. 그래서 이 책의 많은 부분을 의무론적 인식적 정당성 개념에 대한 비판자로서 올스턴(W. Alston), 정합론의 옹호자로서 반주어(L. BonJour)와 레러(K. Lehrer), 신빙론의 제안자로서 골드맨(A. Goldman), 자연화된 인식론의 옹호자로서 콰인(W. V. Quine), 골드맨, 콘블리스(H. Kornblith)를 논의하는 데 할애하고 있다. 이 책을 쓰면서 염두에 두었거나 이 책의 내용에 영향을 끼친 저작들을 쓴 다른 현대 철학자들은 오디(R. Audi), 치섬(R. Chisholm), 플랜팅가(A. Plantinga), 소사(E. Sosa)다.

지은이는 교재를 쓰는 사람이 중립적인 관점을 채택하기 위해 애써야 한다고 믿지 않는다. 논의 중인 쟁점들에 관해 우리 자신의 입장을 숨기게 되면, 대개는 썩거나 빛깔 없는 제품이 만들어지게 마련이다. 그래서 경우에 따라 지은이가 논의하는 쟁점들에 대해 지은이의 작은 의견을 보탰다. 물론 각각의 이론과 관점을 공정하게 경청하기 위해 최선을 다했음은 말할 것도 없다.

지은이는 볼렌(T. Bolen)의 격려와 지원, 동료 스왱크(C. Swank)가 전체 원고를 읽고 같이 논의해 준 일, 몇 개의 장에 관한 리모스(N. Lemos)의 유익한 논평들, 그리고 지은이의 논평자들, 번스타인(Bernstein), 롱(D. C. Long), 티벳츠(P. E. Tibbetts)의 논평과 비판에 대해 감사한다. 아무런 편견 없이 엄청난 양의 비판적 논평을 해 준 익명의 논평자에게 특히 감사한다.

마티아스 슈토이프

제 1 장 | 지식과 정당화

인식론

인식론은 지식과 정당화된 믿음에 관해 연구하는 학문이다. 그래서 인식론이라는 학문을 한다는 것은 다음 물음들에 대한 답을 찾는 일이다.

Q1 지식이란 무엇인가?
Q2 우리는 무엇을 아는가?
Q3 믿음이 정당화된다는 것은 무엇인가?
Q4 우리의 믿음들 가운데 어떤 믿음이 정당화되는 믿음인가?

물음 1에 답하려면 지식 개념을 정의해야 하는 반면에, 물음 2에 답하려면 지식의 범위를 결정해야 한다. 물음 3에 답하려면 정당화 개념을 분석할 필요가 있는데, 이 분석에는 믿음이 언제 정당화되고 언제 정당화되지 않는지 말해 주는 기준을 진술하는 일이 포함된다. 그리고 물음 4에 답하고 싶다면, 우리가 믿는 일이 정당화되는 것의 범위를 계산에 넣어야 한다. 회의주의자들에 따르면, 우리가 실제로 아는 것, 그리고 우리가 믿는 일이 실제로 정당화되는 것은 일상적으로 우리가 그렇다고 생각하는 것보다 그 범위가 작다. 그들은 우리가 속임을 당하고 있다는 사실을 깨닫지 못하는 상태에서 사악한 악마가 우리를 속이고 있다거나, 미친 과학자가 우리를 수상한 낌새가 전혀 없이 통 속의 뇌로 바꾸어 놓았다는 믿음을 정당화되지 않는 믿음이라고 배제할 방법이 없다고 논한다. 반면에 비회의주의자들에 따르면, 그러한 회의적 가설을 배제할 방법이 없다는 주장은 그르다. 그래서 비회의주의자들은 지식이나 정당화되는 믿음의 실제 범위가 일상적으로 우리가 그렇다고 생각하는 것과 대체로 일치한다고 믿는다.

위에 열거한 네 물음은 본성상 **이론적** 물음이다. 그렇지만 인식론자들은 "우리는 무엇을 믿어야 하는가?"와 같은 **실제적** 물음에도 관심이 있다.[1] 이 물음에 답하기 위해서는 인식론자들이 적절한 방법론—그 방법론을 실천하는 사람이 그 방법론에 따를 경우에 정당화되는 믿음이나 또는 더 나아가 지식을 얻고, 정당화되지 않는 믿음이나 오류를 피하는 데 도움이 되는 방법론—을 개발해야 한다. 이 책은 주로 이론적 물음에 초점을 맞추게 될 것이다. 실제적 인식론의 쟁점은 이론적 물음과 관계가 있는 한에서만 논의하게 될 것이다.

많은 철학자가 지식과 정당화는 개념적으로 밀접한 연관이 있다고 생각한다. 그래서 정당화되지 않는 한 믿음은 지식이 될 수 없다고 주장한다. 이 견해에 따르면, 정당화에 관한 두 물음에 대답하지 않고는 지식에 관한 두 물음에도 답할 수 없다. 하지만 설령 이 철학자들이 틀렸다 할지라도, 정당화되는 믿음의 본성과 범위가 그 자체로 흥미로운 쟁점이므로 물음 3과 4는 여전히 인식론의 핵심 물음으로 남게 될 것이다.

이 장은 지식에 대한 정의 및 그 정의에서 정당화가 하는 역할에 초점을 모으게 될 것이다. 2장에서는 지식이나 정당화 같은 개념을 분석하려고 할 때 우리가 이루고자 하는 것이 정확히 무엇인가를 살피게 될 것이다. 3장부터 8장까지는 정당화의 본성에 관한 여러 이론을 살피게 될 것이다. 9장에서는 방법론을 둘러싼 쟁점들, 특히 인식론을 어떤 방식으로 해야 하는가에 대해 관심을 갖게 될 것이다. 마지막으로 10장에서는 정당화되는 믿음과 지식의 범위를 검토하고, 물음 2와 4에 대한 회의주의자의 응답과 비회의주의자의 응답에 대해 논의할 것이다.

명제적 지식

인식론자들이 지식에 대해 연구할 때 관심을 가지는 것은 "안다"는 말의 명제적 의미인데, 이 명제적 의미는 "안다"는 말의 다른 두 가지 의미와 구별할 필요가 있다. 첫째, "안다"는 말은 어떤 것을 "할 줄 앎"(knowing how)의 의미로 사용될 수 있다. 예를 들어 우리는 "그는 오믈렛을 요리할 줄 안다"거나 "그녀는 바이올린을 연주할 줄 안다"고 말할 수 있다. 둘째, "안다"는 말은 "익숙함 또는 친숙함"(being acquainted with)의 의미로 사용될 수 있다. 이 의미에서 어떤 장소나 사람 또는 영화와 같은 것을 아는 것은 개인적 경험을 통해 그것에 익숙해진다는 것을 포함한다. 내가 파리에 간 적이 있고 그 도시를 답사한 적이 좀 있다면, 나는 파리를 안다. 또 내가 아놀드 슈워제네거를 만나 왔다면, 나는 그를 안다. 그리고 내가 버티고(Vertigo)라는 영화를 본 적이 있다면, 나는 그 영화를 아는 것이다.

그렇지만 명제적 의미에서 지식은 사실에 대한 지식, 즉 어떤 것이 어떠어떠하다는 것을 아는 것이다. 이런 종류의 지식은 "어떤 것이 어떠어떠하다"라는 표현이 어떤 명제를 표현하는 문장으로 대치되기 때문에 "명제적" 지식이라 불린다. 예컨대 "나는 어떤 것이 어떠어떠하다는 것을 안다"에서 "어떤 것이 어떠어떠하다"를 "주머니쥐는 야행성 동물이다"로 대치시키게 되면, "나는 주머니쥐가 야행성 동물이라는 것을 안다"가 된다.

아주 일반적인 수준에서 "지식이란 무엇인가?"라는 물음에 답하기 위해 문자 S를 사용하여 지식을 가졌다고 간주되는 사람을 나타내기로 하자. 더 나아가 이미 알고 있는 것처럼 명제를 표현하기 위해 사용된 "어떤 것이 어떠어떠하다"라는 어구 대신 문자 p를 사용하기로 하자. 이렇게 되면 "지식이란 무엇인가?"라는 물음은 "S가 p라는 것을 안다는 것이 무엇인가?"로 표현할 수 있다.[2] 현대 인식론에서 이 물음에 답하려는 주도적인 연구 방식은 어떤 사람 S가 p라는 것을 아는 일의 필요충분조건 집합을 진술하는 것이다.

정당화된 옳은 믿음으로서의 지식

흔히 전통적 설명 또는 표준적 설명으로 언급되는 지식에 대한 분석이 있는데, 이 분석에 따르면 지식이란 정당화된 옳은 믿음이다. 지식에 대한 표준적 설명의 조건은 다음과 같이 진술할 수 있다.

JTB(Justified True Belief) 설명

S가 p라는 것을 안다 iff(if and only if)

(1) p가 옳다.

(2) S가 p라는 것을 믿는다.

(3) S가 p라고 믿는 일이 정당화된다.

첫 번째 조건인 진리 조건은 p가 옳을 것을 요구한다. 알려지는 것은 옳아야 한다. 또는 달리 표현해 그른 명제를 안다는 것은 불가능해야 한다. 이 점에 대해서는 두 개의 예를 들 수 있다. 첫째, 내 책상에 팩스가 있다는 것은 그르므로, 나는 내 책상에 팩스가 있다는 것을 알 수 없다. 둘째, 주기적으로 지구를 방문하여 인간을 유괴해 실험대상으로 삼으려는 우주의 외계인들이 있다고 많은 사람이 믿는다. 어떤 사람들은 바로 자신이 그러한 유괴의 희생자였다고 주장한다. 진리 조건에 따르면, 이 사람들이 외계인에 의해 유괴되었다는 것이 그를 경우에, 설령 그들이 아무리 강하게 믿고 있다 하더라도, 그들은 자신들이 유괴되었다는 것을 아는 것이 아니다.

S가 p라고 믿을 것을 요구하는 두 번째 조건은 믿음 조건이라 불린다. 예컨대 전주시 전화번호부에 978번째로 누군가의 이름과 전화번호가 등재되어 있다(그 번호의 주인이 전화 서비스를 취소하지 않았다고 가정했을 때). 이제 내가 그 번호가 어떻게 되는지, 그리고 그것이 누구의 번호인지에 대해 전혀 모른다면, 나는 그 문제에 관해 어떤 믿음도 갖고 있지 않으며, 그래서 그 사람의 이름과 전화번호에 관련된 진리를 알지 못하는 것이다.

JTB 설명의 세 번째 조건인 정당화 조건에 따르면, 옳은 믿음은 정당화되는 한에서만 지식이 된다. 이 조건을 처음 제시한 사람은 플라톤이었다. 대화편 『테아이테토스』(*Theatetus*)에서 소크라테스는 "지식이란 무엇이라고 말할 수 있을까?"라고 묻고 있다. 테아이테토스는 지식이란 옳은 의견이라고 답한다. 소크라테스는 이 답에 만족하지 않으며 반론을 내놓는다. 그에 대한 답으로 테아이테토스는 다음과 같이 말한다.

선생님, 누군가 다른 사람에게서 들었었는데 잊고 있었던 구별이 하나

> 있습니다. 그는 논거와 결합된 옳은 의견은 지식이지만 논거가 없는 의견은 지식의 범위를 벗어났다고 말했었지요. 그렇다면 합리적 설명이 없는 것들은 지식이 아닙니다.[3)]

테아이테토스가 시사하는 구별은 논거에 의해 지지되는 믿음과 논거에 의해 지지되지 않는 믿음의 구별이며, 그의 제안은 옳은 믿음이 논거에 의해 지지될 경우에만 지식으로서의 자격을 갖는다는 것이다. 현대식 표현으로 이 구별은 정당화되는 믿음과 정당화되지 않는 믿음의 구별이며, 테아이테토스가 제안하고 있는 조건은 옳은 믿음이 지식이 되려면 정당화되어야 한다는 것이다.

정당화가 지식의 필요조건이라고 주장하는 근거는 무엇인가? 많은 인식론자가 정당화되지 않는 옳은 믿음은 요행수 추측(lucky guess)에 불과하며, 요행수 추측은 지식이 되지 못한다고 말할 것이다.

어떤 믿음을 "요행수 추측"이라고 할 때 그 말이 무엇을 의미하는가를 보여 주는 예가 하나 있다. 이번 학기 논리학 수업을 맡은 교수가 하나 있는데, 수업 시작 첫 주 동안에 그 강의를 받는 학생 전원이 출석했다고 하자. 둘째 주 월요일, 교수가 보기에 결석자가 있는 것처럼 보이지 않는다. 그래서 그는 "자, 오늘도 다 출석했군"이라는 믿음을 형성한다. 사실상 그 교수의 믿음은 옳다. 하지만 그는 자신의 믿음을 지지할 증거를 갖고 있지 않은데, 왜냐하면 강의실을 한 번 둘러보는 것만으로 얼마나 많은 학생이 출석했는지 파악하기에는 수업을 받는 학생이 너무 많기 때문이다. 게다가 첫 주 세 시간 내내 전원이 출석했다는 사실은 둘째 주에도 전원이 출석할 것이라는 것을 의미하지 않는다. 실제로는 첫 주 수업 후에 결석할 학생이 예상

되는 상황이다. 따라서 전원이 출석했다고 믿는 일이 정당화되기 위해서는 그 교수가 얼마나 많은 학생이 출석했는가를 세어 보아야만 할 것이다. 그러나 그는 그렇게 하지 않는다. 대신 그는 **소망적 사고**(wishful thinking)에 굴복한다. 그는 전원이 출석하기를 바라고 있으며, 강의실이 거의 다 찬 것을 보고 수강 학생 모두가 출석했다고 믿지 않을 수 없다. 그렇다면 그 교수의 믿음은 증거에 의해 지지되는 믿음이 아니며, 소망적 사고에 의해 만들어진 것이다. 그의 믿음은 옳긴 하지만 정당화되지 않는 믿음—요행수 추측—이며, 그래서 지식의 실례가 아니다.

게티어 문제

표준적 설명에 따르면, 지식은 정당화된 옳은 믿음이다. 그렇지만 "정당화된 옳은 믿음은 지식인가?"라는 유명한 논문에서 게티어(E. Gettier)는 표준적 설명의 세 조건만으로는 충분치 못하다고 논증하였다.[4] 그 논문에서 그가 제시한 두 개의 반대사례 중에서 하나를 살펴보기로 하자.

스미스가 그가 기억하는 한 존스가 언제나 포드를 한 대 소유하고 있었고, 방금 존스가 제 것이라고 주장했던 포드를 탔었기 때문에

(1) 존스가 포드를 소유하고 있다

를 믿는 일이 정당화된다고 가정하자. 사실상 존스는 그의 낡은 포드를 팔아 치웠고, 지금은 헤르츠에게서 빌린 포드를 운전하고 있다. 따라서 (1)은 그르다. 더 나아가 스미스가 연역논리학의 법칙을 (1)

에 적용하여 친구 브라운의 행방에 관한 다음 세 명제를 연역한다고 가정해 보자.

(2) 존스가 포드를 소유하고 있거나 브라운이 보스턴에 있다.
(3) 존스가 포드를 소유하고 있거나 브라운이 바르셀로나에 있다.
(4) 존스가 포드를 소유하고 있거나 브라운이 브레스트리토프스크에 있다.

단순한 우연의 일치로 어쩌다 브라운이 바르셀로나에 있다. 그러면 (3)은 옳게 된다. 그렇지만 브라운이 바르셀로나에 있다고 믿을 증거가 전혀 없다. 그럼에도 불구하고 게티어에 따르면, 스미스가 (3)을 믿는 일은 정당화된다. 게티어는 다음 원리에 호소함으로써 이 주장을 옹호한다.

> 만일 S가 p를 믿는 일이 정당화되고, p가 q를 논리적으로 함의하는데,[5] S가 p로부터 q를 연역하기 때문에 q를 믿는다면, S가 q를 믿는 일도 정당화된다.[6]

비록 어떤 철학자들이 이 원리에 이의를 제기하긴 했지만, 이 원리가 아주 그럴듯하다는 것은 인정되어야 한다. 이 원리의 그럴듯함은 우리의 정당화된 믿음들 더미를 늘리는 데 연역보다 더 좋은 방법이 없다는 사실에서 비롯된다.[7] 이 원리를 우리 사례에 적용하면 다음과 같이 추론할 수 있다. 스미스가 (1)을 믿는 일이 정당화되는데, 그는 (1)이 (3)을 논리적으로 함의한다는 걸 깨닫는다. 그래서 그는 (1)로부터 (3)을 연역한다. 결과적으로 그가 (3)을 믿는 일도 정당화된다.

그렇지만 그가 (3)이 옳다는 것을 아는가? (1)이 그르고, 스미스는 브라운이 실제로 바르셀로나에 있다고 믿을 증거가 전혀 없으므로, 우리는 그가 (3)이 옳다는 것을 아는 것이 아니라고 말하지 않을 수 없다. 따라서 (3)은 정당화된 옳은 믿음이면서도 지식이 되지 못하는 예다.

게티어 문제를 해결하기 위해서는 네 번째 조건을 추가하거나 정당화 조건에 적절한 구절을 삽입함으로써 지식에 대한 정의를 수정해야 한다. 이 문제는 이 장의 끝 부분에서 다시 살피게 될 것이다. 그 사이에 지식에 대한 전통적 설명에 등장하는 세 개념, 즉 진리, 믿음, 정당화 개념 각각에 대해 간단히 살펴보기로 하자.

진리

진리의 본성에 관해서는 대응론(correspondence theory), 검증론(verificationism), 실용론(pragmatism)[8] 등 몇 가지 경쟁하는 철학 이론이 있다. 이 이론들이 주장하는 것은 다음과 같다.

대응론

p라는 믿음이 옳다 iff p라는 믿음이 p라는 사실과 대응한다.

검증론

p라는 믿음이 옳다 iff p라는 믿음이 (이상적인) 이성적 승인가능성의 실례다.[9]

실용론

p라는 믿음이 옳다 iff p라는 믿음이 유용하다.[10]

이 이론들은 저마다 결점이 있다. 대응론의 문제는, (1) 사실이 무엇인지, 그리고 (2) 믿음이 사실에 대응한다는 것이 무엇인지를 모르는 한, 그 정의가 알려 주는 것이 별로 없다는 것이다. 게다가 사실이 무엇인지 설명하려고 하면, 진리 개념을 사용하지 않고는 설명하기가 어렵다는 것을 알게 될 것이다. 따라서 대응론이 진리성에 대해 순환적이지 않은 설명을 제공할 수 있을지 의심스럽다.

다음으로 검증론을 생각해 보자. "이성적 승인가능성"은 "정당성"의 또 다른 표현이므로, 검증론이 말하는 것은 어떤 영역에서 옳은 믿음이 이상적 정당성—우리가 그 영역에서 얻을 수 있는 최고의 정당성—을 지니는 믿음이라는 것이다. 이 견해의 문제는 어떤 믿음이 그러한 정당성을 지니면서도 그르다는 것이 어째서 불가능해야 하는지를 설명하기가 그리 쉽지 않다는 것이다. 물리적 대상들로 이루어진 외부 세계가 있다는 믿음을 생각해 보자. 이 믿음은 이상적으로 정당화되는 믿음의 훌륭한 후보다. 그렇지만 많은 철학자가 이 믿음이 그르다는 것이 논리적으로 가능하다고 믿는다. 예컨대 데카르트는 사악한 악마가 자신으로 하여금 물리적 대상들의 세계가 있다고 믿도록 속이는 일이 논리적으로 가능하다고 생각하였고, 많은 현대 철학자는 어쨌든 살아 있으면서 정상적인 삶의 환상을 일으키도록 자극을 받는 통 속의 뇌가 되는 일이 논리적으로 가능하다고 생각한다. 그러나 만일 사악한 악마에 의해 속임을 당하거나 통 속의 뇌가 되는 것이 가능하다면, 물리적 대상에 관한 이상적으로 정당화되는 믿음이 그르다는 것도 가능하다. 검증론자들은 사악한 악마의 속임이나 통 속의 의심하지 않는 뇌를 허용할 수 없을 터이므로, 그러한 것들이 가능하지 않다는 것을 증명해야 할 힘든 싸움에 직면하게 된다.[11]

마지막으로 옳은 믿음이란 유용한 믿음이라고 주장하는 실용론을 살펴보자. 진리성과 유용성이 이 이론이 가정하는 것처럼 밀접한 연관이 있는지는 의심스럽다. 전혀 유용하지 않은 옳은 믿음을 상상하기가 쉽기 때문이다. 당신이 막 어려운 과목의 구술시험을 치르고 있다고 해 보자. 당신은 자신이 시험 준비를 제대로 못했다고—유감스럽게도 옳게—믿는다. 십중팔구 이 믿음은 당신에게 유용하지 않을 것이다. 심지어 이 믿음은 어쨌든 당신이 처했을 상태 이상으로 신경질 나게 만들 수도 있다. 이제 시험 준비를 잘했다고—그르게—믿는다고 가정하자. 이 믿음은 당신으로 하여금 좀 더 자신감을 갖게 하고, 그래서 현재 수준에서 당신의 능력이 허용하는 만큼 시험을 잘 치를 수 있게 할 것이기 때문에 당신에게 유용할 것이다. 그러므로 옳은 믿음이 유용하지 못할 수 있는가 하면 유용한 믿음이 옳지 못할 수 있는 것처럼 보인다.

결점에도 불구하고 각 견해는 저마다 옹호자가 있다. 하지만 이 문제를 더 깊이 파고들 수 없으므로 여기서는 일단 진리의 본성에 관해 중립적인 입장을 취하기로 하겠다. 그렇지만 인식론을 하면서 우리는 진리와 정당화의 관계에 관해 다음 두 가지 사항을 지침으로 삼아야 한다고 전제가정할 것이다.

(1) p라는 정당화된 믿음을 가진 사람이 없다 할지라도 p가 옳다는 것이 가능하다.
(2) p가 그르다 할지라도 S가 p라고 믿는 일이 완전히 정당화되는 것이 가능하다.

첫 번째 사항을 예증하는 것으로 다음 예를 생각해 보자. p를 "999

= "로 표현되는 진리라고 하자. 나는 두 가지 이유로 p라는 정당화된 믿음을 가지고 있지 않다. 첫째, 정당화된 믿음을 가지려면 먼저 p를 믿고 있어야 하는데, 나는 p를 믿고 있지 않다. 둘째, 나는 그 숫자가 무엇과 똑같은지 전혀 계산하려 하지 않았으며, 그래서 그 문제에 관한 믿음을 형성하는 데 대한 어떠한 정당화 근거도 가지고 있지 않다.

두 번째 사항을 예증하기 위해 대중에게는 전혀 알려지지 않았지만 CNN 방송의 앵커 중 한 사람인 수잔 룩크에게 그녀와 일란성 쌍둥이 자매인 시블 룩크가 있다고 가정하자. 때로 시블이 수잔을 사칭하여 뉴스를 방송하곤 하는데, CNN의 스탭진 몇 사람을 제외하고는 아무도 이런 일이 진행되고 있다는 것을 모른다. 당신이 CNN을 틀고 뉴스를 보면서 수잔 룩크를 보고 있다고 믿는데, 사실은 이때 시블 룩크가 앵커처럼 행동하고 있다고 해 보자. 그러한 속임을 당한다고 의심할 이유가 없으므로 당신의 믿음은 정당화된다. 그럼에도 불구하고 당신의 믿음은 그르다. 따라서 정당화된 그른 믿음을 갖는 것이 가능하다.

당신은 이 두 가지 사항이 검증론과 정합하지 않는다고 생각할 것이다. 그렇지만 검증론이 진리성을 그저 정당성과 동일시하는 것이 아니라 이상적 정당성과 동일시한다는 사실을 주목해 보라. 그렇게 되면 검증론자는 999와 똑같은 것에 관한 옳은 믿음이 실제로 내가 그 믿음을 지니고 있든 않든, 그리고 내가 실제로 그 믿음에 대한 정당화 근거를 가지고 있든 않든, 이상적으로 정당화될 수 있는 믿음이라고 주장함으로써 첫 번째 사항에 적응할 수 있다. 예컨대 검증론자는 그 등식이 잘 교육받은 수학자 집단이 보증하기 때문에 진리라고 말할 수 있다. 두 번째 사항에 관해서는 당신이 시블을 수잔으로 오인할 때, 비록 이상적 정당성을 지니는 믿음의 실례는 아니지만, 당

신이 그 믿음을 가지는 일은 완전히 정당화된다고 검증론자는 주장할 수 있다.[12)]

믿음

표준 견해에 따르면, 믿음이란 우리가 어떤 명제에 대해 가질 수 있는 태도다.[13)] 인식론자들은 다음 세 가지 명제적 태도를 구별한다. 우리는

(1) p라는 것을 믿는다(p가 옳다고 여긴다).
(2) p라는 것을 불신한다(p가 그르다고 여긴다).
(3) p에 대해 판단을 중지한다(p를 믿지도 불신하지도 않는다).

물론 불신은 믿음의 특수한 경우에 지나지 않는다. 왜냐하면 p라는 것을 불신한다면, 당신은 p의 부정이 옳다는 걸 믿는 것이기 때문이다.

유신론, 무신론, 불가지론 개념들은 이 세 가지 명제적 태도를 설명하는 데 이용할 수 있는 개념들이다. 문제의 명제를 신이 존재한다는 것이라 하자. 유신론자는 이 명제를 믿고, 무신론자는 불신하며, 불가지론자는 이 명제를 믿지도 불신하지도 않고 다만 신의 존재 문제에 관해 판단을 보류한다.

우리가 생각하고 있는 임의의 명제에 대하여 우리는 이 세 태도 가운데 어느 하나를 취하지 않을 수 없다는 사실을 주목할 필요가 있다. 만일 당신이 신이 존재하는지 알고 싶다면—즉 당신이 "신이 존재한다"는 명제를 생각하고 있다면—, 당신은 신이 존재한다는 것을

믿든지 불신하든지 또는 그 문제에 관해 판단을 보류하든지 해야 한다.

물론 믿음은 다양한 강도를 띠면서 주장된다. 당신은 신이 존재한다고 믿는 약간의 경향이 있을 수 있거나, 때로 의심이 들긴 하지만 일반적으로는 신이 존재한다고 확신하거나, 또는 신이 존재한다는 것을 아주 확신해서 당신 생각에 전혀 의심의 여지가 없을 수 있다.

정당화로 넘어가기 전에 인식론자들이 믿음 개념과 관련해서 내리는 또 하나의 구별, 즉 자각적 믿음(occurrent belief)과 상비적 믿음(standing belief)의 구별을 살펴보자. 자각적 믿음이란 현재 당신에게 떠오른 믿음이다. 예컨대 방금 신의 존재에 관한 글을 읽고 나서 신이 존재한다(또는 신이 존재하지 않는다)는 믿음이 현재 당신의 뇌리를 지배할 수 있다. 그러면 그 믿음은 자각적 믿음이다. 자각적 믿음은 상비적 믿음이거나 또는 새로 형성된 믿음일 수 있다. 예컨대 둘 더하기 둘이 넷이라는 것은 보통의 상황에서는 자각되지 않는 당신의 상비적 믿음이다. 이와 달리 "전화벨이 울리고 있다"와 같은 믿음은 상비적 믿음이 아니면서 전형적인 자각적 믿음이다.

정당화

지식에 대한 JTB 설명에 따르면, 옳은 믿음은 지식이 되기 위해서는 정당화되어야 한다. 그래서 JTB 설명이 옳다면, 우리는 정당화를 옳은 믿음을 "인식화하는"(epistemize) 것—옳은 믿음을 지식으로 바꾸는 것—으로 특징지을 수 있어야 한다. 그렇지만 JTB 설명의 세 조건이 지식의 충분조건이 아니라는 것은 이미 살펴본 바 있다. 옳은 믿음을 인식화하는 것은 정당화 외에 다른 어떤 요소를 추가한 요소거나, 또는 "비게티어적"(de-Gettiered) 정당화다. 그러나 만일 정당화가 옳은 믿음을 "인식화하는" 것이 아니라면, 정당화를 어떻게 특징지어야 할까?

인식론자들은 이 물음에 대해 두 종류의 옳은 믿음, 즉 요행수 추측으로 옳은 믿음과 그렇지 않은 믿음을 구별함으로써 답하는 경우가 빈번하다. 앞에서 살펴보았던 요행수 추측의 예를 다시 생각해 보자. 교수는 학생 수를 세어 보지 않고

(1) 자 이번에도 다 출석했다

고 믿으며, 그의 이런 믿음은 우연히 옳다. 그의 믿음은 학생 수를 세서 획득한 증거에 기초를 두지 않고 그냥 소망적 사고에 굴복한 것이기 때문에 정당화되지 않는다고 가정했다. 그 교수의 믿음을 "요행수 추측"으로 간주해야 하는 이유는 그가 (1)을 지지하는 증거를 가지고 있지 않다는 것이다. 사실상 학기 둘째 주에 보통은 결석자가 많이 생긴다는 것을 그가 알고 있다는 점을 감안하면 (1)이 그를 가능성이 높다. 그래서 그는 (1)이 옳다고 생각할 이유가 없으며, 그것에 비추어 상황을 평가했더라면 그는 자신이 옳게 된 것이 단순한 요행이었다고 말했어야 할 것이다. 그렇다면 이제 요행수 추측을 다음과 같이 정의하기로 하자.

요행수 추측

p라는 S의 믿음은 요행수 추측이다 iff

(1) p가 옳다.

(2) S가 p라고 믿는다.

(3) S가 p가 옳다고 믿을 증거가 없다.

여기서 요행수 추측 개념을 단순히 다음과 같이 말함으로써 정의하고 있지 않다는 것을 주목할 필요가 있다. 즉 요행수 추측이란 믿음인데, 이 믿음의 옳음은 그저 운의 문제다. 그렇게 정의하는 것은 게티어 사례가 예증하듯이 완전히 정당화되는 믿음조차도 단순한 운의 결과로 옳을 수 있기 때문에 오도할 수 있다. 앞에서 진술했던 게티어 사례를 생각해 보라. 스미스는 다음과 같이 믿는다.

(2) 존스가 포드를 소유하고 있거나 브라운이 바르셀로나에 있다.

(2)를 지지하는 스미스의 추론은 나무랄 데가 없다. 그는 존스가 포드를 소유하고 있다고 믿는 데 대해 훌륭한 증거를 가지고 있고, (2)가 존스가 포드를 소유하고 있다는 명제에 의해 논리적으로 함의된다는 것을 안다. 스미스의 증거와 추론에 관한 한 그의 믿음은 전혀 요행수 추측이 아니다. 그러나 (2)의 첫 번째 선언지가 그르다는 사실이 주어지면, (2)가 단순히 운에 의해 옳다는 말은 의미가 있다. 브라운은 스미스가 존스의 포드에 관해 생각하고 있던 그날 어쩌다 우연히 바르셀로나에 있다. 브라운이 여행 계획을 바꾸었더라면, 그는 어딘가 다른 곳에 있었을지도 모른다.

그렇다면 두 종류의 요행수 믿음을 구별해야 한다. 첫째, 어떤 믿음은 관련된 어떤 사실들에 비추어 볼 때 옳을 것 같지 않았는데도 옳았기 때문에 요행일 수 있다. 둘째, 어떤 믿음은 그 사람의 증거에 비추어 볼 때 옳을 것 같지 않았는데도 옳았기 때문에 요행일 수 있다. 전자를 (더 좋은 이름이 없다면) 요행수 진리라 하고, 후자를 요행수 추측이라 하자. 그렇다면 정당화는 옳은 믿음이 요행수 추측이 되지 못하게 하는 것이지 요행수 진리가 되지 못하게 하는 것은 아니다.

이렇게 되면 이제 게티어 문제의 의의를 다시 평가할 수 있다. 게티어 문제는 옳은 믿음이 지식의 자격을 가지려면 다음 두 조건을 만족시켜야 한다는 것을 보여 준다. 즉 그 옳은 믿음이 요행수 추측이어서는 안 되며(즉 정당화되어야 하며), 그 옳은 믿음이 요행수 진리여서도 안 된다. 요행수 추측이 아닌 옳은 믿음—(2)가 옳다는 스미스의 믿음처럼—이 여전히 요행수 진리일 수 있으며, 이런 믿음은 지식이 되지 못한다. 따라서 게티어 문제를 해결하려면 인식론자는 어떤 종류의 조건이 옳은 믿음을 요행수 진리가 되지 못하게 하는가를 고려해야 한다. 그런 조건이 어떤 것일 수 있는가에 관해서는 이 장 끝에서 두 가지 제안을 살펴보게 될 것이다. 하지만 그 전에 정당화의 본성에 관해 몇 가지 사항을 좀 더 검토해야 한다.

정당성이라는 속성과 정당화 활동

믿음을 정당화하는 활동과 믿음의 정당화됨이라는 속성을 구별하는 것이 중요하다. 믿음을 정당화하는 활동에 종사할 때 당신은 그 믿음을 지지하는 증거나 이유들이 무엇인지 설명하고 있다. 당신의 목적은 문제의 믿음이 정당화된다는 것을 다른 사람에게—또는 당신 자신에게—납득시키고자 하는 것이다. 속성으로서의 정당성과 활동으로서의 정당화의 논리적 관계에 관해서는 두 가지 점을 명확히 할 필요가 있다.

첫째, 설령 당신이 자신의 믿음을 정당화하는 활동에 종사하지 않았다 할지라도, 당신의 믿음은 완전히 정당화됨이라는 속성을 가질 수 있다. 자신이 책을 읽고 있다는 당신의 믿음을 생각해 보라. 기상천외의 상황이 만들어지지 않는 한, 비록 (십중팔구) 이 믿음을 지지

하는 당신의 증거를 누군가에게 설명하는 성가신 일을 하지 않았다 할지라도, 당신의 믿음은 분명히 정당화되는 믿음이다.

둘째, 어떤 믿음이 사실상 정당화되는데도 그 믿음을 어떻게 정당화해야 하는지 모르는 경우가 가능하다. 인식론 수업 첫날 교수가 당신에게 자신이 존재한다고 믿는 것을 어떻게 정당화할 것인지 묻는다고 가정해 보라. 또 그 질문을 받고 당신이 말문이 막혀 어떻게 대답해야 할지 생각이 나지 않는다고 해 보라. 그것이 자신이 존재한다고 믿는 당신의 믿음이 정당화되지 않는다는 걸 의미하는가? 분명히 그렇지 않다. 따라서 어떤 믿음이 정당화된다는 것과 그 믿음을 가진 사람이 그 믿음이 정당화된다는 것을 증명할 수 있다는 것은 전혀 다른 일이다.

정당성과 증거

p라고 믿는 데 대한 우리의 정당성과 p에 대한 우리의 증거 사이에는 밀접한 연관이 있다. 어떤 철학자들에 따르면, p라는 믿음이 S의 증거에 맞을 경우, 그리고 오직 그 경우에만 S가 p라고 믿는 일이 정당화된다고까지 말할 수 있다.[14] 또 어떤 철학자들은 정당성과 증거의 연관 관계를 이보다 더 강화시키려 했다. 그래서 그들은 우리가 p에 대해 적합한 증거를 갖고 그 증거 때문에 p라고 믿을 경우, 그리고 오직 그 경우에만 우리가 p라고 믿는 일이 정당화된다고 말했다.[15]

전통적으로 철학자들은 증거의 원천으로 네 가지 즉 지각, 내성, 이성, 기억을 인정해 왔다. 지각에 의한 증거는 다섯 가지 감각에서 나온다. 그래서 우리는 물리적 대상의 속성에 관해 증거의 실마리를 제공해 주는 시각, 청각, 후각, 촉각, 미각 경험을 한다. 내성으로 인해 우리는 우리 안의 정신 상태들이 무엇인지, 즉 우리가 배고픈지, 지쳐 있는지, 흥분해 있는지, 유니콘에 대해 생각하고 있는지, 미래에 대해 걱정하고 있는지 등을 알기 위해 우리 자신의 내부를 "볼"(look) 수 있다. 이성은 우리로 하여금 다음과 같은 명제들, 즉 p가 q로부터 따라 나온다, p와 q가 둘 다 옳을 수는 없다, p는 그를 수 없다, p와 q는 r을 개연적이게 만든다와 같은 명제들을 깨닫게 해 주는 능력이다. 마지막으로 기억으로 인해 우리는 다른 원천들 중의 어떤 것에서 비롯된 지식을 보유할 수 있다.

신뢰할 만한 권위는 통상 인정되는 증거의 또 다른 원천이다. 신뢰할 만한 권위에 기초한 증거는 어떤 분야의 전문가, 백과사전, 믿을 수 있는 잡지 등에서 얻을 수 있다. 그렇지만 신뢰할 만한 권위에 기초한 증거는 다른 원천들로 충분히 설명할 수 있다는 것을 지적할 필요가 있다. 생물학개론 강의에서 지식을 어떻게 획득하게 되는지 생각해 보라. 교실에서의 학습 과정에는 당신의 감각들이 포함된다. 그래서 당신은 교수의 목소리를 듣고, 교수가 칠판에 쓰는 것을 본다. 게다가 이 과목에 대한 교수의 강의와 교재는 지각에 의한 관찰, 이성, 기억을 결합한 인지 과정 및 연구 방법을 통해 얻어진 지식 체계를 전달하는 것이다.

결정적 증거와 비결정적 증거

정당화는 정도가 있다. 그래서 어떤 믿음은 다른 믿음보다 더 정당화된다. 가장 높은 정도로 정당화되는 믿음의 예는 우리 자신의 의식 상태에 관한 단순한 믿음은 물론이고 초보적인 산술학적 진리와 논리학의 공리에 대한 믿음이다. 이보다 덜한 정도로 정당화되는 믿음은 물리적 세계, 과거, 미래, 그리고 현재 관찰되지 않은 것에 관한 믿음들이다.

믿음이 정당화되는 정도는 무엇보다도 그 믿음이 결정적 증거에 의해 지지되는지 비결정적 증거에 의해 지지되는지에 달려 있다. 결정적 증거는 자신이 지지하는 믿음의 진리성을 보증하며, 그래서 그 증거를 가진 사람에게 완전한 확실성을 제공한다. 반면에 비결정적 증거는 자신이 지지하는 믿음의 진리성을 보증하지 않는다. 그래서 만일 어떤 명제 p에 대해 비결정적 증거를 가지고 있다면, p에 대한 우리의 정당화는 완전히 확실하다고 할 수 있는 경우보다 그 정도가 낮다.

"나는 존재한다"는 믿음을 생각해 보자. 데카르트가 『성찰』 첫 부분에서 논증했던 것처럼, 만일 내가 존재하지 않는다면 나는 나 자신의 존재에 관해 생각하고 있을 수 없을 것이다. 결과적으로 우리 자신이 존재한다고 잘못 믿는다는 건 불가능하다. 내가 존재한다고 믿는 데 대한 나의 증거—내가 존재하는지 하는 물음에 관해 내가 생각하고 있다는 사실에 대한 내성적 자각—는 결정적이다. 나의 증거는 내가 존재한다는 믿음의 옳음을 보증하며, 그래서 완전한 확실성을 제공한다.

이와 대조적으로 연구실에 책상이 하나 있다는 믿음에 대한 나의 증거는 비결정적이다. 나는 지금 내 앞의 책상을 보는 경험을 하고 있다. 그렇지만 그 경험을 하고 있는 나는 통 속의 뇌에 지나지 않으며, 내가 하는 감각 경험들은 컴퓨터를 통한 자극의 직접적 결과인 경우가 논리적으로 가능하다.[16] 만일 내가 그러한 통 속의 뇌라면, 가정상 나는 연구실에 있는 것이 아니라 미친 과학자의 실험실에 있는 것이다. 결과적으로 현재 내가 하고 있는 경험을 하고 있다는 사실은 증거가 지지하는 믿음의 옳음에 대한 논리적 보증이 되지 못한다.

여기서 말하는 결정적 증거와 비결정적 증거의 구별은 인식론 차원의 구별이다. 이 구별이 일상언어에서 사용되는 의미의 결정적 증거 대 비결정적 증거의 구별과 혼동되지 않는가? 내가 연구실에서 책상을 보고 있을 때 책상이 있다고 믿는 나의 증거는 확실히 일상적 의미로는 비결정적인 것이 아니다. 다시 말해 인식론 맥락을 벗어나면 우리는 나의 증거를 결정적 증거로—내 책상의 존재에 대해 조금의 의심도 남기지 않고—간주할 것이다. 그렇지만 여기서처럼 인식론 맥락에서 사용한다면 나의 증거는 내 믿음의 진리성을 보증하지 않기 때문에 비결정적이다.

정당화되는 믿음의 더미를 늘리는 한 방법은 연역을 사용하는 것이다. 다음 논증을 생각해 보라.

(1) 나는 존재한다.
그러므로
(2) 누군가가 존재한다.

전제 (1)은 확실하며, (2)가 연역에 의해 (1)로부터 따라 나온다는 것도 확실하다. 그래서 (1)과 (2) 사이의 연역이라는 고리는 확실성을 (1)에서 (2)로 옮긴다. 일반적으로 연역은 진리성을 보존하기 때문에 결정적 증거를 가지고 있는 전제들에서 출발하여 결정적 증거를 가지고 있는 결론으로 끝낼 수 있게 한다.[17] 어떤 결론에 대한 결정적 증거는 비연역적 방식의 도출을 통해서는 얻을 수 없다. 예컨대 만일 p가 q를 논리적으로 함의하지 않고 그저 개연적이게 만들 뿐이라면, 나는 p에 대한 증거가 결정적이라 하더라도 q에 대한 결정적 증거를 가질 수 없다.

연역에 의해 도출된 결론이 그 결론을 도출해 낸 전제보다 더 높은 정도의 정당성을 가질 수 없다는 사실을 지적할 필요가 있다. 이 점을 설명하기 위해 또 하나 다른 논증을 살펴보자.

(1) 아내가 지금 집에 있다.
그러므로
(2) 지금 누군가가 집에 있다.

보통 지금 시간에 아내가 집에 있다는 것을 알기 때문에 내가 (1)을 믿는 일이 정당화된다고 해 보자. 그렇지만 이런 종류의 증거가 (1)에 대해 확실성을 제공하지 않는다는 것은 분명하다. 따라서 비록 (1)에서 (2)를 도출하는 연역 단계가 확실하다 할지라도, 이 논증의 결론은 그 결론을 도출해 낸 전제가 확실하지 않기 때문에 확실하지 않다.

정당화와 파기가능성(defeasibility, 무효화가능성)

어떤 명제 p에 대한 우리의 정당성은 우리의 전체 증거 체계의 변화에 민감하다. 증거가 변함에 따라 우리는 어떤 명제를 믿는 데 대해 정당성을 얻을 수 있고, 잃을 수 있으며, 또다시 얻을 수도 있다. S가 자신에게 푸르게 보이는 종이를 한 장 본다고 해 보자. S는

(1) 이 종이는 푸르다

를

(2) 이 종이가 S에게 푸르게 보인다

라는 지각적 증거를 기초로 하여 믿는다. 더 나아가 S에게

(3) 그 종이 위에 푸른 조명이 비치고 있다

는 것이 알려진다고 해 보자. 만일 S가 내세울 수 있는 것이 (2)와 (3)뿐이라면, S가 (1)을 믿는 일은 정당화되지 않는다. 왜냐하면 (3)이 (1)을 믿는 데 대한 S의 정당화 근거로서의 (2)를 파기하기(무효화하기) 때문이다. 증거적 파기(evidential defeat) 개념은 다음과 같이 정의할 수 있다.

증거적 파기

d가 p에 대한 증거로서의 e를 파기한다 iff
e가 p라고 믿는 데 대한 증거지만, d와 결합되었을 때의 e는 p라고 믿는 데 대한 증거가 아니다.

명제 p를 믿는 데 대한 S의 정당화는 S가 p에 대한 S의 증거를 파기하는 또 다른 명제에 대한 증거를 가지고 있을 경우에 파기된다. 이런 일은 두 가지 방식으로 일어날 수 있다. 첫째, S가 자신이 p가 그르다고 믿는 일을 정당화시키는 증거를 획득할 수 있거나 또는 둘째, S가 자신이 p가 그르다고 믿는 일을 정당화시키지는 않지만, p가 옳다고 믿는 데 대한 자신의 정당화를 무너뜨리는 증거를 획득할 수 있

다. 전자 유형의 파기자(defeater)를 모순을 일으키는 파기자(contradicting defeater)라 하고, 후자 유형의 증거 파기자를 뿌리를 흔드는 파기자(undermining defeater)라 하자.[18] (3)은 뿌리를 흔드는 파기자의 예다. (3)은 (1)이 옳다고 믿는 데 대한 S의 정당화를 무너뜨리지만, S가 (1)이 그르다고 믿는 일을 정당화하는 것은 아니다.

다음은 모순을 일으키는 파기자의 예다. 다시 한 번 S가 (2)를 기초로 (1)을 믿는다고 해 보자. 또 다음 두 명제가 옳다는 사실이 S에게 알려진다고 해 보자.

(4) 이 종이는 학점 변경표다.
(5) 학점 변경표는 언제나 핑크색이다.

이 경우에 S는 왜 그 종이가 푸르게 보이는지—즉 왜 (3)인지—에 대한 설명을 가지고 있으며, 더 나아가 그 종이가 사실은 푸른 것이 아니라 핑크색이라는 것을 가리키는 증거를 가지고 있다. 이런 상황에서 S가 (1)이 그르다고 믿는 일은 정당화된다. 그러므로 (4)와 (5)의 연언은 모순을 일으키는 파기자로 작용한다.

p의 파기자가 다시 파기될 수도 있다. 만일 이런 일이 일어나면, S가 원래 p에 대해 가지고 있던 정당성은 복원된다. 다시 한 번 S가 (2)를 기초로 (1)을 믿는다고 해 보자. (3)이 옳다는 것이 S에게 알려지고, 그래서 (1)을 믿는 데 대한 그의 정당화는 파기된다. 그렇지만 그 뒤에 S에게 다음 두 명제가 알려진다.

(6) 이 종이는 학점 이의제기표다.
(7) 학점 이의제기표는 언제나 푸르다.

이 정보는 S에게 어쨌든 (1)이 옳다는 것을 가리키는 또 다른 관련 증거를 제공한다. 이 증거는 본성상 지각적 증거가 아니므로, 종이 위에 푸른 조명이 비치고 있다는 사실은 이 증거에 영향을 미치지 못한다. 결국 애초에 푸른 종이라면 푸른빛의 조명을 받았을 때 여전히 푸를 것이다. 따라서 (6)과 (7)이 표현하는 사실들을 알게 되자마자 S가 자신이 보고 있는 종이가 푸르다고 믿는 일은 또다시 정당화된다.

파기가능성과 게티어 문제

앞 절에서 S의 증거의 어떤 요소들이 그의 증거의 다른 요소들을 파기할 수 있기 때문에 정당성이 파기될 수 있다는 것을 살펴보았다. 이 절에서는—게티어 사례가 예증하듯이—정당성이 어떤 사실에 의해서도 파기될 수 있음을 살피게 될 것이다. 그 사실이란 S의 증거와 증거적 관련은 있지만 증거의 부분은 아니면서, p에 대한 그의 정당성은 그대로 고스란히 유지되지만 그로 하여금 p에 대한 지식에는 도달하지 못하게 한다는 의미에서, p라고 믿는 데 대한 S의 정당화를 파기하는 사실이다. 이 두 유형의 파기를 각각 정당화에 대한 **증거적 파기**(evidential defeat)와 **사실적 파기**(factual defeat)로 구별하기로 하자. 다음 두 정의는 이 두 개념이 어떻게 다른지 구체적으로 설명하고 있다.

증거적 파기

d가 p라고 믿는 데 대한 S의 정당화를 증거적으로 파기한다 iff

(1) S가 p라고 믿는 데 대해 증거 e를 가지고 있고, (2) S는

또한 p에 대한 증거로서의 e를 파기하는 명제 d에 대해 증거 e′를 가지고 있다.

사실적 파기

d가 p라고 믿는 데 대한 S의 정당화를 사실적으로 파기한다 iff

(1) S가 p라고 믿는 데 대해 증거 e를 가지고 있고, (2) d가 옳은데 S는 d에 대한 증거를 가지고 있지 않으며, d는 p에 대한 증거로서의 e를 파기하는 그런 명제 d가 있다.

내가 가진 증거의 어떤 요소들이 내가 또 다른 관련 증거를 갖지 않았을 경우에 내가 p라고 믿는 일이 정당화되었을 방식으로 p를 지지한다고 해 보자. 더 나아가 내 증거의 다른 요소들이 내가 p에 대해 갖고 있는 증거를 파기한다고 해 보자. 그 경우에 내가 p라고 믿는 일은 정당화되지 않는다. 그렇지만 만일 p에 대한 나의 증거를 파기하는 내게 감추어진—내가 그것에 대한 증거를 가지고 있지 않다는 의미에서 감추어진—사실이 있다면, 비록 내가 p라고 믿는 일이 여전히 정당화된다 할지라도 내가 p라는 것을 알 수 있는 것은 아니다.[19]

이 두 가지 방식 파기의 구별을 적절하게 유지하기 위해서 인식화 정당화와 비인식화 정당화(epistemizing and nonepistemizing justification)를 구별할 것이다. 인식화 정당화는 증거적으로도 사실적으로도 파기되지 않은 정당화다. 그래서 이 정당화는 옳은 믿음을 지식으로 전환시킨다. 비인식화 정당화는 증거적으로 파기되지는 않지만 사실적으로 파기되는 정당화다. 비인식화 정당화의 결점은 S의 범위를 벗어난 이유들로 인해 S의 상황에 관한 어떤 사실들에 의해서 정당화의 뿌리가 흔들리고, 그래서 p라는 S의 믿음을 인식화하지 못한다—즉 p라는 믿음을 지식으로 전환시키지 못한다—는 것이다.

이런 점들을 고려할 때 "p라고 믿는 데 대한 S의 정당성이 파기된다"는 표현은 애매한 표현임이 분명하다. 이 표현은 증거적 파기를 가리킬 수도 있고 사실적 파기를 가리킬 수도 있기 때문이다. 그렇다면 다음 약정을 채택하여 이 애매성을 피해 보기로 하자. p에 대한 S의 정당화가 증거적으로 파기될 때는 그저 p에 대한 S의 정당화가 파기된다고 하기로 하자. 반면에 p에 대한 S의 정당화가 증거적으로 파기되지 않지만 사실적으로 파기되는 경우에는 p에 대한 S의 정당성이 지닌 인식화 잠재력(epistemizing potential)이 파기된다고 하기로 하자.

이 약정이 구체적인 사례에서 어떻게 작용하는지 보자. 앞에서 논의했던 게티어 사례를 다시 살펴보자. 스미스가

(1) 존스가 포드를 소유하고 있다

고 믿는 일이 정당화되고, 스미스는 (1)로부터

(2) 존스가 포드를 소유하고 있거나 브라운이 바르셀로나에 있다

를 연역한다. 브라운이 우연히 바르셀로나에 있으므로 (2)가 옳다. 하지만 스미스는 그의 상황과 관련하여 그에게 감추어져 있는 다음 사실이 있기 때문에 (2)를 알지 못하는 것이다.

(3) 존스가 운전하는 포드는 헤르츠에게서 빌린 차다.

(3)은 (1)에 대해 모순을 일으키는 파기자다. 만일 스미스가 (3)을 믿는 데 대한 증거를 가졌다면, 그가 (1)이 그르다고 믿는 일이 정당화되었을 것이기 때문이다. 그렇지만 (3)은 스미스에게 감추어져 있으며, 그는 (3)에 대한 증거를 전혀 가지고 있지 않다. 결과적으로 (3)은 (2)라고 믿는 데 대한 S의 정당성을 파기하지 않는다. 다만 (3)은 (2)에 대한 스미스의 정당성이 지니는 인식화 잠재력을 파기할 뿐이며, 이로 인해 스미스는 (2)를 알지 못하게 된다. 따라서 (3)에도 불구하고 스미스가 (2)를 믿는 일은 충분히 정당화된다. 사실상 주체의 정당성이 고스란히 유지된다는 것은 게티어 사례 일반의 본질적 요소다. 어쨌든 게티어 사례들은 정당화되는 옳은 믿음의 사례인 것이다.

게티어 문제를 해결하려는 실패한 시도

파기가능성 개념이 게티어 문제 해결이라는 목적을 달성하는 데 어떻게 이용될 수 있는지는 다음 절에서 논의하게 될 것이다. 이 절에서는 다른 해결책을 살펴보기로 하겠는데, 이 해결책은 이미 막다른 골목에 봉착하는 것으로 드러났다.[20] 이 해결책의 골자는 다음 조건으로 표현된다.

C1 p에 대한 S의 정당화는 어떠한 허위에도 의존하지 않는다.

이 조건은 스미스 그리고 존스의 포드와 관련하여 그가 한 추리들에 관한 게티어의 원래 사례에 대해 올바른 결과를 가져온다. 스미스가 (2)를 연역할 때 그는 (1)을 전제로 사용한다. 그러나 (1)은 그르며, 그래서 (2)를 믿는 데 대한 그의 정당화는 허위에 의존한다. 그래서 S는 조건 C1을 충족시키지 않으며, 그래서 (2)를 모르는 것이다.

그럼에도 불구하고 JTB 설명에 C1을 보충하는 것으로는 게티어 문제를 해결하지 못한다. 다른 게티어-유형 사례들이 있는데, 이 사례들에서 정당화되는 옳은 믿음은 C1을 만족시키는데도 지식의 실례로서의 자격을 갖지 못한다. 그런 유형의 사례를 하나 살펴보자.

당신이 창밖 뜰에 있는 고양이를 한 마리 본다고 해 보자. 당신은 자연스럽게 "내 고양이가 뜰에 있다"고 믿게 된다. 하지만 당신이 자신의 고양이라고 생각한 것은 전혀 고양이가 아니며, 보는 것만으로는 실제 고양이와 구별할 수 없을 정도로 완벽하게 만들어진 홀로그램이다. 당신은 모르고 있지만, 당신의 이웃이 홀로그램을 비추는 장비를 구입하여 장난을 치고 있다. 더 나아가 당신의 고양이가 뜰에 있긴 있는데, 창 바로 밑에 누워 있어서 현재 당신이 있는 위치에서는 볼 수 없다고 해 보자. 그러면 고양이가 뜰에 있다는 당신의 믿음은 옳게 된다. 게다가 당신이 고양이가 뜰에 있다고 믿는 일은 완전히 정당화되는데, 왜냐하면 당신의 고양이가 뜰에서 아주 빈번하게 발견되곤 했었고, 그 홀로그램이 당신의 고양이와 아주 흡사하며, 당신은 이웃이 당신 뜰에 고양이 홀로그램을 비추고 있다고 의심할 아무런 근거도 없기 때문이다.

이 경우에 당신이 믿는 일이 정당화되는 명제—내 고양이가 뜰에 있다—는 어떤 명제로부터 연역된 것이 아니다. 오히려 당신은 어떤 지각적 경험(당신에게 고양이처럼 보이는 것을 보는 경험)을 갖고 있으며, 그 경험으로 인해 당신은 고양이가 뜰에 있다는 믿음을 갖게 된다. 그러므로 당신의 믿음에 대한 정당화는 다른 그른 명제로부터 추리된 것이 아니며, 그래서 어떠한 허위에도 의존하지 않는다. 따라서 JTB 설명에 C1을 보충한다면, 이와 같은 사례의 경우에 잘못된 결과에 도달하게 된다.

게티어 문제에 대한 파기가능성 해결책

게티어 예들은 문제의 명제를 믿는 데 대한 S의 정당성에 대하여 사실적 파기를 포함하므로, 많은 인식론자가 S의 정당성이 파기되지 않은 채로 유지될 것을 요구하는 조건을 내세움으로써 게티어 문제를 해결하려고 한다.[21] 물론 이외에도 경쟁하는 다른 안들이 있는데, 이 파기가능성 접근 방식은 이 안들 가운데 하나의 경쟁안일 뿐이다. 사실상 게티어 문제에 관한 문헌에서 두드러지게 보이는 현상은 첫째로 접근 방식이 무수히 많다는 것이고, 둘째로 확고한 해결책이 없다는 것이라고 말하는 것이 온당할 것이다. 유감스럽게도 지면관계상 여기서는 파기가능성을 벗어난 접근 방식들에 대해 논의할 수 없다.

파기가능성 접근 방식은 전 범위의 관련된 사실들이 p라는 믿음에 대한 S의 정당화를—사실적 의미에서—파기해서는 안 된다는 착상에 기초를 두고 있다. 다음 조건은 이 접근 방식 배후의 착상을 포착하고 있다.

C2 d가 p라고 믿는 데 대한 S의 증거를 사실적으로 파기하는 그런 d가 없다.

C2는 우리가 살펴본 바 있는 게티어 사례에 대해 올바른 결과를

가져온다. 스미스와 존스의 포드에 관한 게티어 사례에서 우리는 다음 명제를 옳다고 가정했다.

(1) 존스가 지금 운전하고 있는 포드는 헤르츠에게서 빌린 차다.

(1)은 존스가 포드를 소유하고 있거나 브라운이 바르셀로나에 있다고 믿는 데 대한 스미스의 정당화의 인식화 잠재력을 파기한다. 따라서 비록 존스가 포드를 소유하고 있거나 브라운이 바르셀로나에 있다고 스미스가 믿는 일이 정당화된다 할지라도, 그는 그것을 모르는 것이다.

뜰에 있는 고양이 사례의 경우에 다음 명제가 옳다.

(2) 당신이 보고 있는 것은 고양이처럼 보이는 홀로그램이다.

(2)는 당신의 고양이가 뜰에 있다고 믿는 데 대해 당신이 가지고 있는 증거의 사실적 파기자다. 그래서 당신은 고양이가 뜰에 있다는 것을 알지 못한다.

C2를 개별 경우들에 적용할 때 우리는 S의 전체 증거 체계를 고려해야 한다는 사실을 주목하는 것이 중요하다. 다음 사례는 이 점을 예증한다. S가

(3) 이 종이는 푸르다

고 믿는 일이 정당화되는데, 이는 그 종이가 그에게는 푸르게 보이고

그가

(4) 이 종이는 학점 이의제기표인데, 모든 학점 이의제기표는 푸르다

는 것을 알기 때문이라 하자. 더 나아가 다음 명제가 옳다고 가정하자.

(5) 푸른 조명이 그 종이 위에 비치고 있다.

(5)는 (3)을 믿는 데 대한 S의 지각적 증거를 파기한다. 그럼에도 불구하고 (5)가 전체적으로 (3)에 대한 S의 증거를 파기하지 않기 때문에 C2는 충족된다. (4)에 대한 S의 지식은 그의 증거의 일부인데, 이것만으로 S의 믿음을 정당화하기에 충분하다. 따라서 비록 (3)에 대한 S의 정당화의 한 요소를 파기하는 옳은 명제가 있다 할지라도, S는 (3)에 대한 지식을 갖는다.

지식에 대한 JTB 설명의 수정안

전통적 설명에 따르면 지식은 세 가지 요소, 즉 진리, 믿음, 정당화를 포함한다. 게티어 문제는 또 다른 요소가 필요함을 증명하고 있다. 파기가능성 접근 방식의 옹호자들은 이처럼 빠진 요소가 바로 사실적 파기가 없음이라는 요소라고 제안한다. 그래서 그들은 전통적 설명에 다음과 같이 네 번째 조건을 추가하곤 한다.

S가 p라는 것을 안다 iff

(1) p가 옳다.

(2) S가 p라고 믿는다.

(3) S가 p라고 믿는 데 대한 정당화 증거를 가지고 있다.

(4) p라고 믿는 데 대한 S의 증거를 사실적으로 파기하는 명제 d가 없다.

그렇지만 조건 (4)가 진리 조건을 중복되게 만든다는 점을 주목할 필요가 있다.[22] p가 그를 때마다 p에 대해 S가 가질 수 있는 정당성 근거가 무엇이든 그 정당성을 파기하는 옳은 명제 d, 즉 p의 부정이나 p의 그름을 논리적으로 함의하는 어떤 명제가 언제나 있게 될 것이다. 그러므로 p가 그를 때는 언제나 조건 (4)가 충족되지 않는다. 왜 그런가를 알려면 증거적 파기에 대한 정의를 다시 생각해 보라.

d가 p에 대한 증거로서의 e를 파기한다 iff
e가 p라고 믿는 데 대한 증거지만, d와 결합되었을 때의 e는 p라고 믿는 데 대한 증거가 아니다.

p가 그르고, S는 p를 지지하는 증거 e를 갖고 있다고 해 보자. p가 그르므로 p의 부정, 즉 ~p는 옳다. 그러므로 우리는 ~p와 결합했을 때의 e가 p에 대한 증거인지 물어야 한다. 그리고 그 답은 증거가 아니라는 것인데, 왜냐하면 어떤 것도 p의 부정과 결합했을 때는 p에 대한 증거가 되지 못하기 때문이다.

그른 명제를 믿는 간단한 사례를 하나 살펴보자. 한 시골 지방에서 산책하는 동안에 당신이 양처럼 보이는 동물을 보기 때문에

(1) 들판에 양이 있다

고 믿는다고 해 보자. 그런데 그 동물의 이상한 어떤 특징들로 인해 당신이 있는 위치에서는 꼭 양처럼 보이지만 그 동물은 실은 개다. 따라서 다음 명제가 옳다.

(2) 당신이 보고 있는 것은 실제로는 양처럼 보이는 개다.

이 명제는 (1)을 믿는 데 대한 당신의 증거를 사실적으로 파기한다. 만일 당신이 (2)에 대한 증거를 획득한다면, 당신이 (1)을 믿는 일은 더 이상 정당화되지 않을 것이다. 이렇게 되면 지식에 대한 JTB 설명의 수정안에서 조건 (4)가 충족되지 않으며, 우리는 당신이 들판에 양이 있다는 것을 알지 못한다는 결과에 도달하게 된다.

그렇다면 당신이 알 수 있듯이 전통적 설명에 조건 (4)를 추가시키는 일은 조건 (1)을 군더더기로 만든다. 따라서 수정안 설명은 세 조건만으로 진술될 수 있다.

S가 p라는 것을 안다 iff

(1) S가 p라고 믿는다.

(2) S가 p라고 믿는 데 대한 정당화 증거를 가지고 있다.

(3) p라고 믿는 데 대한 S의 증거를 사실적으로 파기하는 명제 d가 없다.

연구문제

1. 지식에 대한 전통적 설명에 따를 때, S가 p라는 것을 알기 위해 충족시켜야 하는 세 조건은 무엇인가? 이 세 조건 각각의 근거는 무엇인가?
2. 게티어 문제란 무엇인가?
3. 믿음의 정당화됨이라는 속성과 믿음을 정당화하는 활동은 어떻게 다른가?
4. 결정적 증거와 비결정적 증거의 차이는 무엇인가?
5. 증거가 "파기가능하다"라는 말은 무슨 뜻인가?
6. 게티어 사례들에서 어떤 의미로 p라고 믿는 데 대한 S의 정당화가 파기되는가?
7. p라고 믿는 데 대한 S의 정당화가 어떠한 허위에도 의존해서는 안 된다는 조건이 왜 게티어 문제를 해결하지 못하는가?
8. 파기가능성 개념이 게티어 문제를 해결하는 데 어떻게 이용될 수 있는가?

연습문제

1. 지식이 믿음을 논리적으로 함의하지 않는다고 논증하기 위해 자신의 사례를 구성한 다음, 믿음 조건의 옹호자가 그 사례에 어떻게 적응할 수 있는지 설명해 보라.
2. 당신 자신의 게티어 사례를 구성해 보라.
3. 다음은 소사(E. Sosa)가 제시한 게티어 사례다.

> 어떤 사람 S가 막 못을 뽑기 시작하면서 그 못이 아래로 떨어질 것이라고 예측한다. 그렇지만 그가 모르고 있는 사실인데, 그의 머리 위와 발밑에는 강력한 자석들이 있다. 하지만 자석의 영향이 못이 가까이 있을 때만 중력을 능가할 정도라는 사실을 제외한다면 그 못은 여느 때처럼 아래로 떨어질 것이다. 이런 경우 못이 아래로 떨어질 것이라는 S의 예측은 지식이 되지 못함이 확실하다. 하지만 어째서 지식이 되지 못하는가? 무엇이 잘못되었는가?[23)]

소사가 이 인용구의 마지막에 던진 질문에 대해 대답해 보라. 게티어 문제에 대한 해결책으로 이 장에서 기술한 파기가능성 해결책이 소사의 사례에도 적용될 수 있다고 생각하는가?

| 주 |

1) Chisholm(1989)에 따르면, 인식론의 실제적 목적은 다음과 같이 표현할 수 있다. 즉 "우리는 정당화되지 않는 믿음을 정당화되는 믿음으로 대치하고 정당성의 정도가 적은 믿음을 그 정도가 큰 믿음으로 대치함으로써 최선을 다해 우리의 믿음집합을 개선하고 싶어 한다"(1면). 인식론의 이론적 차원과 실제적 차원에 대한 자세한 설명은 Sosa(1991), essay 14를 볼 것.

2) "S가 p라는 것을 안다" 형식의 표현은 "도식"(schema)이라 불린다. 도식은 옳지도 그르지도 않은 형식문이지만, 적절한 표현을 대입해 옳거나 그른 문장으로 변환시킬 수 있다. 따라서 "S"를 "소크라테스"로, "p"를 "용기는 덕이다"로 대치시키면, "소크라테스는 용기가 덕이라는 것을 안다"를 얻게 된다. 한편 "~라는 것"(that)이라는 절을 지나치게 고집하다 보면 어색한 표현이 될 수 있으므로, 앞으로는 "S는 p라는 것을 안다"는 표현 대신 "S는 p를 안다"라는 표현을 사용하기로 하겠는데, 이 표현에서 "p"에 명제를 대입할 경우에는 "~라는 것"(that)을 추가시켜 사용해야 된다고 이해하면 될 것이다.

3) *Theatetus* 200d~201d. *The Dialogues of Plato*, 4th ed., trans. B. Jowett (Oxford: The Clarendon Press, 1953)에서 인용.

4) Gettier(1963)를 볼 것.

5) p가 q를 논리적으로 함의한다(entail)는 말은 p가 옳은데 q가 그르다는 것이 가능하지 않다는 걸 의미한다.

6) 이 원리는 정당성이 공인된 논리적 함의 관계들을 통해 한 명제에서 다른 명제로 옮겨짐을 주장하고 있다. 이 원리는 또한 "폐쇄"(closure) 원리로 불리기도 하는데, 이는 이 원리가 공인된 논리적 함의 관계를 기초로 하여 정당성을 한 명제에서 다른 명제로 옮겨도 정당화되는 믿음들의 폐쇄된 영역 밖으로 벗어나지 않는다는 걸 말하기 때문이다. Dancy(1985), 10면 이하를 볼 것.

7) 그 이유는 연역이 진리성-보존적(truth-preserving)이라는 것이다. 만일 p가 옳고 q가 p로부터 연역될 수 있다면, q가 그르다는 건 불가능하다. Klein(1992), 460면을 볼 것.

8) 이 견해들에 대한 간단한 설명은 Horwich(1992)를 볼 것.

9) 이 견해에 대한 옹호는 Putnam(1981)을 볼 것.

10) 이 견해에 대한 고전적 설명에 대해서는 James(1909)를 볼 것.

11) 그래서 검증론(또는 종종 그렇게 불리듯이 반실재론)을 옹호하는 퍼트남은 우리가 통 속의 뇌가 된다는 것이 불가능하다는 것을 주장하는 복잡한 논증을 제시했다. Putnam(1981), 1장을 볼 것.

12) 이상적인 조건에서라면 당신이 수잔 룩크라고 잘못 믿은 여성의 진짜 신분을 나타내 주는 증거를 가질 것임이 분명하다.

13) 표준적 견해와 경쟁하는 대안의 이론들이 있지만 지면관계상 여기서는 검토할 수 없다. 간략한 설명은 Heil(1992)을 볼 것.

14) 이 견해는 Conee and Feldman(1985)에서 옹호된다.

15) 이 견해에 대한 논의로는 같은 책 4절을 볼 것. 또 Armstrong(1973), 150면 이하와 Pollock(1986), 36면 이하를 볼 것.

16) 비록 이 점을 부정하는 철학자가 약간 있긴 하지만, 아마 이들조차도 사실상 내가 미친 과학자가 환상을 보도록 만들고 있는 실험실에 있으면서 나로 하여금 내 연구실에서 책상을 보고 있다고 믿게 만들 정도로 생생한 환상을 겪을 수 있다는 것은 인정할 것이다.

17) 물론 도출 과정의 각 단계도 확실할 경우에만 확실한 전제들을 가진 연역 논증이 확실한 결론을 끌어낼 수 있다는 것은 말할 것도 없다.

18) 이 두 유형의 파기에 대한 설명은 Pollock(1986), 37면 이하를 볼 것.

19) "감추어진 사실"(hidden fact)이란 말은 Hetherington(1992), 115면에서 나온다.

20) 게티어 문제에 대한 여러 가지 해결책을 포괄적으로 논의하고 있는 책으로는 Shope(1983)를 볼 것. 이 절에서 논의하고 있는 해결책을 간단하게 논의하고 있는 책은 Dancy(1985), 27면 이하를 볼 것.

21) 이 접근 방식은 Lehrer and Paxson(1969)에서 처음 전개되었다. 또한 Lehrer(1990), 제7장을 볼 것. 파기가능성 접근 방식에 대해 간단하지만 유용한 설명은 Dancy(1985), 29면 이하와 Moser(1992), Shope(1992)를 볼 것.

22) Dancy(1985), 29면을 볼 것.

23) Sosa(1986)을 볼 것.

제 2 장 | 인식론과 철학적 분석

개념과 명제

이 장에서는 두 가지 방식의 개념 분석을 구별할 것이다. 그렇지만 개념 분석이란 주제를 논의하기 전에 먼저 "개념"(concept)이란 용어를 어떻게 사용하는가에 관해 몇 마디 하는 것이 순서일 것 같다. 이 책에서 사용할 때 개념은 속성이다.[1] 그래서 지식 개념은 사람들에게 귀속되는 앎이라는 속성으로 간주하고, 정당성 개념은 사람들이 명제에 대해 갖는 태도에 귀속되는 정당화됨이라는 속성으로 간주할 것이다.

여기서 사용하는 의미의 개념은 낱말이나 정신 속 관념과 혼동해서는 안 된다. 1장에서 지식에 대한 분석을 논의했을 때, 우리의 관심사는 한국어 낱말 "지식"이 아니라 이 낱말이 지시하는 (그리고 무수히 많은 다른 언어에서 이와 비슷한 낱말들이 지시하는) 개념에 관한 것이었다. 낱말은 개별자, 즉 특정 언어에 속하는 구체적인 것들이다. 그렇지만 개념은 보편자, 즉 많은 개별 대상에 의해 예화될 수 있는 속성이다. 따라서 개념은 "실례"(instance)를 갖는다고 말할 수 있는데, 이 "실례"는 그 개념을 예화하는 개별 대상들이다. 예컨대 나의 이웃집 고양이는 고양이 개념의 실례고, 고양이가 네 개의 다리를 가지고 있다는 당신의 앎은 지식 개념의 실례다.

개념은 보편자로 간주되므로 그것을 사람들 정신 속의 관념과 혼동하면 안 되는데, 관념은 개별자이기 때문이다. 그렇다면 지식이나 정당성 같은 것들에 대해 철학적으로 음미할 때 우리가 관심을 갖는 것은, 사람들이 그들의 머릿속에 갖고 있는 지식이나 정당성 관념이 아니라 오히려 그들이 무언가를 알 때, 그리고 그들이 무언가를 믿는 일이 정당화될 때 그들이 공통적으로 가지고 있는 것에 대해서다.

개념과 낱말의 구별에 병행하는 또 하나의 구별은 **명제**(proposition)와 **문장**(sentence)의 구별이다. 문장의 구성요소는 낱말들이다. 그래서 낱말과 마찬가지로 문장은 특정언어에 속하는 개별적인 것이다. 이와 대조적으로 명제는 문장(즉 옳거나 그른 문장)이 표현하는 것이다. 예컨대 두 문장

(1) 둘 더하기 둘은 넷이다

(2) Two and two is four

는 다른 언어에 속하며, (1)은 한국어고 (2)는 영어다. 하지만 두 문장이 표현하는 것은 똑같은 하나의 것, 즉 둘 더하기 둘은 넷이라는 명제다. 문장은 개별자다. 그래서 문장은 시공상의 위치를 가지며, 본성상 물리적이므로 지각할 수 있다. 예컨대 문장 (1)과 (2)는 이 책이 놓여 있는 곳에 위치해 있다. 두 문장은 이 책이 인쇄되면서 생겼으며, 만일 당신이 이 책을 읽고 난 후 태워 버리기로 결심한다면 더 이상 존재하지 않게 될 것이다. 그렇지만 (1)과 (2)가 표현하는 명제는 추상적 대상이다. 그래서 명제는 시공상의 위치를 갖지 않으며, 본성상 물리적이지 않으므로 이 책을 태우더라도 없어지지 않을 것이다.

만일 문장과 명제의 관계를 이런 식으로 생각한다면, 문장은 그 문장이 표현하는 명제의 진리치에 따라 옳거나 그르다고 할 수 있다. 그렇다면 진리성의 일차적 담지자는 명제이며, 문장은 진리치를 파생적으로만, 즉 명제를 표현하는 일을 통해서만 갖는다. 하지만 이 견해가 논쟁의 여지가 없는 것이 아님을 주목할 필요가 있다. 어떤 철학자들은 명제가 추상적 대상이라고 가정되었으므로 명제는 인간 경험을 통해 파악할 수 없다(inaccessible)고 이의를 제기한다. 한편 문장은 구체적인 물리적 대상이며, 그래서 지각을 통해 파악할 수 있다. 인쇄된 문장은 볼 수 있고, 말로 하는 문장은 들을 수 있다. 그러므로 진리성 담지자 역할을 하는 것으로 명제보다는 문장을 택해야 한다는 논증이 있을 수 있는 것이다.

이 논증에 대한 두 가지 응답을 간단히 살펴보자. 첫째, 명제를 지지하는 사람들은 명제가 지각될 수 없다는 말은 옳지만 인간 정신을 통해 전혀 파악할 수 없다는 말은 그르다고 주장할 것이다. 어쨌든 우리는 명제를 이해하고 그것이 옳은지 그른지 생각해 볼 수 있다. 둘째, 명제를 지지하는 사람들은 우리가 진리성의 담지자로 명제 대신 문장을 택해야 한다고 할 경우 심각한 난점에 직면할 것임을 지적할 것이다. 다음 글상자를 생각해 보라.

카이사르는 브루투스에 의해 살해되었다. 카이사르는 브루투스에 의해 살해되었다.

이 상자 안에 문장이 몇 개 있는가? 이 물음에 답하기 위해서는 문장 유형(sentence types)과 문장 표지(sentence tokens)를 구별해야 하는

데, 이렇게 구별하고 나면 이 상자 안에 같은 문장 유형을 지닌 두 개의 표지가 있다고 말할 수 있다. 문장 표지는 개별적인 물리적 흔적, 즉 종이 위의 잉크나 칠판 위에 쓰인 분필 형태들이다. 이와 대조적으로 문장 유형은 문장 표지들에 의해 예화되는 추상적 형식이다. 그렇다면 이제 명제에 대한 비판자들이 진리성 담지자로 문장을 택해야 한다고 주장할 때 그들이 염두에 두고 있는 것은 문장 유형일 수 없는데, 문장 유형은 명제와 마찬가지로 추상적 대상이기 때문이다. 글상자를 볼 때 당신이 보는 것(그래서 당신의 경험을 통해 파악가능한 것)은 두 개의 문장 표지다. 이 두 표지를 실례로 하는 문장 유형은 당신이 이해하거나 파악하는 어떤 것이지만, 당신이 글상자 안의 두 문장 표지에 의해 표현되는 명제를 지각할 수 없는 것과 마찬가지로 당신은 그것을 지각할 수 없다.

그러면 명제에 대한 비판자들은 옳거나 그른 종류의 것은 문장 표지라고 주장할 것이다. 그러나 그렇게 되면 우리는 존재하는 모든 진리를 표현하기에 충분할 정도로 문장 표지가 있는지 의아해할 수 있다. 2+1=3, 2+2=4, 2+3=5, 2+4=6 … 등으로 이루어지는 무한계열을 생각해 보라. 어떤 점에서 이 계열은 인쇄될 경우 수천 마일의 길이가 되고 말로 할 경우 오랜 시일이 걸리는 진리들에 도달할 것이다. 비슷한 계열이 무한히 펼쳐져 있다. 무한 수효의 산술학 진리들이 그에 대응하는 무한 수효의 문장 표지를 갖지 않는다는 것은 분명하며, 실제적으로 그럴 수도 없다.[2] 그러므로 진리성 담지자와 문장 표지를 동일시하는 이론은 거의 옳을 성싶지 않은 것처럼 보인다.[3]

필연성과 가능성

이 절에서는 네 가지 다른 유형의 명제를 구별할 것이다. 먼저 필연적으로 옳은 명제가 있다. 이 명제는 "필연적 진리"로 부를 수 있다. 여기 몇 개의 예가 있다.

> 모든 총각은 미혼이다.
> 붉은 것은 무엇이든 채색된 것이다.
> 만일 내 지갑에 300원 이상이 있다면, 내 지갑 속에는 200원 이상이 있다.
> 만일 로이스의 키가 가벨리만큼 크고 가벨리가 버거만큼 크다면, 로이스는 버거만큼 크다.

이 명제들은 각각 그를 수 없도록 되어 있는 명제들이다. 여기서 "그를 수 없다"는 논리적 의미에서 그를 수 없다는 것이며, 그래서 이 명제들 가운데 어떤 것도 그르다는 것이 논리적으로 불가능하다. 그런가 하면 필연적으로 그른 명제도 있다. 다음은 그 예다.

> 스미스는 무색의 빨간 차를 가지고 있다.
> 내 지갑 속에 300원은 넘지만 200원보다는 적은 돈이 들어 있다.
> 로이스는 가벨리만큼 크고 가벨리는 버거만큼 크지만, 로이스는 버거보다 작다.

이 명제들 각각은 필연적 허위, 즉 옳다는 것이 가능하지 않은 그런 명제이다.

세 번째로 우연적 명제, 즉 필연적으로 옳지도 필연적으로 그르지도 않은 명제가 있다. 다음 세 가지 예를 생각해 보라.

(1) 미국의 42대 대통령은 조지 부시다.
(2) 미국의 42대 대통령은 빌 클린턴이다.
(3) 만일 빌 클린턴이 힐러리 클린턴과 결혼한다면, 힐러리 클린턴은 빌 클린턴과 결혼한다.

(1)은 우연적으로 그르고, (2)는 우연적으로 옳다. 그렇지만 (3)은 우연명제가 아닌데, 왜냐하면 필연적으로 옳기 때문이다.

네 번째로 필연적으로 그른 것은 아닌 명제들이 있다. 그런 명제들은 가능적으로 옳다. 위의 세 명제는 모두 이 범주에 속한다. (1)은 실제적으로는 그르지만 가능적으로 옳다. 한편 (2)는 실제적으로 옳고, 그래서 가능적으로도 옳다. 마지막으로 (3)은 필연적으로 옳으며, 그래서 가능적으로도 옳다. 이를 일반화해 보면 다음과 같다. 즉 필연적으로 그른 것이 아닌 임의의 그른 명제는 가능적으로 옳으며, 필연적으로 옳건 우연적으로 옳건 모든 옳은 명제는 가능적으로 옳다.

필연성과 가능성 문제에 관해 생각할 때는 논리적 필연성과 물리적 필연성을 혼동하지 않는 것이 중요하다. 자연법칙은 물리적으로 가능한 것과 가능하지 않은 것을 알려 준다. 예컨대 인간이 손을 퍼덕거려 대서양을 횡단한다거나 음식을 섭취하지 않고 10년 동안 생존한다는 건 물리적으로 불가능하다. 그렇지만 논리에 관한 한 어떤 것이 명백한 모순—예를 들어 둥근 사각형이나 결혼한 총각처럼—이 아니라면, 아무리 억지스럽게 보인다 하더라도 그것은 가능하다. 그래서 여기서는 존스는 그의 팔을 퍼덕거려 대서양을 횡단했다.
가벨리는 10년 동안 아무것도 먹지 않고도 체중이 줄지 않았다.
그저 의지력으로 버거는 자신을 의자 위에서 들어 올려 공중에 뜨게 했다.

와 같은 명제들을 우연적으로 그른 명제로 간주할 것이다. 자연법칙과 관련해서 생각하면 이 명제들은 그르지 않을 수 없겠지만, 논리라는 관점에서는 이 명제들이 그를 수밖에 없는 것이 아니다. 실제적으로는 그르다 할지라도 이 명제들은 가능적으로 옳다.

논리적 함의와 필연적 동연

다음 절에서는 철학적 분석의 본성에 관심을 갖게 될 것이다. 그러나 먼저 개념이나 명제들이 서로 관련을 맺을 수 있는 두 가지 방식을 살펴볼 필요가 있다. 이 관계들을 다음과 같이 정의하기로 하자.

논리적 함의(Entailment)

개념 A는 개념 B를 논리적으로 함의한다 iff
필연적으로 A의 실례인 것은 무엇이든 또한 B의 실례다.

명제 p는 q를 논리적으로 함의한다 iff
p가 옳은데 q가 그르다는 것이 불가능하다.

동치(Equivalence)

두 개념 A와 B는 동치다 iff

필연적으로 A의 실례인 것은 무엇이든 또한 B의 실례이며, 그 역도 마찬가지다.

두 명제 p와 q는 동치다 iff
p와 q가 다른 진리치를 갖는다는 것이 불가능하다.

여기에 이 정의들을 설명하는 예가 몇 개 있다. 어머니라는 개념은 여성이라는 개념을 논리적으로 함의하며, 적어도 하나의 자녀를 둔 여성이라는 개념과 동치다. 삼각형이라는 개념은 삼변형이라는 개념을 논리적으로 함의하며 그것과 동치다. "스미스와 브라운은 존스가 포드를 한 대 갖고 있다는 것을 안다"는 명제는 "존스가 포드를 한 대 소유하고 있다는 것은 옳다"는 명제를 논리적으로 함의하며, "브라운과 스미스는 존스가 포드를 한 대 갖고 있다는 것을 안다"는 명제와 동치다. 마지막으로 "스미스가 그의 지갑에 300원을 가지고 있다는 것은 옳다"는 명제는 "스미스가 그의 지갑에 300원을 가지고 있다는 것은 가능하다"는 명제를 논리적으로 함의하며, 이 명제는 다시 "스미스가 그의 지갑에 300원을 가지고 있다는 것은 필연적으로 그른 것이 아니다"라는 명제와 동치다.

만일 두 개념이 서로 동치라면, 이 두 개념은 **필연적으로 동연적**(coextensive)이다. 한 개념의 외연은 그 개념의 모든 실례들의 집합이다. 예컨대 "염소" 개념의 외연은 모든 염소들의 집합이다. "미국의 최고 대법원의 일원임"이라는 개념의 외연은 정확히 9명 판사들의 집합이며, "미국의 대통령임"이라는 개념의 외연은 (1998년에) 빌 클린턴이다. 두 개념이 필연적으로 동연적이기 위해서는 두 개념이 서로를 논리적으로 함의해야 한다. 즉 한 개념의 실례이면서 다른 개념의 실례가 아닌 대상이 있다는 것이 논리적으로 불가능해야 한다. 방금 살펴본 두 개념 "어머니"와 "적어도 하나의 자녀를 둔 여성"은 바로 이런 개념 짝을 이루는 예다. 필연적으로 동연적인 개념들은 모든 가능세계에서 똑같은 실례를 갖는다. 예컨대 세 변을 가진 대상이 세 각을 가진 대상이 되지 못하는 가능세계는 없으며, 그 역도 마찬가지다. 그리고 어떤 사람이 형이면서 동시에 남자 형제가 아닌 가능세계는 없으며, 그 역도 마찬가지다.

동연적이지만 필연적으로 동연적인 것은 아닌 두 개념의 예로 "미국의 대통령임"과 "미국의 총사령관임"이라는 두 개념을 생각해 보라. 미국 헌법은 대통령과 총사령관이 동일한 한 사람이라고 규정하고 있다. 그러나 헌법을 규정하는 일에 필연적 요소는 없다. 이 전통에 종지부를 찍는 수정안이 의회에서 통과될 수도 있으며, 이는 대통령과 총사령관이 서로 다른 두 사람이라는 것이 논리적으로 가능하다는 걸 의미한다. 동연적이지만 필연적으로 동연적인 것은 아닌 두 개념의 또 다른 예는 "x는 심장을 가진 동물이다"와 "x는 간을 가진 동물이다"다.[4] 자연법칙의 진행과 관련시켜 생각해 보면, 한 개념의 실례인 것은 무엇이든 또한 다른 개념의 실례임에 틀림이 없다. 하지만 논리적으로는 그 점과 관련하여 필연적인 것이 전혀 없다. 자연은 변할 수 있다. 이 말은 그런 변화를 생각한다는 것이 어려운 일일지는 몰라도, 미래의 생물이 심장은 있지만 간은 없는 형태로 진화할 수도 있다는 뜻이다.

개념 분석

많은 경우 철학적 문제를 해결하려고 할 때 우리는 어떤 개념이 의

미하는 것을 분석하려고 한다. 예컨대

> 사람이란 무엇인가?
> 원인이란 무엇인가?
> 행위란 무엇인가?
> 지식이란 무엇인가?

라는 물음들은 개념에 대한 분석을 요구하고 있다. 그렇지만 개념은 단순개념일 수도 있고 복합개념일 수도 있다. 복합개념은 그 구성요소들을 드러냄으로써 분석할 수 있는 반면에, 단순개념에 대해서는 그런 일을 할 수 없다. 오히려 단순개념이 의미하는 것을 전달하기 위해서는 그저 그 개념을 똑같은 것을 의미한다고 여겨지는 다른 개념들과 관련시킴으로써 정의를 제시하는 일만을 할 수 있을 뿐이다. 그러므로 (1) 동의어를 진술함으로써 단순개념을 정의하는 일과 (2) 구성요소들로 나눔으로써 복합개념을 정의하는 일(또는 분석하는 일)을 구별할 것이다.

예컨대 필연성 개념은 단순개념이다. 따라서 필연성에 대한 개념적 분석은 구성요소들을 확인한다는 의미로는 제시할 수 없다. 그렇지만 필연성 개념은 그것이 의미하는 것을 가능성 개념과 관련시킴으로써 정의할 수 있다. 이를테면 필연적 명제라는 개념은 다음과 같이 말함으로써 정의할 수 있다. 즉 만일 어떤 명제가 그르다는 것이 가능하지 않다면, 그리고 오직 그 경우에만 그 명제는 필연적 명제다. 가능성 개념에 대해서도 이와 똑같은 생각을 적용할 수 있다. 가능성은 구성요소들로 나누어질 수 없으므로 가능성 개념은 분석될 수 없다. 그렇지만 만일 어떤 명제가 필연적으로 그른 것이 아니라면, 그리고 오직 그 경우에만 그 명제는 가능적으로 옳다고 말함으로써 가능한 명제를 정의할 수는 있다.

단순개념의 또 다른 예는 도덕적 올바름(moral rightness) 개념이다. 올바름은 어떠한 구성 부분도 갖지 않으며, 그래서 개념적 분석을 이용할 수 없다. 그렇지만 올바름 개념은 다른 규범적 개념들과 관련시킴으로써 정의할 수 있다. 예컨대 이렇게 말할 수 있다. 만일 x를 행하지 않는 것이 도덕적으로 의무가 아니라면, 그리고 오직 그 경우에만 x를 행하는 것은 도덕적으로 올바르다. 그리고 의무 개념은 다시 허용가능성 개념을 통해 정의할 수 있다. 만일 x를 행하지 않는 것이 허용가능하지 않다면, 그리고 오직 그 경우에만 x를 행하는 것은 의무다.

단순개념과 달리 복합개념은 그 개념들이 지닌 의미의 성분을 이루는 부분들이 있다. 따라서 복합개념이 의미하는 것을 전달하기 위해서 우리는 복합개념을 그 구성요소들로 분석할 수 있다. 예컨대 어머니라는 개념은 복합개념이다. 즉 이 개념은 "여성"과 "적어도 하나의 자녀를 가짐"이라는 두 성분을 포함하고 있다. 이 개념에 대한 분석을 정식화하기 위해 우리는 다음 형식의 쌍조건문을 상정할 수 있다.

표본 분석 #1

모든 x에 대해서 x는 어머니다 iff
(1) x는 여성이고, (2) x는 적어도 하나의 자녀를 가지고 있다.

이 분석에서 iff의 앞쪽 항은 피분석항(분석을 필요로 하는 항)이라 부르고, 뒤쪽 항은 분석항(분석하고 있는 항)이라 부르기로 하자. 분석이 올바르기 위해서는 분석항이 개별적으로는 피분석항이 되기 위한 필요조건, 합치면 충분조건이 되는 조건들을 밝혀야 한다. 이 표본 분석은 바로 그런 분석을 하고 있다. 이 분석이 열거한 두 조건은 개별적으로는 필요조건이다. 그래서 어떤 사람이 여성이 아니고는 어머니일 수 없으며, 적어도 하나의 자녀를 두지 않고는 어머니일 수 없다. 더 나아가 이 분석이 열거한 두 조건은 합치면 충분조건이다. 즉 (1)과 (2)를 모두 만족시키는 것은 무엇이든 어머니다.

이 점은, 분석이 타당하기 위해서는 피분석항이 분석항에 제시된 각 조건들을 논리적으로 함의해야 하고 분석항은 피분석항을 논리적으로 함의해야 한다는 말로 표현할 수도 있다. 방금 앞의 표본 분석은 이 요건을 만족시킨다. 어머니 개념은 "여성"이라는 개념은 물론이고 "적어도 하나의 자녀를 가짐"이라는 개념을 논리적으로 함의하며, 이 두 개념은 함께 합쳐져서 "어머니"라는 개념을 논리적으로 함의한다. 그렇다면 요컨대 올바른 분석이란 피분석항과 분석항이 서로를 논리적으로 함의하는 분석이나, 동치인 분석, 또는 필연적으로 동연적인 분석이다. 그래서 만일 어떤 분석이 올바르다면, 한 대상이 분석항의 실례이면서 피분석항에 진술된 조건들을 만족시키지 못하는 가능세계는 없으며, 그 역도 마찬가지다. 다음 두 분석은 이 요건을 만족시키지 못한다.

표본 분석 #2

모든 x에 대해서 x는 어머니다 iff

(1) x는 적어도 하나의 자녀를 가지고 있다.

표본 분석 #3

모든 x에 대해서 x는 어머니다 iff
(1) x는 여성이고, (2) x는 적어도 하나의 아들을 가지고 있다.

두 번째 표본 분석은 피분석항이 분석항을 논리적으로 함의하지 못하기 때문에 올바른 분석이 못 되는데, 왜냐하면 이 경우에는 반대사례(counterexample), 즉 적어도 하나의 자녀가 있지만 어머니가 아닌 사람—즉 아버지인 사람—이 있기 때문이다. 이것은 분석이 너무 넓다는 것을 의미하며, 그래서 이 분석은 너무 많은 것을 포함한다. 이와 달리 세 번째 표본 분석은 너무 좁다. 그래서 이 분석은 너무 많은 것을 배제한다. 비록 분석항이 피분석항을 함의한다 할지라도, 피분석항이 분석항을 함의한다는 것은 사실이 아니다. 왜 그런가 하는 것은 또다시 반대사례 즉 (2)를 만족시키지 않는 어머니—한 명 이상의 딸을 두고 있지만 아들은 하나도 없는 어머니—의 사례를 통해 설명할 수 있다. 그렇다면 개념 분석이 만족시켜야 할 일반적 요건은 분석에 대한 반대사례가 없어야 한다는 것인데, 이 요건은 분석이 너무 넓지도 좁지도 않을 경우, 그리고 오직 그 경우에만 성립한다.

방금 이 말의 요점은 다음과 같이 다시 진술할 수 있다. 즉 분석이 올바르기 위해서는 피분석항과 분석항은 동치 또는 필연적으로 동연적이어야 한다. 하지만 동치인 두 개념을 관련짓는 모든 쌍조건문이 분석이라고 생각하는 것은 잘못일 것이다. 예컨대 다음 분석

표본 분석 #4

모든 x에 대해서 x는 어머니다 iff
x는 적어도 하나의 자녀를 가진 어머니다

는 동치 요건을 만족시킨다. 그렇지만 이 분석은 순환적이기 때문에, 즉 분석을 필요로 하는 개념이 분석항에 다시 나타나기 때문에 실패한다. 어떤 분석이 성공적이려면 그 분석은 무언가 조명하는 바가 있어야 하는데, 순환적 분석은 그럴 수가 없다. 또 분석항에 사용된 개념이 피분석항 자체만큼이나 분석을 필요로 하는 개념인 경우에도 분석은 조명해 주는 바가 없다. 예컨대 다음 분석

표본 분석 #5

모든 x에 대해서 x는 삼각형이다 iff
x는 삼변형이다.

는 어떠한 반대사례도 허용하지 않는데, 왜냐하면 삼각형과 삼변형이 필연적으로 동연적인 개념들이기 때문이다. 그럼에도 불구하고 모든 삼각형이 삼변형이고 모든 삼변형이 삼각형이라는 말을 들을 때 삼각형이 무엇인지에 대해서는 실제로 듣는 것이 없기 때문에 이 분석은 조명해 주는 바가 없다.

기준 제시 분석

단순개념에 대한 정의는 그 개념의 의미를 다른 개념들과 관련시킴으로써 전달한다. 복합개념에 대한 분석은 그 개념의 의미를 성분요소들로 나눔으로써 전달한다. 이 절에서는 평가 개념(또는 규범개념)에 관심을 가질 때 여전히 또 다른 유형의 분석이 있다는 것을 보게 될 것이다.

비평가적 개념들이 어떤 대상에 적용될 때 그 대상이 어떤 점에서

좋거나 나쁘다거나 칭찬할 만한 가치가 있다거나 또는 그렇게 되어야만 한다는 식으로 주장되는 요소는 전혀 없다. 이와 달리 **평가적** 개념들이 대상에 적용될 때는 그 대상은 어떤 점에서 좋거나 나쁜 것, 또는 그렇게 되어야만 하거나 하지 않는 것으로 평가된다. 윤리학에서 인간 행위에 적용되는 몇 가지 핵심적인 평가 개념은 의무적이다, 허용될 수 있다, 올바르다, 금지된다 등이다. 그리고 인식론에서 믿음이나 명제에 적용되는 몇 가지 핵심 개념은 정당화된다, 확실하다, 개연적이다, 합리적이다, 명백하다, 비합리적이다, 비개연적이다, 의심스럽다, 정당화되지 않는다 등이다.[5)]

이런 개념들에 대한 분석과 관련하여 문제가 되는 것은 이 개념들이 모두 단순개념이라는 것이다. 이 개념들은 같은 어군에 속하는 다른 평가 개념들에 의거해 정의할 수 있지만 성분을 이루는 부분들로는 나눌 수 없다. 그렇지만 이 사실로부터 이 개념들에 대한 철학적 탐구가 그저 정의를 제시하는 일에서 그쳐야 한다는 결론을 도출해 내서는 안 된다. 오히려 철학자들은 전통적으로 윤리학과 인식론의 평가 개념과 관련하여 두 가지 기획, 즉 정의를 제시함으로써 이 개념들이 의미하는 것을 전달하는 일과 이 개념들의 적용 기준을 진술하는 일에 종사해 왔다. 그렇다면 정의와 개념적 분석 외에 세 번째 철학적 기획, 즉 **기준 제시 분석**(criteriological analysis)이 있는 셈이다.

기준 제시 분석이 어떤 것인가를 알아보기 위해 쾌락 공리주의를 생각해 보자. 쾌락 공리주의에 따르면, 행위의 도덕적 격위는 그 행위가 고통에 대한 쾌락의 전체적 우위에 미치는 결과에 의해 결정된다. 따라서 쾌락 공리주의에 따르면, 도덕적 올바름은 다음과 같이 분석된다.

쾌락 공리주의

어떤 행위 x가 올바르다 iff

x는 고통에 대한 쾌락의 우위를 최대화한다.

이 쌍조건문의 뒤쪽 항은 올바름이 의미하는 것을 말하지 않는다. 오히려 그것은 올바름이라는 용어의 적용 기준을 제시한다. 즉 분석항은 도덕적 올바름의 필요충분조건이라고 가정되는 조건들을 밝힘으로써 행위가 언제 도덕적으로 올바른지 말하고 있다. 그렇다면 이 분석은 고통에 대한 쾌락의 우위를 최대화한다는 개념이 도덕적 올바름 개념을 논리적으로 함의하며, 도덕적 올바름 개념에 의해 논리적으로 함의된다는 것을 주장하고 있는 셈이다.

물론 쾌락 공리주의에 이의를 제기할 수도 있을 것이다. 그렇지만 여기서 요점은 도덕적 올바름에 대해 어떤 분석이 올바른가를 논쟁하는 일이 아니라 철학자들이 올바름에 대해 분석할 때—그 분석에 따른 이론을 공리주의 또는 다른 어떤 이론이라고 하자—그들은 때로 "올바르게 만드는 특성"(right-making characteristics)이라고 불리는 것을 밝히려 한다는 사실을 예증할 뿐이다. 쾌락 공리주의에 따르면, 올바르게 만드는 특성은 오직 하나, 즉 고통에 대한 쾌락의 우위의 최대화라는 특성이 있을 뿐이다. 다른 윤리 이론들은 올바르게 만드는 특성에 대해 이와 다른 대안의 설명을 제시한다. 그러나 서로 아무리 다르다 하더라도 이 이론들은 전형적으로 공통의 목표, 즉 어떤 행위를 올바르게 만드는 것이 무엇인가를 명확히 드러낸다는 목표, 그리고 제일 중요한 것으로 평가 용어를 사용하지 않고 그런 일을 한다는 목표를 공유한다.

쾌락 공리주의의 두드러진 특징은 피분석항—올바름—이 규범적 개념인 반면에 분석항에서는 규범적 개념이 나타나지 않는다는 것이다. 분석항의 핵심 개념은 쾌락과 고통 개념이다. 그러나 이 개념들은 비규범적 개념, 즉 우리 표현 방식으로 자연주의적 개념 또는 기술적 개념이다. 예컨대 존스가 통증이 있다고 진술할 때 우리는 어떤 방식으로도 존스를 평가하고 있지 않으며, 그저 존스가 처해 있는 상태를 기술하고 있다. 만일 존스에게 통증이 있는 것이 나쁜 것이라거나, 존스는 그가 겪고 있는 통증을 마땅히 받을 만하다거나, 또는 우리에게 존스의 통증을 완화시킬 의무가 있다고 진술한다면, 우리는 평가진술을 하고 있을 것이다. 그러나 만일 그저 존스에게 통증이 있다고 진술하고 그 이상 아무것도 진술하지 않는다면, 우리는 전혀 규범적 판단을 하고 있지 않다.

그렇다면 쾌락 공리주의는 평가용어에 대한 기술적 기준을 제시하고 있는 셈이다. 그래서 쾌락 공리주의는 도덕적 올바름의 필요충분조건을 비규범적 용어들로 진술하고 있다. 인식론에서도 규범적 개념들에 대한 기준 제시 분석이 이와 똑같은 일을 할 것으로 예상된다. 그래서 기준 제시 분석은 아무런 평가용어도 사용하지 않고 규범적 용어들의 적용 기준을 진술할 것으로 예상된다.[6] 정당성 개념과 관련하여 골드맨(A. Goldman)은 이 점을 다음과 같이 표현하고 있다.

> "정당화된다"는 용어는 … 평가용어다. 그래서 이 용어에 맞는 어떤 정의나 동의어도 평가용어들로 이루어질 것이다. 나는 그러한 정의나 동의어들이 제시될 수 있다고 가정하지만 그것들에는 관심이 없다. 나는 어떤 믿음이 언제 정당화되는지 밝히는 실질적 조건들의 집합을 알고 싶다. "올바르다"는 용어를 생각해 보라. … 규범윤리학은 어떤 행위가

> 언제 올바른가를 결정하는 비윤리적 조건들을 명확히 밝히려고 한다. … 이와 유사하게 정당화되는 믿음에 대한 이론으로서 나는 어떤 믿음이 언제 정당화되는지를 비인식적 용어들로 밝히는 이론을 원한다.[7)]

여기서 골드맨이 인식적 정당성 개념을 정의하는 일과 기준 제시 분석이라 부르는 것을 구별하고 있다는 점을 주목하라. 물론 두 가지 모두 인식론의 합당한 기획이다.[8)] 더 나아가 골드맨이 자신의 분석이 비인식적 용어들로 이루어져야 한다고 요구하고 있음을 주목하자. 여기서 비인식적 용어란 말로 그가 의미하는 것은 방금 언급했던 인식적 평가개념들, 즉 확실성, 개연성, 합리성, 정당성 등과 같은 개념들의 평가적 특성을 공유하지 않는 용어를 의미한다.

인식론에서의 수반

왜 인식적 정당성에 대한 기준 제시 분석의 목적은 믿음이 언제 정당화되는지를 비인식적 용어로 밝히는 일이어야 하는가? 김재권은 이 물음에 대한 한 가지 답을 제안하였다. 그는 다음과 같이 말한다.

> 정당화되는 믿음은 바로 그 종류의 믿음과 무관한 근본적 원초사실(brute fundamental fact)일 수 없다. 거기에는 어떤 이유가 있어야 하며, 이 이유는 그 특정 믿음의 사실적인 기술적 속성들에 근거를 두고 있어야 한다.[9)]

똑같은 말을 행위의 도덕적 격위에 관해서도 할 수 있다. 만일 어떤 특정 행위를 행하는 것이 올바른 것이라면, 그 올바름에는 어떤 이유가 있어야 한다. 즉 그 행위에는 그 행위를 올바른 행위로 만드는 무언가가 있어야 한다. 김재권은 그 올바름이 올바르게 만드는 비평가적 특성에 의거한 설명으로 파악될 수 없는 "원초"사실일 수 없다고 말할 것이다. 마찬가지로 어떤 믿음의 인식적 격위—그 믿음이 정당화되거나 정당화되지 않는 정도—는 그 믿음의 어떤 특성들, 즉 그 믿음에 그 믿음의 인식적 격위를 부여하는 특성들에 의해 설명될 수 있어야 한다.

이러한 사고가 동기로 작용하여 최근 몇 년 동안에 규범적 속성들이 비규범적 속성들에 수반한다(supervene)는 신조는 많은 지지를 받았다.[10] 규범적 속성이 비규범적 속성에 수반된다고 말하는 것은 대략 어떤 대상이 어떤 규범적 속성을 갖는지 아닌지가 그 대상의 비규범적 속성들에 의존하거나 그것들에 의해 결정된다는 것을 의미한다. 똑같은 말을 달리 표현하면, 사물들은 자신의 규범적 속성을 비규범적 속성들에 의해서 갖게 된다. 또 다른 말로, 어떤 대상으로 하여금 그 대상이 갖는 규범적 속성을 갖게 만드는 것은 그 대상의 비규범적 속성이다. 이 생각을 윤리학에 적용하면, 수반 신조는 어떤 행위의 도덕적 격위가 그 행위의 비규범적 속성들에 의해 결정된다는 것을 알려 준다. 인식론에 적용하면, 수반 신조는 어떤 믿음의 인식적 격위가 그 믿음의 비인식적 격위에 의해 결정된다는 것을 알려 준다. 이런 주장을 내세울 수 있는 근거는 사물들이 자신이 가진 속성들을 어쩌다 우연히 갖는 것이 아니라 오히려 어떤 속성들은 갖고 다른 속성들은 결여하고 있는 데에는 그만한 이유들이 있다는 믿음이다.

수반 신조를 인식론에서 사용되는 정당성 개념에 적용해 보자. 공원에서 산책을 하는 도중에 당신이 잔디밭을 가로질러 달리고 있는 개를 한 마리 보고 "저기 개가 있다"고 믿는다고 가정하자. 관찰 조건은 아주 훌륭한 상태였다고 하자. 밝은 대낮이었고 당신의 시력은 좋으며, 개는 당신이 충분히 식별할 수 있을 정도로 가까이 있었다. 그러면 당신의 믿음은 정당화된다고 가정해도 좋을 것이다. 수반 신조에 따르면, 당신 믿음의 인식적 격위—정당화됨—는 당신 믿음에서 인식적으로 관련 있는 비규범적 속성들에 수반된다. 이 경우 그런 속성들로는 다음을 들 수 있다. 즉 당신의 믿음이 지각에 의한 믿음이고, 당신의 믿음이 밝은 대낮에 형성된 믿음이며, 당신의 믿음은 그리 멀리 떨어져 있지 않은 적당한 크기의 대상에 관한 믿음이다 등등.

약수반과 강수반

인식론에서 수반의 의의를 이해하려면 약수반과 강수반을 반드시 구별할 필요가 있다. 수반 신조의 약한 해석에 따르면, 당신의 믿음이 정당화되는데 당신의 믿음과 똑같은 다른 믿음이 정당화되지 않는다고 말하는 것은 부정합한 일이다. 당신이 친구와 산책하고 있다고 해 보자. 그 친구 역시 개를 보고 당신과 마찬가지로 저기 개가 있다고 믿는다. 친구의 믿음과 당신의 믿음은 관련 있는 비규범적 특성을 모두 공유한다고 가정하자. 이런 가정이 주어지면, 당신의 믿음은 정당화되는데 친구의 믿음은 정당화되지 않는다거나, 또는 친구의 믿음은 정당화되는데 당신의 믿음은 정당화되지 않는다고 말하는 것은 일관성 없이 변덕을 부리는 것이 된다. 두 믿음이 관련된 모든 비규범적 특징을 똑같이 갖고 있다고 한다면, 두 믿음 모두 정당화되거나 모두 정당화되지 않거나 해야 한다.

이 점은 인식 판단이 보편화 가능해야 한다는 말로 진술할 수도 있는데, 이 말은 우리가 어떤 믿음 B가 정당화된다고 판단할 때 그렇게 판단하는 데에는 이유가 있어야 하며, 이 이유는 B와 꼭 같은 모든 믿음에 똑같이 적용될 수 있어야 한다는 것을 의미한다. 요컨대 우리는 똑같은 두 믿음을 둘 다 정당화된다거나 둘 다 정당화되지 않는다거나 하는 식으로 똑같이 판단해야 한다. 그렇다면 약수반 신조는 인식 판단들이 보편화 가능해야 한다는 요건을 표현하는 셈이다.[11] 이 신조는 두 믿음이 비규범적 속성들이 똑같을 경우에 인식적 격위도 똑같아야 한다—대응하는 비인식적 차이가 없다면 인식적 차이도 있을 수 없다—고 주장하고 있다.

그렇다면 이제 약수반 신조를 (J는 정당화됨이라는 속성을 나타내고, N은 J가 수반하는 비규범적 밑속성(base property)을 나타내기로 함으로써) 다음과 같이 정의하기로 하자.[12]

약수반

J는 N에 약하게 수반된다 iff

필연적으로 어떤 믿음이 속성 J를 가질 때마다, N에는 어떤 믿음이 P를 가질 때마다 J를 갖는 그런 속성 P가 있다.

약수반 개념은 약수반 주장과는 구별되어야 한다. "WS 기본주장"(Weak Supervenience thesis)이란 말로 정당화됨이라는 속성이 비규범적 속성들에 약하게 수반된다는 주장을 언급하기로 하자. WS 기본주장을 앞의 정당화되는 믿음 예에 적용하면, 이 기본주장은 다음을 말해 준다. 즉 저기 개가 있다는 당신의 믿음이 정당화된다고 가정하면, 그 속성을 갖는 모든 믿음이 정당화되는 그런 비규범적 속성(또는 속성들의 집합)이 있어야만 한다. 결과적으로 두 믿음이 이 속성을 공유하면서 한 믿음은 정당화되는데 다른 믿음은 정당화되지 않는 일은 있을 수 없다. 이를 달리 표현하면, 대응하는 비인식적 차이가 없이는 인식적 격위에도 차이가 있을 수 없다는 것이다.

어떤 철학자들은 WS 기본주장이 너무 약하다고 주장할 것이다. 비록 WS 기본주장이 인식적 규범성에 대한 적합한 이해를 제공하는데 상당히 효과가 있다 할지라도, 이 기본주장은 인식적 평가의 본성에 관해 또 다른 중요한 직관을 만족시키지 못한다고 이들은 주장할 것이다. 이 직관은 윤리학 쪽으로 시선을 돌려 보면 명료해질 것이다. WS 기본주장에 해당하는 윤리학의 기본주장은 필연적으로 어떤 행위가 도덕적 속성 M을 가질 때마다, P를 갖는 모든 행위가 M을 갖는 그런 비규범적 속성 P가 있다고 주장한다. 이 원리를 제프리 데이머의 끔찍한 범죄, 즉 자신의 사악하기 그지없는 살인욕과 지배욕을 채우기 위해 청소년과 유아들을 납치한 행위에 적용해 보자. 보편화 가능성 요건을 표현하는 윤리학판 WS 기본주장은 그 행위를 저지른 사람이 누구인가는 상관없이 모든 행위를 제프리 데이머의 행위를 판단하는 것과 똑같은 방식으로 판단해야 한다고 주장한다. 그렇지만 이 기본주장은 우리가 데이머의 행위를 어떻게 판단해야 하는지는 말하지 않는다. 따라서 만일 사태를 곡해해서 그의 행위를 "고상한" 행위라고 부른다면, 그리고 그의 행위와 닮은 모든 행위를 "고상하다"고 부른다면, 보편화 가능성 요건은 충족시킬 것이다. 하지만 윤리학판 WS 기본주장이 너무 약하다고 생각하는 철학자들은 우리가 데이머와 같은 행위들이 필연적으로 사악하며 그래서 고상한 행위일 수 없다고 믿을 것이 확실하다고 말할 것이다. 그들은 누군가가 데이머와 같은 행위를 저지르고도 고상한 행위를 한 것이 되는 그런 가능세계가 있다는 것을 부정할 것이다. 그렇지만 WS 기본주장은 그런 가능세계를 허용한다. WS 기본주장은, 만일 임의의 세계 W에서 데

이머의 행위가 고상한 행위라면 W에서의 행위들과 닮은 모든 행위 또한 고상하다고만 말하고 있기 때문이다.

인식론의 WS 기본주장도 이와 똑같은 문제를 제기한다. 저기 개가 있다는 당신과 당신 친구의 믿음을 다시 한번 생각해 보자. WS 기본주장은, 만일 당신의 믿음이 정당화된다고 한다면 친구의 믿음—뿐만 아니라 관련 있는 특징들에서 당신의 믿음과 닮은 모든 믿음—도 정당화된다고 해야 한다는 것을 말하고 있다. 마찬가지로 만일 당신의 믿음이 정당화되지 않는다고 한다면 친구의 믿음 역시 정당화되지 않으며, 더 나아가 당신의 믿음과 관련 있는 비규범적 속성을 공유하는 모든 믿음이 정당화되지 않는다고 해야 한다고 WS 기본주장은 말하고 있다. 하지만 WS 기본주장은, 비규범적 속성들이 주어졌을 경우 문제의 믿음들이 정당화되어야만 한다고 말하지 않는다. 오히려 WS 기본주장은 그런 믿음들이 정당화되지 않는 가능세계를 허용한다. WS 기본주장이 너무 약하다고 생각하는 사람들에 따르면 이 점이 바로 이의가 제기될 수 있는 요소인데, 왜냐하면 이들은 이 믿음들의 기술적 속성이 주어질 경우 이 믿음들이 정당화되지 않는다는 건 가능하지 않다고 생각하기 때문이다.

따라서 약수반에 대한 정의를 이 결과를 확실하게 반영하도록 수정하고자 한다면, 마지막 구절에 양상 조작사 "필연적으로"를 추가해야 한다. 그렇게 되면 김재권이 "강수반"이라고 부르는 수반의 특수한 경우에 도달하게 된다.

강수반

J는 N에 강하게 수반된다 iff

필연적으로 어떤 믿음이 속성 J를 가질 때마다, N에는 필연

> 적으로 어떤 믿음이 P를 가질 때마다 J를 갖는 그런 속성 P가 있다.

"SS 기본주장"(Strong Supervenience thesis)이란 말로 정당화됨이라는 속성이 비규범적 속성들에 강하게 수반된다는 주장을 나타내기로 하자. SS 기본주장은 다음을 말하고 있다. 어떤 믿음이 정당화될 때마다 정당성이라는 속성을 논리적으로 함의하는 비규범적 속성이 있어야만 한다. 이 속성을 갖는 믿음은 정당화되지 않는다는 것이 가능하지 않다. 따라서 만일 SS 기본주장이 옳다면, 어떤 믿음이 저기 개가 있다는 당신의 믿음과 똑같은 비규범적 특징을 가지면서 정당화되지 않는 가능세계가 없다.

다시 한번 윤리학과의 유비를 생각해 보자. SS 기본주장의 윤리학판 기본주장, 즉 도덕적 속성이 비도덕적 속성에 강하게 수반된다고 주장하는 기본주장은 어떤 행위가 도덕적 속성 M을 가질 때마다 M을 논리적으로 함의하는 비규범적 속성 P가 있어야 한다고 주장한다. 데이머 예에 적용해 보면, 이 기본주장은 그의 행위의 사악함이 사악함의 필연적 근거인 비규범적 속성에 수반된다고 말한다. 달리 표현하면, 도덕적 속성이 자연적 속성에 강하게 수반된다는 기본주장은 데이머가 저지른 것과 같은 행위들이 사악한 행위가 아니게 되는 가능세계들이 없다는 것을 말하고 있다.

인식론으로 되돌아가 저기 개가 있다는 당신의 정당화되는 믿음을 포함하는 예를 생각해 보자. 그 믿음(B라고 하자)에 관해서 SS 기본주장은 그 믿음의 비규범적 속성들의 연언이 그 믿음이 정당화된다는 것을 논리적으로 함의한다고 주장한다. 어떤 믿음 B*가 B와 기술적 특성들을 공유하면서 정당화되지 못하는 가능세계는 없다. 따라서 SS 기본주장은 WS 기본주장보다 상당히 강한 주장이다. WS 기본주장이 그저 B가 정당화되는 어떤 가능세계에서 B와 같은 모든 믿음이 정당화된다는 것만을 주장하고 있는 반면에, SS 기본주장은 B와 같은 믿음이 모든 가능세계에서 정당화된다고 말하고 있다.

강수반 사례

믿음의 정당성이 그 믿음의 비규범적 속성들에 수반된다는 신조를 받아들여야 하는가? 만일 이 신조를 거부하려고 한다면, 우리는 WS 기본주장이나 SS 기본주장을 부정해야만 할 것이다. 그렇게 부정하는 일이 어떤 것에 얽혀 들어가는지 보자.

WS 기본주장을 부정한다는 것이 무엇을 의미하는지 논의하기 위해 또다시 당신과 친구가 잔디밭을 가로질러 달리고 있는 개를 보고 두 사람 모두 저기 개가 있다고 믿는 예를 생각해 보자. 이 믿음은 정당화되는 믿음의 전형적 예라고 약정했다. 또한 저기 개가 있다는 당신의 믿음과 저기 개가 있다는 당신 친구의 믿음 사이에 관련 있는 차이가 없다고 약정했다. WS 기본주장에 따르면, 정당화됨이라는 당신 믿음의 인식적 격위는 P를 가지는 어떤 믿음도 정당화되는 그런 비규범적 속성 P를 동반하고 있어야 한다.

이 주장은 두 가지 방식으로 공격받을 수 있다. 첫째, 당신의 믿음은 정당화되는데 친구의 믿음은 정당화되지 않는 일이 가능하며, 그 역도 마찬가지라는 주장이 있을 수 있다. 그러나 만일 이런 일이 가능하다면, 두 믿음이 아무런 이유 없이 인식적 격위가 다를 수 있게 될 것이다. 이런 경우 왜 두 믿음의 인식적 격위가 다른지 질문을 받으면, "글쎄, 두 믿음은 그냥 다를 뿐입니다"라는 것 외에는 달리 답이 없다. 하지만 그렇게 되면 이 견해는 인식적 규범성에 대한 호소력 있는 견해가 못될 것이 확실하다.

둘째, WS 기본주장은 인식적 격위의 차이가 비인식적 차이를 요구하긴 하지만 이 차이가 꼭 비규범적일 필요는 없다는 주장에 의해서 공격받을 수 있다. 예컨대 인식적 격위의 차이는 도덕적 격위의 차이에 근거한다는 주장이 있을 수 있다. 그러나 이 주장의 문제는 그 자체로 규범적 차이인 도덕적 격위의 차이가 그것이 설명한다고 가정한 인식적 격위의 차이만큼이나 설명을 필요로 한다는 것이다. 궁극적으로 우리는 인식적 격위의 차이를 설명하는 비규범적 차이를 찾고 있다. 그러므로 우리는 최소한 WS 기본주장 정도의 수반 신조에는 찬성할 만한 훌륭한 이유가 있다고 결론짓지 않을 수 없다.

이번에는 SS 기본주장을 부정하는 일이 어떤 견해에 연루되는지 보자. 만일 WS 기본주장은 승인하지만 SS 기본주장은 승인하지 않아야 한다면, 우리는 다음과 같은 방식의 가능세계 짝 W1과 W2가 있다는 것을 승인해야만 할 것이다. 즉 관련 있는 비규범적 차이가 없음에도 불구하고

(1) W1에서 정당화되는 모든 믿음이 W2에서 정당화되지 않는다.
(2) W1에서는 모든 믿음이 정당화되는 반면에 W2에서는 모든 믿음이 정당화되지 않는다.
(3) W1에서는 12시에서 오후 1시 사이에 형성된 모든 믿음은 정당화되고 다른 믿음은 정당화되지 않는 반면에, W2에서는 12시에서 오후 1시 사이에 형성된 모든 믿음이 정당화되지 않고 다른 믿음은 정당화된다.

SS 기본주장의 옹호자들은 그러한 가능성들이 터무니없으며, 그래서 이 기술들에 대응하는 가능세계들이 없다고 말할 것이다. 그렇지만 WS 기본주장은 그러한 가능세계를 허용하는데, 왜냐하면 믿음의 정당성이 수반되는 비인식적 속성이 정당화됨이라는 속성을 논리적으로 함의해야 한다는 것을 WS 기본주장은 요구하지 않기 때문이다. 결과적으로 WS 기본주장은 인식적 속성들이 기상천외한 방식으로 비인식적 속성들과 연결되어 있는 가능세계를 허용한다.[13)]

SS 기본주장의 반대자들은 왜 우리가 방금 언급한 기상천외의 가능세계가 있다는 것을 인정하지 말아야 하는지 의아해할지도 모르겠다. 그런 세계는 확실히 미친 세계다. 하지만 왜 그것이 그런 세계가 존재하지 않는다는 것을 의미해야 하는가? 이 반론은 우리의 견해를 도덕을 포함하도록 확장시켜 생각하자마자 그 약점이 분명해진다. 만일 도덕적 속성이 비규범적 속성에 약하게만 수반한다고 주장해야 한다면, 다음과 같은 가능세계 짝 W1과 W2가 있다는 것을 승인해야만 할 것이다.

(1) W1에서 올바른 모든 행위가 W2에서 그릇되다.
(2) W1에서는 (아무리 잔인하다 할지라도) 모든 행위가 올바른 반면에 W2에서는 (아무리 자선적 행위라 할지라도) 모든 행위가 그릇되다.
(3) W1에서는 12시에서 오후 1시 사이에 행해진 모든 행위가 올바르고 다른 행위는 그릇된 반면에, W2에서는 12시에서 오후 1시 사이에 행해진 모든 행위가 그릇되고 다른 행위는 올바르다.

도덕적 속성들의 강수반을 부정하는 사람이라면 누구든 말로 할 수 없는 잔인한 행위가 그저 12시에서 오후 1시 사이에 행해졌기 때문에 올바른 행위가 되는 일이 가능하다고 주장할 준비가 되어 있어야 한다. 그렇지만 이런 주장은 터무니없는 것처럼 보인다. 12시에서 오후 1시 사이에 행해짐이라는 속성은 올바르게 만드는 특성이 아니다. 그래서 그런 행위가 그저 그 시간에 행해졌기 때문에 올바르다는 것은 가능하지 않다. 그렇지만 만일 그런 고찰을 기초로 하여 도덕적 속성이 비규범적 속성에 강하게 수반된다는 것을 승인할 준비가 되어 있다면, 인식적 속성들에 대해서도 마찬가지로 강수반 기본주장을 승인해야 한다는 결론이 도출되는 것처럼 보인다.

분석적 일원론과 다원론

만일 믿음의 인식적 격위가 그 믿음의 비규범적 속성 가운데 어떤 것에 수반된다는 데 동의한다면, 우리는 분명히 이 속성이 어떤 속성들인지 알고 싶을 것이다. 따라서 만일 수반 신조를 승인한다면, 우리는 인식적 정당성에 대한 분석을 앞에 인용한 구절에서 골드맨이 제안한 방식, 즉 인식적 정당성의 필요충분조건을 이루는 비규범적 속성들을 밝히는 일로 생각할 훌륭한 이유를 갖게 되는 셈이다.[14)] 이런 기획은 두 가지 방식으로 수행될 수 있다. 첫째, 정당화됨이라는 속성이 수반되는 비평가적 속성이 오직 하나만 있다는 주장이 있을 수 있다. 둘째, 그런 속성이 많다는 주장이 있을 수 있다. 첫 번째 연구 방식에서 전개된 이론을 "일원론"이라고 부르고, 두 번째 연구 방식에서 나온 이론을 "다원론"이라고 부르기로 하자.

윤리학에서 이 두 유형 이론의 차이는 한쪽으로 공리주의, 그리고 다른 한 쪽으로 로스(W. D. Ross)의 조건부 의무론을 들면 멋지게 설명된다.[15] 무어(G. E. Moore)가 적절히 표현했듯이 공리주의는 다음 물음에 대해 답하려는 이론이다. 즉 "올바른 모든 자발적 행위, 그리고 오직 그런 행위만이 갖는 어떤 특성이 있는가?"[16] 공리주의에 따르면, 문제의 그런 특성은 유용성을 최대화한다는 것이다. 공리주의자들은 모든 올바른 행위가 공통적으로 지니고 있는 하나의 유일한 속성, 즉 유용성을 최대화함이라는 속성이 있다고 믿는다.[17] 그렇지만 로스는 "올바르게 만드는" 특성이 오직 하나만 있다는 생각을 거부한다. 그 대신 그는 여러 가지 많은 특성—예컨대 감사, 정의, 자선—이 있다고 믿는다.

인식론에서 두드러지게 일원론적 연구 방식을 취하고 있는 이론은 신빙론(reliabilism)인데, 신빙론에 따르면 믿음을 정당화되게 만드는 하나의 유일한 비규범적 속성이 있으며, 그 속성은 신빙성 있는 인지 과정에 의해 산출됨이라는 속성이다.[18] 가장 단순한 형태의 신빙론은 다음과 같이 주장한다.

SR S가 p라고 믿는 일이 정당화된다 iff
p라는 S의 믿음이 신빙성 있는 인지 과정에 의해 산출된다.

치섬(R. Chisholm)은 다원론적 연구 방식을 옹호한다. 그에 따르면, 정당성 개념을 분석하는 기획은 인식적 원리들(epistemic principles)의 목록을 만듦으로써 수행되어야 한다.[19] 인식적 원리는 (1) 논리적 함의 관계를 표현한다고 가정되고 (2) 전건에 어떠한 규범적 용어도 포함하지 않는 조건명제로 표현된다. 따라서 인식적 원리의 전건은 정당화됨이라는 속성을 논리적으로 함의하는 비규범적 밑속성을 진술하도록 되어 있다. 그러한 밑속성을 지니는 믿음은 어떤 것이든 정당화되는 믿음일 것이다.

다음 세 가지 비규범적 밑속성—(1) 내성, (2) 지각, (3) 기억에 근거를 두고 있음—을 생각해 보고, 이 속성들이 바로 인식적 정당성이 수반되는 많은 속성 가운데 일부라고 가정해 보자. 다음은 인식적 정당성에 대한 단순화된 형태의 기준 제시 분석이다.

P1 만일 어떤 믿음이 내성에 근거를 두고 있다면, 그 믿음은 정당화된다.

P2 만일 어떤 믿음이 지각에 근거를 두고 있다면, 그 믿음은 정당화된다.

P3 만일 어떤 믿음이 기억에 근거를 두고 있다면, 그 믿음은 정당화된다.

이 분석은 치섬이 제안한 이론의 가장 단순화된 모델이기 때문에 "치섬-유형" 분석이라고 부르기로 하겠다. 이제 이 목록에 있는 세 가지 밑속성 가운데 어떤 것도 정당성이라는 속성을 논리적으로 함의하지 않으므로 P1~P3는 모두 그르다. 그렇지만 여기서 우리가 관심을 갖는 것은 어떤 원리들이 올바른가 하는 것이 아니라 일원론적 연구 방식과 다원론적 연구 방식이 서로 어떻게 다르며 공통점은 무엇인가 하는 것일 뿐이다.

단순화된 치섬-유형 인식적 원리들 목록과 SR 같은 일원론적 분석의 주요 차이는 다음과 같다. SR에 따르면, 비평가적 속성은 오직 하나만 있다. 그렇지만 치섬-유형 목록에 따르면, 비평가적 속성이 세 가지 있다. 더 나아가 SR은 정당성의 충분조건이 무엇이고 필요조건이 무엇인지를 둘 다 말해 준다. 치섬-유형 목록은 정당성의 충분조건을 이루는 세 속성을 제시하지만 필요조건이 무엇인지는 말하지 않는다. 결국 어떤 믿음은 앞의 목록에는 없는 속성을 갖기 때문에 정당화될 수도 있는 것이다. 그러므로 치섬-유형 분석은 동치명제가 아니다.

그렇지만 우리가 마련한 앞의 세 가지 밑속성 외에 정당성이 수반되는 다른 속성들이 없다고 해 보자. 그런 경우에 위 목록은 정당성의 충분조건이 무엇이고 필요조건이 무엇인지를 둘 다 말해 줄 것이며, P1~P3에 의해 표현된 정당성에 대한 기준 제시 분석을 쌍조건명제로 진술할 수 있을 것이다.[20]

CA S가 p라고 믿는 일은 정당화된다 iff
p라는 S의 믿음은 내성이나 지각이나 기억에 근거를 두고 있다.

사실상 치섬은 완벽한 목록을 작성하려고 애쓰지 않는다. 그래서 그는 정당성의 필요조건이 무엇인지에 관해 어떤 주장을 내세우려 하지 않는다.[21] 그러므로 그의 분석은 인식적 정당성과 동치인 것이 무엇인지를 주장하고 있는 것이 아니다.[22]

어떤 철학자들은 기준 제시 분석이라는 기획에 대해 이의를 제기하는데, 왜냐하면 이들은 인식적 정당성에 대한 분석이 이른바 "산발 문제"(scatter problem)를 피해야 한다고 생각하기 때문이다. CA가 옳다고 가정해 보자. 그러면 내성, 지각, 기억에 근거를 두고 있음은 믿음을 정당화되게 만드는 세 가지 비규범적 속성이다. 이에 대해 분석적 다원론의 비판자들은 이 세 속성의 공통점이 무엇인지, 또는 이 세 속성을 통합시키는 것이 무엇인지를 말할 수 없으면서 인식적 정당성을 논리적으로 함의하는 근거로 몇 가지 다른 속성을 열거하는 것이 불만족스럽다고 논할 것이다.[23)]

그렇지만 왜 정당화되는 믿음의 모든 실례가 공유하는 유일한 특성이 있다고 가정해야만 하는가? 이 가정을 입증할 만한 분명한 이유가 없다. 물론 그런 속성의 존재를 특정한 일원론적 분석이 옳다는 것을 증명함으로써 입증할 수는 있다. 예컨대 만일 신빙론이 옳다고 증명될 수 있다면 우리는 지각, 내성, 기억에 의한 믿음이 지각, 내성, 기억에 근거를 두고 있기 때문이 아니라 신빙성 있게 산출되었기 때문에 궁극적으로 정당화된다는 것을 알 수 있다.

그렇지만 다양한 경쟁 분석을 통해 제시된 일원론들 가운데 어떤 이론도 분명한 승자로 판명되지 않는다면 어떻게 될까? 그런 경우에 우리는 분석적 일원론의 옹호자들이 그들의 기대치를 너무 높이 잡았다고 의심하게 될 것이다. 그리고 사실상 현대 인식론에서 논쟁의 여지없는 일원론적 분석은 나타나지 않았다. 그렇다면 아마도 그런 속성의 존재를 증명하는 이론을 수중에 갖고 있지 않으면서 하나의 유일한 밑속성이 있다고 가정하는 것은 기준 제시 분석을 통해 성취할 수 있는 것에 대해 지나치게 낙관적인 입장을 갖는 셈이 된다. 뿐만 아니라 다음 두 절에서 살펴보게 될 것처럼 정당성에 대한 치섬-유형의 다원론적 분석이 발견될 수 있다고 가정하는 것조차도 너무 낙관적이다.

조건부 정당성 원리

정당화됨이라는 속성이 비규범적 근거들에 강하게 수반된다는 신조는 다음을 말하고 있다. 즉 어떤 믿음이 정당화될 때마다 필연적으로 P를 가지는 모든 믿음이 정당화되는 비규범적 속성 P(이 속성은 여러 가지 다른 속성들의 연언일 수도 있다)가 있다. 이 신조는 형이상학의 신조, 즉 정당성이라는 속성이 다른 어떤 속성들에 어떻게 관계되어 있는지에 관한 신조다. 이 신조는 이러한 다른 속성들이 무엇인지 분명하게 밝히는 우리의 능력에 대해서는 함의하는 바가 전혀 없다. 그러므로 인식적 격위가 비규범적 밑속성에 강하게 수반된다고 주장하면서 동시에 기준 제시 분석이라는 기획의 성공을 의심하는 것은 전혀 모순이 없다.

신빙론은 따로 독립된 장에서 다룰 것이므로 여기서는 인식적 원리들을 제시하는 치섬 식 기획에 초점을 두고 기준 제시 분석의 전망에 대해 논의하기로 하자. 앞에서 진술했던 인식적 원리들 가운데 두 번째 원리를 생각해 보자.

> P2 만일 어떤 믿음이 지각에 근거를 두고 있다면, 그 믿음은 정당화된다.

이 원리가 그르다는 건 쉽게 알 수 있다. 1장에서 설명한 바 있는 파기되지 않은 믿음의 표준 예를 다시 생각해 보라. 푸른 조명을 받기 때문에 푸르게 보이는 흰 종이를 당신이 보고 있다. 비록 그 종이가 그런 조명을 받고 있다는 것을 의심할 증거를 가지고 있다 할지라도, 당신은 여전히 그 종이가 푸르다고 믿는다. 당신의 믿음에 대한 지각적 증거는 파기되며, 그래서 지각에 근거를 두고 있긴 하지만 당신의 믿음은 정당화되지 않는다.

P2를 손질하기 위해 우리는 지각에 의한 믿음이 정당화되려면 지

각적 증거를 파기하는 또 다른 증거가 없어야 한다는 식의 단서 조항을 추가할 수 있다. 그러면 다음의 수정된 원리가 만들어질 것이다.

P2a 만일 어떤 믿음이 지각에 근거를 두고 있는데 그 믿음이 또 다른 증거에 의해 파기되지 않는다면, 그 믿음은 정당화된다.

확실히 P2a는 옳은 인식적 원리의 훌륭한 후보다. 이 원리는 파기되지 않은 지각적 증거가 정당화되는 믿음의 원천임을 말해 준다. 뿐만 아니라 이 원리는 정당성 기준을 제시한다. 그래서 파기되지 않은 지각적 증거에 근거를 두고 있음이라는 속성은 아마 틀림없이 정당화됨이라는 속성을 논리적으로 함의하는 속성이다. 그렇지만 P2a는 기준 제시 분석을 통해 확립하려고 했던 종류의 원리가 아니다. 왜냐하면 이 원리는 전건에서 증거적 파기라는 개념을 사용하고 있는데, 이 개념은 인식적 평가개념이기 때문이다.

증거적 파기 개념이 어째서 인식적 평가개념인지를 알려면 이 개념에 대한 정의를 살펴보기만 하면 된다.

d는 p에 대한 증거로서의 e를 파기한다 iff
e는 p라고 믿는 데 대한 증거지만, d와 결합했을 때의 e는 p라고 믿는 데 대한 증거가 아니다.

이 정의의 후건은 "~에 대한 증거다"라는 용어를 사용하고 있는데, 이 용어는 인식적 평가용어다. 따라서 파기 개념 자체가 인식적 평가용어다.

그렇다면 P2a는 전건에 인식적 개념을 포함하고 있으며, 그래서 기준 제시 분석의 목표를 충족시키지 못한다. 물론 이 말은 P2a가 무가치하다는 것을 의미하지 않는다. 사실상 앞에서 언급한 것처럼 P2a는 흥미로운 어떤 것을 말해 준다. 즉 파기되지 않은 지각적 증거는 인식적 정당성을 수반하는 근거다. 그러한 증거에 근거를 둔 믿음들이 정당화되지 못하는 가능세계들은 없다. 그러나 P2a를 옳게 만들 수 있었던 것은 전건에 규범적 한정사를 추가함으로써만 가능한 일이었으므로, P2a는 인식적 정당성에 대한 기준 제시 분석에 착수하면서 우리가 추구했던 종류의 원리가 아니라고 말할 수밖에 없다.

옳음을 그대로 유지하면서 전건을 비규범적인 용어만 사용하는 방식으로 P2를 수정할 방법이 있을까? 사실상 그런 방법이 있다. 이 원리의 후건을 약화시키면 된다. 지각에 근거를 둔 믿음들이 정당화된다고 말하는 대신에 우리는 그 믿음들이 **조건부로** 정당화된다고 말할 수 있다. 지각적 믿음들이 정당화된다는 말은 그런 믿음들을 파기하는 증거가 없이 그 믿음들이 정당화된다는 걸 의미한다. 지각에 의한 믿음과 소망적 사고의 실례인 믿음을 비교해 보라. 소망적 사고에 의한 믿음은 조건부로도 정당화되지 않는데, 왜냐하면 우리는 그 믿음이 또 다른 증거가 없는 경우에 정당화된다고 말할 수 없기 때문이다. 당신이 바로 앞에 개를 한 마리 지각하고 있다고 생각한다고 해보자. 당신의 지각적 증거를 허물어뜨리는 또 다른 증거가 없는 한 당신이 앞에 개가 한 마리 있다고 믿는 일은 정당화된다. 한편 만일 당신이 소망적 사고로 인하여 내일 날씨가 좋을 거라고 믿는다면, 우리는 증거를 허물어뜨리는 또 다른 증거가 없는 한 당신이 내일 날씨가 좋을 거라고 믿는 일이 정당화된다고 말할 수 없다. 두 믿음의 차이는, 전자가 원래 증거를 상쇄시킬 또 다른 증거가 없는 경우에 당신의 믿음을 정당화하는 증거에 기초를 두고 있다는 것이다.

조건부로 정당화되는 믿음은 **궁극적으로**(ultima facie) 정당화될 수도 있고 정당화되지 않을 수도 있다. 궁극적으로 정당화되는 믿음은 **모든 것을 고려했을** 때 정당화되는 믿음이다. 다시 한번 P2의 반대사례를 생각해 보자. 그 종이는 당신에게 푸르게 보이므로, 비록 그 종이를 푸르다고 믿는 일이 조건부로 정당화된다 할지라도 당신이 그렇게 믿는 일이 궁극적으로 정당화된다고는 말할 수 없는데, 왜냐하면 당신은 당신의 증거를 파기하는 증거를 가지고 있기 때문이다. 그래서 **사실상** 당신의 믿음은 정당화되지 않는다. 물론 조건부로 정당화되는 믿음이 정당화되지 않는 믿음일 필요는 없다. 전형적으로는 조건부로 정당화되는 믿음이 궁극적으로 정당화되는 믿음이기도 하다.

인식론의 조건부 정당성 개념과 윤리학의 조건부 의무 개념을 비교해 보자. 로스에 따르면, 진실을 말하는 것은 단지 조건부 **의무**, 즉 다른 의무들에 의해 파기될 수 있는 의무일 뿐이다. 예컨대 만일 당신이 거짓말을 함으로써 어떤 사람의 생명을 구할 수 있다면, 그 사람의 생명을 구할 의무는 진실을 말해야 한다는 당신의 의무를 파기할 것이다. 이 특수한 상황에서 진실을 말하는 것은 당신의 **조건부** 의무지만 **궁극적** 의무는 아니다. 모든 것을 고려했을 때 거짓말을 하는 것이 당신의 의무다. 그렇지만 전형적으로는 진실을 말하는 것이 당신의 조건부 의무일 뿐만 아니라 궁극적 의무이기도 하다. 우리는 진실을 말하는 것이 우리의 의무 가운데 하나가 **되는 경향**이 있다고 말할 수 있는데, 이 말은 진실을 말하는 것이 전형적으로 우리의 의무라고 말하는 것이다. 마찬가지로 지각에 의한 증거는 우리의 믿음을 정당화하는 경향이 있는데, 이 말은 예외를 무시한다면 지각에 근거를 둔 믿음이 정당화된다는 뜻이다.

조건부 정당성에 관한 원리로 바꿈으로써 P2의 후건을 약화시키는 방책은 다음과 같은 결과를 가져온다.

> P2b 만일 어떤 믿음이 지각에 근거를 두고 있다면, 그 믿음은 조건부로 정당화된다.

P2와 달리 P2b는 옳은 인식적 원리의 훌륭한 후보다. 그렇지만 P2a와 마찬가지로 P2b 역시 인식적 정당성에 대한 기준 제시 분석을 산출하는 일에 관심을 가질 때 추구하는 종류의 원리는 아니다. 왜냐하면 그런 분석을 추구하면서 우리가 발견하고 싶은 것은 믿음을 조건부가 아니라 궁극적으로 정당화되게 만드는 비규범적 밑속성이 무엇인가 하는 것이기 때문이다. 따라서 성취할 수 있는 것이 P2b같은 원리들을 정식화하는 것뿐이라면, 우리의 분석은 그 목표를 달성하지 못할 것이다.

왜 그런지 알려면 P2b가 P2a에 비해 실질적으로 개선된 점이 전혀 없다는 사실을 주목할 필요가 있다. 왜냐하면 P2b는 P2a와 논리적으로 동치이기 때문이다. 조건부 정당화를 이해하고 있다고 한다면, P2b를 다음과 같이 다시 정식화할 수 있다.

> P2b* 만일 어떤 믿음이 지각에 근거를 두고 있다면, 또 다른 증거에 의해 파기되지 않는 한 그 믿음은 정당화된다.

P2b는 P2b*와 똑같은 것을 말하고 있고, P2b*는 또 P2a와 똑같은 것을 말하고 있다. 결과적으로 만일 P2a가 인식적 정당화 개념을 분석하면서 우리가 추구하는 분석이 아니라면, P2b도 우리가 추구하는

분석은 아니다. 어느 쪽— "파기되지 않음"이란 구절을 추가하여 P2의 전건을 수정하는 쪽이나, 또는 P2를 조건부 정당성에 관한 원리로 바꾸어 후건을 약화시키는 쪽—을 선택하든 우리가 얻고자 했던 결과, 즉 정당성이 수반하는 비규범적 밑속성을 밝히는 원리는 얻지 못한다.

이와 똑같은 추론을 우리가 도입했던 다른 두 규범적 밑속성에 관한 인식적 원리들, 즉 내성에 근거를 두고 있음과 기억에 근거를 두고 있음에도 적용할 수 있다. 그러므로 기준 제시 분석이 추구하는 종류의 원리를 발견하는 일이 도대체 가능한지 하는 문제가 제기된다.

인식론적 비관주의

비록 인식적 정당성이 수반되는 비규범적 속성이 있다 할지라도 우리가 이 속성들이 어떤 속성인지 명확히 밝힐 수 없다고 주장하는 견해를 **인식론적 비관주의**(epistemological pessimism)라 부르기로 하자. 소사(E. Sosa)는 이 견해를 "〔기술적 속성들에 대한 인식적 속성들의 수반의〕 기초를 이루는 원리들이 아마도 수효에서 무한하거나 정도에서 대단히 복잡하다는 사실로 인해 그런 원리들을 파악하는 우리의 능력에 관한 회의주의"[24]로 언급하고 있다. 만일 인식론적 비관주의가 올바르다면, 우리는 어떤 비규범적 밑속성들이 정당성이라는 속성을 논리적으로 함의하는지 확인하려는 희망을 포기해야 한다. 그 대신 우리는 조건부 정당성 원리, 즉 어떤 비규범적 속성들이 믿음을 정당화되게 만드는 **경향이** 있는지 알려 주는 원리를 정식화하는 것으로 만족해야 한다.

조건부 정당성 이론에 따르면 정당성은 몇 가지 원천, 예컨대 내성, 지각, 기억 등을 가지고 있다. 이러한 원천들 가운데 어떤 것에 근거를 둔 믿음은 조건부로 정당화되거나, 또는 달리 표현해 또 다른 증거에 의해 파기되지 않는 한 정당화된다. 다시 한번 지각에 의한 믿음을 생각해 보자. 개별 지각적 믿음이 정당화되는지 여부는 상황의 특성에 달려 있다. 주체가 그 믿음에 대한 자신의 지각적 증거를 파기하는 또 다른 증거를 가지고 있는가, 아니면 가지고 있지 않은가? 인식론적 비관주의자들은, 개별 상황에 적용했을 때 그 주체가 파기하는 증거를 가지고 있는지 아닌지, 그래서 문제의 믿음이 정당화되는지 아닌지 알려 주는 일반 기준을 발견할 수 없다고 말할 것이다. 그들은 오히려 각각의 개별 사례에 대해 이용할 수 있는 관련된 모든 자료를 고려하고, 그 다음에 그 믿음의 인식적 가치를 판단해야 한다고 말할 것이다.

인식론적 비관주의와 윤리학에서 그에 대응하는 견해인 로스의 조건부 의무론을 비교해 보자. 로스에 따르면, 우리의 도덕적 의무는 충실, 보상, 감사, 정의, 자선, 자기 개선, 선행 같은 원천에서 생겨난다. 이러한 원천들은 각각 우리에게 조건부 의무의 충분한 근거를 제공한다. 따라서 만일 x를 행하는 것이 감사의 행위라면 x를 행하는 것이 조건부 의무이고, 만일 x를 행하는 것이 부정의의 행위라면 x를 행하지 않는 것이 조건부 의무라고 로스는 말할 것이다. 그러나 그는 이른바 기준 제시 분석을 제안하지 않는다. 왜냐하면 우선 무엇보다도 로스의 목록에 있는 항목들 중의 어떤 것은 예컨대 정의나 자선처럼 규범적인 것이기 때문이다. 그리고 둘째로 자신의 목록에 나오는 속성들을 예화하는 행위가 우리가 수행해야 할 의무(또는 수행하지 말아야 할 의무)가 있는 행위라는 것을 그런 속성들이 논리적으로 함의한다고 그는 주장하지 않는다.

서로 다른 의무가 상충을 일으킬 수 있음은 분명한 사실이다. 예컨대 정의와 자선은 서로 상충을 일으킨다는 것이 잘 알려져 있다. 이 두 가지가 서로 상충을 일으키는 상황에서는 정의를 행할 조건부 의무가 있고 자선을 베풀 조건부 의무가 있다. 문제는 모든 것을 고려했을 때 이 의무들 중 어떤 것이 우선권을 갖는지 결정하는 것이다. 로스는 정의의 가치가 자선의 가치보다 중요하다거나 그 역이 성립한다는 것을 알려 주는 일반원리가 있다고 믿지 않는다. 오히려 그는 이러한 가치들이 서로 상충을 일으키는 각 사례마다 개별적으로 판단해야 한다고 믿는다. 그렇다면 로스는 윤리학에서 기준 제시 분석에 관해 비관주의자인 셈이다. 비록 그의 견해가 수반 신조—특정 행위가 도덕적 의무가 되는 각각의 경우에 그 행위의 도덕적 격위가 수반되는 밑속성이 있다—와 양립가능하다 할지라도, 궁극적 의무의 일반원리를 표현함으로써 이 속성들을 명확히 밝힐 수 없다는 것을 그의 견해는 논리적으로 함의하고 있다.

인식론에서 상충하는 증거 체계들은 상충하는 의무들의 현상과 비슷하다. 예컨대 어떤 대상의 색깔에 관한 지각적 증거는 관찰조건에 관한 또 다른 증거에 의해 파기될 수 있다. 만일 그 대상이 푸르게 보인다면, 그 대상이 푸르다고 믿는 것은 조건부로 정당화된다. 그러나 만일 우리가 그 대상에 푸른 조명이 비추어지고 있다는 것을 안다면, 그 대상이 푸르다고 믿지 말아야 하는 것 또한 조건부로 정당화된다. 이런 경우들에 관해 우리가 던지는 질문은 다음과 같다. 어느 쪽 증거 체계가 더 강한가? 그 대상이 푸르다는 믿음을 지지하는 증거인가, 아니면 그렇게 믿지 말아야 할 것을 지지하는 증거인가? 다시 말하면 무엇이 우리의 궁극적 의무일 것인가? 즉 그 대상이 푸르다는 것을 믿어야 하는가, 믿지 말아야 하는가? 이 질문에 대한 답은 물론 그 상황의 특징에 달렸다. 아마도 그 종이가 실제로 푸르다는 것을 시사하는 또 다른 증거가 있거나, 또는 그 종이가 실제로 희다는 믿음을 지지하는 또 다른 증거가 있을 것이다. 인식론적 비관주의자들은 증거가 파기될 수 있는 방식이 너무 여러 가지기 때문에 그러한 모든 경우에 대해 우리가 믿는 일이 궁극적으로 정당화되는 것이 무엇인지 알려 주는 일반원리는 없다고 말할 것이다. 일반원리에 대해 우리가 알 수 있는 것은, 어떤 대상이 푸르게 보인다는 사실이 그 대상이 푸르다고 믿는 데 대해 조건부 정당성을 제공한다는 것과 그 대상이 푸른 조명을 받고 있다는 것에 대한 증거가 그 대상이 푸르다고 믿지 말아야 하는 데 대한 조건부 정당성을 제공한다는 것뿐이다.

인식론적 비관주의가 그럴듯한 견해인가? 물론 우리는 어떤 천재적인 인식론자가 비규범적 전건을 지닌 인식적 원리들의 목록을 만들어 내거나 심지어는 비규범적 분석항을 지닌 동치명제를 만들어 낼 가능성을 독단적으로 배제해서는 안 된다. 그렇지만 분명하게 승인할 수 있는 일원론도 없고 다원론도 없는 한, 인식론적 비관주의의 옹호자들은 인식론적 비관주의가 적어도 간접적으로 확증된다고 주장할 수 있을 것이다.[25]

연구문제

1. 개념과 낱말의 차이는 무엇인가? 명제와 문장의 차이는 무엇인가?
2. 두 개념이 필연적으로 동연적인 경우와 필연적이지 않게 동연적인 경우의 차이는 무엇인가?
3. 논리적 필연성과 물리적 필연성은 어떻게 다른가?
4. 단순개념을 정의하는 일과 복합개념을 분석하는 일은 어떻게 다른가?
5. 지식 개념에 대한 개념적 분석과 인식적 정당성 개념에 대한 기준 제시 분석의 차이는 무엇인가?
6. 약수반과 강수반의 차이는 무엇인가?
7. SS 기본주장의 옹호자가 WS 기본주장이 충분히 강하지 못하다고 주장할 수 있는 근거는 무엇인가?
8. 분석적 일원론과 분석적 다원론은 어떻게 다른가?
9. 조건부 정당화와 궁극적 정당화의 차이는 무엇인가?
10. 인식론적 비관주의란 무엇인가?

연습문제

1. 당신이 악한 행위라고 여기는 것을 기술하라. 어떤 비규범적 속성들이 그 행위를 악한 행위로 만드는지 논의하고, 이 속성들이 필연적으로 그 속성들을 예화하는 행위가 무엇이든 악하게 되는 그런 속성인지 논의해 보라.

2. 당신이 전혀 정당화되지 않는 믿음이라고 여기는 것을 기술하라. 어떤 비규범적 속성들이 그 믿음을 정당화되지 않게 만드는지 논의하고, 이 속성들이 필연적으로 그 속성들을 예화하는 믿음은 무엇이든 전혀 정당화되지 않게 되는 그런 속성인지 논의해 보라.
3. 다음 인식적 원리를 생각해 보자. 만일 S가 p라고 믿는 데 대한 지각적 증거를 가지고 있다면, 그리고 S가 p에 대한 그의 지각적 증거를 파기하는 또 다른 증거를 가지고 있지 않다면, S가 p라고 믿는 일은 정당화된다. 첫째, 이 원리에 대한 반대사례가 있는지 논의해 보라. 둘째, 정당성에 대한 기준 제시 분석을 추구하는 철학자가 이 원리가 만족스럽다는 것을 발견할 수 있을 것인지 논의해 보라. 셋째, 당신 자신의 관점에서 이 원리가 조명해 주는 바가 있는지 논의해 보라.

| 주 |

1) 개념의 본성에 관한 간단한 설명은 Bradley and Swartz(1979), 87면 이하를 볼 것.

2) 그러한 계열을 산출해 내는 일을 산술학으로만 한정시킬 필요는 없다. 예컨대 내 사무실에 없는 것들 역시 그 수효가 무한하다. 코끼리, 자판기, 핵미사일, 항공모함…이런 식으로 내 사무실에 관한 아주 길고 귀찮은 진리들을 쉽게 형성할 수 있는데, 이 진리들은 실존하는 어떤 문장 표지들과도 대응하지 않음이 확실하다.

3) Bradley and Swartz(1979), 73면 이하.

4) 현대 의료공학이 제공하는 반대사례를 피하기 위해서는 문제의 이 개념들이 제 자신의 유전적 구조에서 심장을 포함하게 되어 있는 동물과 제 자신의 유전적 구조에서 간을 포함하게 되어 있는 동물을 언급하는 것으로 간주해야 한다.

5) 여러 가지 인식 용어에 대한 정의에 대해서는 Chisholm(1989), 제2장을 볼 것.

6) Goldman(1979)과 Kim(1988), 382면을 볼 것.

7) Goldman(1979), 1면.

8) 인식적 개념을 정의하는 기획과 기준 제시 분석을 제공하는 기획이 상호 배척적이라는 생각은 잘못일 것이다. 사실상 전자는 후자를 하기 위한 필요조건이다. 어쨌든 만일 우리가 주어진 인식 개념의 의미에 관해 명료하지 않다면, 도대체 그 개념의 기준이 무엇인가를 도대체 어떻게 결정할 수 있을 것인가? 인식적 개념을 정의하는 기획의 예로는 Chisholm(1977), 제1장과 (1989), 제2장을 볼 것. 인식적 정당화 개념을 정의하는 여러 가지 방식에 대한 논의는 Alston (1989), 81~114면을 볼 것.

9) Kim(1988), 399면.

10) 수반 개념에 대한 훌륭한 논의는 Kim(1984)을 볼 것. 그리고 이 주제에 관한 훌륭한 논문 선집으로는 Horgan(1983)을 볼 것.

11) 윤리학에서 약수반 신조의 전거는 Hare(1952)에 나오는 다음 진술이다. "우리가 '성 프랜시스는 훌륭한 사람이었다' 고 말한다고 가정해 보라. 이렇게 말하면서 동시에 성 프랜시스와 정확히 똑같은 상황에 처해 있고 그와 정확히 똑같은

방식으로 행동했지만 훌륭한 사람이 아니었다는 점에서만 그와 달랐던 다른 사람이 있을 수 있다고 주장하는 건 논리적으로 불가능하다." (145면).

12) 다음 정의는 김재권이 "약수반"이라고 부르는 것의 특수 경우다. Kim(1984), 157면 이하를 볼 것.

13) 김재권의 1984년 논문 159면 이하에 나오는 약수반에 대한 분석을 볼 것. SS 기본주장을 부정하는 일이 무엇을 함축하는지에 대한 간단한 고찰은 Van Cleve(1985), 98면 이하를 볼 것.

14) 이 말은 이런 이유가 결정적이라는 뜻이 아니다. 이 장 뒷부분에서 보게 되겠지만, 인식적 개념에 대해 기준 제시 분석을 하려는 시도가 성공할 수 있다는 사실에 대해 의심할 만한 훌륭한 이유들도 있다.

15) 로스의 이론에 대한 진술은 Ross(1988), 제2장을 볼 것.

16) G. E. Moore(1912), 13면.

17) 일원론적 분석의 또 다른 예는 윤리적 이기주의인데, 윤리적 이기주의는 어떤 행위가 행위자의 자기 이익을 최대화할 경우, 그리고 오직 그 경우에만 그 행위가 올바르다고 주장한다. 여전히 또 다른 예는 신의 명령 이론인데, 이 이론에 따르면 어떤 행위가 신이 명령을 내린 경우, 그리고 오직 그 경우에만 그 행위가 올바르다.

18) 신빙성 있는 인지 과정이란 그 과정을 거쳐 출력되는 믿음이 옳은 믿음이 되는 비율이 높은 과정이다. 좀 더 정밀한 내용은 제8장을 볼 것.

19) 치섬의 인식적 원리들에 대한 진술은 그의 *Theory of Knowledge*, 2nd ed.(1977), 73~84면, 3rd ed.(1989), 제7장과 그의 1990년 논문 "The Status of Epistemic Principles"를 볼 것. 치섬 인식론에 대한 간단하면서도 훌륭한 설명은 Foley(1992)를 볼 것.

20) 이러한 생각의 근저에 있는 형이상학적 현상은 다음과 같다. 즉 만일 정당화됨이라는 속성이 규범적 속성들의 집합에 강하게 수반된다면, 그 속성과 비규범적 속성들의 집합 사이에는 필연적 동연 관계가 있다. Kim(1984), 169면 이하와 Van Cleve(1990), 230면 이하를 볼 것. 일원론 이론들의 경우에 필연적 동연 관계가 있다는 것은 분명하다. SS 기본주장에 따르면, 정당화된 믿음의 개개의 모든 실례의 경우에 그 믿음의 정당화는 비규범적 속성 N에 의해 논리적으로 함의된다. 이제 만일 그러한 속성 N이 오직 하나만 있다면, 정당화됨이라는 속성이

속성 N과 동치라는 것은 분명한 일이다. 치섬-유형의 다원론적 이론의 경우에도 또한 필연적 동연 관계가 있다. 만일 유한 수효의 비규범적 밑속성 {N1, N2, Nn}이 있다면, 정당화됨이라는 속성은 선언적 속성 "N1 또는 N2 또는 Nn"과 필연적으로 동연적일 것이다. 만일 밑속성들의 수효가 무한하다면, 정당화됨이라는 속성은 밑속성들의 무한 선언과 필연적으로 동연적일 것이다.

21) 그래서 그는 정당성의 필요조건이 무엇인지에 관해 어떤 주장을 내세우려 하지 않는다. Chisholm(1977), 84면을 볼 것.

22) 오늘날의 문헌에서 신빙론은 인식론에 대한 자연주의적 연구 방식의 예로 간주되는 경우가 많은 반면에, 치섬 식의 접근 방식은 비자연주의의 전형으로 간주된다. 예컨대 Maffie(1990)를 볼 것. 하지만 이런 견해는 잘못된 것이다. 신빙론과 치섬 식의 접근 방식은 둘 다 우리가 "기준 제시 분석"이라고 불렀던 것의 예이며, 그래서 중요한 형이상학적 가정을 공유한다. 사실 분석적 일원론의 한 예로서의 신빙론은 여러 가지 다양한 비규범적 밑속성의 목록을 작성하려는 노력을 넘어서서 좀 더 대담한 형이상학적 주장에 언질을 주고 있다.

23) 이러한 반론의 개진에 대해서는 Pollock(1986), 94면과 Sosa(1991), 128면, 187면을 볼 것.

24) Sosa(1991), 154면.

25) 앞에서 인식적 원리들을 작성하려는 치섬의 기획을 다원론적인 기준 제시 분석의 예로 언급하였다. 그렇지만 흥미롭게도 한 가지를 예외로 한다면 치섬의 원리는 모두 조건부 원리다. 즉 치섬의 원리는 모두 전건에서 인식적 한정사를 지니고 있다. *Theory of Knowledge*(1989)에서 치섬은 (그가 "실질적 인식적 원리"라고 부르는) 10가지 인식적 원리의 목록을 작성하기 시작한다. 그중 한 가지 원리는 다음과 같다.

> MP1 만일 F임이라는 속성이 자기 현시적(self-presenting)이고, S가 F이며, S가 자신이 F라고 믿는다면, S에게는 자신이 F라는 것이 확실하다.

자기 현시와 믿음 개념이 비규범적 개념이라고 가정하고 나면, MP1은 기술적 용어로 이루어진 전건과 인식적 용어로 이루어진 후건을 가진 기준 제시 분석의 예

일 것이다. 그렇지만 치섬의 두 번째 원리

> MP2 h를 승인하는 일은 h를 개연적이게 만드는 경향이 있다

는 무엇이 개연적인지 말하지 않으며, 무엇이 조건부로 개연적인지만을 말해 준다. 그리고 그의 세 번째 원리

> MP3 만일 S가 h를 승인하고 h가 S의 전체 증거에 의해 반증되지 않는다면, h는 S에게 개연적이다

는 원리 P2a와 비슷하다. 비록 MP3이 개연적임이라는 인식적 격위를 논리적으로 함의하는 조건을 제공한다 할지라도, 이 원리는 인식적 평가개념, 즉 어떤 명제가 S의 전체 증거에 의해 반증됨이라는 개념을 사용함으로써 이 조건을 밝히고 있다. 이러한 상황은 나머지 7개의 원리에도 똑같이 성립한다. 즉 나머지 7개 원리 역시 모두 전건에 인식적 개념을 포함한다. 그러므로 MP1의 예외를 제외한다면 치섬의 원리는 인식론적 비관주의의 변형인 것처럼 보인다.

제 3 장 | 선천적 지식

선천성에 대한 칸트의 정의

이 장에서는 다음 주제 즉 (1) 선천성 개념, (2) 분석명제와 종합명제 구별, (3) 선천적 지식에 관한 회의주의에 대해 관심을 갖게 될 것이다.

선천(*a priori*)과 후천(*a posteriori*)이란 말은 데카르트, 라이프니츠, 로크가 이미 했었던 구별을 명시적으로 천거하면서 독일 철학자 칸트가 철학에 도입하였다. 『순수이성비판』에서 칸트는 선천적 지식을 경험과의 무관성에 의거해 정의했나.[1] 칸트에 따르면, 선천적 시식은 경험에 선행하거나 경험과 무관하게 얻어지는 지식인 반면에 후천적 지식은 경험을 통해 얻어지는 지식이다. 그의 정의의 요점은 다음 두 명제에 의해 설명될 것이다.

(1) 만일 유리가 알마아타에 살고 알마아타가 카자흐스탄의 수도라면, 유리는 카자흐스탄의 수도에 산다.
(2) 유리는 알마아타에 산다.

(1)이 옳다는 것을 알려면 (1)이 주장하는 것이 무엇인지에 관해 생각해 보기만 하면 된다. 사고만으로 경험에서 도출되는 어떤 정보의

도움을 받지 않고도 (1)이 옳은지 그른지 충분히 결정할 수 있다. 이와 달리 (2)의 진리치를 발견하려면 관련된 정보를 획득하는 데 필요한 경험을 해야 한다. 예컨대 유리가 당신에게 자신이 알마아타에 살고 있다고 말하거나, 또는 당신이 유리가 사는 곳을 알아내기 위해 사설탐정을 고용하거나, 또는 60분 짜리 유리에 관한 보고서를 탐독할 수도 있을 것이다. (1)이 옳다는 것을 아는 데에는 분명히 그러한 경험들이 필요하지 않다. 따라서 칸트는 (1)이 옳다는 것을 선천적으로 아는 반면에 (2)는 후천적으로 알 수밖에 없다고 말할 것이다.

선천적 지식 개념은 선천적 정당화 개념과 밀접한 관련이 있는데, 이는 어떤 지식 실례를 선천적 지식으로 만드는 것이 바로 그 지식이 정당화되는 방식이기 때문이다. 경험을 통한 정당화와 경험과 무관한 정당화는 서로 다른 정당화 방식이다. 그렇다면 선천적 지식은 정당화가 선천적으로 이루어지는 지식이라고 정의할 수 있다. 물론 이 정의는 조명해 주는 바가 별로 없는데, 왜냐하면 이 정의가 무엇이 정당화를 선천적 정당화로 만드는가에 관해 알려 주는 것이 없기 때문이다. 여기서 칸트의 제안을 적용하기로 한다면, 어떤 믿음의 정당화가 경험과 무관할 경우에, 그리고 오직 그 경우에만 그 믿음이 정당화된다고 할 수 있다. 하지만 이 정의는 두 가지 문제를 제기한다. 첫째 경험이라는 개념이 정확히 무엇을 의미하는가? 둘째 경험과 무관함이라는 개념이 무엇을 의미하는가?

감각 경험과 비감각 경험

"경험"이 감각 경험, 즉 시각, 청각, 후각, 촉각, 미각 경험을 의미한다고 해 보자. 그러면 칸트의 정의를 다음과 같이 정식화해야 할 것이다.

> D1 S가 p라고 믿는 일이 선천적으로 정당화된다 iff
> p라고 믿는 데 대한 S의 정당화가 감각 경험에 의존하지 않는다.

하지만 이 정의는 만족스럽지 못하다. 왜냐하면 감각 경험에 의존하여 정당화되지 않으면서 선천적으로 정당화되는 것도 아닌 믿음이 있기 때문이다. 내가 "오늘 아침 나는 저녁 식사로 스테이크를 먹는 것을 생각하고 있었다"고 믿는다고 해 보자. 이 믿음은 선천적으로 정당화되는 믿음이 아니다. 왜냐하면 이 믿음의 정당화가 내가 오늘 아침 세웠던 저녁 식사 계획을 다시 생각해 낸다고 하는 기억 경험에 의존하기 때문이다. 하지만 기억 경험은 감각 경험의 일종이 아니며, 그래서 내가 저녁 식사로 스테이크를 먹는 것을 생각하고 있었다고 믿는 데 대한 나의 정당화는 감각 경험에 의존하지 않는다. 그러므로 D1은 내가 저녁 식사로 스테이크를 먹는 것을 생각하고 있었다고 믿는 일이 선천적으로 정당화된다는 잘못된 결과를 만들어 내게 된다.

내성에 관해서도 이와 비슷한 논증을 만들 수 있다. 지금 당장 초콜릿을 먹고 싶다고 믿는 데 대한 나의 정당화는 어떠한 감각 경험에도 의존하지 않는다. 그래서 D1은 내 믿음이 선천적으로 정당화된다는 것을 함의한다. 하지만 이는 잘못된 결과다. 내 믿음은 그 정당화를 내가 초콜릿을 먹고 싶다는 욕구를 경험하고 있다는 사실에 의존하기 때문에 선천적으로 정당화되는 믿음이 아니다. 만일 그런 경험을 하지 않는다면, 내가 초콜릿을 먹고 싶어 한다고 믿는 일은 정당화될 수 없을 것이다. 따라서 D1은 또다시 만족스러운 정의가 못 됨이 드러난다.

이 두 예는 선천적 정당화가 경험과 무관한 정당화로 정의될 때 관련 있는 경험 개념에 감각 경험뿐만 아니라 기억 경험과 내성 경험까지도 포함되어야 함을 보여 준다. 그렇지만 관련 있는 경험 개념에 무엇을 포함시켜야 할 것인지에 관심을 기울여야 하는 것처럼, 무엇을 배제해야 할 것인지도 관심을 기울여야 한다. 이제 선천적 정당화가 어떤 종류의 경험과 무관한지 알아보기 위해 다음 두 명제를 생각하면서 이 두 명제가 지적으로 어떻게 느껴질 것인지 물어보자.

(2) 2+2 = 4

(3) 2+2 = 5

플랜팅가(A. Plantinga)는 (2)는 맞다고 느끼는 반면에 (3)은 잘못되었다고 느껴진다고 말할 것이다. 그는 (2)는 어쩔 수 없이 받아들여야 하는 "강박적인" 것으로 느껴지는 반면에 (3)은 "반감이 들고 몹시 거부하고 싶은" 것으로 느껴진다고 주장한다.[2] 플랜팅가를 따라 지적 강박이나 반감(intellectual compulsion and repulsion)과 같은 경험이 있다고 해 보자. 많은 선천적 믿음은 지적 강박 경험을 동반한다. 심지어 어떤 철학자들은 선천적 믿음이 바로 그런 경험에 의해 정당화될 수 있다고까지 말할 것이다.

그렇다면 선천적 정당화가 경험과 무관하다고 말할 때, 이 말의 의미는 그 정당화가 지적 강박과 같은 경험과 무관해야 한다는 뜻은 아니다. 이렇게 볼 때 선천적 정당화를 경험과 무관한 정당화로 정의하는 경우에, 관련 있는 경험 개념에 기억 경험과 내성 경험은 포함되지만 지적 강박 경험은 배제된다. 그러므로 다음 정의에서 "경험"이란 용어는 바로 이런 의미로 이해되는 것으로 약정하자.

> D2 S가 p라고 믿는 일이 선천적으로 정당화된다 iff
> p라고 믿는 데 대한 S의 정당화는 어떠한 경험에도 의존하지 않는다.

D2가 당신이

> (1) 만일 유리가 알마아타에 살고 알마아타가 카자흐스탄의 수도라면, 유리는 카자흐스탄의 수도에 산다

를 믿을 경우에 당신이 선천적으로 정당화된다는 것을 함의하는가? (1)을 믿는 데 대한 당신의 정당화는 감각 경험도 기억 경험도 내성 경험에도 의존하지 않으므로, 그 답은 그렇다는 것이다.

선천적 정당화와 개념 학습

그렇지만 (1)을 믿는 데 대한 당신의 정당화는 어쨌든 경험에 의존한다는 반론이 제기될 수 있다. 그 명제가 의미하는 것을 이해하지 못하는 한 당신이 (1)을 믿는 일은 정당화될 수 없을 것이며, 관련 개념들이 무엇을 의미하는지 모르는 한 당신은 그 명제가 의미하는 것을 이해할 수 없을 것이다. 그래서 (1)을 믿는 일이 정당화되기 위해서는 당신은 도시, 국가, 수도 개념을 이해해야 한다. 방대한 양의 경험을 하지 않고 이 개념들이 의미하는 것을 배운다는 건 불가능할 것이다. 대체로 그런 개념을 배우는 일은 부모와 자식, 교사와 학생 간

에 복잡한 사회적 상호작용이 있어야 하며, 그래서 무수한 경험 계열을 포함해야 한다. 실제로 임의의 명제 p에 대해서 당신이 p를 믿는 일에 대해 가질 수 있는 정당화는 p를 구성하는 개념들을 배우는 데 필요한 경험과 무관하게 이루어진다는 것이 불가능하다. 그래서 (1)을 믿는 데 대한 당신의 정당화는 방대한 양의 경험에 의존하는 것처럼 보이며, 그래서 선천적으로 정당화되는 것이 아니다.

이 반론에 대한 응답으로 우리는 당신이 (1)에 나타나는 개념들을 배우면서 하는 경험이 당신이 (1)을 믿는 데 대해 가지는 정당화에 필요하다는 것을 인정해야 할 것이다. 당신이 그런 경험을 하지 않았더라면 (1)을 이해할 수 없었을 것이며, 그래서 (1)을 믿는 일도 정당화될 수 없었을 것이다. 그렇지만 지금 (1)을 믿는 일이 정당화될 때, 당신이 어떤 낱말들을 배우면서 수년 동안에 했던 경험은 지금은 정당화하는 역할을 하지 못함이 확실하다. 즉 비록 그러한 경험들을 하지 않고 (1)을 믿는 일이 정당화될 수는 없다 할지라도, 그 경험들이 현재 시점에서 (1)을 믿는 일에 대한 당신의 정당화를 발생시키는 것은 아니다. 그리고 이것이 바로 "S가 p라고 믿는 일이 선천적으로 정당화된다"라는 표현이 "경험과 무관함"이라는 개념에 의해 정의될 때 그 정의의 요점이다. 즉 p를 믿는 일에 대한 S의 정당화를 발생시키는 것, 또는 p라는 S의 믿음을 정당화되게 만드는 것은 경험이어서는 안 된다는 것이다. 당신이 어떤 명제 p를 믿는 일이 선천적으로 정당화될 때, 당신의 정당화를 발생시키는 것이 무엇이든 그것은 경험 이외의 다른 어떤 것—당신이 어떤 경험들을 하지 않았다면 p를 믿는 일이 전혀 정당화되지 못했을 것이라는 사실과 완전히 양립가능한 어떤 것—이어야 한다.

어떤 것이 다른 어떤 것에 의존할 수 있는 두 가지 방식을 구별해 보자. 첫째, y가 발생하지 않았다면 사건 x도 발생하지 않았을 것이기 때문에 사건 x는 사건 y에 의존할 수 있다. 둘째, y가 x를 바로 x라는 종류의 사건으로 만들기 때문에 사건 x는 사건 y에 의존할 수 있다. 예컨대 오늘 밤 저녁 식사에 관해 생각하는 일은 충분한 양의 산소를 호흡하는 일에 의존한다. 충분한 양의 산소를 호흡하지 않는다면, 오늘 밤 저녁 식사에 관해 생각하고 있을 수 없을 것이다. 오늘 밤 저녁 식사에 관해 생각하는 일은 또 내 배고픔에 의존한다. 만일 내가 배고프지 않다면, 나는 오늘 밤 저녁 식사에 관해 생각하고 있지 않을 것이다. 하지만 이 두 가지 의존 사례는 큰 차이가 있다. 왜냐하면 나로 하여금 저녁 식사를 생각하게 만든 것은 확실히 내가 산소를 호흡한 일이 아니라 내 배고픔이기 때문이다. (1)을 믿는 데 대한 나의 정당화는 오늘 밤 저녁 식사에 관해 생각하는 일이 산소를 호흡하는 일에 의존하는 것과 똑같은 방식으로 어떤 개념들을 배우는 일에 의존한다. 이것은 D2에서 문제가 되는 종류의 의존 관계가 아니다. 오히려 문제가 되는 종류의 의존 관계는 두 번째 종류의 것이다. 즉 당신이 (1)을 믿는 일을 정당화되게 만드는 것은—그게 무엇이든—경험 이외의 다른 어떤 것이어야 한다. 따라서 D2에 따라 (1)을 믿는 데 대한 당신의 정당화가 선천적이라는 말은 어쨌든 옳다.

다음 두 절은 선천적 정당화를 특징짓는 두 가지 방식의 대안을 살필 것이다. 그 대안들을 논의하면서 경우에 따라 "선천적으로 알려질 수 있거나 정당화될 수 있는 명제"라는 부담스런 표현 대신에 "선천적 명제"라는 표현을 사용할 것이다. 마찬가지로 "선천적으로 알려질 수 있거나 정당화될 수 있음이라는 속성" 대신 "선천성"이란 말을 사용하기로 하겠다.

선천성과 필연성

선천성 분석에 대한 첫 번째 연구 방식—정당화를 선천적 정당화로 만드는 것은 경험과의 무관성이다—은 선천적 정당화를 발생시키지 않는 것을 알려 줄 뿐 그것을 발생시키는 것이 무엇인지는 알려주지 않는다. 그래서 어떠한 경험에도 의존하지 않으면서 어떻게 어떤 명제의 진리치를 결정할 수 있는가 하는 문제가 여전히 남게 된다. 이 물음에 대한 한 가지 답은 필연성 개념에 호소하는 것이다. 오랜 철학적 전통에 따라 선천적 지식의 예로 간주되어 온 다음 명제들을 생각해 보자.

(a) 2와 2의 합은 4다.
(b) 2는 짝수다.
(c) 정사각형은 무엇이든 사각형이다.
(d) 붉은 것은 무엇이든 채색되어 있다.
(e) 온통 푸른 것은 무엇이든 녹색 반점이 없다.
(f) 임의의 두 명제 p와 q에 대해서 만일 p가 옳은데 q가 그르다면, p와 q의 연언은 그르다.
(g) 비가 오고 있거나 또는 오고 있지 않다.

명제 (a)와 (b)는 수학의 진리이고, (c)는 기하학의 진리이며, (d)와 (e)는 이른바 "개념적" 진리의 예이고, (f)와 (g)는 논리적 진리다. 이 명제들 모두의 공통점은 명제들이 모두 필연적 명제라는 것이다. 따라서 두 번째 선천적 정당화 개념에 따르면, 선천적 정당화를 가능하게 만드는 것은 바로 그 명제들이 필연적 명제라는 점이다. 만일 어떤 명제가 필연적으로 옳다면, 그 명제에 관해 생각하는 일만 가지고도—물론 그 명제가 알 수 없을 정도로 복잡한 명제가 아니라고 가정한다면—그 명제의 옳음을 충분히 파악할 수 있을 것이다.

"붉은 것은 무엇이든 채색되어 있다"는 명제를 생각해 보자. 만일 어떤 대상이 붉다는 것이 무엇이고 채색되어 있다는 것이 무엇인지를 이해한다면, 당신은 채색되지 않은 붉은 대상이 있을 수 없다는 것 또한 이해할 수 있다. 달리 표현해 당신은 붉음이라는 속성이 채색됨이라는 속성을 포함한다는 것을 알 수 있고, 그래서 "붉은 것은 무엇이든 채색되어 있다"는 명제가 필연적으로 옳다는 것을 알 수 있다.[3] 이렇게 되면 선천성을 다음과 같은 말로 설명하자는 제안을 해 볼 수 있다. 즉 "붉은 것은 무엇이든 채색되어 있다"는 명제를 선천적 명제로 만드는 것은 당신이 그 명제의 필연성을 파악할 수 있다는 사실이다. 두 번째 예로 "정사각형인 어떤 것도 원이 아니다"를 생각해 보자. 만일 정사각형(네 변의 길이가 같은 사각형)이 무엇인지 안다면, 당신은 정사각형이라는 속성이 원이라는 속성을 배제한다는 것을 안다. 다시 말해 정사각형인 것은 무엇이든 원이 될 수 없다. 이것이 바로 사고만으로 사각형이 아닌 정사각형이 가능하지 않다는 것을 알 수 있는 이유—모든 정사각형이 사각형이라는 것을 알기 위해 경험을 필요로 하지 않는 이유—다. 따라서 이 명제를 믿는 데 대한 정당화를 선천적 정당화로 만드는 것은 그 명제를 생각하고 그 명제에 대해 반성할 때 당신이 그 명제의 필연성을 파악할 수 있다는 사실이라는 제안을 계속해서 할 수 있다.

이 제안을 평가하려면, 선천성과 필연성 사이에 어떤 관계가 존재하는지 음미하는 것이 중요하다. 우선 다음 정의를 살펴보자.

D3 S가 p라고 믿는 일이 선천적으로 정당화된다 iff

S가 p라고 믿는데 p는 필연적 진리다.

이 정의는 두 가지 이유로 실패한다. 첫째, 이 정의는 p를 믿는 방식에 대해 어떤 구속 요건도 두지 않기 때문에 실패한다. 다시 말해 이 정의는 S가 그의 믿음을 정당화되게 만드는 방식으로 p라는 믿음을 형성할 것을 요구하지 않는다.[4] 논리학의 복잡한 정리(즉 필연적 진리)를 당신이 그것을 증명했다고 생각하기 때문에 믿는다고 해 보자. 그렇지만 이 정리를 증명하는 과정에서 당신은 적당히 얼버무린 대목이 많다. 당신은 다른 일에 마음을 빼앗기고 있었고, 그래서 증명하는 일에 별로 집중하지 못했다. 따라서 당신의 증명은 몹시 의심스럽다. 이렇게 되면 당신이 한 증명의 타당성은 요행에 지나지 않는다. 그러한 증명이 당신이 그 정리를 믿는 일을 정당화하지 못할 것은 확실한 일이다. 그렇지만 당신은 가정상 필연적 진리인 명제를 믿고 있으므로, D3은 당신이 그 명제를 믿는 일이 선천적으로 정당화된다고 하는 잘못된 결과를 가져온다. 이런 경우에 당신이 그 명제를 믿는 일은 정당화되지 않는다는 것이 사실이다. 이 경우에서 도출해 낼 수 있는 일반적 교훈은, 어떠한 정당화도 없이 필연적 명제를 믿는 일이 가능하므로 믿고 있는 명제가 필연적 명제라는 사실만으로는 선천적 정당화를 이룰 수 없다는 것이다.

필연적 진리에 대한 후천적 정당화

D3이 실패하는 두 번째 이유는 이 정의가 다음과 같은 사실, 즉 당신이 필연적 진리를 믿을 때마다 그 명제에 대한 당신의 정당화는 선천적이라는 사실을 함의하기 때문이다. 필연적 진리를 믿는 일이 후

천적으로 정당화되는 것이 가능하지 않은가? 만일 저명한 논리학자가 어떤 정리가 옳다고 말했다면, 당신이 그 명제를 옳다고 믿는 일은 정당화되지 않을까? 이런 경우 당신이 정당화된다고 보는 것이 그럴 듯하다. 하지만 만일 권위를 기초로 하여 어떤 명제를 믿는 일이 정당화된다면, 그 명제를 믿는 데 대한 당신의 정당화는 후천적이다. 그래서 만일 권위를 신뢰하는 일로 인해 당신이 필연적 명제를 승인하는 일이 정당화될 수 있다면, 필연적 진리를 믿는 일이 후천적으로 정당화되는 것이 가능하다. D3은 이 가능성을 허용하지 않으며, 그래서 거부되어야 한다.[5)]

이 논증에 반대하여 다음 반론이 제기될 수 있다. 특정 명제를 고려할 때, 우리는 그 명제를 표현하는 문장과 그 문장이 표현하는 명제를 구별해야 한다. 논리학의 정리를 표현하는 문장을 "형식문"(formula)이라 부르기로 하자. 논리학의 어떤 권위로부터 어떤 형식문이 옳다는 것을 배울 때, 당신이 믿는 일이 정당화되는 것은 그 형식문이 어떤 진리를 표현한다는 사실이다(라고 반론은 진행된다). 그렇지만 당신이 그 진리 자체를 믿는 일은 정당화되지 않는다. 반론에 따르면, 당신이 그 진리를 믿는 일은 실제로 그 진리 자체를 이해하지 못하기 때문에 정당화되지 않는다.

이제 논리학 거장만이 옳다는 것을 알 수 있는 논리학의 형식문이 있지만, 보통사람은 그 형식문에 대한 이해조차 할 수 없다는 사실을 확실히 인정할 필요가 있다. 그리고 만일 우리가 그러한 형식문이 옳다는 논리학 거장의 말을 받아들인다면, 실제로 우리는 그 형식문이 표현하는 진리를 믿는 일이 아니라 어떤 형식문이 어떤 진리를 표현한다고 믿는 일이 정당화될 뿐이다. 그렇지만 우리가 권위를 기초로 하여 어떤 형식문이 옳다고 믿을 때마다 이렇게 된다고 하는 것은 그럴듯하지 않다. 그러므로 이 반론은 필연적 진리를 믿는 데 대한 후천적 정당화의 가능성을 배제하지 않는다.

예컨대 2보다 큰 모든 짝수는 두 소수의 합이라는 골드바흐의 추측(Goldbach conjecture)을 생각해 보라.[6] 만일 골드바흐의 추측이 옳다면 그것은 필연적으로 옳으며, 그르다면 필연적으로 그르다.[7] 그렇지만 사실상 우리는 골드바흐의 추측이 옳은지 그른지 모른다. 누구도 그것을 증명하거나 반증한 사람이 없다. 유명한 천재 수학자가 골드바흐의 추측이 옳다는 것을 증명하고, 그의 증명이 학계에 널리 알려지며, 전문 수학자 집단이 그 증명이 건전하다는 데 일치한다고 가정해 보자. 우리가 답해야 하는 문제는 이런 상황에서 우리가 골드바흐의 추측 자체를 믿는 일—또는 그저

(1) "2보다 큰 모든 짝수는 두 소수의 합이다"라는 문장이 진리를 표현한다

고 믿는 일—이 정당화될 것인지 하는 것이다. 짝수, 소수, 두 소수의 합이 무엇을 의미하는지 아는 사람은 골드바흐의 추측이 의미하는 것을 아주 잘 이해한다고 주장하는 것이 합리적일 것이다. 만일 그렇다면, (우리가 상상하고 있는 경우에서) 우리가 (1)을 믿는 일뿐만 아니라 골드바흐의 추측 자체를 믿는 일도 정당화될 것이다. 따라서 만일 권위에 의거하여 골드바흐의 추측이 옳다는 것을 배운다면, 우리가 필연적 진리를 믿는 일은 후천적으로 정당화될 것이다. D3은 이런 가능성을 허용하지 않으며, 그래서 거부되어야 한다.

그러면 D3은 두 가지 이유 때문에 실패하는 셈이다. 첫째, D3은 p를 믿는 방식에 대해 너무 관대하고, 둘째, 필연적 진리를 믿는 일이

후천적으로 정당화될 가능성을 허용하지 않는다. 다음 정의는 이 두 가지 문제를 모두 피한다.

D4 S가 p라고 믿는 일이 선천적으로 정당화된다 iff
S가 p가 필연적으로 옳다는 것을 파악한다.

D4는 p가 필연적으로 옳다는 것을 S가 파악할 것을 요구하며, 그래서 p를 믿는 방식에 대해 구속 요건을 두고 있다. 더 나아가 D4는 필연적 진리들을 믿는 데 대해 후천적 정당화를 허용한다. 왜냐하면 만일 권위를 기초로 하여 필연적 진리를 믿는다면, 우리는 그 진리가 필연적으로 옳다는 것을 파악하지 않은 채 그 진리를 믿기 때문이다. 만일 어떤 권위가 골드바흐의 추측이 필연적 진리라고 말했기 때문에 그것을 믿는다면, 당신은 골드바흐의 추측의 필연성을 파악하지 않고 필연적 진리를 믿게 되는 것이다. 따라서 D4에 따르면, 골드바흐의 추측을 믿는 데 대한 당신의 정당화는 후천적 정당화일 것이다.

명제의 진리치와 양상 격위

유감스럽게도 선천적 정당화를 필연성 파악에 의거해 정의하자는 안은 또 다른 종류의 문제를 제기한다. 다시 한번

(1) 붉은 것은 무엇이든 채색되어 있다

는 명제를 생각해 보자. 십중팔구 당신은 (1)이 필연적으로 옳다는 믿음을 형성하고 있을 것이다. 그렇지만 두 가지 다른 믿음을 구별할

필요가 있다.

B1 (1)은 옳다.

B2 (1)은 필연적으로 옳다.

B1은 (1)의 진리치에 관한 믿음이고 B2는 (1)의 양상 격위에 관한 믿음이므로, B1과 B2는 서로 다른 믿음이다.[8] 어떤 사람이 어떤 명제의 양상 격위가 무엇인지에 대해 아무 생각을 하지 않고도 그 명제를 옳다고 믿는 일이 가능하다. 이것은 p를 필연적으로 옳다고 믿지 않으면서 동시에 옳다고 믿는 일이 가능하다는 걸 의미한다.

당신이—이를테면 "지적 강박" 느낌을 경험하기 때문에—(1)이 필연적으로 옳은지 하는 문제를 생각하지 않고 (1)을 옳다고 믿는다고 해 보자. 당신은 (1)이 옳다는 것을 파악하고 있지만, (1)이 필연적으로 옳은지에 대해 자문해 보지도 않았기 때문에 그것이 필연적으로 옳다는 것을 파악한 것은 아니다. 이 경우에 D4는 당신이 (1)을 믿는 일이 선천적으로 정당화되지 않을 것이라는 것을 함의한다. 따라서 당신이 (1)을 믿는 일이 선천적으로 정당화된다는 말이 옳다면, D4는 그르다.

이 반론의 요점은 다음과 같다. p가 필연적으로 옳다는 것을 파악하는 일은 최소한 p가 필연적으로 옳다고 믿는 일을 포함한다. 그런데 어떤 명제가 필연적으로 옳다고 믿지 않고도 그 명제를 믿는 일이 선천적으로 정당화된다는 것이 가능한 것처럼 보인다. 결과적으로 만일 선천적 정당화를 어떤 명제의 필연성을 파악하는 일에 의거해 정의한다면, 그 정의는 너무 좁은 정의가 되는 것처럼 보인다.

선천적 정당화의 오류가능성

D4를 괴롭히는 두 번째 문제는 어떤 명제가 실제로는 그른데도 그 명제를 필연적으로 옳다고 믿는 일이 선천적으로 정당화될 가능성이 있다는 사실에서 비롯된다. 그런 가능성이 있다면—즉 선천적 정당화가 오류가능하다면—D4는 그르다. 왜냐하면 D4에 따를 때 p에 대한 선천적 정당화는 p가 필연적으로 옳다는 것을 파악하는 일을 포함하기 때문이다. 명제 p가 실제로는 그른데 필연적으로 옳다는 것을 파악할 수 있는가? 그럴 수 없다. 왜냐하면 p가 그를 경우 당신은 p가 필연적으로 옳다고 잘못 믿는 것이지 그것을 파악하는 것이 아니기 때문이다. 그래서 p가 필연적으로 옳다는 것을 파악하는 일은 p가 옳다는 것을 논리적으로 함의한다. 따라서 D4는 그른 명제를 믿는 일이 선천적으로 정당화될 수 있는 것이 아님을 말해 준다.

그렇지만 그른 것을 옳다고 믿는 일이 선천적으로 정당화될 수 있는가? 이 물음에 대해 "그렇다"고 답하는 논증이 있다. 모래 더미에서 모래 한 알을 제거했을 때 남아 있는 것을 여전히 모래 더미라고 믿는지 자문해 보라. 만일 그렇게 믿는다면, 당신은 반성을 통해 다음 명제도 믿어야 할 것이다.

> (A) 만일 두 모래알 집단이 수적으로 모래알 한 개만 차이가 있다면, 두 집단은 둘 다 모래 더미이거나 둘 다 모래 더미가 아니거나이다.

(A)에 대한 당신의 정당화가 선천적 정당화인가? 그렇다고 보는 게 옳을 듯싶다. (A)가 옳은지 그른지 하는 문제는 모래 더미에 대해 경험적 탐구를 요구하는 문제가 아니다. 오히려 이 문제는 "더미"라는

말과 관련된 문제를 제기하는 개념적 문제다. 유감스럽게도 (A)를 따라가다 보면 단 한 개의 모래알로만 이루어진 모래 더미가 있다는 역설적 결과에 이르게 된다.[9] 일단 이러한 역설을 깨닫고 나면, 당신이 (A)를 믿는 일이 도대체 정당화되는지 의심스럽게 된다.[10] 그렇지만 당신이 이 역설을 깨닫기 전에는 (A)를 믿는 데 대한 당신의 정당화가 아무 잘못이 없다는 주장이 있을 수 있다. 그리고 이 주장이 맞다면, 역설을 발견하기 전에는 당신이 (A)—아마도 그름이 틀림없는 명제—를 믿는 일은 선천적으로 정당화된다.[11]

지금까지 선천적 정당화를 분석하는 두 가지 연구 방식을 음미하였다. 첫 번째 연구 방식에 따르면 선천적 정당화를 필연성에 의거해 분석할 수 있고, 두 번째 연구 방식에 따르면 선천성을 필연성을 파악하는 일에 의거해 분석할 수 있다. 그런데 두 연구 방식 모두 장애물이 있음을 살펴보았다. 그렇지만 적절하게 다듬을 경우에 이 두 연구 방식 가운데 어떤 것이 성공할 가능성을 완전히 묵살해서는 안 된다. 다음 절은 아직도 남아 있는 또 다른 연구 방식을 음미할 것이다.

그전에 지금까지 논의를 통해 드러난 문제를 간단히 요약해 보자. 명제 p에 대한 선천적 정당화를 적합하게 정의하려면, (1) p를 믿는 방식에 대해 구속 요건을 두어야 하고, (2) 필연적 진리에 대한 후천적 정당화를 허용해야 하며, (3) 어떤 명제를 필연적으로 옳은 것으로 믿지 않고도 그 명제를 옳다고 믿는 일이 선천적으로 정당화될 가능성을 허용해야 하고, (4) 선천적 정당화를 오류가능한 것으로 만들어야 한다.

선천성을 정의하는 세 번째 방식

어떤 철학자들은 다음과 같이 말함으로써 선천성을 정의하려고 한다. 즉 선천적 명제에 대한 정당화가 경험을 요구하지 않는 이유는 선천적 명제의 진리성을 파악하기 위해 필요한 것이 그 명제에 대한 이해가 전부이기 때문이다. 예컨대 "붉은 것은 무엇이든 채색되어 있다"는 명제는 일단 당신이 그 명제를 이해할 경우에 당신이 그것을 믿는 일이 정당화되는 그런 명제다. 이 착상을 통해 선천적 정당화를 만족스럽게 정의할 수 있을까? 다음 안을 생각해 보자.

> D5 S가 p라고 믿는 일이 선천적으로 정당화된다 iff
> 필연적으로, 만일 S가 p를 이해한다면 S가 p를 옳다고 믿는 일이 정당화된다.

하지만 D5의 문제는 너무 좁은 정의가 된다는 것이다. 당신이 간단한 증명을 기초로 하여 명제 p를 믿는 일이 선천적으로 정당화된다고 해 보자.[12] 이제 만일 p가 옳다는 것을 알기 위해 당신이 p를 증명할 필요가 있다면, 필연적으로 p를 이해할 경우에 당신이 p라고 믿는 일이 정당화된다고는 할 수 없다. 왜냐하면 p를 증명하기에 앞서 당신은 p를 믿는 일이 정당화되지 않으면서도 p를 이해하기 때문이다. 그래서 만일 p에 대한 당신의 정당화가 증명에 기초를 두고 있다면, 그 정당화는 선천적 정당화가 아니라는 것을 D5는 함의한다. 그렇지만 만일 p에 대한 당신의 증명이 그 자체로 선천적이라면—만일 그 증명의 전제들을 아는 데에도 그 전제들이 결론을 함의한다는 것을 아는 데에도 경험이 필요치 않다면—, 당신이 p라고 믿는 일은 선천적으로 정당화되는 것이라고 D5에 대한 반론은 주장한다.

그렇다면 좁은 의미의 선천적 정당화와 넓은 의미의 선천적 정당화를 구별해야 한다. 좁은 의미에서 선천적 명제는 그 명제를 이해하는 것만으로 그 명제를 믿는 일이 정당화되기에 충분한 그런 명제로 제한된다. 이런 의미로 선천적인 명제를 "공리"(axiom)라 부르기로 하자. 공리는 그 명제보다 "더 잘 알려지는" 다른 명제가 없다는 의미에서 증명이 불가능한 필연적 진리다.[13] 공리의 진리성을 파악하는 일은 다른 명제들로부터 도출되는 것이 아니라 그저 공리 자체를 이해하는 일에서 도출된다.

선천성의 넓은 의미에서 선천적으로 알려지는 명제는 공리이거나 증명을 기초로 하여 알려지는 명제다. 비록 D5가 이 넓은 의미에서 선천적 정당화에 대한 정의로서는 실패하지만, 공리에 대한 정의로서는 성공한다. 그러므로 공리 개념을 정의하는 데 D5의 정의항(즉 "iff"의 오른쪽에 나타나는 정의 조건)을 이용할 수 있다.

> D6 p는 S에게 공리다 iff
> 필연적으로, 만일 S가 p를 이해한다면, S가 p를 옳다고 믿는 일이 정당화된다.

D6에 따르면 "붉은 것은 무엇이든 채색되어 있다"는 명제는 공리다. 그래서 이 명제를 믿는 일이 정당화되지 않으면서 이 명제를 이해한다는 건 불가능하다. 이와 대조적으로 마땅히 그래야 하는 것처럼 D6은 골드바흐의 추측이 공리가 아니라는 사실을 함의한다. 왜냐하면 이 추측을 이해하는 것만으로는 이 추측을 옳다고 믿는 일이 정당화되는 데 충분하지 못하기 때문이다. D6은 다음 모래 더미 가정에 관해서도 똑같은 것을 함의한다.

(A) 만일 두 모래알 집단이 수적으로 모래알 한 개만 차이가 있다면, 두 집단은 둘 다 모래 더미이거나 둘 다 모래 더미가 아니거나이다.

비록 (A)를 믿는 일이 정당화될 수 있다 할지라도, 필연적으로, 만일 (A)를 믿는다면 우리가 그것을 믿는 일이 정당화된다는 것은 그르다. 왜냐하면 (A)가 포함하는 역설을 깨닫게 되자마자 (A)에 대한 우리의 최초 정당화는 무너지기 때문이다.

그렇지만 D6은 그저 공리적인 선천적 정당화를 정의하고 있을 뿐이다. 따라서 여전히 넓은 의미의 선천적 정당화에 대한 정의—즉 비공리적인 선천적 명제들에 대해 가질 수 있는 종류의 정당화에 대한 정의—가 필요하다. 그러한 정의를 구성할 수 있는 일반적 착상은 D7에 의해 표현된다.

D7 S가 p라고 믿는 일이 선천적으로 정당화된다 iff
p가 S에게 공리거나, S가 자신에게 공리적인 증명을 기초로 p를 믿는다.[14)]

D7이 만족스러운 정의가 되려면 첫째, 증명을 기초로 하여 명제를 믿는다는 말이 무엇을 의미하는지 설명해야 하고, 둘째, 증명이 공리적이라는 말이 무엇을 의미하는지 설명해야 한다. 그렇지만 이 표현들을 다시 정의할 수 있다고 가정하는 경우라 할지라도, D7은 여전히 만족스러운 정의와 거리가 멀다. 문제는 D7에 따를 때 선천적인 명제가 아니지만 선천적이라고 보는 것이 합리적일 수 있는 명제의 예가 많다는 것이다. 예컨대 많은 인식론자가

(1) 만일 S에게 붉게 보이는 대상이 있다면, S가 그 대상이 붉다고 믿는 일은 조건부로 정당화된다

는 명제가 선천적으로 알려질 수 있는 필연적 진리라는 데 일치할 것이다. 그렇지만 (1)은 공리적인 명제가 아닌데, 왜냐하면 회의주의자는 (1)이 의미하는 것을 아주 잘 이해하지만 (1)이 그르다고 말할 것이기 때문이다. 그렇다면 (1)을 승인하거나 거부하는 데 대한 우리의 정당화는 (1)을 지지하거나 반대하는 이유들의 함수다. 그러나 (1)을 지지하거나 반대하는 추론이 어떤 형태를 띠든 철학자들이 그 추론이 공리적 증명의 형태를 띤다고는 거의 주장하지 않을 것이다. 실제로 (1)과 같은 원리들을 지지하거나 반대하는 논증은 대체로 길고 복잡하다. D7에 따르면 (1)을 믿는 철학자들은 그것을 믿는 일이 선천적으로 정당화되는 것이 아니며, (1)을 거부하는 철학자들은 그것을 거부하는 일이 선천적으로 정당화되는 것이 아니라는 결론이 따라 나온다. 그런데 철학자들이 (1)을 승인하거나 거부하는 일이 정당화될 때 그들의 정당화가 후천적 정당화라고 결론지을 수만 있다면, 이것은 D7에 문제될 것이 없다. 그렇지만 많은 철학자가 그런 결론을 도출해 내려 하지 않을 것이다. 만일 우리가 (1)과 같은 명제를 승인하는(거부하는) 일이 정당화된다면, 우리의 정당화는 선천적 정당화라고 그들은 말할 것이다.[15]

그러면 D7은 너무 좁다는 반론이 제기될 수 있다. 그렇지만 모든 철학자가 이 반론의 전제들에 동의하지는 않을 것이다. 게다가 D7이 틀림없이 무시한 선천성 예들을 포착하는 방식으로 D7을 수정할 수 있을지도 모른다. 어쨌든 D7은 선천성의 충분조건을 제공한다고 말해도 좋을 것처럼 보인다. 그래서 만일 어떤 명제가 공리거나 공리적

증명을 기초로 하여 확립될 수 있는 그런 명제라면, 그 명제는 선천적으로 알려질 수 있다고 말해도 좋을 것처럼 보인다.

선천성을 정의하는 네 번째 방식

지금까지 선천적 정당화를 정의하는 세 가지 방식을 음미했는데, 그중 어느 것도 만족스러운 정의임이 증명되지 못했다. 따라서 이제 칸트의 정의로 되돌아가 그 정의를 더 발전시킬 수 있는지 보자. 선천성에 대한 칸트의 연구 방식에 따르면, 선천적 정당화는 지각, 내성, 기억 경험에 의존하지 않는 정당화다. 이 정의에 대한 한 가지 반론은 이 정의가 무엇이 선천적 정당화인지 말하는 것이 아니라 어떤 경험들에 의존하는 정당화는 선천적 정당화가 아니라고 말함으로써 무엇이 선천적 정당화가 아닌지만 말하고 있다는 것이다. 그렇지만 만일 경험들을 적절하게 분류한다면, 아마도 선천적 정당화가 무엇인지를 알려 주는 정의를 얻을 수 있는 방식으로 칸트의 연구 방식을 수정해 볼 수 있을 것이다.

플랜팅가에 따를 때 지적 끌림이나 반발과 같은 경험이 있다는 것을 기억해 보라. "2 + 2 = 4"라는 명제를 생각할 때 당신은 강력하고 불가항력적이기까지 한 지적 끌림 경험을 가지며, "2 + 2 = 5"라는 명제를 생각할 때는 불가항력적인 지적 반발 경험을 가진다. 두 종류의 경험, 즉 순수한 지적 경험과 순수한 지적 경험이 아닌 경험을 구별하기 위해 플랜팅가의 제안을 이용해 보자. 그래서 명제 p를 생각하면서 p의 진리성을 확신하게 되는 경험을 하고, 그 경험이 지각, 내성, 기억을 포함하지 않는다면, 당신은 p가 옳다는 순수한 지적 경험을 갖는다고 말하기로 하자.

p라는 순수한 지적 경험은 간접 경험일 수도 있고 직접 경험일 수도 있다. 산술학의 단순 진리, 단순한 개념적 진리, 논리학 공리의 경우에 그런 경험은 직접 경험이다. 그래서 그 명제들을 이해하는 것만으로 그런 경험을 산출하기에 충분하다. 좀 더 복잡한 명제의 경우에는 p가 옳다는 지적 경험을 산출하는 데 비형식적인 방식의 추론이나 전문적 증명이 필요할 것이다.

만일 p가 옳다는 순수한 지적 경험을 갖지만 또한 p가 그르다고 믿을 증거도 가지고 있다면, 당신의 경험은 파기되며 당신이 p라고 믿는 일은 정당화되지 않는다. 당신이 논리학 수업을 받고 있는데, 첫 번째 형식문 F1이 두 번째 형식문 F2를 논리적으로 함의한다는 걸 증명하라는 요구를 받고 증명을 구성한다고 해 보자. 결론을 도출해 내는 단계마다 당신은 타당하다는 느낌을 받게 되고, 그래서

(1) F_1은 F_2를 논리적으로 함의한다

가 옳다고 확신하게 된다. 그렇지만 교수는 증명을 보자마자 그 증명이 부당하다고 말한다. 이 경우에 (1)이 옳다는 확신은 교수의 판정에 의해 파기되기 때문에 당신이 (1)을 믿는 일을 정당화하는 데 실패한다.

그렇다면 p의 옳음에 대한 파기되지 않은 순수 지적 경험이라는 개념을 이용하여 선천적 정당화를 정의해 볼 수 있을 것 같다.

D8 S가 p라고 믿는 일이 선천적으로 정당화된다 iff
S가 p가 옳다는 데 대해 파기되지 않은 순수 지적 경험을 가지고 있다.

계속 나가기 전에 D8에 대해 제기될 법한 반론을 생각해 보자. 반론을 펴는 사람이 논증할 수 있는 것처럼 S가 약간 미쳤고, 그래서 p가

(2) 1+1=3

처럼 뻔히 그른 명제일 때 p가 옳다는 데 대해 파기되지 않은 순수 지적 경험을 갖는다고 해 보자. D8은 S가 (2)를 믿는 일이 정당화된다는 사실을 함의한다. 그렇지만 (2)는 분명히 그른 명제이므로, S가 (2)를 믿는 일이 정당화된다는 말은 그르다.

이 반론에 대한 응답으로는 두 가지를 지적할 수 있다. 첫째, 우리로 하여금 그렇게 가정하도록 요구하는 상황이 실제로 가능한지가 그리 분명하지 않다. p가 옳다는 S의 순수 지적 경험이 실제로 파기되지 않을 수 있는가? 둘째, 설령 이 가능성을 인정한다 하더라도, 우리가 그 반론을 펴는 사람에게 동의해야 하는지가 분명하지 않다. (2)가 그르다는 것이 우리에게는 뻔한 반면에 S에게는 뻔하지 않다고 우리는 논증할 수 있다. 결국 우리는 S가 약간 미쳤다고 상상하고 있는데, 미친 사람은 다소 이상한 것에 대해 강하게 확신하게 되는 경우가 많다. S가 (2)가 옳다는 데 대해 실제로 파기되지 않은 순수 지적 경험을 갖는다고 한다면, 우리는 S가 (2)를 믿는 일이 정당화된다고 주장할 수 있다. 하지만 (2)가 그르기 때문에 S가 (2)를 알지 못한다는 것은 말할 것도 없다. 그래서 S가 사실상 (2)에 대한 선천적 정당화를 갖긴 하지만, 그가 (2)에 대한 선천적 지식을 갖는 것은 아니다.

분석-종합 구별

철학사를 보면, 선천적 정당화에 대해 태도를 달리 하는 두 전통, 즉 경험주의와 이성주의가 있다. 어떤 명제들을 선천적으로 알 수 있는가에 대해 경험주의자와 이성주의자가 일치하는 경우가 종종 있긴 하지만 이 명제들을 어떻게 해석할 것인가를 놓고 의견이 갈라진다. 그렇지만 경우에 따라 경험주의자는 선천적 지식이란 아예 없다는 식의 논증을 전개하는 경우도 있다. 그러한 논증에 반대하여 선천적 지식이 어떻게 옹호될 수 있는지는 이 책 끝 부분에서 살펴보게 될 것이다. 그 사이에 좀 더 온건한 경험주의자의 주장, 즉 모든 선천적 지식은 **분석명제**에 대한 지식이라는 신조를 음미하기로 하자. 그런데 분석명제라는 용어에 대해 논의하려면, 먼저 분석-종합 구별을 살펴보아야 한다.

경험주의자—적어도 선천성의 가능성을 통째로 부정하지는 않는 사람들—는 대체로 어떤 명제가 선천적 명제인지에 대해 이성주의자와 일치할 것이다. 예컨대 경험주의자는

(1) 붉은 것은 무엇이든 채색되어 있다

를 선천적 명제로 분류할 것이다. 그렇지만 이성주의자와 경험주의자는 (1)의 내용이 무엇인지에 대해서는 불일치할 것이다. 경험주의자는 (1)을 실제 물리적 세계에 관한 것이 아니라 언어 사용에 관한 단순한 동의어반복 명제, 즉 하나마나할 정도로 뻔한 명제로 간주하는 경향이 있다. 한편 이성주의자는 (1)이 물리적 대상들의 세계에 관한 사실, 즉 "붉음"의 실례인 대상은 어떤 것이든 "채색됨"의 실례이기도 하다는 사실을 진술한다고 주장할 것이다. 그는 때로 "이성

의 빛"(light of reason)이라 불리는 것에 의해 우리가 물리적 세계에 관한 어떤 필연적 사실, 즉 선천적으로 파악할 수 있는 사실을 이해할 수 있다고 주장할 것이다. 경험주의자는 이를 부정한다. 선천적 명제는 언어적 진리나 논리적 진리를 표현하며, 그래서 사실적 내용을 결여한다고 경험주의자는 주장한다. 그러면 이제 선천성에 대한 이성주의자의 설명과 경험주의자의 설명을 구별할 수 있다. 이성주의자의 설명에 따르면, 붉은 대상은 채색되어 있어야 하고, 정사각형 대상은 사각형 대상이어야 하며, 홀수로 이루어진 대상 집합은 2로 나누어질 수 없다 … 하는 식으로 선천적 명제는 물리적 세계의 필연적 속성이나 관계를 기술한다. 그리고 이 속성이나 관계는 이성을 통해 파악할 수 있다고 이성주의자는 말할 것이다. 그래서 이성주의자는 오로지 사고만으로 세계가 어떠한지뿐만 아니라 세계가 어떠해야 하는지를 파악할 수 있다고 말할 것이다. 그렇지만 경험주의자의 설명에 따르면, 사고만으로는 물리적 세계에 관한 어떤 것도 드러낼 수 없다. 경험의 도움 없이는 오직 개념적 진리와 논리적 진리만을 알 수 있을 뿐이다.

이성주의자와 불일치하는 점을 표현하기 위해 경험주의자는 분석명제와 종합명제를 구별한다. **분석명제**는 물리적 세계에 관한 명제가 아니라 그저 언어나 논리학의 진리를 진술할 뿐인 명제이며, 그래서 하나마나할 정도로 뻔한 명제다. 반면 **종합명제**는 물리적 세계에 관한 명제이며, 그래서 경험적 의미를 갖는다. 분석명제와 종합명제는 상호 배척적이며, 둘 사이에 중간 지점이 없다. 만일 어떤 명제가 분석명제가 아니라면, 그 명제는 종합명제이며(그 역도 마찬가지다), 분석명제도 종합명제도 아닌 명제는 없다. 경험주의자에 따르면, 분석명제는 선천적으로 알 수 있고, 종합명제는 선천적으로 알 수 있는 것이 아니다.

경험주의자는 두 가지 목표를 염두에 두고 분석-종합 구별을 사용한다. 첫째 목표는 모든 선천적 명제가 분석명제라는 것, 즉 모든 선천적 명제가 사실상 물리적 세계에 관한 것이 아니라 단지 언어와 논리에 관한 것임을 입증함으로써 선천성의 범위를 수축시키는 것이다. 둘째 목표는 경험주의자가 선천성에 대한 신비적 설명으로 파악하는 것을 그렇지 않은 것으로 대치하려는 것이다. 경험주의자는 "경험에 의거한 정보의 도움 없이 어떻게 물리적 대상에 관한 사실을 배우는 일이 가능한가?"라고 물을 것이다. 경험주의자는 이성주의자가 웬일인지 비지각적인 방식으로 물리적 세계에 관한 진리를 "직관하거나 통찰하는"(intuit or see) 능력이 있다고 가정한다고 비판한다. 그러한 신비스런 능력을 가지고 있지 않으므로 우리가 물리적 세계에 속하는 문제에 관해 어떤 것을 선천적으로 안다는 건 불가능하다고 그들은 주장할 것이다. 이에 비해 논리학의 진리나 언어를 사용하는 방식에 관한 진리를 이해하는 능력과 관련해서는 신비스러운 요소가 전혀 없다. 따라서 경험주의자의 관점에서 볼 때, 선천성을 소화할 수 있게 만드는 것은 선천성은 단지 분석성에 지나지 않는다는 기본주장이다.

다음에는 분석성이 정의되어 온 몇 가지 방식을 검토하고, 이 정의들이 모든 선천적 명제가 분석명제라는 것을 함의하는지 탐구해 보기로 하겠다.

분석성에 대한 칸트의 정의

먼저 분석성에 대한 칸트의 정의부터 살펴보기로 하자. 이 정의는

『순수이성비판』 서문에서 찾아볼 수 있다.

A1 p는 분석명제다 iff
p는 술어가 주어에 개념적으로 포함되어 있는 명제다.

많은 명제가 이른바 "주어-술어 형식"으로 표현된다. 예컨대

(1) 모든 총각은 미혼이다

라는 명제는 이 명제의 주어인 총각에 술어 "미혼"을 귀속시킨다. 그런데 총각 개념은 "미혼의 성인 남자"로 정의할 수 있다. 그래서 (1)이 그 주어에 귀속시키는 술어—미혼—는 개념적으로 그 주어—총각—에 포함되어 있다. 마땅히 그래야 하는 것처럼, 이런 식으로 A1은 (1)이 분석명제임을 함의한다. 더 나아가 A1은 "모든 자전거 타는 사람은 야윈 사람이다"라는 명제가 종합명제임을 함의하는데, 이는 "야윔"이라는 술어가 자전거 타는 사람이라는 개념에 포함되어 있지 않기 때문이다.

A1은 모든 선천적 명제가 주어-술어 형식의 명제가 아니라는 문제 때문에 무너진다. 예컨대 경험주의자는

(2) 비가 오고 있거나 또는 오고 있지 않다

를 선천적 명제로 분류할 것이다. 그리고 경험주의자는 모든 선천적 명제가 분석명제라고 주장하므로 (2) 역시 분석명제라고 말해야 할 것이다. 그렇지만 (2)는 주어-술어 형식을 띠고 있지 않으므로, 주

어에 포함되어 있는 술어를 가지고 있지 않으며, 그래서 A1은 (2)가 종합명제라는 사실을 함의한다. 이렇게 되면 A1은 모든 선천적 명제가 분석명제라는 결과를 산출해 내지 못하며, 그래서 경험주의자 관점에서 볼 때 분석성에 대한 만족스러운 정의가 못된다.[16)]

A1의 두 번째 문제는 주어-술어 형식을 띠는 명제의 경우에도 A1이 모든 경우에 적용되지는 않는다는 것이다. 선천적 명제의 표준 사례라고 할 수 있는

(3) 붉은 것은 무엇이든 채색되어 있다

를 생각해 보라. (3)은 주어-술어 형식을 지니고 있다. (3)은 술어 "채색되어 있다"를 주어 붉음에 귀속시킨다. 하지만 이때 술어가 실제로 주어에 개념적으로 포함되어 있는가?

만일 첫 번째 개념이 두 번째 개념에 대한 분석의 일부라면, 그리고 오직 그 경우에만 첫 번째 개념은 두 번째 개념에 포함되어 있다. 개념에 대한 분석은 그 개념을 그 성분 요소들로 나눈다. 예컨대 총각 개념의 성분 요소는 미혼, 성인, 남자다. 이 술어들은 각각 총각 개념에 포함되어 있다.[17)]

채색되어 있음이라는 개념이 붉음이라는 개념에 포함되어 있는가? 이 물음을 묻는 것은 채색되어 있음이라는 개념을 성분 부분으로 포함하는 붉음 개념에 대한 분석이 있는지 묻는 것이다. 이성주의자는 붉음 개념이 단순개념이므로 그런 분석이 존재하지 않는다고 말할 것이다.[18)] 달리 표현하면, "붉다"라는 말이 의미하는 것을 누군가에게 언어적으로 가르칠 방법이 없다. 오히려 어떤 대상이 붉다는 것을 알기 위해서는 우리는 붉은 대상을 실제로 지각해야 한다.[19)] 분

석될 수는 없지만 지각될 수 있는 성질의 다른 예로는 달다, 짜다, 시큼하다, 시다, 순하다, 떫다를 들 수 있다. 이 개념들 각각은 분석될 수 없는 단순개념이다.

그렇다면 A1에 따를 때 선천적 명제지만 분석명제는 아닌 주어-술어 형식의 명제가 많이 있다—예컨대 단 것은 무엇이든 맛을 갖는다, 거친 것은 무엇이든 표면이 있다, 부드러운 것은 무엇이든 공간을 차지하고 있다—는 결론이 따라 나온다. 경험주의자는 이런 결과를 승인할 수 없다. 그렇다면 A1을 통해서는 경험주의자가 확립하고자 하는 선천성 영역의 축소라는 결과, 즉 모든 선천적 지식이 분석명제에 대한 지식이라는 결과를 성취하지 못한다.

분석성에 대한 프레게 식 정의

칸트의 정의와 달리 지금부터 살펴보려고 하는 프레게의 분석성 정의는 주어-술어 형식의 명제들에 한정되어 있지 않다.[20]

> A2 p는 분석명제다 iff
> p는 논리학의 진리거나 또는 동의어에 동의어를 대입함으로써 논리학의 진리로 환원될 수 있는 명제다.

A2를 적용하기 위해서는 논리적 진리 개념을 정의할 필요가 있다. 다음은 논리적 진리의 두 가지 예다.

> L1 만일 비가 오고 있다면, 비가 오고 있다.
> L2 비가 오고 있거나 또는 오고 있지 않다.

L1의 논리적 형식은 "만일 p라면, p"고, L2의 논리적 형식은 "p이거나 또는 ~p"다. 이 두 형식은 모두 p에 어떤 명제를 대입하든 그 결과가 옳게 되는 그런 형식이다. 그렇다면 논리적 진리란 모든 대입 실례가 옳도록 되어 있는 논리적 형식을 가진 명제다.

이제 A2를 적용할 방법을 검토할 준비가 된 셈이다. 다시 한번

(1) 모든 총각은 미혼이다

라는 명제를 생각해 보자. 총각 개념은 "미혼의 성인 남자"로 정의할 수 있으므로, 동의어를 동의어로 대체시키게 되면

(1*) 모든 미혼의 성인 남자는 미혼이다

라는 명제를 결과로 얻게 되는데, 이 명제는

(4) 모든 FGH는 F다

형식의 실례다. (4)의 실례는 무엇이든 옳다. 그래서 "총각"을 "미혼의 성인 남자"로 대치함으로써 (1)은 논리적 진리로 바뀌게 되며, 그래서 A2에 따라 분석명제가 된다. 더 나아가 A1과 달리 A2를 통해 경험주의자는 L1이나 L2와 같은 논리적 진리들을 분석명제로 분류할 수 있게 된다. 이렇게 해서 A2를 분석성에 대한 정의로 제안함으로써 경험주의자는 모든 선천적 명제가 분석명제라는 것을 증명한다는 목표를 달성하는 데 성공하는 것처럼 보인다.

프레게 식 정의에 대한 두 가지 반론

그렇지만 이성주의자는 두 가지 이유를 들어 A2를 거부할 것이다. 첫째, A2로는 모든 선천적 진리를 분석명제로 만들려는 경험주의자의 목표가 충족되지 못한다고 이성주의자는 반대할 것이다. 다시 한 번 다음 명제를 생각해 보자.

(3) 붉은 것은 무엇이든 채색되어 있다.

A2에 따르면, 만일 동의어에 동의어를 대체시키는 일이 (3)을 논리적 진리로 전환시킨다면, 그리고 오직 그 경우에만 (3)이 분석명제다. 따라서 A2가 (3)이 분석명제라는 결과를 가져오도록 하기 위해서는 "붉다"의 적절한 동의어가 필요하다. "붉다"를 그런 동의어로 대치시키면, (3)은 "FG인 것은 무엇이든 F다"라는 논리적 형식의 실례—즉 논리적 진리(그 논리적 형식의 실례는 무엇이든 옳으므로)—로 바뀌이야 한다. 그렇지만 붉음이라는 개념은 단순개념이므로 (즉 나누어지거나 분석될 수 없으므로) 우리가 이용할 수 있는 그러한 동의어가 없는데, 이 사실은 (3)이 논리적 진리로 전환될 수 없음을 의미한다. 따라서 A2는 (3)이 종합명제라는 것을 함의한다.

이 반론에 대해 경험주의자는 (3)을 합법적으로

(3*) 채색되어 있는 붉은 것은 무엇이든 채색되어 있다

로 번역할 수 있다고 응수할지도 모르겠다. 그렇게 되면 경험주의자는 (3*)이 "모든 FG는 F다" 형식의 실례이고, 그래서 논리적 진리이기 때문에 (3)은 어쨌든 분석명제라고 주장할 수 있다.

이 안이 효력이 있으려면 "채색되어 있는 붉은"이 "붉은"과 동의어여야 한다. 그러면 경험주의자의 조처에 대한 응답으로 이성주의자는 이 두 용어가 동의어라는 것을 부정할 것이다. 첫 번째 표현이 두 번째 표현과 동의어가 되기 위해서는 첫 번째 표현이 두 번째 표현 이상도 이하도 아닌 바로 그것을 의미해야 한다고 이성주의자는 추리할 수 있다. 그런데 "채색되어 있는 붉은"은 "붉은" 이상의 것을 의미하는데, 왜냐하면 "채색되어 있는 붉은"이 서로 다른 두 개념—채색되어 있음과 붉음—의 결합이기 때문이다. 따라서 "채색되어 있는 붉은"은 엄밀히 말해 "붉은"과 동의어가 아니다. 그러므로 동의어에 동의어를 대체시키는 일로는 (3)에서 (3*)로의 이행을 이룰 수 없으며, 그래서 A2가 요구하는 방식의 이행 효과를 거둘 수 없다. 결과적으로 A2는 (3)이 종합명제라는 것을 함의한다.

둘째, 이성주의자는 A2가 선천성이 어떻게 가능한지 설명한다는 사실을 부정할 수 있다. A2는 분석명제를 논리적 진리나 논리적 진리로 전환될 수 있는 명제로 정의한다. 하지만 논리적 진리 자체의 격위는 무엇인가? 선천성에 대한 경험주의자 설명에 따르면, 논리적 진리는 분석명제이기 때문에 선천적으로 알 수 있는 명제다. 유감스럽게도 만일 A2가 정의하는 분석성 개념을

> 논리적 진리는 분석명제이기 때문에 선천적으로 알 수 있는 명제다

라는 진술에 적용한다면, 우리는

> 논리적 진리는 논리적 진리이거나 논리적 진리로 환원될 수 있

기 때문에 선천적으로 알 수 있는 명제다

를 얻게 되는데, 이 진술은 무언가를 조명해 주는 통찰이 없다. 그래서 만일 경험주의자가 A2를 분석성에 대한 분석으로 제안한다면, 그는 논리적 진리로 환원될 수 있는 명제의 선천적 격위를 설명하는 데는 성공하지만 논리적 진리 자체의 선천적 격위를 설명하는 데는 실패한다.[21]

분석성에 대한 언어적 정의

지금까지 선천성과 분석성을 동일시하려는 시도는 별로 성공적이지 못한 것으로 판명되었다. 따라서 경험주의자가 전혀 다른 전략을 사용하려 했다는 것은 놀랄 일이 아니다. 이 전략을 논의하려면 문장과 그 문장이 표현하는 명제를 구별해야 하는데, 왜냐하면 분석성에 대한 다음 정의는 분석성을 문장의 속성으로 정의하려고 하기 때문이다.[22]

A4 p는 분석적이다 iff
  p는 오로지 의미에 의해서 옳다.

"오로지"라는 말이 없다면 A4의 정의항이 의의 있는 차이를 전혀 드러내지 못한다는 것을 아는 것이 중요하다. 다음 종합문장을 생각해 보라.

(7) 눈은 희다.

"눈"이 잔디를 의미하거나 "희다"가 "녹색이다"를 의미한다면 (7)이 그를 것은 뻔한 일이다. 그래서 (7)을 옳게 만드는 것은 눈이 실제로 희다는 사실뿐만 아니라 "눈"과 "희다"가 자신들이 의미하는 것을 의미한다는 사실이다. 말하자면 (7)과 같은 문장은 의미와 사실이라는 두 진리 제조기(truth maker)를 갖는다. 다시 말해 종합문장은 옳다면 부분적으로 의미에 의해 옳고, 그르다면 부분적으로 의미에 의해 그르다. 따라서 "오로지"라는 말이 없다면 A4의 정의항은 분석문장이든 종합문장이든 아무 문장에나 적용될 것이고, 그래서 분석성에 대한 정의로서는 전혀 적절치 못한 정의가 될 것이다. 그렇지만 "오로지"를 사용한다고 한다면, A4는 분석문장이 종합문장과 달리 의미라는 오직 하나의 진리 제조기를 갖는다는 의의 있는 주장을 만들게 된다. 예컨대 A4를 찬성하는 경험주의자는

(3) 붉은 것은 무엇이든 채색되어 있다

가 오로지 (3)에 사용된 낱말들의 의미에 의해 옳기 때문에 분석적이라고 말할 것이다. 반면에 (7)은 종합적이라고 말할 텐데, 이는 (7)이 의미에 의해서뿐만 아니라 눈이 희다는 사실에 의해서 옳기 때문이다.

A4에 대한 응답으로 이성주의자가 무어라고 말할 수 있을까? 이성주의자는, 어떤 것도 오로지 의미에 의해서만 옳은 것은 없으며, 그래서 결과적으로 A4는 모든 선천적 명제가 종합명제라는 결과를 가져온다고 응수할 것이다. 문장으로 이해할 때 (3)을 옳게 만드는 것은 무엇인가? 무엇보다도 먼저 (3)을 옳게 만드는 것은 (3)에 나타나는 낱말들이 자신들이 의미하는 것을 의미한다는 것이다. 둘째, 그렇

지만 (3)을 옳게 만드는 것은 붉음이라는 속성이 채색되어 있음이라는 속성을 포함한다는 사실이다. 따라서 (3)이 오로지 의미에 의해 옳다는 말은 그르다.

달리 표현해 이성주의자는 다음과 같이 논하고 있는 셈이다. 경험주의자가 (3)이 오로지 의미에 의해 옳다고 주장할 때, 그들은 사실상 (3)이 옳게 되기 위해 만족되어야 하는 오직 하나의 조건, 즉 (3)에 나타나는 낱말들이 자신들이 의미하는 것을 의미한다는 조건만이 있다고 말하고 있는 셈이다. 그렇지만 만족되어야 하는 다음의 두 번째 조건이 또 있다.

(8) 붉음이라는 속성은 채색되어 있음이라는 속성을 포함한다.

만일 (8)이 그르다면, (3) 또한 그를 것이다. 따라서 (8)의 옳음은 (3)이 옳기 위한 필요조건이며, 그래서 (3)은 오로지 의미에 의해서만 옳은 것이 아니다. 이렇게 해서 A4는 (3)이 종합적이라는 것을 함의하며, 이로 인해 A4를 통해 달성하려 했던 것을 달성하지 못한다고 이성주의자는 결론지을 것이다.[23]

지금까지 살펴보았던 것처럼, 우리가 검토했던 분석성 정의 가운데 어떤 것도 모든 선천적 지식이 분석명제에 대한 지식이라는 신조를 입증하는 데 성공하지 못한다. 그래서 이 정의들과 관련해서는 종합적 선천적 지식이 있다고 결론지을 수 있다. 하지만 분석성을 정의하려는 몇 가지 제한된 시도를 검토하고 나서 종합적 선천적 지식이 없다는 것을 증명하려는 경험주의자의 시도를 단호하게 기각해 버릴 수 있다고 가정하는 건 잘못일 것이다. 경험주의자에게는 분석성을 한번 더 재정의하고, 그 다음에 모든 선천적 지식이 분석명제에 대한 지식이라고 되풀이해서 주장할 수 있는 선택권이 언제나 있게 될 것이다. 물론 새로운 안에 따라 논쟁이 다시 불붙을 때마다 이성주의자는 이전 안에 대해 그랬던 것처럼 여전히 분석명제로 분류될 수 없는 선천적 지식이 약간 있다는 것을 증명하려 할 것이다.

선천성에 관한 회의주의와 논증을 구성하는 일의 본성

지금까지 선천성의 본성에 대해 논의했는데, 그 과정에서 우리는 그저 선천적 지식 같은 것이 있다고 가정했을 뿐이었다. 이제 이 장 나머지 부분을 통해 이 가정이 선천적 지식에 관한 전면적 회의주의 앞에서—즉 선천적 지식이란 아예 없다고 주장하는 논증들 앞에서—어떻게 옹호될 수 있는지 논의해 보기로 하겠다.

한 회의주의자가 선천적 지식이란 존재할 수 없다는 결론을 함의하도록 되어 있는 전제들을 가지고 논증을 펼친다고 하자. 그러면 선천성 옹호자들은 자신들이 그 논증의 전제들이 지닌 특수 내용에 관심을 가질 필요가 없고, 다만 논증을 구성하는 일 일반의 본성과 관련하여 반대논증을 세우기만 하면 된다고 응수할 것이다.

선천적 지식의 존재를 옹호하는 논증

(1) 때로 우리는 어떤 논증의 타당성을 파악한다.

(2) 논증의 타당성을 파악하는 일은 일종의 선천적 지식이다.

그러므로

(3) 때로 우리는 선천적 지식을 갖는다.

첫 번째 전제를 평가해 보자. 철학을 한다는 것은 논증을 구성함으로써 철학적으로 논쟁거리가 되는 어떤 믿음들의 합리성을 입증하는 것이다. 따라서 타당한 논증과 부당한 논증을 전혀 성공적으로 구별하지 못하는 사람들은 철학, 그리고 더 나아가 논증을 구성하려는 모든 시도를 무의미한 활동으로 간주해야 할 것이다. 그러므로 철학자들은 첫 번째 전제에 거의 이의를 제기할 수 없을 것이다.

두 번째 전제는 첫 번째 전제보다 논란의 여지가 많다. 어떤 논증의 타당성을 후천적으로 파악하는 일이 가능한가? 선천성 옹호자들은 그렇지 않다고 논할 것이다. 당신이 어떤 논증이 타당하다는 것을 후천적으로 알게 될 수 있다는 것을 그들도 인정할 것이다. 예컨대 어떤 논리학 거장이 당신에게 어떤 논증이 타당하다고 말해 줄 수 있다. 만일 그의 판정을 신뢰할 만한 충분한 이유를 가지고 있다면, 당신은 그 논증이 타당하다는 것을 알게 될 것이다. 그렇지만 그 논증의 타당성에 대한 당신의 지식이 그 논리학 거장의 판정에 의존하는 한, 당신은 그 논증의 타당성을 파악한 것이 못된다. 그 논증이 타당하다는 것을 파악하기 위해서는 당신 자신이 직접 그 논증의 전제들이 옳은데 결론이 그르다는 것이 불가능하다는 것을 알고 이해해야 할 것이다. 따라서 권위를 기초로 하여 어떤 논증의 타당성을 알게 되는 일이 가능한 반면에, 그걸 기초로 하여 그 논증의 타당성을 파악하는 일은 불가능하다. 오히려 어떤 논증의 타당성을 파악한다는 것은 전제들이 옳은 경우에 결론 역시 옳아야만 한다는 것을 깨달아야 한다는 것이다. 그리고 그러한 깨달음이 어떻게 선천적인 것 이외의 다른 것일 수 있겠는가?

적어도 약간의 선천적 지식의 존재(그래서 선천적 지식의 가능성)를 지지하는 사례를 구성한 다음, 계속해서 선천성 옹호자(간단히 선천주의자)는 선천적 지식의 가능성에 관한 전면적 회의주의가 스스로를 반박한다고 논증할 수 있다. 선천적 지식이 불가능하다고 주장하는 철학자를 한 사람 생각해 보라. 그는 전제로부터 결론을 도출해 내는 논증을 구성하려고 하거나 구성하지 않으려 하거나 둘 중 하나다. 만일 그런 논증을 구성하고자 하지 않는다면, 그의 논증은 진지하게 다룰 필요가 없다. 왜냐하면 그가 무언가를 실제로 주장하려 하고 있는 것이 아니기 때문이다. 그렇지만 만일 타당한 논증을 구성하려는 의도를 가지고 있다면, 그는 암암리에 자신 논증의 타당성을 파악할 수 있다고 가정하고 있고, 그래서 선천적 지식이 가능하다는 걸 가정하고 있다. 결과적으로 그의 논증은 진지하게 다룰 필요가 없거나 스스로를 반박하거나 둘 중 하나다.[24)]

선천적 지식의 가능성에 반대하는 선천적 논증을 만드는 일은 가능한 가장 빤하게 드러나는 방식으로 자기를 논박하게 될 것이다. 그렇지만 퍼트남(H. Putnam)은 선천적 지식의 가능성에 반대하는 논증이 경험적 전제에 기초를 둘 경우에 자기 논박적이지 않다고 주장했다.[25)] 만일 논증의 전제가 경험적 전제라면, 선천적 전제였을 경우 그랬을 것처럼 자기 논박적이지 않다는 데 대해 선천주의자는 퍼트남에 동의할 수 있다. 하지만 퍼트남에 반대하여 그들은 선천적 지식의 가능성에 반대하는 경험적 논증조차도 위에 설명한 의미, 즉 그 경험적 논증조차도 논증의 타당성이 선천적으로 파악될 수 있다는 암암리의 전제가정에 의존한다는 의미에서 자기 논박적이라는 것을 지적할 수 있다.

선천적 지식의 가능성에 반대하는 논증을 구성하면서 동시에 경험적 근거에 기초한 그 논증의 타당성을 파악하는 일이 가능하다는 반론이 있을지 모르겠다. 이 반론에 대해서 선천주의자는 그러한 타당한 논증과 관련하여 경험적으로 정당화되는 믿음을 획득하는 것이

가능하다고 응수할 것이다. 하지만 그러한 믿음을 획득하는 일은 그 논증의 타당성을 깨닫거나 파악하는 일과 같은 일은 아닐 것이다. 그리고 장애가 있는데, 그 장애란 선천주의자의 요점이 바로 어떤 논증의 타당성에 대한 경험적 파악 같은 것이 없다는 것이라는 점이다. 결과적으로 타당성을 파악할 가능성을 없애지 않고서는 선천성의 가능성에 반대하는 주장을 할 수 없다. 따라서 선천성의 가능성에 반대하는 논증을 구성하는 일은 자기 논박적이다. 왜냐하면 그런 논증을 구성하는 것은 결국 그 논증 자체가 타당한지 부당한지 파악하는 일이 가능하지 않다고 주장하는 것이기 때문이다.

그렇다면 선천적 지식의 가능성에 반대하는 일반적 논증이 시작도 될 수 없다고 가정할 훌륭한 이유가 있는 셈이다. 그렇지만 선천적 지식의 가능성을 지지하는 설득력 있는 논증을 구성하는 일 역시 마찬가지로 어려운 일임을 알 필요가 있다. 왜냐하면 그런 논증을 구성하는 것은 선결문제 요구의 오류를 범하는 것이 될 터이기 때문이다. 그 논증은 그것의 타당성이 선천적으로 파악될 수 있다는 암암리의 가정에 의존하고 있을 터인데, 그렇게 가정함으로써 증명하기로 되어 있는 바로 그 현상의 존재를 가정할 것이기 때문이다. 그러므로 선천적 지식의 가능성은 실제로 논증을 구성하는 일에 종사하는 사람이라면 누구라도 그저 전제가정할 수밖에 없다고 결론짓는 것이 합리적으로 보인다.

연구문제

1. 선천적 정당화를 감각 경험과의 무관성에 의거해 정의할 때 잘못된 점이 무엇인가?
2. "모든 삼각형은 삼변형이다"라는 당신 믿음의 정당성이 삼각형 개념과 삼변형 개념을 획득하는 데 필요한 감각 경험에 의존하는가?
3. 선천적 정당화를 필연적으로 옳은 명제를 믿을 때 우리가 갖는 종류의 정당화로 정의하는 일과 관련하여 반대할 만한 점은 무엇인가?
4. 선천적 정당화를 어떤 명제의 필연성을 파악하는 일에 의거해 정의하는 일과 관련하여 반대할 만한 점은 무엇인가?
5. 선천적 정당화에 대한 다음 정의에서 잘못된 점이 무엇인가?

   S가 p라고 믿는 일이 선천적으로 정당화된다 iff
   필연적으로, 만일 S가 p를 이해한다면, S가 p를 옳다고 믿는 일이 정당화된다.

6. 분석성에 대한 칸트 정의의 결점은 무엇인가?
7. 분석성에 대한 프레게 식 정의의 결점은 무엇인가?
8. 선천성의 옹호자가 분석성에 대한 언어적 정의에 어떻게 이의를 제기할 수 있는가?
9. 선천적 정당화와 논증 구성의 연관은 무엇인가?

연습문제

1. (1) 당신이 p가 의미하는 것을 이해하고, (2) p가 필연적으로 옳으며, (3) 당신이 p라고 믿는 일을 후천적으로 정당화시킬 수 있는 그런 명제 p를 찾아보라. 어떤 상황에서 당신이 그 명제를 믿는 일이 후천적으로 정당화될 것인지 설명해 보라.
2. 당신이 그른 명제를 믿는 일이 선천적으로 정당화되는 사례를 구성해 보라. 그 명제를 믿는 일에 대한 당신의 정당화가 어디서 비롯되는지 설명해 보라.
3. 언젠가 논리학 수업을 받으면서 P가 논리적 진리라는 것을 배웠다고 해 보자. 그때 당신의 논리적 직관은 잘 발달되어 있었고, 그래서 P가 옳아야 한다는 것을 "통찰할" 수 있었다. 게다가 당신은 P의 필연성을 파악하였다. 그렇지만 지금 P를 생각할 때, 당신은 P가 논리적 진리라는 것을 여전히 기억하고는 있지만 P가 논리적으로 옳다는 것은 파악하지 못한다. 지금 P를 믿는 데 대한 당신의 정당화가 선천적인가 후천적인가?

| 주 |

1) Kant(1781), 서문을 볼 것. 칸트의 선천성 정의에 대한 비판은 BonJour(1992)를 볼 것.

2) Plantinga(1993b), 104면을 볼 것.

3) 만일 필연적으로 속성 F를 갖는 것은 무엇이든 속성 G를 갖는다면, 그리고 오직 그 경우에만 속성 F는 속성 G를 포함한다. 예컨대 삼각형이라는 속성은 세 변이라는 속성을 포함한다. 이와 달리 어머니라는 속성은 아들을 가짐이라는 속성을 포함하지 않는다.

4) Casullo(1992), 2면.

5) Kripke(1972), 35면을 볼 것. 우리가 컴퓨터를 이용하여 어떤 필연적 진리(예컨대 이러이러한 수는 소수다)를 알게 된다고 할 경우에 그 지식은 후천적 지식일 것이라고 크립키는 주장한다.

6) 이 맥락에서 골드바흐의 추측을 예로 사용하는 일은 리모스(N. Lemos)가 내게 제안하였다.

7) 이는 수가 자신의 수학적 속성을 필연적으로 갖기 때문에 그렇다. 예컨대 수 5는 필연적으로 홀수인데, 이것은 5가 짝수가 된다는 것이 가능하지 않음을 의미한다. 그리고 수 5는 필연적으로 소수인데, 이 말은 (제 자신이나 1에 의해 나누어지는 경우를 제외하고는) 5가 나머지 없이 나누어떨어진다는 것이 가능하지 않음을 의미한다. Kripke(1972), 36면 이하를 볼 것.

8) 이 구별의 중요성은 Casullo(1992)에서 지적되었다.

9) 분명한 더미 사례라는 자격을 부여받기에 충분할 정도로 모래알이 많은 집단을 생각해 보라. 그 집단에서 정확히 모래알 하나만을 없애 두 번째 집단을 만들어라. (A)에 의거할 때 두 번째 집단도 모래 더미로서의 자격을 부여받게 된다. 이제 두 번째 집단에서 정확히 모래알 하나만을 제거해 세 번째 집단을 만들어라. 그리고 계속해서 똑같은 방법으로 모래알이 하나만 남을 때까지 집단을 만들어 보라. (A)에 의거할 때 첫 번째 집단으로부터 두 번째 집단으로 더미성이 옮겨지며, 이 더미성은 중간 집단들에 의해 마지막 모래알 하나 집단에까지 옮겨진다. 따라서 (A)는 모래알 하나만을 포함하는 모래더미가 있다는 사실을 함의하게 된다. R. M. Sainsbury(1988), 25면 이하를 볼 것.

10) 그렇지만 이것은 (A)가 더 이상 지적 강박으로 느껴지지 않는다는 말이 아니다. 실제로 (A)가 그르다고 믿는 일은 이와 전혀 다른 일인데, 이것이 바로 (A)가 역설에 빠지게 되는 이유다.

11) 모래알 하나로 이루어진 집단은 아마 더미일 수 없을 것이다. 그래서 (A)는 그른 명제—모래알 하나로만 이루어진 더미가 있다는 명제—를 함의한다. 그른 것을 함의하는 명제는 그 자신이 그른 명제다.

12) 만일 증명이 짧고 간단하지 않고 길고 복잡하다면, 결론을 도출해 내는 일은 기억을 사용하게 되는데, 이 경우에 그 결론이 전제들로부터 따라 나온다는 것을 우리는 선천적으로 아는 것이 아니다. Chisholm(1989), 30면을 볼 것.

13) "증명"이란 말의 한 가지 의미에서 개개의 모든 공리에 대한 증명이 있긴 하다. 어쨌든 필연적 진리는 무엇이 됐건 어떤 명제에 의해 함의되는 것이기 때문이다. 하지만 훌륭한 증명이라면 증명이 좀 더 분명한 명제로부터 덜 분명한 명제를 도출해 내는 식으로 진행된다. 만일 어떤 증명의 결론이 적어도 그 전제만큼 분명하거나, 또는 전제보다 훨씬 더 분명하다면, 그 증명은 조명해 주는 바가 없기 때문에 무의미한 증명이다.

14) 이러한 노선을 따라 선천성을 분석하려고 하는 연구 방식의 예는 Chisholm (1989), 제4장을 볼 것.

15) 이 문제는 일반적인 철학적 쟁점들로 인해 제기되는 것처럼 보인다. 만일 정신의 본성, 사람의 동일성, 자유와 결정론과 같은 것들에 관한 믿음이 정당화된다면, 아마 그때 정당화는 선천적 정당화다. 그렇지만 그렇게 되었을 때 우리의 정당화는 D7의 의미에서 선천적 정당화는 아닌데, 왜냐하면 그런 문제들에 관한 믿음은 거의 공리적 믿음이라고 할 수 없기 때문이다.

16) 칸트에 대해 공평하게 말한다면, 칸트 자신은 모든 선천적 지식이 분석명제에 대한 지식이라는 것을 확립하려고 의도했던 것이 아님을 지적할 필요가 있다. 오히려 그는 종합명제에 대한 선천적 지식이 어떻게 가능한가를 설명하기 위해 길게 논의했다. 칸트의 선천성 설명에 대한 비판은 BonJour(1992)를 볼 것.

17) 개념적 분석에 관한 이 이상의 정보는 제2장을 볼 것.

18) "붉음"을 파장에 의거해 정의할 수 있을까? 붉은 표면에서 반사되는 빛이 다른 색깔을 가진 대상의 표면에서 반사되는 것과 구별되는 일정한 파장을 가진다는 말은 물론 옳다. 그렇지만 붉음과 그에 대응하는 파장의 연관은 우연적이며,

그래서 붉음을 정의하는 데에는 적절하지 못하다. 제2장을 볼 것.

19) 그래서 때로 "붉음"의 의미는 붉은 대상을 지시함으로써 오로지 예시적으로만 전달될 수 있다고 말한다.

20) 프레게(G. Frege, 1848~1925)는 독일의 수학자이자 철학자였다.

21) 이 논증은 BonJour(1985), 200면에서 찾아볼 수 있다.

22) 명제와 문장의 구별에 대한 설명은 제2장을 볼 것.

23) Chisholm(1977), 54면을 볼 것.

24) 이런 종류의 논증은 Russell(1912), 71면 이하에서 시사되었고, BonJour(1985), 194면 이하에 명시적으로 진술되어 있다.

25) Putnam(1983), 98면.

제 4 장 | 인식적 정당성 개념

인식적 정당성과 두 종류의 규범성

제2장에서 (1) 단순개념을 정의하는 일과 (2) 복합개념을 분석하는 일 그리고 (3) 개념 적용의 기준을 진술하는 일을 구별하고, 인식적 정당성의 기준을 진술하려고 할 때 제기되는 문제들에 대해 논의하였다. 이 장에서는 인식적 정당성 개념의 의미를 정의하는 일에 초점을 두게 될 것이다.[1]

인식적 정당성 개념이 규범적 개념이라는 사실에 대해서는 대부분의 철학자가 동의할 것이다.[2] 어떤 믿음이 정당화된다고 말할 때, 우리는 그 믿음을 긍정적으로 평가한다. 다시 말해 인식적 목표 즉 진리를 추구하고 오류를 피한다는 목표—이 목표는 궁극적으로 지식을 획득한다는 목표다—에 비추어 우리가 호의를 보이는 종류의 믿음으로 평가하는 것이다.[3] 그렇지만 어떤 믿음이 인식적 목표에 비추어 적절하다거나 호의를 보일 수 있다는 말은 무엇을 의미하는가?

이 물음에 대한 답은 그 성격에 따라 두 범주, 즉 의무론적 범주와 비의무론적 범주로 나눌 수 있다. **의무론적** 견해에 따르면, 인식적 정당성 개념의 의미는 의무를 표현하는 용어, 즉 "의무" "책무" "허용" "면책" 같은 용어로 정의된다. 이 장에서 논의하게 될 의무론적 견해는 특정 믿음이 정당화되는지 여부가 인식적 의무, 즉 진리를 추구하고 허위를 피한다는 목표를 지향함으로써 발생하는 의무의 충족 여부에 달려 있다고 주장한다.

비의무론적 견해에 따르면, 믿음의 정당화됨은 규범적 격위지만, 여기서 문제의 규범성은 의무, 비난, 책임과 관련 있는 어떠한 요소도 포함하지 않고 그저 좋음이나 적절함이라는 격위일 뿐이다. 예컨대 어떤 특정 돼지가 아이오와의 한 시골 박람회에서 1등상을 차지할 때, 그 돼지는 살찐 정도나 장미처럼 붉은 피부 등 여러 가지 관련된 점에서 훌륭한 것으로 평가된 것이다. 입상 돼지라는 그 돼지의 규범적 격위는 분명히 그 돼지가 어떤 의무를 충족시키는 일과 아무런 관계가 없다. 이와 마찬가지로 우리는 통상 차, 테니스 라켓, 자전거 등을 비의무론적인 방식에서 어떤 목표에 비추어 좋거나 나쁜 것, 또는 적절하거나 적절치 못한 것으로 평가한다. 비의무론적 연구 방식의 옹호자는, 믿음이 인식적으로 정당화되거나 정당화되지 못하는 것으로 평가될 때 그 믿음은 그저 옳은 믿음을 갖고 그른 믿음을 피한다는 목표에 비추어 좋거나 나쁜 것으로, 또는 적절하거나 적절치 못한 것으로 평가될 뿐이라고 말할 것이다. 올스턴(W. Alston)은 비의무론적인 인식적 평가의 가능성을 다음과 같이 표현한다.

> 우리는 p라는 S의 믿음에 대해 그 믿음이 어떤 의무를 충족시키거나 위반하지 않는지에 대해 생각하지 않고도 그 믿음을 좋거나 호의를 보일 수 있다거나 바람직하다거나 혹은 적절한 것이라고 평가할 수 있다. … 그러한 평가는 그저 그 믿음이 좋게 만드는(good-making) 어떤 특성을 가지고 있는가 하는 문제일 수 있다.[4)]

올스턴 자신의 이론은 바로 이 비의무론적 연구 방식의 한 예다. 다음은 그가 인식적 정당성 개념을 정의한 방식이다.

> 올스턴의 비의무론적 정당성 개념
>
> S가 p라고 믿는 일이 인식적으로 정당화된다 iff
> S가 믿었던 대로 S가 p를 믿는 일은 S의 믿음 p가 적합한 근거들에 기초를 두고 있었고 S가 그의 믿음을 전복시킬 만한 충분한 반대 이유를 가지고 있지 않았다는 점에서 인식적 관점에서 좋은 것이었다.[5)]

올스턴이 "적합한 근거"라는 말로 무엇을 의미하는지는 나중에 자세히 논의할 것이다. 여기서 문제가 되는 것은 그의 정의가 인식적 의무 개념이나 다른 어떤 의무적 개념을 전혀 사용하지 않는다는 것이다. 정당화되는 믿음은 어떤 특성들을 가짐으로써 인식적 목표에 비추어 좋은 믿음이 되는 믿음으로서 비의무론적으로 정의된다. 이 장의 나중에 우리는 의무론적 연구 방식에 대한 올스턴의 반론 가운데 몇 가지를 논의할 것이다. 그렇지만 먼저 인식적 정당성의 의미가 의무에 의거해 이해되어야 한다고 주장하는 견해를 살펴볼 필요가 있다.

의무론적 연구 방식

의무론적인 인식적 정당성 개념의 기원은 데카르트와 로크의 저작들에서 찾아볼 수 있다.[6)] 『성찰』(*Meditations*)의 "성찰 4"에서 데카르트는 잘못된 판단을 지적 자유의 오용으로 설명한다. 그는 주어진 명제를 믿어야 하는지 말아야 하는지는 우리에게 달려 있으며, 우리는 그 명제의 옳음을 선명하고 분명하게 지각할 때만 그 명제를 믿어야 한다고 논한다. 옳음이 선명하고 분명하게 지각되지 않는 명제를 믿는 것은 지적 태만, 즉 우리가 전적으로 책임을 져야 하고 비난을 받아 마땅한 태만이다.

『인간 이해력에 관하여』(*Essay Concerning Human Understanding*)에서 로크는 지적 책임의 주체를 데카르트와 똑같은 방식으로 논의한다. 그는 다음과 같이 말하고 있다.

> 믿을 만한 아무런 이유 없이 믿는 그는 자신의 공상과 사랑에 빠질 수 있다. 그러나 이러한 믿음은 그가 추구해야 하는 진리를 추구하는 것도 아니고 조물주가 그에게 내린 복종의 책임을 다하는 것도 아닌데, 조물주는 그로 하여금 잘못과 오류에서 벗어나도록 그에게 부여한 그러한 분별 능력을 사용하도록 만들었을 것이다. 때로 그가 아무리 진리를 밝힌다 하더라도 자신의 힘이 닿는 한까지 이런 일을 하지 않는 그는 그저 우연히 올바르게 되었을 뿐이다. 그래서 나는 우연한 요행이 그의 믿음에 이르기까지의 반칙 행위에 대한 변명이 될 것인지 알지 못한다. 적어도 이것, 즉 그가 자신이 범하는 잘못이 무엇이든 그 잘못에 대해 책임을 져야 한다는 것만큼은 확실하다. 반면에 신이 자신에게 부여한 빛과 재능을 이용하는 사람은 이성적 피조물로서 자신의 의무를 다하면서 이러한 만족감을 느낄 것이고, 설령 진리를 놓친다 하더라도 자신의 노력에 대한 보상을 놓치지는 않게 될 것이다. 왜냐하면 그는 자신에게 부여된 요구에 따라 올바르게 자신을 제어하고, 자신이 해야 할 방식대로 하고 있기 때문인데, 그는 어느 경우든 이성이 그에게 가리키는 바에 따라 믿거나 불신한다.[7)]

이 인용구에는 인식적 의무 관념이 명료하게 표현되어 있다. 우리가 해야 하는 것으로서의 진리를 추구하는 것은 이성적 피조물로서의 우리의 의무를 충족시키는 것이다. 우리의 지적 능력으로 인하여 우리는 이 의무를 충족시킬 수 있다. 그러므로 우리는 이러한 의무의 위반에 대해 책임이 있다—즉 비판이나 비난을 받을 수밖에 없다—고 주장한다.

현대 인식론에서 치섬(R. Chisholm)은 이러한 연구 방식의 가장 저명한 옹호자다.[8] 『지식론』(*Theory of Knowledge*)에서 그는 지적 책임이라는 주제와 관련하여 이 연구 방식을 다음과 같이 말하고 있다.

> 우리는 개개의 모든 사람이 순수한 지적 요구 조건, 즉 자신이 생각하고 있는 개개의 모든 명제 h에 대하여 h가 옳을 경우, 그리고 오직 그 경우에만 h를 승인하게 되도록 최선을 다해야 한다는 요구 조건을 갖지 않을 수 없다고 가정할 것이다. 우리는 이 요구를 지적 존재로서의 그 사람의 책임이나 의무라고 말할 수 있다.[9]

로크는 "이성적 피조물"로서 우리가 갖는 의무에 대해 말하고 있고, 치섬은 "지적 존재"로서 우리가 갖는 요구 조건에 대해 말하고 있다. 로크에 따르면, 우리의 힘이 미치는 한까지 진리를 추구하는 것이 우리의 의무다. 반면 치섬에 따르면, 우리가 생각하고 있는 명제가 옳을 경우, 그리고 오직 그 경우에만 그 명제를 믿으려고 최선을 다하는 것이 우리에게 지적으로 요구된다.

인식적 의무와 올바르게 믿는다는 목표

그렇다면 데카르트, 로크 그리고 치섬은 다음 내용 중의 한 가지에 동의할 것이다. (1) 지적 존재로서 우리는 이른바 인식적 목표를 채택한다. 이 목표는 옳은 것을 믿고 그른 것을 믿지 않는다는 목표, 요컨대 올바르게 믿는다는 목표다. (2) 이 목표의 추구로 인하여 우리에게는 어떤 의무, 즉 인식적 의무가 부과된다. (3) 우리는 지적 능력을 부여받았기 때문에 이러한 의무를 충족시키지 못하는 것에 대해 책임이 있다고 할 수 있다. 로크가 말한 것처럼, 우리는 이성이 가리키는 바에 따라 명제에 대한 믿음의 동의 여부를 결정할 수 있다. 이 절에서 우리는 올바르게 믿는다는 목표가 우리에게 정확히 어떤 의무를 부과하는지 논의할 것이다.

옳은 것을 믿고 그른 것을 불신하는 것이 곧 인식적 의무라고 말하면 안 된다는 것을 아는 것이 중요한데, 왜냐하면 오도적인 증거가 있는 경우에 우리는 그른 것을 믿고 옳은 것을 불신해야 하기 때문이다. 예컨대 내가 신뢰할 만하다고 알고 있는 시계가 있는데, 이 시계가 정확히 오후 1시에 멈추었다고 가정하자. 1시 2분에 시계를 보고 나는 실제로(우리가 그렇게 약정했듯이) 1시 2분임에도 불구하고 1시라고 믿는다. 내 시계가 고장 났다고 가정할 이유를 아직 갖고 있지 않으므로(물론 조만간에 나는 그것을 알게 될 것이다) 내가 믿는 것은 실제로 그름에도 불구하고 내가 믿어야만 하는 것이다.

그러므로 옳은 것을 믿고 그른 것을 믿지 않는 일이 우리의 인식적 의무로 간주되어서는 안 되며, 오히려 우리의 인식적 의무를 발생시키는 **목표**로 간주되어야 한다. 그러면 이 목표를 어떻게 규정지어야 하는가? 지적 존재로서 우리가 갖는 요구 조건에 관해 치섬이 말한 것, 즉 어떤 명제가 옳을 경우 그리고 오직 그 경우에만 그 명제를 믿으려고 최선을 다해야 한다는 것을 하나의 제안으로 생각해 보자.

E1 내가 살피고 있는 개개의 모든 명제에 대하여 p가 옳을 경우, 그리고 오직 그 경우에만 p를 승인하는 것이 나의 목표다.

이 제안의 한 가지 문제는 이 제안이 내가 살피고 있는 명제에만 적용된다는 점이다. 하지만 우리는 올바르게 믿음이라는 목표를 반성적 고찰을 통해서 얻은 믿음뿐만 아니라 자동적으로 형성된 믿음에 대해서도 채택한다. 예컨대 나는 지금 밖에 햇빛이 비치고 있다고 믿지만, 이 믿음은 "밖에 햇빛이 비치고 있다"는 명제를 생각하고 그 명제를 승인해야 하는지 말아야 하는지 숙고한 결과는 아니다. 그렇지만 이것은 이 믿음과 관련하여 내가 올바르게 믿음이라는 목표를 포기한다는 걸 의미하지 않는다. 따라서 E1을 믿음이 형성되는 경우 일반에 적용될 수 있도록 다음과 같이 수정해야 한다.

E2 개개의 모든 명제에 대하여 p가 옳을 경우, 그리고 오직 그 경우에만 p를 승인하는 것이 나의 목표다.

E2에 따르면, 지적 존재로서의 나는 오직 옳은 것만을 믿고 옳은 것이라면 무엇이든 믿는 일을 지향한다. 이 쌍조건명제의 "오직 …만" 부분은 확실히 그럴듯하다. 하지만 "무엇이든" 부분은 어떤가? 존재하는 모든 진리를 믿는 것이 실제로 나의 지적 목표인가? 아무리 엉뚱하고 따분한 명제라 하더라도 그저 옳다는 이유 하나로 어떤 명제를 믿는 것이 나의 지적 목표인가? 예컨대 홍콩의 전화번호부에 수록된 모든 진리를 믿는 것이 나의 지적 목표인가?

개개의 모든 옳은 명제를 믿는 것이 지적 존재로서의 우리의 목표라고 주장하는 것은 확실히 이상하게 보인다. 오히려 모든 옳은 명제 가운데 어떤 사람이 지향해야 할 믿음은 그 사람의 특수 관심사에 따른 개별적 문제인 것처럼 보인다. 홍콩에 친구도 없고 사업상 일도 없는 사람에게는 그 도시의 전화번호부가 아무리 많은 진리를 담고 있다 할지라도 전혀 관련이 없다. 한편 만일 홍콩에 내가 접촉하고 싶은 누군가를 안다면, 그 사람의 전화번호에 관한 진리는 내게 중요하며, 그래서 나는 전화번호를 그 사람에게 귀속시키는 어떤 명제가 옳을 경우, 그리고 오직 그 경우에만 그 명제를 승인하고 싶어 할 것이다. 이러한 고찰은 지적 존재로서 우리가 지향하는 것이 모든 진리를 믿는 것이 아니라 우리에게 문제가 되는 진리일 뿐임을 시사한다. 그래서 E2를 다시 정식화해 보자.

E3 나에게 문제가 되는 개개의 모든 명제 p에 대하여 p가 옳을 경우, 그리고 오직 그 경우에만 p를 승인하는 것이 지적 존재로서 나의 목표다.

단순화시키기 위해 지금부터는 E3에 의해 정의된 인식적 목표를 올바르게 믿음이라는 목표로 부르기로 하자.[10] 다음에는 이 목표를 달성하려면 우리가 어떻게 해야 하는지 살펴보기로 하자.

인식적 의무와 증거

데카르트에 따르면, 진리 추구로 인해 우리에게 부과되는 의무는 우리가 선명하고 분명하게 지각하는 것만을 믿어야 한다는 것이다. 로크에 따르면, 이 의무는 "이성이 가리키는 바에 따라 명제에 대한 믿음의 동의 여부를 결정하는 것"이다. 좀 더 최근의 대답은 펠드맨(R. Feldman)이 제안했는데, 그는 인식적 의무가 "우리의 증거에 의해 지지되거나 정당화되는 것을 믿고 증거에 의해 지지되지 않는 것을 믿지 말아야 하는 것"[11]이라고 말한다.

이 대답들의 한 가지 문제는 그리 많은 것을 알려 주는 것 같지 않다는 것이다. 왜냐하면 이성이 가리키는 바가 무엇인지, 또는 증거가 지지하는 것이 무엇인지 알지 못하는 한, 우리는 여전히 인식적 목표의 달성을 위해 어떻게 할 것인지 모르기 때문이다. 이 반론에 대해서는 2장 끝 부분에서 보았던 것처럼 이성이 가리키는 바가 무엇인지나 우리의 증거가 지지하는 것이 무엇인지 알려 주는 어떠한 일반 원리도 있을 수 없다는 응답이 있을 수 있다. 그러므로 방금 앞에서 했던 것만큼 인식적 의무를 넓게 규정하는 것이 우리가 할 수 있는 최선일 수 있다. 하지만 이것은 이러한 규정들이 가치가 없다는 것을 의미하지 않는다. 펠드맨이 지적한 것처럼, 만일 증거에 따라 믿는 것이 인식적 의무임을 안다면, p를 믿는 일이 우리에게 좋은 느낌을 가져다줄 것이라거나 p를 믿는 일이 우리 자신에게 이익이 된다는 사실이 우리로 하여금 p를 믿는 일을 정당화되게 만드는 바로 그것이 아니라는 것은 우리가 안다.[12] 따라서 만일

올바르게 믿기 위해서 내가 해야 하는 것은 무엇인가?

라는 물음에 "증거에 따라서 믿어야 한다"고 답한다면, 우리는 그저 뻔한 소리를 하고 있는 것이 아니라 의미 있는 주장을 하고 있는 셈이다. 로크의 답에 대해서도 이와 똑같이 말할 수 있다. 이성이 가리키는 바에 따라 믿거나 믿지 않는 사람들은 의미 있는 무언가를 하고

있다. 즉 그들은 수정 구슬을 보거나 찻잎을 해독하거나 또는 스포츠 신문에 등장하는 운세를 신뢰하지 않고 자신의 믿음을 형성한다.

그렇다면 의무론적인 인식적 정당성 개념은 두 가지 핵심 관념을 포함한다. 첫째, 지적 존재로서 우리는 올바르게 믿음이라는 목표를 갖게 되어 있다. 둘째, 이 목표는 우리에게 인식적 의무를 부과하는데, 이 의무는 로크가 제안한 것처럼 이성이 가리키는 대로 믿어야 한다거나, 또는 펠드맨이 시사한 것처럼 증거에 따라 믿어야 한다는 것이다. 펠드맨의 표현에 따르기로 해 보자. 그래서 만일 p를 믿으면서 우리가 증거에 따라 믿어야 한다는 인식적 의무를 충족시킨다면, 그리고 오직 그 경우에만 우리가 p를 믿는 일이 인식적으로 정당화된다고 하자. 그렇지만 내가 그 의무를 충족시킬 수 있는 방식이 두 가지 있다. 첫째, 증거에 따라 믿는 일은 나에게 p를 믿을 의무를 부과할 수도 있고, 둘째, p를 믿는 일을 삼가야 할 의무를 부과할 수도 있다.[13] 내가 p를 믿는 일이 정당화된다는 말은 p를 믿는 것이 나의 의무라거나 내가 p를 믿어야 한다는 말이 아니다. 오히려 그 말은 좀 더 약한 의미, 즉 p를 믿는 일을 삼가는 것이 나의 의무는 아니라거나 또는 내가 p를 믿으면 안 된다는 것은 아님을 말하고 있다.[14] 따라서 의무론적인 인식적 정당성 개념을 다음과 같이 정의하기로 하자.

> 의무론적인 인식적 정당성 개념
>
> S가 p를 믿는 일이 인식적으로 정당화된다 iff
>
> S가 p를 믿는데, p를 믿는 일을 삼가야 할 S의 의무는 없다.

다음은 의무론적 연구 방식에 대해 제기될 법한 반론들에 대해 논의할 차례다.

인식적 의무와 믿음-비의지성

두 종류의 기획, 즉 인식적 정당성 개념의 의미를 의무론적으로 정의하는 일과 인식적 정당성의 쟁점들을 인식적 의무에 의거해 분석하는 일을 구별해 보자. 전자의 기획은 p를 믿는 일을 삼가야 할 소극적 의무에 호소할 뿐인 반면에, 우리가 **인식적 의무론**(epistemic deontologism)이라고 부를 후자의 기획은 이 의무에 호소하면서 동시에 p를 믿어야 한다는 적극적 의무에도 호소한다. 이 절에서는 두 기획 모두에 대해 성립하는 심각한 장애에 대해 논의할 것이다.

이 장애는 넓은 범위에 걸쳐 있는 믿음이 우리가 믿지 않을 수 없는 믿음, 말하자면 우리가 어쩔 수 없이 믿게 된 믿음이라는 사실에서 발생한다. 이 현상을 믿음의 명백한 **비의지성**(involuntariness)이라고 부르기로 하자. 인식적 의무론의 비판자는 우리의 믿음 가운데 (전부가 아니라면) 대부분이 비의지적이기 때문에 우리의 믿음은 인식적 의무의 대상일 수 없다고 논증해 왔다.[15] 즉 우리는 믿어야 할 적극적 의무를 가질 수 없으며, 믿는 일을 삼가야 할 소극적 의무도 가질 수 없다. 만일 이 논증이 건전한 논증이라면, 인식적 의무론 일반, 그리고 특수하게는 인식적 정당성 개념을 의무에 의거해 해명하려는 기획은 잘못 인도된 것이다.

믿음 비의지론(doxastic involuntarism— "doxastic"이란 말은 "믿음에 관련 있는" "믿음에 속하는"을 의미한다)으로부터 생겨난 이 반론을 논의하기 위해 비의지적 믿음을 다음과 같이 정의하자.

비의지적 믿음

S가 p를 비의지적으로 믿는다 iff

S가 p를 믿는데, S는 p를 믿지 않을 수 없다.

지각에 의한 믿음과 내성에 의한 믿음은 비의지적인 것처럼 보인다. 내가 스스로 두통이 있다고 믿을 때, 나는 그저 이 믿음을 멈추도록 결정할 수 있는 것이 아니다. 오히려 내 두통에 관한 한 나는 내가 두통이 있다는 것을 믿지 않을 수 없다. 그리고 연구실 창을 바라볼 때, 나는 나무, 잔디, 건물 그리고 캠퍼스를 걸어 다니는 사람들을 본다. 이 지각들은 내가 어쩔 수 없이 믿을 수밖에 없는 믿음들, 예컨대 밖에 나무가 있다거나 저기에 건물이 있다거나 또는 지나가는 사람들이 있다 등의 믿음을 야기한다. 이 믿음들은 아무리 노력해도 내가 제거해 낼 수 없는 믿음들이다.

내성에 의한 믿음과 지각에 의한 믿음의 명백한 비의지성은 인식적 의무론에 대해 문제를 제기한다. 왜냐하면 전통적인 도덕적 책임 개념에 따를 때 도덕적 의무를 갖는 것은 의지성을 요구하기 때문이다. 치섬은 이러한 전통적 책임 개념에 대해 간명한 설명을 제시한다.

> 책임을 져야 할 어떤 행위자에게 귀속시킬 수 있는 어떤 선행이나 비행을 생각해 보자. 이를테면 어떤 사람이 다른 사람을 총으로 쏜다. 만일 그 사람이 그가 한 일에 대해 책임이 있다면, 나는 총을 쏜 그 시간에 일어났던 것은 전적으로 그 사람 자신에게 달려 있었던 어떤 것이라고 주장할 것이다. 그가 총을 쏠 수도 있었고 동시에 총을 쏘지 않을 수도 있었다는 말이 옳은 순간이 있었다. 그리고 만일 그렇다면, 비록 그가 총을 쏘았다 할지라도 그는 그 대신 다른 행위를 할 수도 있었다.… 그렇다면 좀 더 일반적으로 다음과 같이 말할 수 있다고 생각한다. 즉 만일 어떤 사람이 어떤 사건이나 어떤 사태(우리 예에서는 다른 사람을 총으로 쏜 일)에 대해 책임이 있다면, 그 사건이나 사태는 그의 어떤 행위가 야기한 것이며, 그 행위는 그가 수행하거나 수행하지 않을 힘이 있었던

어떤 것이다.[16]

책임에 대한 이 견해가 인식적 의무에도 적용된다고 주장하는 것은 그럴듯한 것처럼 보인다. 만일 내가 내 믿음에 대해 인식적으로 책임이 있다면, 그 믿음을 믿을 것인지 믿지 않을 것인지는 내 자신의 능력 안에 있어야 한다. 이 견해에 따르면, 믿음은 의지적인 경우에만 인식적 의무—즉 내가 그 믿음을 가져야 한다거나 갖지 말아야 한다는 식의 의무—의 대상이 될 수 있다. 인식적 의무가 의지성을 요구한다는 점에서 도덕적 의무와 비슷하다는 원리를 **의지성 원리**(voluntariness principle)라 부르고, 이 원리를 다음과 같이 표현해 보자.

의지성 원리

> 만일 내가 p를 믿는 일이 비의지적이라면, 나는 p를 믿어야 할 인식적 의무도 가질 수 없고 p를 믿지 말아야 할 인식적 의무도 가질 수 없다.

의지성 원리로부터 내성에 의한 믿음과 지각에 의한 믿음이 실제로 비의지적일 경우 그 믿음들은 인식적 의무의 대상일 수 없다는 결론이 따라 나온다. 그렇다면 그 믿음들은 우리가 가져야 할 믿음도 아니고 갖지 말아야 할 믿음도 아니라는 결론이 따라 나온다. 만일 이 결론이 옳다면, 인식적 의무론은 거부되어야 할 것이다.

의지성 원리는 또 의무론적인 인식적 정당성 개념까지도 위협한다. 그렇지만 의무론적인 인식적 정당성 개념에 대한 반론이 어떤 모습을 띠어야 하는지에 관해 생각을 명료히 해 두는 것이 중요하다. 어떤 종류의 사례가 그 개념에 대한 우리의 정의에 대해 잠정적 반대

사례가 되는가? 처음 보기와 달리 비의지적인 내성적 믿음과 지각적 믿음은 그런 반대사례가 되지 못한다. 의무론적 개념에 대한 정의를 다시 생각해 보라.

> D1 S가 p를 믿는 일이 인식적으로 정당화된다 iff
> (1) S가 p를 믿는데, (2) S에게 p를 믿지 말아야 한다는 인식적 의무가 없다.

D1에 대한 잠정적 반대사례는, 어떤 주체가 명제 p를 믿는데 그가 p를 믿지 말아야 할 인식적 의무를 갖지 않지만 p를 믿는 일이 정당화되지 않는 사례다. 비의지적인 내성적 믿음과 지각적 믿음은 이 요구를 채우지 못하는데, 왜냐하면 이 믿음들은 (전형적으로) 정당화되는 믿음이기 때문이다.[17] 우리가 필요로 하는 것은 **정당화되지 않는** 비의지적 믿음의 경우다. 그리고 그런 사례를 상상하는 것은 어렵지 않다. 엘비스가 여전히 살아 있다고 믿지 않을 수 없고, 그래서 의지성 원리가 주어지면 엘비스가 여전히 살아 있다고 믿지 말아야 할 의무를 가질 수 없는 엘비스 프레슬리 팬을 한 사람 생각해 보자. 이 믿음을 지지하는 신뢰할 만한 증거가 없으므로 인식적 의무론자는 이 믿음이 정당화되지 않는다는 것을 인정해야 할 것이다. 이렇게 해서 우리는 결정적인 반대사례처럼 보이는 사례, 즉 D1이 밝힌 정당성 조건들을 충족시키는 정당화되지 않는 믿음의 사례를 갖게 된다.

펠드맨의 해결책

펠드맨은 비의지성에 의거한 반론 앞에서 인식적 의무론을 옹호하려면 의지성 원리를 거부해야 한다고 논증했다.[18] 펠드맨에 따르면, 설령 내가 p를 비의지적으로 믿는다 할지라도, p를 믿는 것 또는 p를 믿는 일을 삼가는 것은 나의 인식적 의무일 수 있다. 이 주장은, 우리가 비록 충족시킬 수 없다 하더라도 도덕과 무관한 의무를 갖는 상황이 있다는 전제에 기초를 두고 있다.

여기에 펠드맨의 예를 약간 수정한 예가 있다. 내 논리학 수업을 받는 학생 한 사람이 학습 불능자라고 가정하자. 그는 논리학 기호만 보면 신경질이 나기 때문에 아무리 시험 준비를 열심히 했다 하더라도 시험에 통과할 수 없고, 그래서 학점 요건을 충족시킬 수 없다. 이 사실이 그가 그러한 요건으로부터 면제된다는 것을 의미하고, 그래서 학점을 받는 데 필수적인 시험을 통과하지 않고 학점을 받을 자격이 있다는 걸 의미하는가? 물론 그렇지 않다. 만일 그가 이 수업에서 학점을 받고 싶다면, 그는 다른 모든 학생과 마찬가지로 시험에 통과해야 한다. 설령 어떤 학생이 교육상의 책임을 만족시킬 수 없다 할지라도 그가 교육상의 책임을 지게 될 수 있음을 이 사례는 보여 준다.

펠드맨이 기술하는 두 번째 예는 저당에 관한 것이다. 집을 사고 나면 나는 저당 잡힌 금액의 월 이자를 내야 할 책임을 지게 된다. 내가 재정적으로 지불 능력 이상의 빚을 지고 있어서 이번 달 이자를 낼 수 없다고 가정해 보라. 재정적으로 책임 능력이 없다는 사실은 내가 월 이자를 내야 한다는 사실에 대한 변명이 되지 못함이 분명하다. 지불 능력이 없음에도 불구하고 나는 여전히 월 이자를 내야 할 법적 책임이 있다.

펠드맨에 따르면, 인식적 의무는 교육상의 학점 요건이나 법적 책임과 아주 비슷하다. 올바르게 믿음이라는 인식적 목표는 내가 그렇게 할 수 있건 없건 나에게 증거에 따라 믿어야 할 의무를 부과한다.

다시 한번 앞에서 든 정당화되지 않는 비의지적 믿음의 예, 즉 엘비스가 여전히 살아 있다고 믿지 않을 수 없는 엘비스 프레슬리 팬의 예를 생각해 보자. 이 믿음의 강박적 성격 때문에 우리가 올바르게 믿음이라는 목표에 비추어 이것을 믿지 말아야 하는 것이 그 팬의 의무라고 말하지 못할 필요는 없다고 펠드맨은 말할 것이다. 이렇게 해서 펠드맨은 이 사례가 D1에 대한 반대사례라는 것을 부정할 수 있다. 의지성 원리를 거부하고 나면, 그 믿음의 비의지성에도 불구하고 엘비스 프레슬리 팬은 엘비스가 여전히 살아 있다고 믿지 말아야 할 의무를 갖는다고 펠드맨은 주장할 수 있다. 그래서 그 팬의 믿음은 정당화되지 않는 믿음임이 판명되는데, 이는 바랐던 결과다.

펠드맨의 응답은 적극적인 인식적 의무를 가질 수 있다는 주장을 옹호하는 데도 효과적이다. 만일 우리가 의지성 원리를 승인한다면, 내성에 의한 믿음과 지각에 의한 믿음은 이 주장에 대해 문제를 제기한다. 왜냐하면 그런 믿음들은 비의지적인 것처럼 보이며, 그래서 의무의 범위를 넘어서기 때문이다. 그렇지만 만일 의지성 원리를 부정한다는 점에서 펠드맨에 동의한다면, 우리는 내성에 의한 믿음과 지각에 의한 믿음이 비의지적이지만 인식적 의무의 대상이 된다는 것을 승인할 수 있다.

대안의 해결책

하지만 의지성 원리가 직관적으로 그럴듯하다고 생각하는 사람들에게는 펠드맨의 해결책이 호소력이 없을 것이다. 그러므로 의무론적 연구 방식의 옹호자는 대안의 해결책을 찾게 될지도 모르겠다. 어떤 믿음의 의지성을 그 믿음의 정당성의 필요조건으로 간주할 때 어떤 일이 성취될 것인지 보자.

> D2 S가 p를 믿는 일이 정당화된다 iff
> (1) S가 의지적으로 p를 믿는데, (2) p를 믿지 말아야 한다는 것이 S의 인식적 의무는 아니다.

이러한 방책을 내놓는 것은 일상에서 사용되는 정당성 개념이 의무론적 의미를 가진다는 것을 부정할 수 없다는 사실이 동기로 작용한다.[19] 어떤 것을 하는 일이 정당화된다는 것은 그것을 해도 좋다는 것이다. 만일 내가 어떤 행위를 하는 것이 정당화된다면, 내가 그 행위를 하지 말아야 할 의무를 갖는다는 건 사실이 아니다. 결과적으로 만일 의지성 원리가 옳다면, 정당화된 행위는 의지적 행위여야 하고 정당화되는 믿음은 의지적 믿음이어야 한다.

D2는 우리가 위에서 살펴본 반대사례를 반대사례에서 벗어나게 만들어 주는데, 그 반내사례는 정당화되지 않는 비의지적 믿음의 경우였다. 조건 (1)을 바꾸었기 때문에 우리는 이제 바랐던 결과를 얻게 된 것이다. 엘비스가 여전히 살아 있다는 엘비스 팬의 믿음은 심리적 강박의 결과이므로 그의 믿음은 조건 (1)을 충족시키지 못하며, 그래서 정당화되지 않는다. 사실상 조건 (1)은 모든 비의지적 믿음을 일거에 정당화되지 못하는 믿음으로 바꾸어 놓는 효과가 있다.

그러나 이제 지각에 의한 믿음의 비의지성이 그대로 문제로 남게 된다. D2는 정당화되는 비의지적 믿음의 존재를 배제한다. 그렇지만 지각에 의한 믿음은 바로 그런 믿음, 즉 비의지적이면서 정당화되는 믿음인 것처럼 보인다. D2에 따르면, 그런 믿음은 정당화되지 않는다. 하지만 이것은 승인할 수 없는 결과임이 확실하다. 이러한 도전에 대한 응답으로 의무론자는 약한 비의지성과 강한 비의지성(soft and hard involuntariness)을 구별할 수 있다. 다음 두 사례를 비교해 보라.

사례 1 : 약한 비의지성

연구실 창밖을 내다보다가 나는 캠퍼스를 걸어가는 사람들을 본다. 내가 가진 증거 상황이 똑같은 것으로 유지되는 한 나는 이 믿음을 가지지 않을 수 없다. 그렇지만 나의 지적 능력을 발휘하는 데 장애가 되는 것은 전혀 없으며, 그래서 그 증거를 숙고하고 평가하는 것은 내 능력 안에 있다. 만일 또 다른 정보를 얻었다면—예컨대 만일 내가 밖에 사람들이 있다는 환상을 불러일으키는 마약을 복용하고 있다는 사실을 깨달았다면—나는 캠퍼스를 걷는 사람들이 있다고 믿지 않을 수 있다.

사례 2 : 강한 비의지성

미친 과학자가 내 커피에 살짝 마약을 집어넣는다. 그 마약으로 인해 나는 캠퍼스를 걸어가는 사람들이 있다고 믿게 된다. 그 마약은 내가 갖는 증거 상황이 아무리 변한다 해도 내가 이 믿음을 보유하지 않을 수 없게 만드는 효과가 있다. 따라서 설령 캠퍼스를 걸어가는 사람을 아무도 보지 못했다 할지라도, 나는 계속해서 이것을 믿게 될 것이다. 사실상 이 믿음을 무효화시키는 증거가 아무리 많이 제시된다 해도 나는 캠퍼스를 걸어가는 사람들이 있다고 믿지 않을 수 없다.

두 사례의 차이는 사례 1과 달리 사례 2의 믿음이 나의 지적 통제를 벗어나 있다는 것이다. 그러므로 사례 2의 믿음에 대해서는 나에게 책임을 지울 수 없다. 의지성 원리의 옹호자는 그 믿음을 갖지 않아야 한다는 것이 나의 의무가 아니라고 그럴듯하게 논할 것이다. 그렇지만 사례 1에서는 내가 지적 능력을 발휘하는 데 장애가 되는 요소는 전혀 없으며, 이것은 내 믿음이 내 능력의 범위를 벗어나 있지 않음을 의미한다. 만일 내가 갖는 증거 상황이 변한다면, 나는 캠퍼스를 걸어가는 사람들이 있다고 믿지 않을 수 있는 것이다.

처음에는 두 믿음 모두 비의지적인 것처럼 보인다. 그렇지만 내가 가진 증거의 변화에 따른 대처 능력을 고려하면 다른 그림이 생겨난다. 첫 번째 사례에서 나는 내가 믿는 것에 대해 지적 능력을 보유하는 반면에 두 번째 사례에서는 문제의 믿음에 비추어 볼 때 이 능력이 무너진다. 따라서 두 사례가 보여 주는 것은 다음과 같다. 우리는 지적 능력을 갖는 비의지적 믿음과 그렇지 않은 비의지적 믿음을 구별해야 한다. 전자는 약한 의미에서 비의지적이고, 후자는 강한 의미에서 비의지적이다.

이런 점을 염두에 두고 다시 그 문제로 되돌아가 보자. 어떤 사람이 어떤 믿음에 대해 지적 능력을 가진다는 사실은 그 믿음을 충분히 인식적 의무의 대상이 되게 만든다고 의무론자는 논할 것이다. 이 견해에 따르면, 강한 비의지성만이 믿음을 인식적 의무의 대상이 못 되게 배제시킨다. 약한 비의지성은 믿음을 인식적 의무의 대상이 못 되게 배제시키지 않는다. 왜냐하면 어떤 믿음은 그 믿음에 대한 우리의 지적 능력이 유지될 때라 할지라도 약한 의미로 비의지적일 수 있기 때문이다. 지각에 의한 믿음의 비의지성은 약한 종류의 비의지성이다. 왜냐하면 예외를 무시한다면 그런 믿음은 내 지적 능력의 범위

안에 있기 때문이다. 정상적인 상황에서라면 그런 믿음이 자신의 인식적 신뢰성에 대한 평가를 받을 수 있게 되는데, 이 사실은 내가 그 믿음을 거부하는 것이 적절하다는 것을 알 경우 그 믿음을 거부하는 것이 내 능력 안에 있음을 의미한다. 결과적으로 지각에 의한 믿음과 내성에 의한 믿음의 약한 비의지성으로 인해 그 믿음을 인식적 의무의 대상이 못 되는 것으로 간주할 필요는 없다고 의무론자는 결론지을 것이다.[20]

인식적 의무론과 진리 공헌성

인식적 의무론에 대한 두 번째 반론은 올바르게 믿음이라는 인식적 목표에 관한 것이다. 인식적 정당성 즉 우리가 올바르게 믿음이라는 목표를 지향할 때 추구하는 종류의 정당화는 진리 공헌적(truth-conducive)이어야만 한다. 다시 말하면 인식적으로 정당화되는 믿음은 옳음 직해야만 한다. 올스턴에 따르면, 의무론적 인식적 정당성 개념의 가장 심각한 결함은 "이 개념이 적합한 진리 공헌적 근거와 올바른 방식으로 결합되지 않는다는 것"[21]이다. 이 반론은 어떤 믿음이 정당화되기 위해서는 적합한 근거에 기초를 두어야 한다는 전제에 의존하고 있다. 이 전제를 "적합성 원리"(adequacy principle)라 부르기로 하자. 이제 이 적합성 원리가 의무론적 관점에서 옹호될 수 있는지 논의해 보자.

올스턴은 정당화되는 믿음이 적합한 근거에 기초를 두어야 한다고 생각한다. 그의 이론에서 믿음의 근거는 다른 믿음이나 적절한 경험으로 이루어진다.[22] 하지만 근거의 적합성이라는 개념을 어떻게 이해해야 하는가? 다음은 올스턴이 이 개념을 해명한 방식이다.

> 적절한 적합성 기준을 얻기 위해서는 어떤 믿음의 정당화됨이 그릇되게 믿음이 아니라 올바르게 … 믿음이라는 기본 목표에 비추어 좋은 격위라는 사실에 주목하자. 어떤 근거가 이 목표와 관련하여 좋은 것이 되기 위해서는 그 근거가 "진리 공헌적"이어야만 한다. 즉 그 근거는 자신이 근거가 되는 믿음이 옳다는 것을 충분히 나타내 주어야 한다. 달리 말해 그 근거는 그 근거가 주어질 경우 그 믿음이 옳을 개연성이 매우 높은 그런 것이어야 한다.[23]

이 인용구에 따르면, 적합한 근거는 진리 공헌적이어야만 한다. 그래서 적합한 근거는 자신이 근거로 작용하는 믿음이 올바르게 믿음이라는 목표에 비추어 좋은 종류의 믿음임을 확보해야 하는데, 이 말은 그 믿음이 옳음 직하다거나 개연적이라는 것의 근거를 확보해야 한다는 말이다. 따라서 의무론적 인식적 정당성 개념에 대한 올스턴의 비판은 다음과 같이 다시 표현할 수 있다. 즉 어떤 믿음이 진리 공헌적 근거 또는 그 믿음을 개연적이게 만드는 근거에 기초를 두지 않고 의무론적 정당성을 갖는 일이 가능하다. 요컨대 의무론적 정당성은 진리 공헌적이지 못하며, 그래서 인식적 목표에 비추어 올바른 종류의 정당성이 아니다.

개연성은 두 가지 유형—사실적 개연성과 인식적 개연성—이 있으므로 올스턴의 비판을 평가하기 위해서는 그가 사용하는 개연성 개념이 이 두 가지 의미 중 어느 것인지를 결정해야 한다. 그렇지만 먼저 사실적 개연성과 인식적 개연성의 차이를 간단히 다시 검토해 보자.[24]

두 유형의 개연성

사실적 개연성은 물리적 세계가 진행하는 방식의 기능이다. "개연적"이란 말의 사실적 의미에서 개연적인 것은 어떤 종류의 것이 또한 다른 종류의 것이기도 하다는 것이다. 그래서 우리는 개연성을 다음 항목들에다 부여할 수 있다.

(1) 하루에 담배 두 갑을 피우는 누군가가 80세까지 산다는 것.
(2) 뉴욕의 한 시민이 길에서 강도를 당할 것이라는 것.
(3) 공중에 던져진 동전이 앞면을 위로 하여 떨어지게 될 것이라는 것.

이 항목들 각각의 개연성은 이른바 상대 빈도, 즉 다른 유형의 사건 발생에 대한 한 유형의 사건 발생 빈도에 의해 결정된다. 그래서 위 진술들의 개연성은 (1) 하루에 담배 두 갑을 피우는 사람 가운데 실제로 80세까지 산 사람, (2) 뉴욕 시민 가운데 길에서 강도를 당한 희생자, (3) 던져진 동전이 앞면을 위로 하여 떨어지는 경우의 빈도에 의존한다. 이 개연성이 세계가 진행되는 방식에 의해 결정된다는 것은 분명하다. 이 개연성은 각각 (1) 흡연의 생리적 효과, (2) 뉴욕에서 일어나는 범죄 수준의 원인이라고 할 수 있는 다양한 요인, 그리고 (3) 던져진 동전의 물리적 속성에 의해 결정된다. 더 나아가 이 개연성은 우리가 세계에 관해 아는 것과는 무관하다. 애연가가 80세까지 살게 될 개연성은 흡연의 생리적 효과에 관해 우리가 얼마나 아느냐에 상관없이 흡연이 흡연자의 건강에 미치는 영향에 의해 결정된다. 뉴욕 거리의 강도 행위는 뉴욕의 범죄에 관해 우리가 얼마를 알든지 간에 그런 강도 행위가 실제로 일어나는 빈도만큼 일어난다.

그리고 동전을 던져 앞면이 위로 올 개연성은 우리가 알든지 모르든지 동전 던지기가 행해진 방식에 의존한다.

한편 인식적 개연성은 주어진 증거 체계와 관련하여 믿음이나 명제에 부여하는 정당성의 정도다. 예컨대 흡연의 효과에 관하여 내가 가지고 있는 증거와 관련하여 "하루에 담배 두 갑을 피울 경우 나는 건강에 중대한 위험을 겪게 될 것이다"라는 명제는 나에게는 고도의 인식적 개연성이 있다.

사실적 개연성과 인식적 개연성의 차이를 예를 들어 설명해 보자. 9개의 검은 공과 1개의 흰 공이 들어 있는 항아리에서 공을 꺼낸다고 해 보자. 내가 이번에 꺼낼 공이 검은 공일 사실적 개연성은 0.9다. 그러나 만일 항아리 속 공의 색깔에 관해 아무 정보도 없다면, "내가 이번에 꺼낼 공은 검은 공일 것이다"라는 명제는 내가 가진 증거와 관련하여 0.9의 인식적 개연성을 갖지 않는다. 사실상 내가 가진 증거와 관련해서 보면(또는 내가 갖지 않은 증거와 관련해서 보면) 그 공이 검은 공이 아닐 개연성이 높다(왜냐하면 내가 아는 한 그 공은 어떤 색깔이라도 될 수 있기 때문이다). 그렇지만 만일 항아리 속 공의 색깔 분포에 관한 정보가 내가 가진 증거의 일부라면, "내가 이번에 꺼낼 공은 검은 공일 것이다"라는 명제는 0.9의 사실적 개연성을 가지면서 동시에 나의 증거와 관련하여 0.9의 인식적 개연성도 갖는다.

그렇다면 올스턴이 정당화되는 믿음이 적합한 근거에 기초를 두어야 한다고 주장하면서 적합성을 개연성에 의거해 해명할 때, 그는 어떤 종류의 개연성을 염두에 두고 있는가? 비록 올스턴이 이 문제를 직접적으로 다루지는 않았지만 그는 적어도 이 정도는 말하고 있다.

> 내가 개연성 개념을 어떤 종류의 "경향성"에 의거하여 생각하고 있다고

> 말하는 것으로 충분한데, 이러한 개연성 개념으로 보면 세계의 합법칙적 구조는 한 사태가 다소간에 다른 사태를 개연적이게 만드는 그런 것이다.[25)]

이 인용구에 따르면, 근거 G가 믿음 P를 개연적이게 만드는지는 세계가 G와 관련하여 P를 개연적이게 만드는 합법칙적 구조를 가지고 있는지에 달려 있다. 개연성을 부여하는 "합법칙적 구조"의 예로 뉴턴의 만유인력 법칙을 생각해 보자. 이 법칙은 충분한 질량을 가진 물체를 공중에서 놓으면 아래로 떨어진다고 말한다. 만일 우리가 이 법칙을 연필에 적용하면, 만유인력 법칙 때문에 내가 연필을 공중에서 놓을 경우 연필이 아래로 떨어질 것이라는 것은 사실적 의미에서 개연성이 높다고 말할 수 있다.[26)] 올스턴은 적합한 근거에 기초를 둔 믿음의 개연성에 관해 이와 똑같은 방식으로 생각하고 있음이 분명하다. 즉 어떤 믿음을 개연적이게 만드는 근거는 사람이 가진 증거가 아니라 자연법칙에 의해 결정된다. 예컨대 올스턴의 견해에서 지각에 의한 믿음은 (전형적으로) 적합한 근거에 기초를 두고 있는 믿음이며, 그래서 개연적이다. 왜냐하면 어떤 믿음이 지각에 의한 근거에 기초를 두고 있다는 사실은 (다소간에) 그 믿음을 개연적이게 만드는 그런 자연법칙이 있기 때문이다. 그리고 소망적 사고에 기초를 둔 믿음은 세계 속에 그런 믿음을 개연적이게 만드는 법칙 구조가 없기 때문에 적합한 근거에 기초를 둔 것이 아니다.

정당성과 사실적 개연성

그렇다면 올스턴이 염두에 두고 있는 개연성 개념은 사실적 개연성인 것처럼 보인다.[27] 결과적으로 그의 적합성 원리는 다음과 같이 다시 표현할 수 있다. 믿음이 정당화되기 위해서는 그 믿음은 자신을 사실적으로 개연적이게 만드는 어떤 근거에 기초를 두고 있어야 한다.

의무론자는 이 원리를 승인하지 않을 것이다. 어째서 승인하지 않는지 알아보기 위해 도덕적 정당성 개념이 연관된 어떤 상황을 생각해 보자.

의료시설이 빈약한 아프리카의 한 먼 나라에서 세계보건기구(WHO)의 일원으로 일하고 있는 의사가 어떤 질병을 앓고 있는 환자를 돌본다고 하자. 이 병은 치료를 받지 않으면 그 환자의 목숨에 치명적인 병이며, 적절한 치료를 하려면 약품 A나 약품 B가 필요하다. 그 의사는 약품 A가 약품 B보다 상당히 효과적이라는 것을 안다. 즉 그는 약품 A를 투여한 환자의 90%가 산 반면에 약품 B를 투여한 환자는 40%만 산다는 것을 안다. 불행히도 약 5%의 환자는 약품 A에 생명을 위협하는 알레르기 반응을 보인다. 그런 환자를 위해서는 약품 B를 선택하여 치료하면 된다. 이상적인 상황이라면 투약을 하기 전에 환자가 약품 A에 알레르기 반응을 보이는지 알아보기 위한 시험이 행해진다. 그렇지만 우리가 생각하고 있는 상황에서는(위치가 아프리카의 변방이다) 알레르기 반응을 시험할 수 있는 수단이 없다. 그래서 의사는 불확실한 상태에서 결정을 내려야 한다. 다시 말해 의사는 환자가 약품 A를 투여했을 때 어떤 반응을 보일지 모른다. 마지막으로 사실상 그 환자는 약품 A에 대해 알레르기 반응을 보이는 희귀한 사람들의 집단에 속한다고 가정하자.

이런 상황에서 의사가 하는 일을 정당화하는 것은 무엇인가? 약품 A를 투여하는 것인가, 아니면 B를 투여하는 것인가? 만일 그가 약품 A를 투여한다면 환자가 그 병으로 죽게 될 개연성은 0.1이고, 생명을 위협하는 알레르기 반응이 나타나게 될 개연성은 0.05이다. 그러나 만일 의사가 약품 B를 투여한다면, 그 환자가 그 병으로 살지 못할 개연성은 0.6이다. 따라서 그 의사가 결정을 내려야 하는 시점에서 말할 수 있는 한 약품 B를 선택하는 것이 약품 A를 선택하는 것보다 그 환자에게 많은 위험을 포함한다. 결과적으로 의사가 하는 일을 정당화하는 것은 약품 A를 투여하는 것이라고 논할 수 있다.

이 논증에서 결정적인 것은 다음과 같다. 그 의사의 치료법 선택이 정당화되는지 결정하기 위해 의거해야 할 개연성은 인식적 개연성이다. 즉 이 개연성은 의사의 증거에 의존하는 개연성이다. 이 개연성은 다음과 같은 경우의 사실적 개연성과 대비되어야 한다. 만일 그 의사가 약품 A를 투여한다면, 환자가 알레르기 반응으로 인해 죽게 될 개연성이 매우 높다. 그러나 만일 그가 약품 B를 투여한다면, 환자가 치료될 개연성은 0.4다. 따라서 이 사례의 사실적 개연성과 관련해서 보면 약품 A를 투여하는 쪽이 좀 더 큰 위험을 나타낸다. 결과적으로 만일 치료법 선택에 대한 의사의 도덕적 정당성이 그가 말할 수 있는 한 개연적인 것에 의해서가 아니라 그 사례의 사실이 주어졌을 때 개연적인 것에 의해 결정된다면, 의사가 하는 일을 정당화하는 것은 약품 B를 투여하는 것이라고 말해야 할 것이다.

그렇다면 의사가 하는 일을 정당화하는 것은 무엇인가? 이 물음에 대한 답이 그 사례의 사실이 주어졌을 때 개연적인 것에 의해 결정된다고 말하는 것은 도덕가들이 전통적으로 도덕적 정당성에 대해 생각해 왔던 방식으로부터 중대한 이탈을 하는 것일 것이다. 이 전통에 따르면, 정당성, 비난 가능성, 비난 개념들 사이에는 밀접한 연관 관계가 있다. 우리가 하는 일이 정당화되지 않는 것을 하는 것은 비난받을 만한 것이 된다. 그것은 그런 방식으로 행위를 한 것에 대해 비난을 받는 것이 정당할 수 있는 그런 방식으로 행위한 것이다. 우리 예에서 약품 A를 선택한 의사에 대해 비난을 하는 것은 분명히 정당하지 못하다. 어쨌든 그는 이 경우에 약품 B가 더 나은 치료법일 수 있다는 것을 알 방법이 없다. 뿐만 아니라 만일 그가 약품 B를 선택했다면, 그는 그 시점에서 자신의 지식이 주어졌을 때 좀 더 위험이 큰 치료법을 선택하는 것이 될 것이고, 그 선택은 그가 비난을 받는 것이 정당할 수 있는 선택일 것이다. 따라서 전통적인 정당성 개념을 승인하는 철학자들의 관점에서 볼 때 의사가 약품 A를 투여하는 것은 정당화되며, 이 판결은 의사가 그 사례에 관해 말할 수 있는 한에서의 개연적인 것 즉 그 사례에 관한 인식적 개연성에 의해 결정된다.

의무론자는 인식적 정당성에 관해 이와 똑같은 방식으로 생각하는 경향이 있다. 우리의 인식적 정당성을 결정하는 것은 사실적 개연성이 아니라 인식적 개연성이다. 그리고 이러한 판결의 이유는 상응하는 도덕적 정당성에 관한 판결과 똑같다. 우리가 명제 p를 믿는 일이 징당화되는지 결정하는 것은 우리가 말할 수 있는 것과 관련한 p의 개연성 또는 우리의 증거와 관련한 p의 개연성이다. 그렇지만 사실적 개연성은 그게 무엇인지 언제나 말할 수 있는 그런 것이 아니다. 다시 말해 사실적 개연성은 필연적으로 우리 증거의 일부가 되는 것이 아니며, 그래서 믿음의 정당성에 관련이 있을 필요가 없다.

심사숙고 끝에 의사가

(1) 약품 A가 그 환자의 생명을 구할 것이다

라고 믿게 되었다고 가정하자. 그가 (1)을 믿는 일이 정당화되는가? 의무론자는 그가 (1)을 믿는 일에 대해 비난받을 수 없다는 것은 확실하기 때문에 정당화된다고 말할 것이다. 한편 올스턴은 (1)이 인식적으로 비난할 점이 없다 할지라도 실제로는 인식적으로 정당화되는 믿음이 아니라고 말할 것이다. 인식적으로 정당화되는 믿음은 인식적 목표에 비추어 알맞은 격위를 가져야만 할 것이다. 즉 적합한 근거에 의해 사실적으로 개연적이게 만들어져야 한다. 그러나 관련된 자연법칙—약품 A의 화학적 속성과 약품 A에 대한 환자의 알레르기 반응에 관한—은 (1)을 개연적이게 만들지 못한다. 따라서 (1)은 적합한 근거에 기초를 두고 있지 않으며(왜냐하면 (1)이 사실적으로 개연적이게 되어야 하는 것이라면), 그래서 인식적 목표에 비추어 알맞은 격위를 가지지 않는다.

의무론자는 (1)이 사실적으로 개연적이지 못하다는 점에서 올스턴에 동의할 것이다. 그렇지만 올스턴과는 반대로 그들은 (1)이 요구되는 알맞은 격위를 갖는다고 주장할 것이다. 왜냐하면 의사의 관점에서 볼 때 (1)에 어떤 인식적 결점이 부여될 수 있을 것인가? 전혀 없다. 물론 신의 관점에서 이 사례를 살피고 있는 우리는 (1)이 사실적으로 개연적이지 않다는 것을 안다. 그렇지만 (1)이 갖는 사실적 비개연성의 의미는 무엇인가? (1)이 사실적으로 비개연적일 뿐만 아니라 심지어는 분명히 그르다고 가정해 보자. 약품 A에 대한 환자의 알레르기 반응은 치명적일 것이다. 하지만 이것은 (1)이 정당화되지 않는다고 말할 이유가 아님을 주목하라. 왜냐하면 어떤 명제의 그름은 그 명제가 알맞은 인식적 격위를 갖는 일과 완전히 양립가능하기 때문이다. 어떤 믿음이 그를 경우 그 믿음은 정당화될 수 없다는 의심스러운 입장을 올스턴이 옹호하려고 하지 않을 것임은 확실하다. 그렇지만 만일 어떤 믿음이 실제로 그르다는 사실이 그 믿음이 알맞은 인식적 격위를 갖지 못하도록 막지 않는다면, 단지 그 믿음이 그를 사실적 개연성(또는 그 믿음이 옳을 사실적 개연성의 결여)도 그 믿음이 알맞은 인식적 격위를 갖는 일을 막지 못한다. 그러므로 (1)이 사실적으로 개연적이지 않기 때문에 인식적 목표에 비추어 알맞은 격위를 갖지 못한다는 올스턴의 주장에 대해 의무론자는 동의할 이유를 알지 못할 것이고, 그래서 어떤 믿음이 적합한 근거에 기초를 둔 경우에만 그 믿음이 정당화된다는 올스턴의 원리를 거부할 것이다.

의무론적으로 정당화되는 믿음과 진리 공헌성

"적합한 진리 공헌적 근거와 올바른 방식으로 결합하지 않기 때문에" 의무론적인 인식적 정당성 개념이 결함이 있다는 올스턴의 반론으로 되돌아가 보자. 적합성 개념을 해명한 방식을 가정하면 올스턴은 사실상 어떤 믿음이 사실적으로 개연적이지 않고도 의무론적으로 정당화될 수 있다고 말하고 있다.[28] 그렇지만 의무론자는 어떤 믿음이 정당화되기 위해서는—즉 올바르게 믿음이라는 인식적 목표에 비추어 알맞은 격위를 갖기 위해서는—그 믿음이 사실적으로 개연적이어야 한다는 생각을 거부할 것이다. 그래서 그들은 의무론적으로 정당화되는 믿음이 사실적으로 개연적이지 못하다는 것을 기꺼이 인정할 것이다. 왜냐하면 의무론적 관점에서 그러한 믿음이 사실적으로 개연적이지 못하다는 점은 잘못될 것이 전혀 없기 때문이다. 한편 인식적 개연성에 관한 한 의무론자는 어떤 믿음이 인식적으로 개연적이지 않고도 의무론적으로 정당화될 수 있다는 주장을 거부할 것이다. 왜냐하면 의무론자가 말하듯이 만일 우리의 증거에 의해 지지되는 것을 믿는 것이 우리의 인식적 의무라면, 인식적으로 개연적이지 못한 어떤 명제를 믿으면서 우리의 인식적 의무를 충족시킨다는 건 논리적으로 불가능하기 때문이다.

그렇다면 의무론적 정당성이 진리 공헌적이지 못하다는 올스턴의 비판은 어떤가? 만일 정당성의 진리 공헌성이 정당화되는 믿음의 개연성에 의해 이해된다면 의무론자는 사실적 진리 공헌성과 인식적 진리 공헌성을 구별해야 한다고 응답할 것이다. 왜냐하면 정당성에 관련 있는 것은 사실적 진리 공헌성이 아니라 인식적 진리 공헌성이기 때문이다. 의무론적으로 정당화되는 믿음은 사실적으로 진리-공헌적이지 않으며, 또 그럴 필요도 없다. 그렇지만 그 믿음은 인식적으로 진리 공헌적이며—우리의 증거에 비추어 옳음 직한—, 그래서 올바르게 믿음이라는 목표에 비추어 우리가 호의적으로 대하는 종류의 믿음이다.

내재주의와 외재주의

최근의 인식론을 보면 정당성에 대해 내재주의자의 설명과 외재주의자의 설명(internalist and externalist accounts of justification)을 구별하는 것이 관례가 되었음을 알 수 있다.[29] 이 장에서 논의한 논쟁—한편으로 의무론자와 다른 한편으로 올스턴 사이의 논쟁—은 내재주의자와 외재주의자 사이의 논쟁의 본이 되는 예이기 때문에 이제 이 구별을 음미하기에 좋은 시간이 된 셈이다. 정당성에 대한 설명을 내재주의자의 설명으로 간주하게 만드는 것은 그 설명에 따를 때 어떤 믿음이 정당화되는지 결정하는 요인에 어떤 조건이 부과된다는 사실이다. 정당화되는지 결정하는 요인—"J-요인"이라 부르기로 하자—은 믿음, 경험, 또는 인식적 표준일 수 있다. 문제의 조건은 J-요인이 주체의 정신에 내적인(internal to the subject's mind) 것이 될 것을 요구한다. 또는 달리 표현해 반성을 통해 파악가능한(accessible on reflection) 것이 될 것을 요구한다. 이와 대조적으로 정당성에 대한 설명을 외재주의자의 설명으로 만드는 것은 그런 조건이 부과되지 않는다는 것이다. 외재주의에 따르면, J-요인은 주체의 정신에 내적인 것이거나 반성을 통해 파악가능한 것일 필요가 없다.

"반성을 통해 파악가능한"이라는 표현은 "정신에 내적인"이란 표현을 이해하기 위한 좀 더 정교한 설명으로 볼 수 있다. 그래서 만일 어떤 것이 반성을 통해 파악가능하다면, 그리고 오직 그 경우에만 그것은 여기서 말하는 "내적인"이란 말의 의미에서 정신에 내적이다. 예컨대 나의 믿음은 내 정신에 내적인데, 왜냐하면 내 믿음에 관해 반성할 경우 나는 그 믿음이 어떤 믿음인지 말할 수 있기 때문이다. 나의 지각적 경험 역시 내 정신에 내적이다. 왜냐하면 적절하게 주의를 돌릴 때 나는 지각에 의해 경험하고 있는 것이 무엇인지 말할 수 있기 때문이다. 한편 나의 뇌파는 반성을 통해 내가 뇌파에 관해 말할 수 있는 것이 거의 없기 때문에 여기시 말하는 의미에시 내 정신에 내적이지 않다.

토대론(foundationalism, 기초론)과 정합론(coherentism)은 내재주의 이론을 대표하는 두 개의 중요한 예다.[30] 토대론에 따르면, 자명한 인식적 원리, 믿음, 지각에 의한 경험, 내성에 의한 경험, 기억에 의한 경험 이외에 다른 J-요인은 없으며, 이 요인들은 모두 반성을 통해 파악가능한 것이다. 그리고 정합론에 따르면, J-요인은 자명한 인식적 원리, 믿음, 그리고 믿음들 사이의 정합 관계들로 제한된다. 이 요인들 역시 모두 반성을 통해 파악가능한 것이다.

외재주의 이론을 대표하는 가장 중요한 예는 신빙론(reliabilism)이다. 다양한 형태의 신빙론은 믿음 산출 과정의 신빙성을 J-요인으로 간주한다. 그렇지만 그런 과정들의 신빙성은 정신에 내적인 것이 아니다. 당신이 다음과 같은 관찰 조건 아래서 공원에 있는 개를 한 마리 본다고 가정하자. 날이 점점 어두워지고 있지만 빛이 약간 남아 있다. 그 개는 나에게서 1km 떨어진 곳에서 빠르게 움직이고 있다. 당신은 근시지만 안경을 쓰고 있다. 당신의 지각 기능은 마티니를 마셨기 때문에 약간 장애가 있다. 당신은 자신의 은행 계좌 이상에 대한 생각으로 꽉 차 있다. 당신으로 하여금 "저기 개가 있다"라고 믿게 만드는 인지 과정은 신빙성이 있는가? 다시 말해 이 인지 과정이 야기하는 대부분의 믿음이 옳을 것인가? 이것은 당신이 그저 반성을 통해 말할 수 있는 것이 아님이 분명하다. 오히려 광범위한 경험적 탐구가 요구될 것이다.

의무론적 관점에서는 내재주의 조건을 포함하지 않는 한 정당성에 대한 어떠한 설명도 올바를 수 없다. 이 결론을 주장하는 논증은 도덕적 의무에 대한 고찰에서 시작된다. 시간상으로 특정 시점에서 어떤 종류의 정보가 내게 x를 할 의무를 부과하는가? 그 시간에 내가 파악할 수 있는 정보인가, 아니면 내가 나중에 가서야 획득할 수 있는 정보인가? 그 시간에 행위를 해야 한다면, 나의 의무가 나중에 획득할 수 있는 정보에 의해 결정될 수는 없다고 의무론자는 말할 것이다. 오히려 나의 의무는 행위 해야 하는 그 시간에 내가 파악할 수 있는 정보에 의해 결정될 수 있을 뿐이다.

그래서 이 논증은 인식적 의무에 대해서도 똑같이 말할 수 있다는 식으로 계속된다. 만일 문제가 p를 믿거나 믿지 않는 것이 지금 나의 의무인지 하는 것이라면, 내가 탐구를 통해 나중에 획득할 수 있는 증거는 이 의무와 관련이 없다. 나의 인식적 의무를 결정하는 것은 내가 지금 갖고 있는 증거만 될 수 있다. 그리고 내가 지금 갖고 있는 증거는 내가 반성을 통해 파악할 수 있는 어떤 것이다.[31] 그래서 만일 우리가 인식적 정당성을 의무 이행에 의거해 생각한다면, 반성을 통해 파악할 수 없는 것은 J-요인일 수 없다. 그러므로 의무론적인 이론은 필연적으로 내재주의다.

정당화하는 근거가 적합해야 한다고 주장할 때 올스턴은 외재주의자의 관점에 동조하고 있는 셈이다. 이미 살펴보았던 것처럼, 올스턴에게는 근거가 사실적으로 개연적인 경우에만 적합한 근거다. 그러나 어떤 근거가 사실적으로 개연적인지 아닌지는 반성을 통해 확인될 수 있는 종류의 것이 아니다. 결과적으로 올스턴의 적합성 조건은 성격상 외재주의적이며, 정당성에 대한 그의 설명 역시 외재주의적 설명이다.[32] 그러므로 의무론자가 올스턴의 적합성 조건을 거부할 때, 그들이 거부하는 것은 사실상 외재주의, 즉 정신에 내적이지 않거나 또는 반성을 통해 파악가능하지 않은 J-요인을 도입하는 것이다.

연구문제

1. 의무론적 정당성 이론이 사용하는 규범성 개념과 비의무론적 정당성 이론이 사용하는 규범성 개념의 차이는 무엇인가?
2. 왜 옳은 것을 믿고 그른 것을 믿지 않는 것이 우리의 인식적 의무라고 말하는 것이 잘못일 수 있는가?
3. 개개의 모든 명제 p에 대하여 p가 옳을 경우에, 그리고 오직 그 경우에만 p를 믿어야 한다는 말에 문제가 되는 점은 무엇인가?
4. 어떤 철학자들에 따르면, 믿음은 언제나는 아니라도 대부분 비의지적 사건이다. 이 견해를 지지하는 이유는 무엇인가?
5. 만일 믿음이 대부분 또는 심지어 언제나 비의지적이라는 말이 옳다면, 왜 그것이 의무론적 연구 방식에 문제가 될 수 있는가?
6. 펠드맨은 믿음 비의지성의 문제를 어떻게 해결하는가?
7. 의무론적 연구 방식의 옹호자는 믿음이 대부분 또는 심지어 언제나 비의지적이라는 견해에 대해 어떻게 이의를 제기하는가?
8. 올스턴은 왜 의무론적으로 정당화되는 믿음이 필연적으로 진리 공헌적 믿음은 아니라고 생각하는가?
9. 올스턴은 적합한 근거라는 개념으로 무엇을 의미하는가?
10. 사실적 개연성과 인식적 개연성은 서로 어떻게 다른가?

연습문제

1. 진리에 도달하고 오류를 피하는 일이 적절한 인식적 목표인지 논의하라.

2. 그른 것을 믿는 것이 당신의 인식적 의무가 될 수 있는 상황을 기술하라.
3. 인식적으로 정당화되는 믿음이 적합한 근거에 기초를 둘 수 없다고 주장한 점에서 올스턴이 올바른지 논의하라.

| 주 |

1) 자신의 논문 "Concepts of Epistemic Justification", Alston (1989), 81~114면에서 올스턴은 여러 가지 경쟁하는 정당성 개념을 분석하여 평가하고 있다. 81면을 볼 것. 여기서 그는 정당화의 표준을 진술하는 일과 정당화 개념의 의미를 분석하는 일을 명백하게 구별하고 있다.

2) 이 의견에 동의하지 않는 철학자들도 있다. 이를테면 Maffie(1990), 285면을 볼 것.

3) Alston(1981), 83면 이하와 BonJour(1985), 7면 이하를 볼 것.

4) Alston(1989), 97면.

5) 같은 책, 105면 이하. 올스턴은 "S가 믿었던 대로"라는 한정사를 추가하고 있는데, 이는 좋다고 평가되는 대목이 S가 p를 믿는다는 사실이 아니라 오히려 S가 p라고 믿는 특별한 방식임을 가리키기 위해서다. 같은 책, 97면 이하를 볼 것.

6) 의무론적 정당성 개념의 역사적 뿌리에 대한 훌륭한 설명은 Plantinga (1993a), 제1장에서 찾아볼 수 있다.

7) Locke(1959), 413~414면.

8) BonJour(1985), Feldman(1988a), 그리고 Ginet(1975) 또한 의무론적 연구 방식을 옹호한다.

9) Chisholm(1977), 14면.

10) 여기서 우리가 다룰 수 없는 두 물음은 다음과 같다. 올바르게 믿음이라는 목표를 채택하는 것이 이성적 요구 조건인가, 아니면 아마도 도덕적 요구 조건인가? 게다가 사람들이 올바르게 믿음이라는 목표를 채택하지 않을 때라 할지라도 인식적 의무를 갖는가?

11) Feldman(1988a), 254면을 볼 것.

12) 같은 책, 같은 면.

13) 내가 어떤 명제를 믿어야 하는 경우가 있다고 주장하는 것은 그럴듯하다. 예컨대 내가 p를 살피면서 나의 증거가 p를 지지한다고 결정할 때, p를 믿는 것은 나의 인식적 의무라고 주장하는 것은 그럴듯하다.

14) Alston(1989), 85면.

15) 이 반론은 올스턴의 두 논문 "Concepts of Epistemic Justification" 과 "The

Deontological Conception of Epistemic Justification"에서 논의되고 있다. Alston(1989), 81~115면, 115~153면을 볼 것.

16) Chisholm(1966), 12면.

17) 물론 지각에 의한 믿음 가운데 정당화되지 않는 믿음, 즉 지각에 기초하고 있지만 또 다른 증거에 의해 파기되는 믿음도 있다. 그렇지만 그런 믿음에 관한 한 그 믿음이 비의지적인 믿음이라는 사실은 전혀 분명하지 않다. 왜냐하면 만일 그 주체가 파기하는 증거를 갖고 있다면, 예외적인 상황이 성립하지 않는 한 그가 그 증거를 무시한 일에 대해 책임이 있다고 주장할 수 있을 것이기 때문이다. 그러므로 비의지적인 지각적 믿음은 정당화된다고 약정할 것이다. 그 믿음을 비의지적인 믿음으로 만드는 것은 아마 틀림없이 그 믿음이 파기되지 않은 증거에서 발생한다는 사실, 그래서 불가항력적인 증거로부터 발생한다는 사실이다.

18) Feldman(1988a)을 볼 것.

19) 그래서 플랜팅가는 다음과 같이 말한다. "사실상 인식적 정당성 개념 전체는 의무와 허용으로 이루어지는 이 의무론적 영역에 그 기원과 집을 갖고 있으며, '인식적 정당성'이란 용어가 다른 방식으로 적용되는 것은 유비를 통해 그 의미를 확장해서 사용되는 경우뿐이다. 원래 그리고 기본적으로 인식적 정당성은 의무론적 정당성, 즉 믿음의 규정과 관련된 의무론적 정당성이다." Plantinga(1993a), 14면.

20) 이 견해에 대한 또 다른 지지 근거를 제공하기 위해 의무론자는 약한 비의지성을 일상적으로 우리가 의무론적으로 평가하기를 주저하지 않는 행위에도 귀속시킬 수 있다고 논할 수 있다. 도덕적으로 건전한 한 여성 제인이 질문에 진실하게 답하는 상황을 생각해 보라. 진실을 말하는 그녀의 행위는 우리가 지각에 의한 믿음을 그 믿음에 대한 우리의 증거에 의해 어쩔 수 없이 믿게 된 것만큼이나 그 행위를 지지하는 도덕적 이유에 의해 어쩔 수 없이 하게 된 행위다. 비록 진실을 말하는 그녀의 행위가 심리적 강박 때문에 나온 행위의 예라 할지라도, 우리는 이처럼 진실을 말하는 행위를 의무 이행의 한 실례로 자격을 부여하기에 충분할 정도의 의지적 행위로 간주할 수는 없을까? 그래서 그 행위의 의지성은 그녀의 행위에 대한 그녀의 능력이 아무런 장애를 받지 않는다는 사실에서 기인한다고 주장될 수 있다. 만일 상황이 달랐다면—진실을 말하는 도덕적 이유가 덜 절박한 것이었다면—, 그녀는 진실을 말하지 않을 수 있었다.

21) Alston(1989), 95면.

22) 이 대목에서 적절한 또 다른 물음은 "어떤 믿음이 근거에 기초를 두고 있다는 것이 무엇인가?" 하는 것이다. 이 점에 관한 자세한 설명은 Alston(1989), 99면 이하와 229면을 볼 것.

23) Alston(1989), 231면 이하.

24) 사실적(또는 통계적) 개연성과 인식적(또는 규범적) 개연성의 차이에 대한 설명은 Plantinga(1993a), 115면 이하, Pollock(1986), 96면과 Skyrms(1986), 15면, 129면을 볼 것.

25) Alston(1989), 232면.

26) 물론 나는 중력이 작용한다는 사실을 알고 있으므로 연필이 아래로 떨어질 것이라는 것은 나에게 인식적으로도 개연성이 높다.

27) 그렇지만 올스턴이 나와의 연락을 통해 지적했듯이 그가 염두에 두고 있는 개연성 개념은 상대 빈도에 의해서는 이해되지 않는 개념이다. Alston(1989), 320면을 볼 것. 여기서 그는 자신의 이론에서 신빙성이 하는 기능을 설명한다. 그는 다음과 같이 말하고 있다. "나는 믿음의 실제 진행 경로 기록의 기능으로서의 믿음 산출 기제의 신빙성에 대해 생각하고 있는 것이 아니라 옳은 믿음을 산출하는 **경향성**에 대해 생각하고 있다. …" 그렇지만 이 점은 인식적 개연성과 사실적 개연성 문제에 영향을 미치지 않는다. 올스턴이 염두에 두고 있는 종류의 개연성이 본성상 사실적이라는 것은 의심할 여지가 없는 것처럼 보인다.

28) "의무론적으로 정당화되는"이란 말은 "올바르게 믿음이라는 인식적 목표에 비추어 의무론적으로 정당화되는"이란 말의 약어로 이해된다.

29) 내재주의와 외재주의의 구별에 대해서는 Alston(1989), 논문 8과 9, 그리고 BonJour(1992), Fumerton(1988)을 볼 것.

30) 토대론과 정합론은 5~7장에서 논의할 것이다.

31) 만일 내가 백과사전을 가지고 있다면, 그 속에 포함되어 있는 정보는 내가 지금 갖고 있는 증거라고 말하는 것이 합리적일 수 있다. 그러나 내재주의 관점에서 그러한 증거는 J-요인이 아니다. 왜냐하면 엄밀히 말해 내 백과사전이 제공하는 정보는 내가 쉽게 이용할 수 있는 증거일 뿐이다. 그 증거를 갖기 위해서는 나는 먼저 그 정보를 떠올리고 숙고해야 한다.

32) 올스턴은 자신의 이론을 명백하게 일종의 외재주의로 규정하며, 이 외재주

의에 대한 이유로 자신의 적합성 요건을 들고 있다. Alston(1989), 239면 이하를 볼 것. 그러나 그는 또한 (약화된) 내재주의 조건을 부과하며(233면을 볼 것), 그래서 자신의 이론을 "내재주의적 외재주의"로 부른다.

제 5 장 | 토대론

기초믿음

이런 저런 형태의 토대론(foundationalism)을 옹호하는 철학자들은 어떤 사람의 정당화되는 믿음체계—그의 정당화되는 믿음들 전체—가 다음 방식으로 구성되어 있다고 주장한다.[1] 첫째, 믿음체계의 상부구조를 이루는 비기초믿음들(nonbasic beliefs)과 대비되는 것으로서 믿음체계의 토대를 이루는 기초믿음들(basic beliefs)이 있다. 둘째, 상부구조에 속하는 각각의 믿음은 그 정당성을 궁극적으로 토대를 이루는 하나 또는 몇 개의 믿음에 의존한다. 비록 이 두 요구가 모든 형태의 토대론에 필수적이라는 점에는 토대론자들이 일치하지만, 어떤 종류의 믿음이 기초믿음이고, 또 기초믿음이 비기초믿음과 어떻게 관련되어 있는지에 대해서는 토대론자 사이에 많은 의견의 불일치가 있다. 그래서 인식적 정당화의 구조에 대해서는 토대론자만의 생각—위의 두 요구의 결합—이라고 할 수 있는 내용이 있는 반면에, 그 자체로 논쟁의 여지없는 토대론 대표로서의 자격을 부여받을 수 있는 하나의 특수 이론은 없다. 오히려 서로 다른 여러 "토대론들"이 있는데, 각 이론의 옹호자는 저마다 자신의 이론이 다른 이론들보다 낫다고 주장한다. 이렇게 되면 우리는 분명히 어려움에 봉착하게 된다. 토대론의 장단점을 논의하려면 도대체 어떤 형태의 토대론을 살펴보아야 하는가?

어떤 이론에 유리하거나 불리한 점들이 무엇일지 논의할 때, 쉽게 비판의 표적이 되는 불필요한 특징을 지닌 형태의 이론을 고려하는 것은 공평한 처사가 아닐 것이다. 오히려 우리는 언제나 해당 이론에 대한 가장 그럴듯한 해석을 고려해야 한다. 따라서 이 장 뒷부분에서 세 가지 다른 형태의 토대론을 살펴보고, 그 다음 논의를 위해 위에서 언급한 두 가지 요구에 전념할 때 파생되는 논리적 규정만을 주장하는 형태의 이론을 토대론의 대표이론으로 간주하기로 하겠다.

이제 기초믿음이라는 개념을 음미함으로써 토대론에 대한 논의를 시작하기로 하자.[2] 기초믿음은 세 가지 특성을 갖는다. 첫째, 기초믿음은 **비추리적 믿음**인데, 이것은 기초믿음이 다른 믿음들로부터 추리된 것이 아님을 의미한다. 예컨대 다음 두 믿음을 비교해 보라.

(1) 그는 젖어 있다.
(2) 밖에 비가 오고 있다.

밖에서 들어온 사람이 젖어 있는 것을 보기 때문에 당신이 밖에 비가 오고 있다고 믿는다고 하자. 다시 말해 당신은 (1)로부터 (2)를 추리한다. 이와 달리 (1)은 다른 어떤 믿음으로부터 추리된 것이 아니다. 오히려 당신은 당신이 본 사람이 젖어 있는 것을 보거나 관찰했을 뿐이다. 이 상황에서 (2)는 추리적 믿음이고 (1)은 비추리적 믿음이다.[3]

추리의 기초로 작용하는 비추리적 믿음의 예는 얼마든지 있다. 당신은 자신이 키우는 식물의 잎이 애처롭게 축 늘어져 있는 것을 본다. 그러자 당신은 물 주는 것을 잊었다고 추리한다. 당신은 현관에서 나는 독특한 어떤 소리를 듣는다. 그러자 당신은 방금 우편물이 배달되었다고 추리한다. 이 경우들 각각에서 당신은 어떤 것으로부터 다른 것을 추리하지만, 이 어떤 것은 다른 어떤 것으로부터 추리된 것이 아니다.

둘째, 기초믿음은 비기초믿음을 정당화하는 역할을 하므로, 기초믿음은 스스로 정당화되어야 한다. 따라서 정당화되지 않는 기초믿음이란 있을 수 없다. 이 말은 비추리적 믿음 일반에 대해서는 해당되지 않음이 분명한데, 비추리적 믿음은 정당화될 수도 있고 정당화되지 않을 수도 있기 때문이다. 예컨대 계속해서 오랫동안 비가 내린 후에 당신이 소망적 사고로 인하여

(3) 햇빛이 비치고 있다

는 비추리적 믿음을 형성했다고 해 보자. 당신은 밖을 나간 적도 없고, 창밖을 쳐다본 적도 없으며, 누군가가 당신에게 햇빛이 비치고 있다고 말해 주지도 않았다. 간단히 말해 당신은 (3)에 대한 증거가 없다. 따라서 (3)은 비추리적 믿음일 뿐만 아니라 정당화되지 않는 믿음이며, 그래서 정당화하는 근거로서의 역할을 할 수 없다. 왜 그런가를 알기 위해 당신이 (3)으로부터

(4) 밖이 따뜻하다

를 추리했다고 해 보자. 우선 (3)을 믿는 일이 정당화되지 않으므로, 당신이 (4)를 믿는 일 역시 정당화되지 않는다. 이것은 정당성이 "없는" 믿음이 다른 믿음에 정당성을 "제공할" 수 없기 때문에 그렇다.

그렇다면 (3)은 기초믿음이 아니다. 요점을 되풀이하자면 (3)과 달리 기초믿음은 정당성을 비기초믿음으로 옮길 수 있어야 하며, 그래서 스스로 정당화되어 있어야 한다.

기초믿음의 처음 두 특성은 세 번째 특성과 밀접하게 연관되어 있다. 믿음이 비추리적 믿음이면서 정당화되는 믿음일 때 그 믿음의 정당성은 어디서 오는가? 토대론자는 그런 믿음이 정당성을 비믿음 수준의(nondoxastic) 원천으로부터—즉 다른 믿음들로부터가 아니라 예를 들어 지각이나 내성 같은 다른 어딘가로부터—제공받는다고 말할 것이다. 그러면 기초믿음의 세 번째 특성은 기초믿음이 비믿음 수준에서 정당화된다는 것, 즉 정당성을 다른 믿음들로부터 제공받지 않고 정당화된다는 것이다. 따라서 토대론자가 기초믿음이 있다고 주장할 때, 그들은 암암리에 믿음이 정당성을 전혀 다른 두 가지 방식으로부터 제공받을 수 있다고 말하고 있는 셈인데, 그 두 가지 방식이란 다른 믿음으로부터 제공받는 것이거나 또는 비믿음 수준의 어떤 원천으로부터 제공받는 것을 말한다. 그러면 전자 방식으로 믿음이 정당화될 때는 "믿음 수준의" 정당성에 대해 말하게 될 것이고, 후자 방식으로 정당화될 때는 "비믿음 수준의" 정당성에 대해 말하게 될 것이다.

믿음이 정당화될 때는 언제나 믿음 수준에서 정당화된다고 주장하는 철학자들이 종종 있긴 하지만, 토대론자는 비믿음 수준의 정당성도 있다고 주장한다. 그들은—논리적 직관이나 개념적 직관으로부터 도출되는—공리적인 선천적 믿음의 정당성이 믿음 수준의 정당성이 아니라고 말할 것이다. 더 나아가 그들은 지각, 내성, 기억이 우리의 믿음들에 대해 비믿음 수준의 정당성을 제공할 수 있다고 말할 것이다. 두 개의 예를 생각해 보자. 당신이

(5) 이 책은 붉다

라는 비추리적 믿음을 형성했다고 하자. 토대론자는 당신이 (5)를 믿는 일을 정당화하는 것이 붉음이라는 지각이라고 말하거나, 또는 자주 표현되는 것처럼 **붉게 보임**이라는 경험이라고 말할 것이다.[4] 이 경험은 믿음과 동일시되면 안 된다. 대체로 지각적 경험을 통해 믿음이 만들어지긴 한다 할지라도, 어떤 대상을 지각하는 일은 그 대상에 관해 믿음을 갖는 일과 똑같지 않다. 그 대상이나 그 대상의 색깔에 관해 아무것도 믿지 않고도 당신에게 그 책이 붉게 보이는 일이 있을 수 있다. 만일 당신이 현재 앞에 책이 있는지 없는지에 대해 관심이 없다면, 당신은 분명히 당신의 시야 안에 있는데도 그 대상의 색깔을 깨닫지 못할 수 있다.

지각적 경험이 믿음을 비믿음 수준에서 정당화할 수 있는 것과 마찬가지로, 내성적 경험 역시 믿음을 비믿음 수준에서 정당화할 수 있다. 예컨대 만일 당신이

(6) 나는 초콜릿을 몹시 먹고 싶다

고 믿는다면, 그 믿음은 다른 어떤 믿음에 의해서가 아니라 초콜릿을 먹고 싶어 하는 당신의 경험에 의해 정당화된다. 그리고 이 경험은 믿음이 아니라 당신이 그러한 욕구를 가지고 있다는 믿음과 구별되는 정신 상태이므로, (6)은 그 정당성을 다른 믿음으로부터 제공받지 않고 정당화되는 믿음이다.[5]

요약하면 기초믿음은 (1) 비추리적이고, (2) 정당화되며, (3) 비믿음 수준에서 정당화되는 믿음이다. 이 특성들 가운데 세 번째 특성은

분명히 두 번째 특성을 함의한다. 게다가 만일 정당화되는 믿음이 두 번째 믿음으로부터 추리된 것이라면, 그 믿음은 정당성을 두 번째 믿음으로부터 제공받는다. 그래서 만일 어떤 믿음이 정당성을 다른 어떤 믿음들에 의존하지 않고 정당화된다면 그 믿음은 비추리적 믿음인데, 이 사실은 세 번째 특성이 첫 번째 특성도 함의함을 의미한다. 그러므로 이제 기초믿음은 그 정당성을 다른 어떤 믿음들로부터 제공받지 않고 정당화되는 믿음이라고 말함으로써 정의할 수 있다.

토대론 정의

이렇게 해서 우리가 이용할 수 있는 기초믿음 개념을 지니고 나면, 이제 그에 따라 토대론, 또는 모든 형태의 토대론에 공통하는 핵심 요소를 정의해 볼 수 있다.

토대론

(1) 우리의 믿음 가운데 많은 믿음이 기초믿음이다.

(2) 정당화되는 개개의 모든 추리적 믿음은 궁극적으로 그 정당성을 하나 또는 그 이상의 기초믿음으로부터 제공받는다.

이런 식으로 이해할 때 토대론은 **믿음체계의 구조**에 관한 이론이다. 토대론은 인식적 정당성에 대한 **분석**이 아니다. 2장에서 인식적 정당성에 대한 분석에 관해 했던 말을 다시 생각해 보라. 인식적 정당성을 분석하는 일의 목표는 인식적으로 정당화됨이라는 속성이 어떤 속성에 수반되는지를 밝히는 일이었다. 그래서 인식적 정당성에 대한 분석은 어떤 비평가적 속성(또는 속성들의 집합)을 확인해야 하는데, 이때 이 비평가적 속성은 그 속성을 예화하는 모든 믿음이 필연적으로 정당화되게 만드는 그런 속성이라야 한다. 토대론에 대한 위 정의는 분명히 그런 속성에 관해 아무것도 말하지 않는다. 그렇지만 신조 (1)과 (2)를 함의하기 때문에 토대론자의 분석이라고 할 수 있는 분석들이 있다. 정당성에 대한 그런 식의 토대론 이론의 일반 형식은 다음과 같다.

> S가 p라고 믿는 일이 정당화된다 iff
> p라는 S의 믿음이 속성 F를 갖거나, 또는 p라는 S의 믿음이 속성 F를 갖는 S의 믿음들 하나 또는 그 이상과 관계 R을 맺고 있다.

이 형식의 분석은 F를 어떤 믿음이 기초믿음이 되기 위한 필요충분조건을 이루는 속성으로 대치할 경우에 실질적 내용을 갖춘 형태의 토대론이 된다. 그러면 그 분석은 정당화되는 믿음이 두 종류가 있다고 말할 텐데, 그 두 종류의 믿음은 속성 F를 가짐으로써 정당화되는 기초믿음과, 하나 또는 몇 개의 기초믿음과 관계 R을 맺음으로써 정당화되는 비기초믿음이다. 그러한 토대론자 분석이 세부적으로 어떻게 완성되는지 알아보기 위해 한 가지 특수한 형태의 분석을 살펴보기로 하자.

토대론자 분석 표본

속성 F를 의심불가능성이라는 속성이라고 하고, 관계 R을 논리적 함의(entailment) 관계라 하자. 만일 믿음 B1이 믿음 B2를 논리적으로 함의한다면, B1이 옳은데 B2가 그르다는 건 불가능하다. 그리고 만일 어떤 믿음이 의심불가능하다면, 그 믿음을 지닌 사람이 그 믿음의 진리성을 의심하는 것이 합리적일 수 있는 상황이 없다고 약정하기로 하자. 예컨대 내가 존재한다는 내 믿음은 이런 의미로 의심불가능하다. 이와 달리 내 차가 아직도 주차해 놓은 주차장에 있다는 내 믿음은 그 믿음을 의심하는 것이 합리적일 수 있는 상황들이 있기 때문에 의심불가능한 것이 아니다. 예컨대 만일 내가 주차장으로 되돌아가서 주차해 놓았다고 생각한 지점에서 차를 찾지 못하고, 이리 저리 뒤졌는데도 차를 발견하지 못한다면, 차가 여전히 거기 있다는 것을 의심하는 것이 합리적일 것이다.

이 표본 분석을 "의심불가능성 토대론"이라 부르기로 하자. 의심불가능성 토대론은 다음을 말해 준다.

> S가 p라고 믿는 일이 정당화된다 iff
> p라는 S의 믿음이 의심불가능하거나, 또는 하나 이상의 의심불가능한 믿음에 의해 논리적으로 함의된다.

이 분석이 옳다면, 우리는 정당화됨이라는 평가적 속성이 수반하는 비평가적 근거를 밝히는 데 성공했을 것이다. 그렇지만 의심불가능성 토대론은 받아들이기 어렵다. 의심불가능하지 않으면서 정당화되는 믿음이 많이 있으며, 의심불가능한 믿음에 의해 논리적으로 함의되지 않으면서 정당화되는 믿음이 많이 있다. 예컨대 어젯밤에 비로 우리 집 지하실이 잠기지 않았다는 내 믿음은 정당화되지만, 의심불가능한 것도 아니고 의심불가능한 어떤 믿음들에 의해 논리적으로 함의되는 것도 아니다. 그렇다면 옳을 성싶은 토대론은 의심불가능성에 의해 기초믿음을 정의하고 논리적 함의에 의해 관계 R을 정의하는 일을 할 수 없다.

후퇴 논증

토대론에 따르면, 우리 믿음 가운데 많은 믿음이 기초믿음이다. 그렇지만 도대체 어떤 근거로 토대론자가 정당성을 다른 믿음으로부터 제공받지 않고 정당화되는 믿음이 있다고 주장하는가? 기초믿음의 존재를 옹호하는 고전적 논증은 (비록 그를 현대적 의미에서 "토대론자"라 할 수 없음이 확실하다 할지라도) 아리스토텔레스에게서 비롯된다. 『분석론 후서』(*Posterior Analytics*)에서 아리스토텔레스는 그가 "비논증적 지식"(nondemonstrative knowledge)이라 불렀던 것의 존재를 옹호하기 위해 다음 논증을 전개했다.[6]

아리스토텔레스의 논증

> 당신이 무언가를 알 때마다 당신의 논증은 논증적이거나(전제들로부터 도출되거나) 비논증적이거나(전제들로부터 도출되지 않고 얻어지거나) 둘 중 하나다. 만일 당신이 아는 것이 전제들로부터 도출된 것이라면, 당신은 알지 못하는 전제들로부터 지식을 도출해 낸다는 것이 불가능하기 때문에 그 전제들 자체를 알아야 한다. 그러나 만일 이 전제들에 대한 지식이 또다시 논증적 지식이라면, 그 지식은 또 다른 일련의 전제로부터 도출된 것이어야 하는데, 이 일련의 전제를 당신은 또다시 비논증적으로 알거나 다른 일련의 전제를 기초로

하여 알거나 해야 한다 등등. 그러므로 무언가를 알 때마다 당신의 지식은 무한한 전제 집합으로부터 도출된 것이거나, 또는 궁극적으로 비논증적 지식에 근거를 둔 것이다. 그렇지만 지식은 무한한 전제 집합으로부터 도출될 수 없다. 따라서 당신이 무언가를 안다고 한다면, 당신 지식 중의 어떤 것은 비논증적 지식이어야 한다.

이 논증은 통상 이른바 "후퇴 논증"의 특수 경우다. 후퇴 논증의 요점은 어떤 명제를 부정할 경우 무한 후퇴에 빠지게 된다는 것을 보임으로써 그 명제를 지지하거나, 또는 어떤 명제를 주장할 경우 무한 후퇴에 빠지게 된다는 것을 보임으로써 그 명제를 공격하는 것이다. 그런 논증을 공식적으로 표현하는 경우에, 문제의 무한 후퇴는 언제나 지적으로 승인할 수 없는 것이라고 전제가정된다.[7]

지식은 믿음이나 정당화와 밀접한 관련이 있으므로, 비논증적 지식과 기초믿음 사이에는 밀접한 연관이 있다. 만일 어떤 것이 비논증적으로 알려진다면, 문제의 믿음(즉 비논증적 지식의 실례가 되는 믿음)은 다른 믿음들에 의해 정당화될 수 없으며, 그래서 기초믿음이어야 한다. 따라서 아리스토텔레스의 논증은 쉽게 기초믿음의 존재를 옹호하는 논증으로 전환시킬 수 있다.

기초믿음의 존재를 옹호하는 후퇴 논증

믿음 B1이 정당화된다고 가정하자. B1은 기초믿음이거나 비기초믿음이다. 만일 B1이 비기초믿음이라면, B1을 정당화하는 믿음 B2가 있어야 한다. 그러나 B2가 B1을 정당화하기 위해서는 B2 자신이 정당화되어야 한다. 만일 B2가 다시 비기

> 초믿음이라면, B2를 정당화하는 믿음 B3이 있어야 한다. 그리고 B3은 자신이 정당화되어야 하므로, B3은 기초믿음이거나 B3을 정당화하는 믿음 B4가 있어야 한다. 이러한 후퇴는 기초믿음에서 끝나거나 무한히 계속된다. 그렇지만 정당화하는 믿음들의 무한 후퇴는 어떤 것도 정당화할 수 없다. 따라서 B1이 정당화된다는 우리의 가정이 주어지면, 후퇴는 어떤 기초믿음에서 끝나야만 한다.

이 논증에 따르면, 정당화하는 논거들의 후퇴를 끝낼 수 있는 기초믿음이 없는 한 정당화되는 믿음은 아예 있을 수 없다. 그래서 그 논증은 기초믿음에 정확한 기능을 부여한다. 즉 기초믿음은 **후퇴 종료자**(regress terminator)다. 그러므로 이제 왜 우리가 기초믿음을 그 정당성을 다른 어떤 믿음들로부터 제공받지 않고 정당화되는 믿음으로 정의해 왔는지를 명백히 할 필요가 있다. 왜냐하면 만일 기초믿음이 후퇴 종료자 역할을 하는 것이라면, 그 기초믿음은 정당화 사슬에서 또 다른 믿음으로부터 자신의 정당성을 제공받지 않으면서 다른 믿음들에 정당성을 제공할 수 있어야 할 것이기 때문이다.

계속하기 전에 두 가지 가능한 오해를 없앨 필요가 있다. 첫째, 토대론은 **개개의** 모든 기초믿음이 후퇴를 끝낸다는 걸 함의하지 않는다. 어쨌든 당신은 기초믿음으로부터 아무것도 추리하지 않고도 그 기초믿음을 지닐 수 있다. 오히려 토대론은 어떤 믿음이 그 정당성을 지지근거로 작용하는 믿음 사슬로부터 얻게 될 때는 언제나 이 후퇴를 종료시키는 기초믿음이 있어야만 한다는 것을 함의한다. 둘째, 토대론은 비기초믿음이 언제나 단선적 후퇴에 의해 지지된다는 걸 함의하지 않는다. 다음 그림은 가능한 토대론적 정당화 구조를 나타낸다.

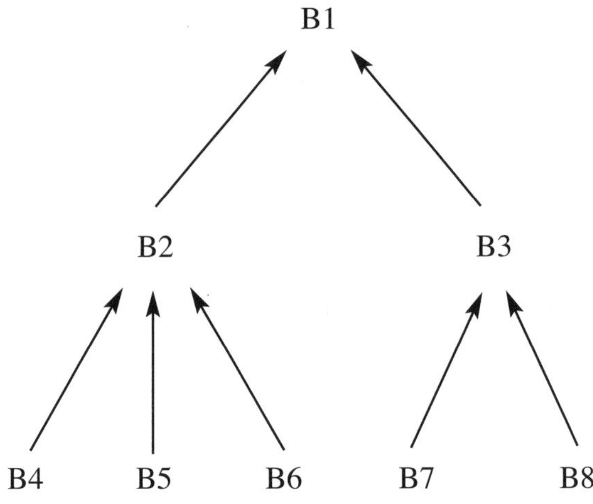

정당화의 후퇴는 B1과 두 비기초믿음 B2, B3을 연결하는 두 개의 매듭에서 시작된다. 정당화 후퇴는 세 갈래로 뻗어 나간 첫 번째 매듭과 두 개의 또 다른 믿음으로 뻗어 나간 두 번째 매듭에서 끝난다. 그러면 B1의 인식적 토대는 B4에서 B8에 이르는 믿음들로 이루어진다. 반면에 B2와 B3은 중간에서 정당화를 매개하는 것으로 기능한다.[8)]

후퇴 문제와 회의주의

우리가 정당화를 분석하면서 맞닥뜨리는 후퇴 문제와 특수 후퇴 논증들을 구별하는 건 중요한 일이다.[9)] 후퇴 문제는 정당화하는 논거들로 후퇴하는 과정에서 그 과정이 무한히 진행될지 모른다는 위협에서 발생한다. 믿음 B1이 기초믿음이 아닌 한, B1은 어떤 논거—즉 B1을 정당화하는 믿음 B2—에 기초를 두어야 한다. 그러나 B2가

B1을 정당화하려면 B2 자신이 정당화되어야 한다. 그런데 B2가 기초믿음이 아닌 한 또 다른 논거인 B3의 필요성이 발생한다. B3 역시 정당화되어야 하므로 B3이 기초믿음이 아닌 한 여전히 또 다른 논거가 필요하다 등등. 이러한 후퇴 문제를 해결하기 위해서는 어떤 믿음이 그 정당성을 논거들의 무한 후퇴에 의존하지 않고 정당화될 수 있다는 것을 증명해야 한다.

특수 후퇴 논증들은 이와 달리 언제나 후퇴 문제에 대한 어떤 반응을 나타낸다. 예를 들어 토대론을 옹호하는 후퇴 논증은 기초믿음이 있어야만 한다고 결론짓는데, 그렇지 않을 경우 정당화 후퇴를 멈출 수 없기 때문이다. 그렇지만 후퇴 문제에 대한 설득력 있는 반응이 토대론을 옹호하는 논증을 제시하는 것뿐이라고 믿는 건 잘못일 것이다. 사실 후퇴 문제는 회의주의를 지지하는 논증을 발생시킬 수도 있다. 기초믿음의 존재를 옹호하는 후퇴 논증이 B1이 정당화된다는 가정에서 시작된다는 것을 주목해 보라. 정당성에 관한 회의주의자는 이 가정을 부정할 수 있다. 기초믿음은 그 정당성을 다른 어떤 믿음들에 의존하지 않고 정당화되는 믿음이라고 가정되므로, 회의주의자는 그 정당성이 대체 어디서 오느냐고 물을 수 있다. 경험이 혼자 힘으로 믿음을 정당화할 수 있다는 사실을 부정함으로써 회의주의자는 어떤 믿음이 자신의 정당성을 다른 믿음들에게서 제공받거나 또는 아예 정당화될 수 없거나 둘 중 하나라고 논할 수 있다. 그리고 기초믿음이 존재할 수 없다면 후퇴를 끝내는 일이 불가능할 것이라는 점에서 회의주의자는 토대론자에 동의함으로써 논증을 계속할 수 있다. 그 다음에 회의주의자는 무한 후퇴가 아무것도 정당화할 수 없다는 사실을 지적함으로써 정당화되는 믿음이 아예 없다고 결론지을 것이다. 그래서 회의주의자의 관점에서 볼 때 토대론자가 사용하는 후퇴 논증은 기껏해야 이 사실, 즉 만일 정당화되는 믿음이 있다면 기초믿음이 있어야 한다는 사실만을 증명할 뿐이다.

그렇지만 토대론자의 관점에서 볼 때 후퇴 논증을 회의주의자가 사용하는 방식으로 사용하는 일 역시 만일 기초믿음이 없다면 정당화되는 믿음도 아예 없다는 가정적 결과만을 산출할 뿐이다. 그리고 토대론자는 우리의 믿음이 대부분 정당화된다고 믿으므로, 궁극적으로 기초믿음이 있어야 한다고 결론짓는다. 그럼에도 불구하고 회의주의자가 후퇴 논증을 자신의 목적을 위해 표현할 수 있다는 사실은, 토대론자가 기초믿음의 존재를 옹호하기 위해 후퇴 논증을 사용하면서 어떤 이점을 도출해 내려고 할 경우에 우리의 믿음 대부분이 정당화된다는 비회의적 전제를 먼저 옹호해야 한다는 것을 보여 준다.

후퇴 문제와 정합론

후퇴 논증이 의존하고 있는 또 하나의 전제는 만일 기초믿음이 불가능하다면 정당화하는 논거들의 후퇴가 무한히 계속될 수밖에 없다는 가정이다. 토대론자와 회의주의자가 둘 다 이 가정을 승인하는 반면에 정당성이 오로지 정합성을 통해 산출된다고 주장하는 정합론자는 이 가정을 거부한다. 정합론자는 비믿음 수준의 정당성 같은 것이 있다는 사실을 부정하며, 그래서 기초믿음이 있다는 사실을 부정한다. 그런가 하면 우리의 믿음 대부분이 정당화된다는 것을 인정함으로써 정합론자는 회의주의를 거부하는 일에서 토대론자와 보조를 같이 한다. 따라서 회의주의를 피하기 위해서는 그들은 토대론자와 회의주의자 모두가 승인하는 것, 즉 기초믿음이 없는 경우에 정당화 논거들의 후퇴가 영원히 계속될 것이라는 사실을 부정해야 한다.

그러나 만일 기초믿음을 통한 후퇴의 종료라는 생각이 폐기된다면, 그래도 정당화가 가능하다는 것을 어떻게 증명할 수 있겠는가? 한 가지 답으로 정합론자는 후퇴가 마침내 원래 지점으로 되돌아오도록 순환할 수 있다고 주장할 것이다. 다시 한번 B1이 정당화되는 믿음이라고 해 보자. B1은 그 정당성을 B2에 의존하고, B2는 다시 B3에 의해 정당화된다. B3이 그 정당성을 B1로부터 제공받을 수는 없을까? 만일 그럴 수 있다면, 후퇴는 한 바퀴 원을 그리면서 제 자리로 돌아오는 셈이 될 것이다. 토대론자는 그런 식의 순환을 회의주의만큼이나 승인할 수 없는 것이라고 믿는다. 그래서 토대론자는 전형적으로 회의주의와 순환이라는 두 함정을 피하고자 한다면 기초믿음이 있다고 결론지어야 한다고 논한다.[10] 그렇지만 정합론자는 순환성이 그처럼 나쁜 것일 필요가 없다고 응수할 것이다. 만일 순환의 주기가 충분히 크고 내용이 풍부하다면 순환적 후퇴는 그 순환 속에 포함된 믿음들을 정당화할 수 있다고 그들은 말할 것이다.[11] 이 논증에 대해서는 나음 장에서 다시 좀 더 자세히 검토하기로 하자.

더 나아가 정합론자는 후퇴 논증이 전제가정하고 있는 **단선적** 정당화 개념에 이의를 제기할 수 있다. 만일 어떤 믿음 B가 정당화될 때마다 하나 이상의 특정 믿음들로 그 믿음의 정당화를 거슬러 추적할 수 있고, 이 믿음들은 또다시 그 정당성을 여전히 또 다른 특정 믿음들에 의존하고 있다고 가정된다면, 이때 정당화 개념은 단선적이다. 이와 대조적으로 **전체론적** 정당화 개념에 따르면, 믿음은 다른 믿음들과 그런 식의 단선적 관계를 맺음으로써 정당화되는 것이 아니다. 오히려 믿음은 그 정당성을 주체의 믿음체계가 지닌 전체적 정합성에 의존하고 있다. 이제 만일 그것이 실제로 정당화가 산출되는 방식이라면, 정당화 후퇴는 처음부터 시작조차 되지 않는다. 다시 한번

B1이 정당화되는 믿음이라고 해 보자. 정합론자는 B1이 전체로서 정합성이 있는 믿음체계의 일원이기 때문에 정당화된다고 말할 수 있다. 따라서 B1을 정당화하고 그 자신이 정당화되어야 하며, 그래서 믿음 B3의 필요성을 야기하는 믿음 B2는 필요하지 않다. 그래서 전체론적 정당화 개념에 따르면, 믿음의 정당화는 오로지 2항 관계—그 믿음 자신과 전체로서의 주체의 믿음체계 사이의 관계—만을 포함하며, 그래서 정당화하는 믿음들의 후퇴에 의존하지 않는다.

무한 후퇴가 실제로 불가능한가?

후퇴 논증이 의존하는 세 번째 가정은, 만일 어떤 믿음이 믿음들의 무한 후퇴에 의존하여 정당화된다면 아마도 그 믿음은 정당화될 수 없을 것이라는 것이다. 이 가정은 두 가지 방식으로 옹호될 수 있다. 첫째, 무한 후퇴는 유한한 정신을 가진 인간이 무한한 수효의 믿음을 형성할 수 없기 때문에 어떤 믿음도 정당화할 수 없다는 논증이 있을 수 있다. 둘째, 이 가정은 논거들의 무한 후퇴를 통한 정당화가 논리적으로 불가능하다는 걸 근거로 하여 옹호될 수 있다. 그러면 다음 두 문제를 검토해야 한다. 첫째, 믿음들의 무한 후퇴가 심리적으로 가능한가? 둘째, 믿음이 논거들의 무한 후퇴에 의해 정당화된다는 게 논리적으로 가능한가?

첫 번째 물음에 대해 소사(E. Sosa)는 무한 후퇴의 가능성이 너무 쉽게 폐기되어서는 안 된다고 논하였다.[12] 다음 예를 생각해 보라.

B1 적어도 한 개의 짝수가 있다.

B2 적어도 두 개의 짝수가 있다.

B3 적어도 세 개의 짝수가 있다.

이 무한 계열에 당신이 믿음들을 추가시킬 수 있을까? 임의의 n에 대해 당신이

Bn 적어도 n개의 짝수가 있다

고 믿으므로 당신은 실제로 무한한 수효의 믿음을 갖는다는 주장이 있을 수 있다.

그렇지만 임의의 n에 대해 당신이 원리적으로 Bn을 믿을 준비가 되어 있다는 것과 아주 높은 수에 대해 당신이 실제로 그런 믿음들을 형성할 수 있는 능력이 있다는 것은 구별되어야 한다. 오디(R. Audi)는 일정한 지점을 넘어서게 되면 유한한 정신들이 꼭 필요한 믿음들을 형성할 수 없다고 논증하였다. 오디에 따르면,

> 유한한 정신에게는 관련된 명제가 파악될 수 없는 이런 저런 지점이 있게 될 것이다. 무한으로 "향하는" 도중의 어떤 지점에서 그 명제를 드러내는 데 필요한 표현(또는 그 명제를 마음에 간직하는 것)은 너무 길어 이해할 수 없게 될 것이다. 따라서 설령 그 표현의 각 부분 부분을 차례로 읽거나 간직할 수 있다 할지라도, 그 표현의 끝에 이르게 되면 우리는 파악했던 첫 부분을 충분히 기억하지 못할 것이고, 그래서 그 표현이 무엇을 의미하는지 기억하지 못할 것이다.[13)]

오디의 논증은 어떤 사람의 정신에 무한 계열의 믿음을 형성할 때 논거들의 무한 후퇴가 심리적으로 가능하다는 데 대해 강력한 반대 이

유를 제공한다. 그래서 첫 번째 물음에 관한 한 우리의 판정은 부정적일 수밖에 없다.

이제 두 번째 물음을 살펴보자. 논증을 전개할 목적으로 논거들의 무한 후퇴의 심리적 가능성을 인정해 보자. 즉 우리가 임의의 n에 대하여 Bn 형식의 믿음을 실제로 형성할 수 있다고 가정해 보자. 후퇴의 꼭대기에 있는 믿음 B1이 그 다음에 이어지는 무한한 믿음들에 의해 정당화될 수 있는가? 정당화될 수 없다는 취지의 논증은 다음과 같이 진행된다. B1은 B2가 정당화될 경우에만 정당화된다. 그래서 B1은 그 정당성을 B2에 의존한다. 마찬가지로 B2는 그 정당성을 B3에 의존한다 등등. 일반화해 보면 계열의 요소 각각은 그 정당성을 바로 다음에 나오는 요소에 의존한다. 그러나 이 사실은 그 계열의 다른 어떤 믿음에 의존하여 정당화되지 않는 어떤 믿음에서 후퇴가 끝나지 않는 한 B1이 정당화되지 않는 채로 남는다는 걸 의미한다.

비유를 하나 생각해 보자. 내가 당신에게 5달러를 빌리고 싶어 하는데 당신이 다음과 같이 말한다고 하자. “지금 나는 5달러가 없는데, 저기 나한테서 5달러를 빌려 간 잭이 있군. 잭에게서 5달러를 받으면 당신에게 빌려 주지.” 그래서 당신이 잭에게 돈을 돌려 달라고 요구하자 잭은 당신이 내게 말했던 것처럼 다음과 같이 말한다. “지금은 나도 5달러가 없지만 저기 나에게 5달러를 빌려 간 짐이 있군. 그에게서 돈을 받으면 당신에게 빌려 주지.” 만일 5달러를 빌릴 누군가를 찾는 일이 무한히 계속된다면, 나는 필요한 5달러를 결코 빌리지 못할 것임이 분명하다. 잠재적 대여자들 사슬의 누군가는 다시 5달러를 돌려받을 다른 누군가에 기대지 않고 그 자신이 5달러를 가지고 있어야만 한다. 마찬가지로 Bn 형식의 믿음들의 후퇴가 무한히 계속된다면, B1은 결코 정당화되지 못할 것이다. 후퇴의 어느 지점에선가 어떤 믿음이 그 정당성을 다른 믿음에 의존하지 않고 정당화되어야 한다. 그렇지 않으면 B1에 이를 때까지 계속해서 옮겨질 수 있는 정당성은 아예 산출되지 못할 것이다.

그렇다면 기초믿음을 옹호하는 후퇴 논증의 전제들 가운데 적어도 하나는 나무랄 데 없는 것이라고 말하는 게 좋을 듯싶다. 왜냐하면 정당화 논거들의 후퇴가 끝나지 않는다고 할 경우에 처음부터 그 믿음을 정당화하는 일이 불가능하기 때문이다. 그렇지만 토대론자는 후퇴 논증이 곧바로 기초믿음의 존재를 입증하는 것이 아님을 인정해야 한다. 토대론자는 정합론과 회의주의에 반대하는 또 다른 논증을 구성할 때에만 효과적으로 토대론을 옹호할 수 있다.

자기 정당화

우리는 기초믿음을 자신의 정당성을 다른 믿음들에게 의존하지 않고 정당화되는 믿음으로 정의하였다. 그렇지만 토대론의 옹호자도 비판자도 대체로 믿음이 정당화되기 위해서는 이른바 그 믿음이 "인식적 특권"(epistemic privilege)을 지녀야 한다고 가정해 왔다. 어떤 믿음이 인식적 특권을 지니기 위해서는 그 믿음은 일상의 대부분 믿음이 가지고 있지 않은 어떤 특징을 가져야 한다. 인식적 특권이라는 격위의 표준 예는 스스로 정당화됨, 확실함, 의심불가능함, 오류불가능함 등이다. 이 절에서는 어떤 믿음이 기초믿음이 되기 위해 실제로 이러한 인식적 특권들 중의 어떤 것을 지녀야 하는지 검토해 보기로 하자.

대표적인 정합론자이자 토대론의 비판자인 레러(K. Lehrer)에 따르면, 어떤 믿음이 **스스로 정당화되지** 않는 한 그 믿음은 기초믿음일 수 없다. 그는 다음과 같이 말함으로써 토대론을 특징지을 수 있다고 말하고 있다.

> 어떤 믿음이 기초믿음이 되기 위해 충족시켜야 하는 조건들이 무엇인가를 명확히 밝힘으로써 토대론 일반을 좀 더 정확하게 특징짓는 일이 가능하다. 첫 번째 조건은 기초믿음이 전적으로 다른 믿음들과의 관계에 의해 정당화되는 것이 아니라 스스로 정당화되는 믿음이어야 한다는 것이다.[14)]

이 주장은 두 가지 물음을 제기한다. 첫째, 믿음이 스스로 정당화된다는 것이 가능한가? 둘째, 어떤 믿음이 기초믿음이 되기 위해 스스로 정당화되어야 한다고 주장하는 점에서 레러가 올바른가?

첫 번째 물음에 대해서는 부정적으로 답할 수밖에 없다.[15)] "x가 y를 정당화한다"는 관계는 반반사 관계(irreflexive relation)인데, 이는 마치 우리가 우리 자신의 아버지일 수 없는 것처럼 어떤 믿음이 제 자신을 정당화하는 것일 수 없음을 의미한다.[16)] 자기-정당화와 신이 자신을 창조했다는 생각을 비교해 보라. 신이 자신을 창조했을 때, 그는 이미 존재했거나 존재하지 않았거나 둘 중 하나다. 만일 이미 존재했다면 그는 먼저 존재했었던 것이고, 그래서 제 자신을 창조할 수 없었다. 그리고 존재하지 않았다면, 그는 제 자신을 창조할 수 없었다. 첫 번째 경우에 이미 존재하는 것이 다시 창조될 수 없기 때문에 자기-창조는 일어날 수 없는데, 이는 이미 태어난 아이가 다시 태어날 수 없거나 이미 탄 커피를 다시 탈 수 없는 거나 마찬가지다. 두 번째 경우에도 신은 제 자신을 창조할 수 없는데, 무언가를 창조하려면 그 자신이 먼저 존재해야 하기 때문이다. 그러면 자기-창조라는

생각은 불가능한 어떤 것에 대한 생각이다. 다시 말해 어떤 것도 제 자신을 창조할 수 없다.[17)]

이와 비슷한 논증이 자기-정당화에도 적용된다. 이른바 스스로 정당화되는 믿음은 어떤 것이든 애초에 정당화되거나 정당화되지 않거나 둘 중 하나다. 만일 애초부터 정당화된다면, 그 믿음은 이미 정당화된 것이기 때문에 자신을 정당화할 수 없다. 이는 마치 우리가 이미 구워진 빵을 다시 구울 수 없고, 이미 쓰인 편지를 다시 쓸 수 없으며, 이미 녹은 얼음을 다시 녹일 수 없는 거나 마찬가지다. 그리고 만일 그 믿음이 이미 정당화된 것이 아니라면, 정당성이 없는 어떤 믿음도 정당성을 다른 어떤 믿음이나 제 자신에게로 전달할 수 없기 때문에 제 자신을 정당화할 수 없다. 이는 마치 돈이 전혀 없는 사람이 자신을 포함한 누군가에게 돈을 빌려줄 수 없는 거나 마찬가지다.[18)] 그러므로 자기-정당화는 불가능하다고 결론짓지 않을 수 없다.

이제 레러가 제기한 두 번째 문제를 살펴보기로 하자. 그가 기초믿음이 스스로 정당화되어야 한다고 주장하는 것이 올바른가? 그렇다고 해 보자. 그 경우에 자기-정당화는 불가능하므로 어떠한 기초믿음도 있을 수 없게 될 것이고, 토대론은 확실히 잘못된 견해일 것이다. 그렇지만 기초믿음이 스스로 정당화되어야 한다는 레러의 주장에 동의할 필요가 없다. 위 인용구를 보면 레러는 다음 가정, 즉 믿음은 다른 믿음들과의 관계에 의해 정당화되거나 스스로 정당화되거나 둘 중 하나라는 가정을 세우고 있음이 분명하다. 그렇지만 토대론자의 관점에서 볼 때 이것은 잘못된 이분법이다. 왜냐하면 레러의 가정은 비믿음 수준의 원천에서 발생하는 정당화 가능성을 남기기 때문이다. 어떤 믿음이 기초믿음이 되기 위해 갖추어야 할 것, 즉 후퇴 종료자 역할을 하기 위해 갖추어야 할 것을 다시 생각해 보라. 그것은 그 믿음이 자신의 정당성을 또 다른 믿음에 의존하지 않고 정당화되어야 한다는 것이었다. 이 요건이 자신의 정당성을 자신으로부터 제공받아야 한다는 것을 함의하지 않는다는 건 확실하다. 오히려 앞에서 지적했던 것처럼, 토대론자는 기초믿음이 지각 경험, 내성 경험, 기억 경험에 의해 정당화된다고 주장할 수 있다. 이 견해에 따르면, 기초믿음은 스스로 정당화되는 믿음과 달리 외부에 정당화의 원천—어떤 믿음도 포함하지 않는 원천—이 있다. 그렇게 되면 기초믿음은 다른 믿음들에 의해 정당화되는 것도 아니고 스스로 정당화되는 것도 아니다.

의심불가능성, 오류불가능성, 확실성

이 절에서는 비믿음 수준에서 정당화되는 믿음으로 정의했을 때 왜 기초믿음이 의심불가능한 것일 필요도 없고 오류불가능할 필요도 없으며 확실한 것일 필요도 없는지 검토할 것이다. 먼저 의심불가능성부터 시작하기로 하고, 의심불가능한 믿음을 어떠한 상황에서도 의심하는 것은 비합리적인 믿음으로 정의해 보자. 데카르트의 첫 번째 성찰은 그러한 믿음의 표준 사례로 내가 실존한다는 믿음을 제시한다. 의심하는 활동 자체는 언제나 우리의 실존에 대한 증거일 수 있으므로, 우리가 실존한다는 걸 의심하는 것이 합리적일 수 있는 어떠한 상황도 있을 수 없다.

그런데 기초믿음을 이루는 요소는 기초믿음들이 자신의 정당성을 다른 어떤 믿음에 의존하지 않고 정당화된다는 점이다. 그래서 예를 들어

(1) 이 대상은 붉다

가 그 정당성을 다른 믿음들로부터 제공받지 않고 지각 경험을 통해 정당화된다면 이 믿음은 기초믿음이라고 토대론자는 말할 것이다. 그러나 (1)은 의심불가능한 믿음이 아닌데, 왜냐하면 확실히 (1)이 옳다는 걸 의심하는 것이 합리적일 수 있는 상황들이 있기 때문이다. 예컨대 만일 내가 붉은 선글라스를 끼고 있다면, 내 앞에 있는 대상이 실제로 붉다는 걸 의심할 이유를 가질 수도 있다. 따라서 기초믿음에 대한 우리의 정의에 따르면, 어떤 믿음이 기초믿음이 된다는 것은 의심불가능성을 요구하지 않는다.[19)]

비슷한 논증을 통해 기초믿음이 오류불가능한 것일 필요가 없다는 것도 보일 수 있다. 만일 어떤 사람이 어떤 유형의 믿음을 형성했는데 그 믿음이 틀릴 수 있는 상황이 없다면, 그 믿음은 오류불가능한 믿음이다. 이 경우에도 다시 "나는 실존한다"를 예로 사용할 수 있다. 어떤 것을 믿는 일은 믿는 사람의 실존을 전제가정하므로, 우리가 자신이 실존한다고 믿으면서 동시에 그 믿음이 틀리는 일은 있을 수 없다.

어떤 믿음이 오류불가능하지 않으면서 기초믿음일 수 있는가를 알아보기 위해 다시 우리가 기초믿음—즉 비믿음 수준의 원천에 의해 정당화되는 믿음—이라고 가정하고 있는 믿음 (1)을 생각해 보자. 그렇지만 (1)은 오류불가능한 믿음이 아니다. 예컨대 만일 내가 흰 대상을 보고 있는데 그 대상이 붉은 조명을 받고 있다는 것을 모르고 있다면, 나는 그 대상이 붉은 대상이라고 잘못 믿을 수 있다. 그러므로 비믿음 수준의 정당화는 오류불가능성을 요구하지 않는데, 이 사실은 오류불가능함이 기초믿음이 충족시켜야 할 조건이 아님을 의미한다.

마지막으로 확실성을 살펴보자. 만일 믿음 B가 가능한 최고의 인식적 격위를 지닌다면, 그리고 오직 그 경우에만 믿음 B가 확실하다고 하자. 이것은 B가 확실한 믿음일 경우에 B보다 더 높은 정도로 정당화되는 또 다른 믿음 B*가 있을 수 없다는 것을 의미한다.[20] 이제 다시 한번 앞의 기초믿음 사례를 생각해 보자.

(1) 이 대상은 붉다.

이 믿음은 설령 붉게 보임이라는 파기되지 않은 경험에 의해 정당화된다 할지라도 확실한 믿음이 아니다. 왜냐하면 (1)보다 더 높은 정도로 정당화되는 다른 믿음들—예컨대 둘 더하기 둘은 넷이라는 믿음과 "나는 실존한다"는 믿음—이 있기 때문이다. 따라서 확실성은 기초믿음의 필요조건이 아니다.

그런데 이 논증들 중의 어떤 것도 우리가 기초믿음을 정의했던 의미에서 어떤 믿음이 기초믿음이 되는 일이 실제로 가능하다는 것을 입증하지는 못한다. 위 논증들은 만일 기초믿음을 우리가 정의했던 방식대로 정의한다면 기초믿음은 의심불가능한 것일 필요가 없고 오류불가능한 것일 필요도 없으며 확실한 것일 필요도 없다는 것만을 증명할 뿐이다. 그렇다면 그 정도만큼 입증되었다는 사실을 염두에 두고, 이제 믿음이 기초믿음이 되는 일이 어떻게 가능한가 하는 문제를 검토해 보기로 하겠다.

기초믿음과 경험

복잡한 믿음체계의 일원으로서 기초믿음은 후퇴 종료자로 기능한다. 이 기능을 수행하기 위해서는 기초믿음이 자신의 정당성을 다른 믿음들로부터 제공받지 않고 정당화되어야 한다. 믿음이 이런 식으로 정당화될 수 있는 한 방법은 지각 경험을 통해 정당화되는 것이다. 예컨대 "내 앞에 붉은 대상이 있다"는 나의 믿음은 붉게 보임이라는 경험에 의해 정당화된다면 기초믿음이다. 그리고 "내 앞에 삼각형이 있다"는 내 믿음은 삼각형으로 보임이라는 경험에 의해 정당화된다면 기초믿음이다. 여기에 들어 있는 일반적 착상은 F-하게 보임이라는 경험이 또 다른 믿음들에 의거하지 않고 "내 앞에 F가 있다"라는 내 믿음을 정당화한다는 것이다. 그렇지만 이제 이 착상을 반론이 없도록 정당화에 대한 설명으로 전환시키는 일이 쉽지 않음을 보게 될 것이다.

우선 F-하게 보임이 내 앞에 F가 있다고 믿는 일이 정당화됨의 충분조건인지 물어보자. 내가 어떤 대상이 F인지 아닌지 분간하는 데 신빙성이 없는 사람이라는 것을 안다고 해 보자. 다시 말해 나는 내가 보고 있는 것이 F인지 아닌지 판정하는 경우에 대부분 틀린다. 그런 조건 아래서는 나에게 F처럼 보인다고 해서 내가 내 앞에 F가 있다고 믿는 일은 정당화되지 않는다. 따라서 F-하게 보임은 내 앞에 F가 있다고 믿는 일이 정당화됨의 충분조건이 아니다.

예를 하나 생각해 보자. 나는 내가 변의 수를 세지 않고 삼각형을 알아보는 데는 신빙성이 있지만 십이각형(12개의 각을 가진 다각형)을 알아보는 데는 신빙성이 없다는 것을 안다.[21] 만일 내가 삼각형을 본다면 그 대상이 내게 삼각형으로 보일 텐데, 이 사실은 내가 내 앞에 있는 대상이 삼각형 모양을 하고 있다고 믿는 일을 정당화한다.

이와 대조적으로 만일 내가 십이각형을 본다면, 그 대상은 나에게 십이각형으로 보이겠지만, 내가 내 앞에 있는 대상이 십이각형이라고 믿는 일은 정당화되지 않는다. 두 경우의 차이는 삼각형으로 보임이라는 경험이 내 앞의 대상이 삼각형이라고 믿는 데 대한 증거인 반면에, 십이각형으로 보임이라는 경험은 내 앞의 대상이 십이각형이라고 믿는 데 대한 증거가 아니라는 것인데, 후자의 경우에는 내가 각을 세어 보지 않고 십이각형을 알아볼 수 있는 능력이 없기 때문에 그렇다.[22] 결과적으로 전자의 경험은 내가 내 앞에 삼각형 모양의 대상이 있다고 믿는 일을 정당화할 수 있지만, 후자의 경험은 내가 내 앞에 십이각형의 대상이 있다고 믿는 일을 정당화할 수 없다. 그러므로 우리 앞에 F가 있다고 믿는 일이 정당화되지 않고 F-하게 보이는 일이 가능하다고 결론지을 수밖에 없는데, 이 말은 F-하게 보임이 내 앞에 F가 있다고 믿는 일이 정당화됨의 충분조건이 아니라는 뜻이다.

그러면 이제 토대론자가 기초믿음이 어떻게 정당화되는지 설명하고자 할 때 부딪치는 문제가 무엇인지 명료하게 파악할 수 있다. 토대론자에 따르면, "이것은 F다"와 같은 믿음이 기초믿음일 수 있다. 그런 믿음이 기초믿음일 때 그 믿음은 F-하게 보임이라는 경험에 의해 정당화된다고 토대론자는 주장할 것이다. 그러나 방금 살펴본 것처럼, 내 앞에 F가 있다고 믿는 일이 정당화되지 않으면서도 나에게 F-하게 보이는 일이 가능하다. 이것은 F-하게 보임이라는 경험에 의해 정당화된다는 말만 가지고서는 "이것은 F다"와 같은 기초믿음이 어떻게 정당화되는지 토대론자가 설명할 수 없다는 것을 의미한다. 오히려 "내 앞에 F가 있다"고 믿는 일이 정당화되기 위해서는 F-하게 보임이라는 조건에 덧붙여 또 다른 어떤 조건이 충족되어야 한다. 이제 이 빠진 조건의 세 후보를 검토하기로 하자.

기초믿음과 신빙성

기초믿음이 어떻게 정당화되는지 설명하는 한 가지 저명한 연구 방식은 신빙성(reliability) 개념에 호소하는 것이다.[23] 그러면 필요한 조건이 S가 F-사물들을 분간하는 데 신빙성이 있어야 한다는 것이라는 생각을 살펴보자. 이 안에 따르면, "이것은 F다"라는 내 믿음은 다음 세 조건이 충족되면 기초믿음이다. (1) 나에게 F-하게 보인다. (2) "이것은 F다"라는 내 믿음을 정당화하는 나의 다른 믿음들이 없다. (3) 나는 F-사물들을 분간하는 데 신빙성이 있다.

이 안은 신빙론에 관한 장에서 논의하게 될 반론, 즉 사악한 악마의 세계에서 우리의 믿음들은 우리의 인지 능력이 신빙성이 없다 할지라도 정당화된다는 반론을 초래하기 쉽다. 당신의 전체 지각 경험이 사악한 악마에 의해 야기된다고 해 보자. 당신은 실제로는 아무것도 없는데도 물리적 대상들로 이루어진 세계가 있다고 믿도록 속임을 당하고 있는 비물질적 영혼이다. 하지만 당신은 자신이 그러한 속임수의 희생자라고 가정할 어떤 이유도 가지고 있지 않다. 그러한 조건들 아래서 우리가 제시한 안의 조건 (3)은 충족되지 않는다. 그럼에도 불구하고 실제로 존재하지 않는 물리 세계에 관한 당신의 믿음들은 실제 세계에서 그런 것처럼 대부분 정당화된다.

이 판정은, 만일 세계 W1에서의 경험 E1과 세계 W2에서의 또 다른 경험 E2가 현상적 측면에서 구별될 수 없다면 E1과 E2는 둘 다 정당화하는 경험이거나 또는 둘 다 정당화하는 경험이 아니라는 전제에 기초를 두고 있다. 당신이 당신 앞에 고양이가 있다고 믿는 일을 정당화하는 실제 세계의 경험 E1을 가지고 있다고 해 보자. 더 나아가 우리가 사악한 악마의 세계에서 당신이 경험 E2를 갖는 걸 생각하고 있는데, 경험 E2는 당신의 주관적 관점에서 볼 때 그 특성상

E1과 구별될 수 없는 경험이라고 해 보자. 반론에 따르면, E1이 당신 앞에 고양이가 있다고 믿는 일을 정당화한다는 사실이 주어진다면 사악한 악마 세계의 경험 E2도 당신이 그렇게 믿는 일을 똑같이 정당화한다. 그렇지만 실제 세계에서는 당신이 고양이를 분간하는 데 신빙성이 있는 반면에 사악한 악마 세계에서는 그렇지 않다. (만일 사악한 악마 세계에서도 당신이 신빙성이 있다면, 당신은 그 세계에서 어떤 고양이도 없다는 것을 깨달았을 것이다.) 그러므로 설령 우리가 고양이를 분간하는 데 신빙성이 없다 할지라도, 우리 앞에 고양이가 있다고 믿는 일이 정당화되는 것이 가능하다.

이 반론이 결정적 반론이라 여기는 토대론자는 F-사물들을 분간하는 데 신빙성이 없으면서도 "이것은 F다"라고 믿는 일이 정당화될 수 있으며, 그래서 조건 (3)이 폐기되어야 한다고 결론지을 수밖에 없다.

기초믿음과 추정적 신빙성

그렇지만 신빙성이 중요한 생각이라는 것을 털어 버리기란 어렵다. 사악한 악마에 의해 속임을 당하는 일과 같은 이상야릇한 시나리오를 무시한다 하더라도, 신빙성 결여는 사실상 대체로 정당성 결여를 의미한다. 만일 고양이를 분간하는 데 신빙성이 없다면—즉 만일 실제로 고양이들을 성공적으로 확인할 수 없다면—, 당신이 어떤 동물을 고양이라고 믿는 일은 (당신이 신뢰할 수 있는 누군가 다른 사람이 당신에게 그렇다고 말해 주지 않는 한) 정당화될 수 없다. 그러므로 내가 F-사물들을 분간하는 데 신빙성이 있다는 것을 요구하는 것이 아니라, 내 자신이 F-사물들을 분간하는 데 신빙성이 있다고 믿을 훌륭한 증거를 가져야 할 것을 요구하는 조건을 생각해 보자. 이 안에 따르면, "내 앞에 F가 있다"는 내 믿음은 다음 세 조건이 충족되면, 그리고 오직 그 경우에만 기초믿음이다. (1) 나에게 F-하게 보인다. (2) "내 앞에 F가 있다"라는 내 믿음을 정당화하는 나의 다른 믿음들이 없다. (3) 나는 자신이 F-사물들을 분간하는 데 신빙성이 있다고 믿을 훌륭한 증거를 가진다.

이 안의 조건 (3)은 이전 안의 조건 (3)과 대조되는 것으로서 내재주의적 신빙성 조건으로 간주할 수 있는데, 이전 안에서의 조건 (3)은 외재주의적 신빙성 조건이다.[24] 외재주의적 신빙성 조건에 따르면, 정당화는 사실적 신빙성(de facto reliability)을 요구한다. 내재주의적 신빙성 조건에 따르면 정당화는 추정적 신빙성(presumptive reliability), 즉 훌륭한 증거를 기초로 하여 우리가 우리 자신에게 귀속시키는 일이 정당화되는 신빙성만을 요구한다. 따라서 두 번째 안의 조건 (3)을 "추정적 신빙성 조건"이라고 부르기로 하자. 내가 F-사물들을 분간하는 데 사실 차원에서 신빙성이 있는지는 나의 주관적 관점을 고려해 볼 때 내가 신빙성이 있다는 것을 내 자신이 말할 수 없다는 의미에서 외적인 문제다. 이와 달리 내가 F-사물들을 분간하는 데 내 자신이 신빙성이 있다고 여길 훌륭한 증거를 가지고 있는지는 나의 주관적 관점에 내적인 문제다. 그래서 내가 증거를 평가할 수 있는 한, 나는 F-사물들을 분간하는 데 내 자신이 신빙성이 있다고 여길 훌륭한 증거를 가지고 있는지 말할 수 있다.

그렇다면 조건 (3)은 신빙성이 "내적" 증거를 기초로 하여 분간할 수 있는 것이라야 할 것을 요구한다. 그렇지만 무엇이 이 조건을 충족시킬 수 있는가? 어떤 조건들 아래서 당신은 자신이 어떤 것을 분간하는 데 신빙성이 있다고 믿는 데 대한 훌륭한 증거를 갖는가? 예를 하나 생각해 보자. 당신은 자신이 키위 열매를 분간하는 데 신빙성이 있다고 믿는 데 대해 훌륭한 증거를 가지고 있는가? 글쎄, 당신이 키위가 어떻게 생긴 것인지 안다면, 당신의 증거는 자기-지식의 일부분, 즉 당신이 키위가 어떻게 생긴 것인지 안다는 것을 아는 일의 일부분일 것이다. 당신은 마음속에서 키위를 그릴 수 있고, 슈퍼마켓의 키위 상품 코너에 가면 아무 어려움 없이 키위를 골라낼 수 있다는 것을 안다. 다른 예가 또 하나 있다. 나는 갈까마귀와 까마귀를 구별할 수 없고, 내가 그렇게 구별할 수 없다는 것을 안다. 따라서 나는 내 자신이 까마귀와 갈까마귀를 인식하는 데 신빙성이 있다고 믿는 데 대한 훌륭한 증거를 가지고 있지 않다. 오히려 나는 내 자신이 까마귀와 갈까마귀를 인식하는 데 신빙성이 없다고 믿을 훌륭한 증거를 가지고 있다. 그래서 만일 갈까마귀를 보았는데 그것이 갈까마귀처럼 보인다면, 내가 갈까마귀를 보고 있다고 믿는 일은 (또 다른 증거가 없이는) 정당화되지 않을 것이다. 그렇지만 만일 키위처럼 보인다면 내가 내 앞에 키위가 있다고 믿는 일은 정당화될 텐데, 왜냐하면 키위가 어떻게 생긴 것인지 안다는 것을 내 자신이 안다고 할 때 나는 키위를 분간하는 데 신빙성이 있다고 여길 훌륭한 증거를 갖기 때문이다.

두 번째 안이 첫 번째 안보다 나은가? 두 번째 안은 신빙성 조건이 직관적으로 그럴듯하다는 점을 인정하지만, 첫 번째 안과 달리 그 조건을 내재주의화함으로써 외재주의적 신빙론의 문제를 피한다. 외재주의적 신빙성 조건은 앞 절에서 설명했듯이 사악한 악마 세계 문제에 봉착한다. 그렇지만 추정적 신빙성 조건은 그런 문제에 봉착하지 않는다. 왜냐하면 사악한 악마의 속임에 의한 희생자가 가정상 사실적 신빙성을 결여한다 할지라도 그가 추정적 신빙성까지 결여할 필요는 없기 때문이다. 따라서 두 번째 안과 달리 세 번째 안은 사악한 악마 희생자의 경험적 믿음이 정당화되지 않는다는 것을 함의하지 않는다.

다음으로 추정된 신빙성 조건이 토대론자가 "내 앞에 있는 대상은 붉다"와 같은 기초믿음이 어떻게 정당화되는지 설명하려고 할 때 직면하는 문제를 어떻게 해결하는지 살펴보기로 하자. 이 절 처음에 설명했던 것처럼, 이 문제는 우리가 십이각형으로 보이는 경험을 생각할 때 제기된다. 이 경험은 "내 앞에 있는 대상이 십이각형이다"라고 믿는 데 대한 증거가 전혀 아니므로, **십이각형으로 보임**은 내가 "이 대상이 십이각형이다"라고 믿는 일을 정당화하지 못한다. 그러면 다른 한편으로 토대론자가 **붉게 보임**이라는 경험은 내가 "내 앞의 대상은 붉다"라고 믿는 일을 정당화한다고 어떻게 주장할 수 있을까? 두 경험 사이의 차이는 정확히 무엇인가? 두 번째 안에 따르면, 그 차이는 후자의 경우에 내가 자신이 붉다는 색깔을 분간하는 데 신빙성이 있다고 여길 훌륭한 증거가 있는 반면에, 전자의 경우에는 내가 자신이 십이각형을 분간하는 데 신빙성이 있다고 여길 증거가 없다는 것이다.[25] 따라서 붉게 보임이라는 경험은 내가 내 앞에 붉은 대상이 있다고 믿는 일을 정당화할 수 있는 반면에, 십이각형으로 보임이라는 경험은 내가 내 앞에 십이각형의 도형이 있다고 믿는 일을 정당화할 수 없다.

그렇다면 두 번째 안에 따를 때 기초믿음이 어떻게 정당화되는가 하는 물음은 다음과 같이 대답될 수 있다. 기초믿음은 일정한 방식으로 보임이라는 적절한 경험들, 그리고 그에 덧붙여 주체가 관련된 경험들을 정보의 신빙성 있는 원천이라고 추정할 수 있다는 사실에 의해 정당화된다.

고전적 토대론

지금까지 살펴본 것처럼, 정당화에 대한 토대론의 설명은 두 가지 물음에 대한 답을 제공한다. (1) 믿음을 기초믿음으로 만드는 것이 무엇인가? (2) 정당성이 어떻게 기초믿음에서 비기초믿음으로 옮겨지는가? 이 물음들에 대해서는 여러 형태의 토대론이 서로 다른 답을 제시한다. 이 절에서는 그처럼 저마다 다른 답을 제시하고 있는 세 가지 형태의 토대론, 즉 고전적 토대론(classical foundationalism), 강한 토대론(strong foundationalism), 최소 토대론(minimal foundationalism)을 살펴볼 것이다.

고전적 토대론에 따르면, 어떤 믿음을 정당화되게 만드는 것이 그 믿음을 가진 주체에게 그 믿음의 진리성을 보증하지 않는 한 그 믿음은 정당화될 수 없다. 그런데 기초믿음과 비기초믿음 모두에 걸쳐 진리성 보증을 받기 위해서는 두 조건이 충족되어야 할 것이다. 우선 기초믿음이 **오류불가능한** 믿음이어야 할 것이고, 비기초믿음은 기초믿음으로부터 **연역적으로** 도출되어야 할 것이다. 그러면 고전적 토대론에 따를 때 기초믿음은 그를 수 없고, 비기초믿음은 그 정당성을 연역에 의해 기초믿음으로부터 제공받는다. 고전적 토대론의 한 예는 데카르트의 인식론이다. 『제일철학에 관한 성찰』(*Meditations on First Philosophy*)에서 데카르트는 "나는 실존한다"와 "나는 생각하고 있다"와 같은 오류불가능한 확실성에 의거하여 외부 세계의 실존을 증명하려고 했다.

현대 철학자들 중에서 고전적 토대론의 옹호자를 찾기는 꽤 어렵다. 사실상 오늘날은 고전적 토대론이 철학적으로 막다른 골목에 빠졌다는 사실에 대해 대부분 철학자가 합의를 보고 있다. 이러한 판정의 근거들을 평가하려면 **현상 믿음**(내성적 믿음의 아종)과 **물리적 대**

상 믿음을 구별해야 한다. 전자는 물리적 세계가 나에게 어떻게 보이는가에 관한 믿음이다. 그래서 "나에게 붉게 보인다"나 "내 앞에 있는 대상이 삼각형처럼 보인다"와 같은 믿음은 현상 믿음이다. 이와 대조적으로 물리적 대상 믿음은 물리적 세계 자체에 관한 믿음이다. 그 예로는 "이 대상은 붉다"와 "내 앞에 삼각형이 있다"를 들 수 있다. 그런데 물리적 대상 믿음과 관련하여 문제가 되는 것은 그 믿음이 오류가능하다는 것이다. 우리 주변의 세계에 관한 믿음을 형성할 때, 우리에게는 언제나 곤란한 어떤 오류의 위험이 있다.

그렇다면 고전적 토대론에 관해 그토록 반대할 만한 요소는 무엇인가? 우선 물리적 대상 믿음이 오류가능하므로 고전적 토대론자는 물리적 대상 믿음을 토대가 못 되도록 배제해야 한다. 오히려 토대는 물리적 대상 믿음과 달리 오류불가능한 믿음들로 이루어져야 한다. 현상 믿음은 이 요구를 만족시킨다고 가정되었다. 토대론자에 따를 때 현상 믿음은 오류불가능하기 때문이다. 하지만 현상 믿음이 실제로 오류불가능한가? 토대론의 비판자들은 오류불가능한 믿음의 수가 현상 믿음 가운데서도 극히 한정되어 있다고 말할 것이다.[26] 만일 이 비판자들이 맞다면, 고전적 토대론은 기초믿음의 수가 "나는 실존한다"와 "나는 지금 생각하고 있다"와 같은 믿음으로 한정될 정도로 극히 적다는 사실을 함의할 것이다. 그럴 경우 이 사실은 고전적 토대론에게는 심각한 문제가 될 것이 확실하다. 왜냐하면 전 영역에 걸친 물리적 대상 믿음들이 어떻게 그러한 빈약한 토대에 의해 정당화될 수 있는지 의심할 수 있기 때문이다.

그렇지만 논증상의 목적으로 우리의 지각 경험에 관한 내성적 믿음 가운데 오류불가능한 믿음이 실제로 많다고 가정해 보자. 그러면 우리는 당신이 자신에게 어떤 방식으로 보인다고 믿을 때 당신은 당신에게 보이는 그 방식과 관련하여 틀릴 수 없다고 가정하고 있는 셈이다. 그래도 정당화되는 비기초믿음의 수는 별 인상을 주지 못할 정도로 적을 것이다. 사실 고전적 토대론이 옳다면 정당화되는 모든 비기초믿음이 어떻게 해서 있을 수 있는지를 알기가 어려운데, 왜냐하면 물리적 대상 믿음은 지각 경험에 관한 믿음으로부터 연역적으로 도출되는 것이 아니기 때문이다. 지각 경험을 기술하는 명제와 외부의 물리적 대상을 기술하는 명제 사이에는 논리적 틈이 있다. 후자 종류의 명제는 전자 종류의 명제 집합으로부터 연역적으로 도출될 수 없다. 내가

B1 나에게 붉게 보인다

라고 믿는데, 이 믿음으로부터

B2 내 앞에 붉은 대상이 있다

라는 믿음을 추리한다고 해 보자. 고전적 토대론에 따르면, B2가 정당화되는 비기초믿음이라고 할 경우에 B2는 그 정당성을 연역이라는 입증 관계에 의해 B1로부터 제공받아야 한다. 이것은 "B1, 그러므로 B2"라는 논증이 연역적으로 타당할 경우에만 B2가 정당화된다는 걸 의미하는데, 이 논증은 물론 타당하지 않다. 예컨대 만일 실제로는 내 앞에 붉은 대상이 없는데도 붉은 대상이 있는 것 같은 환상을 불러일으키는 마약을 복용하고 있다면, 그 논증은 전제는 옳은데 결론이 그르다. 일반적으로 우리 앞에 F인 대상이 없을 때에도 F-하게 보이는 일이 가능하므로,

나에게 F-하게 보인다.
그러므로
내 앞에 F인 대상이 있다

는 형식을 지닌 어떤 논증도 타당할 수 없다.[27] 이렇게 해서 현상 믿음들이 연역이라는 입증 관계에 의해 물리적 대상 믿음을 정당화할 수는 없다는 결론이 따라 나온다. 따라서 고전적 토대론이 옳다면, 그 토대론은 일종의 회의주의라고 할 수 있다. 왜냐하면 그렇게 될 경우 우리를 둘러싸고 있는 물리적 대상들에 관한 믿음이 모두 정당화되지 않을 것이기 때문이다.

현대 토대론

현대 토대론은 기초믿음이 인식적 특권을 지녀야 할 것을 요구한다는 점에서 고전적 토대론과 비슷하지만, 기초믿음에서 비기초믿음으로의 비연역적 정당성 전달을 허용한다는 점에서 고전적 토대론과 다르다. 그래서 현대 토대론은 토대와 상부 구조 사이의 증거 틈을 연역적으로 메울 수 없다는 반론은 피할 수 있는 반면에, 현상 믿음들이 확실성, 의심불가능성, 또는 심지어 오류불가능성과 같은 인식적 특권을 지닐 수 없다는 비판으로부터는 공격의 표적이 되기 쉽다. 하지만 현대 토대론의 옹호자들은 이 비판에 동의할 필요가 없다. 사실 우리 자신의 지각 경험과 관련하여 넓은 범위에 걸쳐 확실하거나 의심불가능하거나 오류불가능한 현상 믿음들이 있을 수 없다는 사실은 전혀 분명한 것이 아니다.[28]

그렇지만 설령 현대 토대론의 옹호자들이 전형적인 사례의 경우에 우리 자신의 지각 상태에 관한 내성적 믿음이 오류불가능하다는 주장을 지지하는 훌륭한 사례를 만들 수 있다 할지라도, 여전히 가공할 만한 문제가 있을 수 있다. 왜냐하면 정상적으로는 우리가 우리에게 보이는 방식에 관해 내성적 믿음을 형성하지 않기 때문이다. 고양이를 볼 때 당신은 "저기 고양이가 있다"고 믿지 "나에게 고양이처럼 보이는 것이 있다"고는 믿지 않는다.[29] 사실 지각에 대한 인식론을 공부해 온 사람들을 제외한다면, 대부분의 사람은 그런 믿음을 형성하는 방법조차 알지 못할 것이다. 지각되는 실제 고양이와 그에 대응하는 고양이-같은 시각 경험(고양이처럼 보이는 상태)을 구별하기 위해서는 훈련이 필요하다. 마지막으로 지각의 현상학을 무시하고, 대신 우리가 지각하는 대상에 직접 초점을 맞추는 것은 자연스러운 일일 뿐이다. 예컨대 만일 고양이가 굶주려 먹을 것을 주어야 한다면, 문제가 되는 것은 고양이-같은 시각 경험이 아니라 고양이 자체다. 그리고 길을 건널 때 트럭이 가까이 오고 있다면, 당신이 트럭 대신 당신의 현재 지각 경험들의 성질에 주의를 기울이는 것은 커다란 잘못일 것이다. 이 말은 우리가 우리 경험의 현상적 성질에 결코 주의를 기울이지 않는다는 뜻이 아니다. 예컨대 우리는 감각이 우리를 속이는지 의심할 때 그런 성질들에 주의를 기울인다. 그렇지만 요점은 그런 상황이 자주 일어나는 것이 아니라는 것이다. 정상적으로는 우리가 우리에게 보이는 방식에 관한 믿음을 형성하지 않는다. 결과적으로 만일 기초믿음이 실제로 오류불가능하다면, 일상의 상황(즉 우리가 지각 경험의 현상적 성질에 관한 믿음을 형성하지 않는 상황)에서는 물리적 대상 믿음이 의존할 어떠한 토대도 없게 될 것이다.[30]

다른 종류의 인식적 특권에 대해서도 비슷한 논증을 구성할 수 있다. 그러한 논증의 골자는 똑같다. 물리적 대상 믿음은 어떠한 인식적 특권도 갖지 않으며, 현상 믿음만이 그런 특권을 가진다. 그래서 기초믿음이 인식적 특권을 지닌다면, 현상 믿음만이 기초믿음일 수 있다. 그렇지만 대체로 우리는 어떠한 현상 믿음도 형성하지 않는다. 따라서 기초믿음이 인식적 특권을 지녀야 한다는 요건을 따르다 보면 정상적인 상황에서 물리적 대상 믿음이 정당화되지 않는다는 귀결에 이르게 되며, 그래서 토대론은 일종의 회의주의가 된다.

최소 토대론

최소 토대론은 토대론자의 전통으로부터 중대한 이탈을 보이고 있다. 토대론자는 전형적으로 기초믿음에 대해 엘리트주의적 개념을 주장해 왔다. 토대 클럽의 회원이 되는 자격을 갖추려면, 믿음은 이런 저런 형태의 인식적 특권을 가져야만 한다. 그래서 믿음체계의 구조에 대한 전형적인 토대론자의 그림은 다음과 같은 것이었다. 즉 상부구조는 물리적 대상들로 이루어지고, 토대는 우리 자신의 지각 경험에 관한 내성적 믿음들로 이루어진다. 최소 토대론은 이 그림을 수정한다. 기초믿음이 인식적 특권을 가진 믿음일 필요가 없으며, 그래서 물리적 대상에 관한 믿음을 기초믿음이 되지 못하도록 막는 것은 없다. 그러면 최소 토대론에 따를 때 상부구조의 믿음들과 토대를 이루는 믿음들 사이의 차이는 믿음 내용의 기능이 아니다. 오히려 믿음이 토대에 속하는지 상부구조에 속하는지는 오로지 그 믿음이 정당성을 제공받는 방식의 기능일 뿐이다. 만일 그 믿음이 다른 어떤 믿음이 아니라 경험으로부터 정당성을 제공받는다면, 그 믿음은 토대를 이루는 믿음이다. 그렇지만 그 믿음이 정당성을 이런 저런 다른 믿음들로부터 제공받는다면, 그 믿음은 상부구조에 속한다.

다음은 최소 토대론이 작동하는 방식이라고 가정된 것을 설명하는 예다. 일터에서 집으로 돌아와 내가 옷장에 있는 아내 코트를 본다고 하자. 보통 아내가 나보다 나중에 오기 때문에 나는 그 코트를 보고 놀란다. 또한 주방 식탁에 시장용 가방이 있는 걸 보고, 커피 냄새를 맡으며, 2층에서 나는 발소리를 듣는다. 나는 다음 네 믿음을 형성한다.

> 아내의 코트가 옷장에 있다. 주방에 시장용 가방이 있다. 나는 커피 냄새를 맡는다. 나는 2층에서 나는 발소리를 듣는다.

최소 토대론의 옹호자는 이 믿음들 각각이 다른 어떤 믿음들에 의존하여 정당화되지 않고 지각 경험에 의해 정당화된다고 말할 것이다. 따라서 이 믿음들 각각은 기초믿음—즉 바로 그 시간에 내 믿음체계의 토대의 일원—이다. 이 믿음들로부터 나는 내 아내에 관해 다음 믿음을 추리한다.

> 아내가 집에 일찍 왔다. 그녀는 시장에 갔었다. 그녀는 커피를 끓였다. 그녀는 2층에 있다.

이 믿음들은 그 정당성을 첫 번째 집합에 있는 믿음들과 나의 다른 어떤 믿음들(예컨대 내 아내가 보통은 나보다 늦게 온다, 우리 집 식구들 중 시장을 보고 커피를 끓일 수 있는 사람은 아내 외에 없다 등)에 의존하므로 비기초믿음이며, 그래서 상부구조에 속하는 믿음들이다. 그런데 믿음을 이처럼 두 집합으로 나누게 만드는 것은 첫 번째 집합의 믿음들이 두 번째 집합의 믿음들이 가지지 못한 어떤 인식적 특권을 가진다는 사실이 아니다. 오히려 두 집합으로 나누는 것은 이 믿음들이 정당화되는 방식이다. 첫 번째 집합의 믿음들은 비믿음 수준에서 정당화되고, 두 번째 집합의 믿음들은 믿음 수준에서, 즉 다른 믿음들에 의해 정당화된다. 두 집합 모두 내 지각 경험 세계 밖의 대상에 관한 믿음들을 포함하고 있다는 사실을 주목할 필요가 있다. 첫 번째 집합은 코트와 시장용 가방에 관한 믿음을 포함하고, 두 번째 집합은 내 아내에 관한 믿음을 포함한다.

고전적 토대론이나 현대 토대론과 달리 최소 토대론은 우리의 믿음 대부분이 어떠한 인식적 특권도 지니지 못한다는 비판의 공격 대상이 되지 않는데, 왜냐하면 최소 토대론은 그러한 특권을 지니는 일을 기초믿음이 되기 위한 필요조건으로 보지 않기 때문이다. 오히려 최소 토대론에 따르면 어떤 믿음이 기초믿음이 된다는 것은 아주 쉬운 일이다. 즉 만일 그 믿음이 이성, 지각, 내성, 기억에 의해 정당화되고, 그 정당성을 다른 믿음들로부터 제공받지 않는다면, 그 믿음은 기초믿음이다. 이 견해에 따르면, 기초믿음은 선별된 소수 몇 믿음이 아니라 오히려 어떤 사람의 믿음체계의 대부분을 이루는 믿음이다. 따라서 최소 토대론이 실행가능한 이론인지 판단할 때 우리가 논의해야 할 주요 문제는 다음과 같다. 즉 어떤 믿음이 그 정당성을 다른 믿음으로부터 제공받지 않고 정당화된다는 것이 실제로 가능한가? 관련된 다른 문제들과 함께 이 물음에 "그렇다"라고 답하는 데 대한 찬반 논증은 7장에서 검토하게 될 것이다.

토대론과 정합성

계속해서 정합론을 검토하고 토대론과 정합론 각각에 대한 찬반양론을 논의하기 전에 마지막으로 한 가지 것을 강조할 필요가 있다. 정합론자가 기초믿음이 있을 수 없기 때문에 토대론이 그르다고 주장하는 반면에, 토대론자는 정합성이 정당성의 원천이 아니기 때문에 정합론이 그르다고 주장하는 것이 아니다. 오히려 토대론자는 믿음체계의 정합성이 그 체계에 속하는 믿음들의 정당화에 기여한다는 것을 충분히 알고 있다.

토대론자는 두 가지 방식으로 이 점을 인정한다. 첫째, 토대론자는 정합성을 배경 믿음들이 파기되지 않는다는 사실로부터 비롯되는 것으로 간주함으로써 정합성을 정당성의 필요조건으로 만든다. 앞 절의 예를 다시 생각해 보라. 한 가지 변화, 즉 내가 집에 들어서자마자 아내가 전화를 걸어 오늘 저녁 늦을 거라고 말한다는 사실을 제외하고는 모든 것이 동일하다. 그 경우에 아내가 집에 있다고 믿는 데 대한 내 증거는 파기된다. 그러므로 토대론자는 만일 어떤 믿음이 주체의 관련된 배경 믿음들—그 배경 믿음들에 의해 파기되지 않는다는 의미에서—과 정합한다면, 그리고 오직 그 경우에만 그 믿음이 정당화된다고 주장한다.[31]

둘째, 만일 어떤 믿음이 다른 믿음들과 정합한다면, 정합하지 않았을 경우보다 더 정당화된다는 사실을 토대론자가 인정하지 말아야 할 이유가 없다. 이 점은 다시 앞의 예를 사용해 설명할 수 있다. 내 아내가 벌써 집에 와 있다고 믿는 유일한 증거를 아내가 보통 일하러 갈 때 입는 코트가 옷장에 있다는 사실이라 하자. 그렇지만 오늘은 그녀가 가죽 재킷을 입기로 결정했을 수도 있지 않을까? 또는 집에 왔다가 코트를 옷장에 걸어 두고 체육관에 갈 수도 있지 않을까? 이러한 가능성들 때문에, 만일 아내의 코트가 옷장에 있다는 사실이 아내가 일찍 왔다는 것에 대한 유일한 증거라면, 내가 그녀가 집에 있다고 가정하는 일은 어느 정도의 정당성은 있겠지만 그리 많은 정당성은 없음이 확실하다. 그렇지만 만일 내가 또한 커피 냄새를 맡고, 주방 식탁에서 새 식품을 보며, 2층에서 나는 발소리를 듣는다면, 나의 정당성은 더 강화된다. 왜냐하면 그런 경우에 나는 정합성 있는 전체를 이루는 일군의 믿음을 형성하고 있고, 또 그런 상황 아래서 아내가 집에 있다는 내 믿음은 아주 잘 지지되기 때문이다. 이 첫 번째 상황에서 나는 단순히 좀 더 많은 증거를 가지고 있는 것이 아니라 앞 상황에서 가지고 있던 것보다 질적으로 나은 증거를 가지고 있다. 앞 상황에서 나는 저 홀로 성립하는 단 한 조각의 증거를 가지고 있다. 반면에 나중 경우에 나는 서로를 지지하는 몇 개의 증거를 가지고 있는 것이다.[32)]

그렇다면 인식적 정당화의 구조에 대한 설명에서 정합성 개념이 중요한 역할을 한다는 사실을 토대론자가 부정해야 한다고 생각하는 것은 잘못일 것이다. 사실상 토대론의 최근 옹호자들은 정합성을 정당성의 원천으로 명확하게 인정해 왔다.[33)] 그들은 정합성 외에 정당성의 다른 원천이 없다고 주장하는 견해만 아니라면 정합성의 인식적 가치를 높이 평가하는 데 전혀 반대하지 않는다. 그럼에도 불구하고 많은 철학자는 인식적 정당성 분석에 대한 토대론자의 연구 방식이 잘못되었다고 생각한다. 다음 장에서는 토대론을 거부하고 그 대신 정합론을 옹호하는 두 철학자의 견해를 검토할 것이다.

연구문제

1. 이 장에서 정의된 방식의 기초믿음이 정당화되지 않는 믿음일 수 있는가?
2. 토대론을 정의하는 두 가지 기본 신조는 무엇인가?
3. 믿음이 정당화되는 일이 어떻게 해서 가능한가 하는 물음을 탐구할 때 어떤 종류의 후퇴 문제가 제기되는가?
4. (1) 토대론자 (2) 정합론자 (3) 회의주의자가 이 문제에 어떻게 반응하는가?
5. 어떤 이유들이 논거의 무한 후퇴가 믿음을 정당화할 수 없다는 주장을 지지하는가?
6. 이 장에서 정의한 방식의 기초믿음이 (1) 스스로를 정당화하고, (2) 의심불가능하며, (3) 오류불가능하고, (4) 확실할 필요가 있는가?
7. 기초믿음이 어떻게 정당화되는지 설명하려고 할 때 어떤 문제가 제기되는가?
8. 이 문제에 대한 신빙론자의 해결책에 대해 어떤 반론이 있는가?
9. 이 문제는 추정적 신빙성에 의거하여 어떻게 해결될 수 있는가?
10. (1) 고전적 토대론, (2) 현대 토대론, (3) 최소 토대론은 서로 어떻게 다른가?

연습문제

1. 다음은 레러가 내놓은 반론에 기초하여 토대론에 반대하는 논증이다.[34]

   기초믿음은 그 정당성을 다른 어떠한 정보에도 의존하지 않는 믿음이다. 그러나 모든 지각적 믿음은 그 정당성을 우리 자신과 관찰 조건에 의존한다. 따라서 지각적 믿음은 기초믿음일 수 없다.

   레러의 책 원문을 참고하여 그가 이 논증의 세세한 부분을 어떻게 전개하는지 검토하고, 당신이 그에게 동의하는지 반대하는지 논의해 보라.
2. 당신은 비믿음 수준의 정당성 같은 것이 있다고 주장하는 토대론자의 신조에 동의하는가, 아니면 믿음은 언제나 적어도 그 정당성의 약간을 다른 믿음들로부터 도출해 낸다고 믿는 정합론자와 보조를 같이하는가? 한두 개의 논증을 구성하여 당신의 답을 옹호해 보라.
3. 당신은 지각적 믿음이 확실하다고 생각하는가? 당신이 "확실성"이란 용어를 어떤 의미로 사용하는지 설명함으로써 이 문제에 대한 논의를 시작해 보라.[35] 만일 확실한 지각적 믿음이 있다고 생각한다면, 예를 몇 개 제시하고 자세히 설명해 보라. 그리고 지각적 믿음이 확실할 수 없다고 생각한다면, 왜 확실할 수 없는지 설명해 보라.

| 주 |

1) 데카르트, 버트런드 러셀, 모리츠 슈리크, A. J. 에이어 등은 토대론자로 간주할 수 있다. C. I. 루이스는 1929년과 1946년에 명확하게 토대론을 옹호하는 글을 썼다. 현대 철학자 중에는 Audi(1988), (1993a), (1993b); Chisholm(1982), (1989); Foley(1987); Moser(1985), (1989)에서 토대론이 옹호되었다. 토대론에 대한 간단한 규정과 논의는 Alston(1992)을 볼 것.

2) 관련된 문헌들을 통해 볼 때 우리는 기초믿음에 대해 보편적으로 일치하는 정의를 찾을 수 없으며, 그래서 결과적으로 각 문헌은 제 자신의 해명을 토대로 논의를 전개해 나가고 있다. 따라서 기초믿음에 대한 이 책의 논의도 똑같은 원리를 토대론에 대한 논의의 지침으로 따를 것이다. 그래서 이 책에서 나는 나에게 가장 그럴듯해 보이는 기초믿음 개념을 살피게 될 것이다.

3) 물론 상황이 달라지면 (1)이 추리적 믿음이 되고 (2)가 비추리적 믿음이 될 수도 있다. 예컨대 바닥에 웅덩이가 있다는 사실로부터 그가 젖어 있다는 것을 추리할 수 있고, 비가 오는 것을 당신이 보기 때문에 비가 오고 있다는 것을 비추리적으로 알 수도 있다.

4) 만일 내가 보통의 상황에서 붉은 대상을 보고 있다면, 그 대상은 나에게 "붉게 보인다." 따라서 "x가 S에게 붉게 보인다"라는 표현을 사용할 때, 우리는 두 가지 존재, 즉 지각하는 주체 S와 지각되는 대상 x의 존재를 가정하고 있는 셈이다. 그렇지만 사실상 어떤 종류의 대상이 없는데도 그런 대상이 있는 것처럼 보이는 경험을 갖는 상황들이 있다. 그래서 실제로 지각되는 대상이 있는지 없는지의 문제가 미결로 남는 경험을 기술하는 방식으로 인식론자들은 "F-하게 보임"(being appeared to F-ly)이라는 표현을 사용한다. 따라서 S에게 붉게 보인다고 말할 때, 우리는 S에게 붉은 것으로 보이는 대상이 있는지의 문제는 미결로 남겨 둔다. 우리는 그저 S 앞에 붉게-보이는 대상이 있는 것 같은 경험을 S가 한다는 것만을 주장하고 있다. Chisholm(1977) 26면 이하.

5) 초콜릿을 먹고 싶다는 것을 믿지 않으면서 초콜릿을 먹고 싶은 욕구 경험을 어떻게 가질 수 있는지를 상상하기는 어렵지만, 그것이 그 욕구 경험과 그 믿음이 똑같은 것임을 의미하지는 않는다.

6) *Analytica Posteriora*, Book 1, 제1장, 제2장. 이 책에 제시된 논증은 그 책의

관련 구절들을 모아 재구성한 것이다.

7) 후퇴 논증들에 대한 간단하면서도 유익한 설명은 Post(1992)를 볼 것.

8) Sosa(1991) 167면 이하를 볼 것.

9) 후퇴 문제를 잘 조명해 주는 설명으로는 Armstrong(1973), 제11장과 Audi(1988), 83~86면을 볼 것.

10) 이런 식의 논증 전개의 예는 Chisholm(1977), 19면에서 찾아볼 수 있다. 치섬은 일단 후퇴가 시작되면 우리는 "무한히 계속하려고 할지 모른다.… 또는 우리는 악순환을 완성하려 하는 유혹에 빠질지도 모르겠다.… 그러나 만일 우리가 이성적 존재라면, 이런 것 중의 어떤 것도 하지 않을 것이다. 왜냐하면 우리는 소크라테스 식 물음이 적절한 정지 장소에 이르게 할 것이라는 것을 알기 때문이다"라고 쓰고 있다.

11) Plantinga(1993a), 69면을 볼 것.

12) Sosa(1991), 149면 이하와 173면 이하를 볼 것.

13) Audi(1993a), 209면; 또 (1988), 83면을 볼 것.

14) Lehrer(1990), 41면.

15) 이 답에 놀라서는 안 된다. 왜냐하면 토대론의 비판자가 기초믿음이 어떤 특징 F를 가져야 한다고 주장할 때 특징 F를 기초믿음들에 귀속시킨다는 바로 그 생각은 믿음들이 특징 F를 갖는다는 것이 불가능하므로 이떠한 기초믿음도 있을 수 없다고 결론짓는 것이기 때문이다.

16) 반사 관계란, 만일 두 대상 x와 y가 있는데 x가 y와 어떤 관계를 맺고 있다면, x가 제 자신과도 그 관계를 맺고 있는 그런 관계다. 예컨대 "똑같은 무게를 가진다"와 "똑같은 색깔을 가진다"라는 관계는 반사 관계다. 이와 달리 반반사 관계는 어떤 것이 제 자신에 대해 결코 성립시킬 수 없는 관계다. 예컨대 "~와 결혼하다"와 "~의 부모이다"라는 관계는 반반사 관계다.

17) 자기-창조 관념은 필연적 존재 관념과 구별되어야 한다. 신이 자신을 창조했다는 사실을 부정하는 것은 그가 필연적으로 존재한다는 사실을 부정하는 것이 아니다.

18) 이 점은 전달이 세 가지 것을 포함하는 사건, 즉 x가 y를 z에 전달한다는 사건임을 지적함으로써 진술할 수도 있다. 즉 전달이 일어나기 위해서는 전달자, 전달되는 어떤 것, 전달 수령자가 있어야 한다. 이 세 요소 가운데 어떤 것이 빠

진 사건이라면, 전달이란 있을 수 없다. Van Cleve(1985), 100면을 볼 것; 또한 Plantinga(1993a), 76면을 볼 것.

19) 의심불가능성에 대한 다른 대안의 정의들에 대해서도 이와 똑같은 노선을 따라 동일한 결론을 내리는 논증을 구성할 수 있다.

20) 확실성에 대한 이 정의는 Chisholm(1977), 10면에 제시된 치섬의 확실성 개념에 기초를 두고 있다. 다른 대안의 정의들에 대해서도 비슷한 논증을 구성할 수 있다.

21) Sosa(1991), Introduction을 볼 것.

22) 아마 대부분의 사람과 마찬가지로 내게는 이 능력이 없다. 그렇지만 그것은 각을 세어 보지 않고 십이각형을 알아볼 수 있는 사람이 있을 수 없다는 것을 의미하지 않는다. Oliver Sacks(1987)는 수들을 "볼" 수 있는 쌍둥이 사례를 보고하고 있는데, 정작 그 자신은 이를 의심하고 있다. 그는 다음 에피소드를 이야기한다. "책상 위에 있던 성냥갑이 떨어져 그 내용물들이 바닥으로 흐트러졌다. '111개비' 하고 두 사람 모두 동시에 외쳤다. … 성냥개비를 세어 보았는데—시간이 꽤 걸렸다—111개비였다. '어떻게 그렇게 빨리 셀 수 있지요?' 하고 내가 물었다. '센 것이 아닙니다. 111을 보았을 뿐이죠' 라고 그들은 말했다."(199면).

23) Armstrong(1973), 제12장, 제13장을 볼 것.

24) 내재주의-외재주의 구별에 대한 설명은 제4장, 84면을 볼 것.

25) 내 자신이 붉다는 색깔을 분간하는 데 신빙성이 있다고 여기는 증거는 무엇인가? 글쎄 붉은 대상들 예컨대 토마토, 코카콜라 캔, 페라리 등이 포함하는 언급대상의 공통 틀 같은 것이 있다. 내 자신이 붉은 대상들을 확인하는 일은 이 틀과 정합한다. 다른 사람들이 붉은 것으로 간주하는 것을 나도 붉은 것으로 간주하며, 그 역도 마찬가지다. 이 사실은 내 자신이 붉음에 대한 신빙성 있는 분간자라고 여길 훌륭한 이유를 제공한다.

26) Pollock(1986), 59면 이하를 볼 것.

27) 다른 전제, 이를테면 "만일 나에게 F-하게 보인다면, 내 앞에 F인 붉은 대상이 있다"라는 전제를 추가하면 연역적으로 타당한 논증을 얻을 수 있다. 그렇지만 그런 논증은 어떤 것이든 그른 전제를 포함하게 될 것이며, 이 사실은 그런 논증이 건전한 논증이 될 수 없다는 것을 의미한다.

28) Chisholm(1989)에서 자기-현시(self-presentation)에 대한 치섬의 설명,

Alston(1989)에서 자기-보증에 대한 올스턴의 설명, Moser(1989)에서 주어진 것에 대한 모저의 설명을 볼 것.

29) "고양이처럼 보임"이라는 표현은 "F-하게 보임"의 특수한 경우다. 주 4)를 볼 것.

30) 이 노선을 따르는 논증은 Pollock(1986), 61면 이하를 볼 것.

31) 증거의 파기 개념에 대해서는 1장, 12면 이하를 볼 것.

32) 전 토대론자의 이론 속의 정합론적 요소에 대해서는 Chisholm(1989), 69면 이하와 (1977), 82면 이하를 볼 것.

33) 치섬과 오디는 이러한 연구 방식의 대표자다. Audi(1988), (1993b)를 볼 것.

34) Lehrer(1990), 64면.

35) 이 대목에서 당신은 Firth(1967)와 Klein(1992a)을 참고하고 싶어 할 수도 있다.

제 6 장 | 정합론

노이라트의 은유

토대론의 이론적 대안인 정합론을 지지하게 되는 근본 이유는 지식과 정당화가 기초믿음이라는 토대에 의존하고 있다는 견해를 거부하는 일에서 비롯된다. 지식과 정당화가 토대에 의존하고 있다는 견해에 따르면, 정당화 논거들의 무한 후퇴도 순환 사슬도 믿음을 정당화할 수 없다. 그래서 토대론자는 정당화되는 믿음들이 있다면 기초믿음도 있어야 한다고 믿는다. 그렇지만 정합론자는 믿음을 정당화하는 것은 언제나 이런저런 다른 믿음들이어야 한다는 사실을 근거로 어떤 믿음이 기초믿음이 된다는 것이 불가능하다고 주장한다. 그러면 논거의 무한 후퇴를 통해 우리의 믿음을 정당화할 수 없다고 주장하는 점에서는 정합론자가 토대론자와 일치하므로, 정합론자는 어떻게든 순환적 정당화라는 생각, 즉 정당화 과정의 근거라고 할 수 있는 어떤 토대나 기초 없이 믿음들이 서로를 정당화한다는 생각을 의미 있는 것으로 만들어야 한다. 처음으로 정합론을 옹호한 철학자 가운데 한 사람인 오토 노이라트(O. Neurath)는 이 상황을 다음과 같이 표현했다. "우리는 자신이 탄 배를 망망대해에서 다시 개조해야 하는 선원과 같다."[1)]

노이라트의 은유를 의미 있는 것으로 만들려면 인식론의 서로 다른 두 가지 기획, 즉 이론적 기획과 실용적 기획이 있다는 것을 기억해야 한다. 인식론자들은 지식이나 정당화 개념에 관한 물음, 즉 "이 개념들의 의미는 무엇인가?" "이 개념들의 적용 기준은 무엇인가?" "이 개념들의 외연의 범위는 어디까지인가?"와 같은 물음에 관심이 있다. 그러나 인식론자들은 또한 자신의 믿음체계를 평가하고, 필요하면 그걸 수정하는 일에도 관심을 보인다.[2] 노이라트의 은유는 흔히 이 두 번째 기획에 적용되는 것으로 해석된다.

우리가 인식론자로서 적절한 정당화 표준이라고 여기는 것에 의거해 우리 믿음들을 평가한다면, 우리 믿음들 가운데 어떤 믿음은 거부하고 다른 어떤 믿음은 채택하는 식으로 우리가 믿는 것에 변화를 줄 이유를 발견할지도 모른다. 이것은 노이라트의 은유로는 우리 배가 흠 없는 새 판자로 바꿀 필요가 있는 썩은 판자를 어느 정도 포함하고 있다는 것을 발견할지도 모른다는 것을 의미한다. 만일 토대론이 옳다면, 우리는 그저 배를 망망대해에서 옮겨와 건선거에 정박시킨 다음, 내내 굳은 땅에 견고하게 붙잡아 놓은 채로 밖에서 검사할 수 있을 것이다. 그러나 토대론이 그르므로 우리는 그런 일을 할 수 없다. 우리는 망망대해를 떠날 수 없는데, 이 말은 우리가 우리 믿음체계 밖으로 나갈 수 없다는 뜻이다. 만일 어떤 믿음들—우리 배를 이루는 판자들—을 거부하고 어떤 믿음들을 보유하고 싶어 하는지 결정하고자 한다면, 우리는 우리의 전체 믿음체계를 검사할 수 있게 해주는—굳은 땅에 자리 잡은 건선거에 들어가는—외부의 관점을 가정할 수 없다. 오히려 우리가 할 수 있는 일은 우리가 믿는 그 밖의 것에 의거해 의심스러운 생각이 드는 개별 믿음을 평가하는 것 말고는 아무런 선택의 여지도 없이—말하자면 바다 위에 떠 있는 채로—우리의 믿음체계 내부에서 검사하는 것뿐이다.

노이라트 은유의 요점은 우리가 우리의 믿음을 평가하고 적절한 변화를 가하려 할 때 우리 믿음의 범위에서 빠져나올 출구가 없다는 것이다. 그러나 이 사실은 우리 믿음체계를 변화시키려는 실용적 기획뿐만 아니라 정당화되는 믿음들을 정당화되게 만드는 것이 무엇인가를 확인하려는 이론적 기획에도 영향을 미친다고 정합론자는 논증할 것이다. 왜냐하면 만일 우리가 믿음들의 망망대해에 있는 선원과 같다면, 어떤 믿음의 정당성은 오로지 다른 믿음들로부터만 도출될 수 있을 것이기 때문이다. 따라서 정합론자는 인식적 순환성—믿음들이 서로 정당화한다는 관념—이 결국 그리 나쁜 관념이 아니라고 주장한다. 로렌스 반주어(L. BonJour)가 적절하게 표현한 것처럼, "토대론과 실제-무한-후퇴 입장〔실제 무한 후퇴가 정당성을 산출할 수 있다는 입장〕을 모두 거부하고 나면, 정합론자는 … 경험적 정당화의 후퇴가 순환적으로 진행된다고 주장해야 한다."[3)]

정합론과 순환

순환적 정당화는 정당화하는 믿음들의 순환 범위가 충분히 크다면 아마 훌륭한 정당화일 것이라고 정합론자는 말한다.[4)] 그러나 순환의 크기가 정당화 능력에 어떻게 영향을 미치는지는 다소 신비스럽다. 작은 순환을 통해 믿음을 정당화할 수 없다는 데 동의한다면, 큰 순환은 어째서 정당화할 수 있다고 가정해야 할까?

대규모 순환에 관심을 갖기 전에 애초에 순환적 정당화 관념을 못마땅하게 생각하는 이유가 어떤 것이 있는지 생각해 보자. 순환에 반대하는 논증은 두 전제에 의존한다. 첫째, 자기-정당화는 불가능하다. 즉 믿음은 제 자신을 정당화하는 것(justifier)일 수 없다. 또는 제 자신의 정당성에 기여할 수 없다.[5] 둘째, "x는 y를 정당화하는 것이다"라는 관계는 이행적 관계다. 그래서 임의의 세 믿음 B1, B2, B3에 대하여 만일 B1이 B2를 정당화하는 것이고, B2가 B3을 정당화하는 것이라면, B1은 B3을 정당화하는 것이다.[6] 이제 논증이 어떻게 진행되는지 살펴보기 위해 세 믿음 B1, B2, B3을 생각하고, 이 세 믿음이 작은 순환의 정당화 사슬을 형성한다고 가정하자.

> B1은 B2를 정당화하고, B2는 B3을 정당화하며, B3은 B1을 정당화한다.

이제 만일 "x는 y를 정당화하는 것이다"의 이행성을 주장하는 두 번째 전제를 고려한다면, 우리는

> B1은 B1을 정당화하는 것이다[7]

를 얻게 된다. 그러나 첫 번째 전제는 믿음이 제 자신의 정당성에 기여할 수 없다고 말하고 있다. 그래서 B1이 제 자신을 정당화하는 것이 된다는 건 불가능하다. 따라서 B2와 B3 외에 B1을 정당화하는 또 다른 믿음이 있거나 또는 B1의 정당성이 신비스러운 채로 남거나 둘 중 하나다.

이 논증은 아무리 규모가 큰 순환이라 할지라도 모든 순환에 적용된다. 그러므로 단순히 정당화 순환에 포함되는 믿음의 수를 늘리는 것만으로는 순환의 주요 문제—순환적 추론은 자기-정당화를 무너뜨린다는 문제—를 피하지 못한다고 결론지어야 한다. 따라서 논거들의 순환 사슬을 통해 정당화되는 믿음 같은 것은 있을 수 없다.[8]

이 결과를 정합론자가 순환성에 언질을 주고 있다는 반주어의 진술과 어떻게 조화시킬 수 있을까? 반주어가 지적한 것처럼, 정합론의 주장을 공정하게 경청하기 위해서는 후퇴 문제가 발생하는 단선적 개념 틀을 전체론적 정당화 개념으로 대치시켜야 한다. 방금 살펴본 논증에 대한 응답으로 반주어는 다음과 같이 말하고 있다.

> 겉보기에 정합론을 무너뜨리는 것처럼 보이는 이 논증의 암묵적이지만 결정적인 가정은 추리적 정당화가 본질적으로 성격상 단선적이라는 생각, 즉 추리적 정당화가 인식적 선행 관계에 의해 순서가 정해진 일차원적 믿음 두름을 포함한다는 생각인데, 이 인식적 선행 관계에 따라 추리 연결에 의해 믿음 두름의 앞 믿음에서 뒷 믿음으로 인식적 정당성이 옮겨진다. 무엇보다도 후퇴 문제를 발생시키는 것은 바로 이 단선적 정당화 개념이다. 〔따라서 정합론자는〕 단선적 정당화 개념을 통째로 거부해야 한다.[9]

정합론자가 단선적 개념 자리에 대치시켜야 하는 것은 반주어 말로는 다음과 같은 견해다.

> 정당화는 본질적으로 성격상 체계적 또는 전체론적이다. 그래서 믿음들은 정합성 있는 체계의 전체 맥락 속에서 다른 믿음들과 추리에 의해 관계가 맺어짐으로써 정당화된다.[10]

앞 장에서 지적했던 것처럼, 만일 특정 믿음의 정당성이 그 믿음과 그 믿음이 속한 믿음체계 사이의 관계로 간주된다면, 후퇴 문제는 처음부터 아예 발생하지 않을 것이기 때문에 그 해결책을 찾을 필요가 없다. 특정 믿음 B를 생각해 보라. B가 정당화되는지 여부는 B가 정합성 있는 어떤 믿음체계의 원소 자격을 가지고 있는지 여부에 달려 있다고 정합론자는 말할 것이다. B가 그런 자격을 갖고 있지 않다고 해 보자. 이 경우에는 어떠한 후퇴 문제도 발생하지 않는다. 이번에는 B가 그런 자격을 가지고 있다고 해 보자. 그 경우에 B에 정당성을 부여할 후보가 되는 것은 특정 개별 믿음들—이를테면 B*, B** 등—이 아니라 오히려 B가 한 원소로 속해 있는 전체 믿음체계인데, 이 체계의 정당성은 다시 정합성에 의해 산출된다. 그래서 이 경우에도 후퇴 문제는 어쨌든 일어나지 않는다.[11)]

물론 특정 믿음의 정당성을 그 믿음이 정합성 있는 믿음체계의 원소라는 말로 설명한다면, 우리는 믿음체계가 정합성을 지니기 위해 정확히 어떤 조건들을 충족시켜야 하는지 알고 싶을 것이다. 이러한 의문으로 인해 이제 우리는 다음 주제 즉 "정합성을 이루는 요소들은 무엇인가?"라는 물음을 살피게 된다.

추정상의 정합성 요소들

이 절은 믿음체계의 정합성에 기여하는 세 가지 가능한 요소, 즉 (1) 논리적 함의(entailment) 관계, (2) 논리적 무모순성(logical consistency), (3) 설명적 관계(explanatory relation)에 대해 논의할 것이다.

만일 B1이 옳은데 B2가 그르다는 것이 불가능하다면, 그리고 오직 그 경우에만 믿음 B1은 믿음 B2를 논리적으로 함의한다. 그러면 어떤 믿음체계의 정합성은 그 원소들이 서로를 논리적으로 함의하는 정도에 따라 증가되는가? 얼핏 보기에 "그렇다"는 답이 그럴듯해 보인다. 어쨌든 내 믿음들 사이에 논리적 함의 관계가 많이 성립하면 할수록 그 믿음들은 서로 잘 짜이는 것처럼 보인다.[12] 그렇지만 다음 고찰은 "아니다"라는 답이 옳다는 걸 강하게 시사한다. 만일 논리적 함의 관계가 정합성을 산출할 수 있다면, 어떤 체계든 그 체계의 정합성을 산출하는 데에는 연역 논리를 이용할 수 있다. 당신이 다음 두 믿음을 지니고 있다고 해 보자.

(1) A
(2) B

'Q'가 '만일 P라면 Q'를 논리적으로 함의한다는 건 논리학의 법칙이므로 연역 논리학은 당신이 다음 두 명제를 믿을 자격이 있다고 말해 준다.

(3) 만일 A라면, B.
(4) 만일 B라면, A.

만일 논리적 함의 관계가 정합성을 산출할 수 있다면, 우리는 이제 다음 논리적 함의 관계들에 의해 고도의 정합성을 지니는 작은 믿음 체계를 살펴보고 있는 셈이다.

(i) (1)은 (4)를 논리적으로 함의한다.
(ii) (2)는 (3)을 논리적으로 함의한다.
(iii) (1)과 (3)은 (2)를 논리적으로 함의한다.
(iv) (2)와 (4)는 (1)을 논리적으로 함의한다.

이러한 방책은 계속해서 반복해 사용할 수 있으므로, 당신은 원래 당신의 믿음 더미에 당신 머리를 스치는 믿음은 무엇이든 추가시킬 수 있으며, 그럼으로써 당신이 바라는 크기와 풍부성을 지닌 꽉 짜인 믿음체계를 얼마든지 만들어 낼 수 있다. 이런 식으로 연역 논리를 이용하게 되면, 어떠한 체계라도 정합성 있는 체계로 만들 수 있는데, 이 체계가 아무리 불합리하고 정당화될 수 없는 것이라 하더라도 그렇다. 이 사실은 믿음체계의 내적인 논리적 함의 관계가 그 체계의 정합성에 기여하지 못한다는 걸 강하게 시사한다.[13]

계속해서 **무모순성**에 대해 살펴보자. 믿음체계 {B1, B2, … Bn}은 그 체계의 모든 원소가 옳다는 것이 가능하다면, 그리고 오직 그 경우에만 무모순적이다. 이 경우에 문제는 무모순성이 정합성의 필요조건이고, 그래서 정합론에 따를 때 정당성의 필요조건이라는 의미에서 정합성의 한 요인이 되는지 하는 것이다. 즉 우리는 무모순성을 결여한 믿음체계가 필연적으로 정당성을 결여한 믿음체계인지 물어야 한다. 만일 그런 체계가 아니라면, 정합론자는 모순적인 믿음체계조차도 정합성을 지닐 수 있다고 결론지어야 할 것이다.

그런데 정합성을 결여하고 있으면서도 정당화되는 믿음체계를 상상한다는 건 그리 어렵지 않다. 다음 두 명제를 생각해 보라.

P1 만일 두 모래알 집단이 수적으로 모래알 한 개만 차이가 있다면, 두 집단은 둘 다 모래 더미이거나 둘 다 모래 더미가 아니다.

P2 만일 어떤 모래알 집단이 단 한 개의 모래알만 포함한다면, 그 집단은 모래 더미가 아니다.

P1과 P2는 서로 모순이다. P1이 옳으면 P2는 그르다.[14] 그렇지만 당신이 P1과 P2를 믿는 일이 둘 다 정당화되는 상황을 상상할 수 있는데, 왜냐하면 두 믿음 사이에 성립하는 모순 관계가 우리가 즉각 파악할 수 있을 정도로 분명한 것이 아니기 때문이다. 그래서 두 믿음 사이의 모순 관계를 발견하는 데는 약간의 생각과 재능이 필요하다. 그러한 모순 관계를 깨닫지 못하는 사람은 두 명제를 믿는 일이 모두 충분히 정당화될 수 있는 것이다.

모순적이지만 정당화되는 믿음들 집합의 유명한 예는 프레게가 말하는 산술학의 기본법칙들이다. 프레게는 이 법칙들을 길고 조심스러운 연구의 결과로 내놓았다. 그럼에도 불구하고 버트런드 러셀이 이 법칙들이 모순을 포함한다는 사실을 증명하는 편지를 보내기까지는 그는 그런 모순이 포함되어 있다는 사실을 깨닫지 못했다. 이 예와 관련하여 문제가 되는 것은 다음과 같다. 우리는 프레게가 제시한 법칙들에 대한 그의 믿음이 단지 서로 간에 모순적이라는 이유만으로 정당화되지 않는다고 말할 수 없다. 만일 프레게가 부주의하거나 성급해서 모순성을 간과했다면, 그때는 우리가 그가 그 법칙들을 믿는 일이 정당화된다는 사실을 부정할 이유가 있다고 할 수 있을 것이다. 그렇지만 그런 이유가 없는 경우에는 그 법칙들에 대한 프레게의 믿음이 정당화된다는 걸 인정해야 한다.[15] 따라서 만일 어떤 믿음의 정당성이 그 믿음과 다른 믿음들과의 정합성의 함수라면, 무모순성은 정합성의 필요조건이 아니라고 결론지을 수밖에 없다.[16]

마지막으로 믿음체계가 그 원소들 사이의 설명적 관계와 어떻게 관련되어 있는지 하는 문제를 살펴보자.[17] 레러나 반주어 같은 정합론자는 어떤 믿음체계의 원소들은 그 믿음체계가 그들이 "설명적 정합성"이라 부르는 것을 더 많이 보이면 보일수록 더 잘 정당화된다고 주장한다. 믿음은 다른 믿음들을 설명하거나 다른 믿음들에 의해 설명됨으로써 설명적 정합성을 가질 수 있다. 다음 세 믿음을 생각해 보라.

(5) 그는 못을 맞히지 못하고 자신의 엄지손가락을 내리쳤다.
(6) 그는 욕설을 퍼부으면서 의자를 걷어찼다.
(7) 그는 술 취했다.

(5)는 (6)을 설명한다. 그는 못을 맞히지 못하고 엄지손가락을 내리쳤기 때문에 욕설을 퍼부으면서 의자를 걷어찼던 것이다. 또 (5)는 (7)에 의해 설명된다. 그래서 그가 못을 맞히지 못하고 엄지손가락을 내리친 이유는 그가 술에 취해 있었기 때문이다.[18] 정합론자는 (5)의 인식적 격위가 (5)가 다른 믿음들을 설명하고 다른 믿음들에 의해 설명된다는 사실 때문에 증강된다고 말할 것이다.

그러면 믿음이 정당화되기 위해서는 그 믿음이 다른 믿음들과 설명적 관계를 맺어야만 하는가? 답은 "아니다"인 것 같다. 예컨대 다음 특징들을 갖춘 상황을 상상해 보자. 첫째, 당신은

(8) 나는 신경질이 나 있다

를 믿는다. 둘째, 당신이 (8)을 믿는 일은 정당화된다. 셋째, 당신은 (8)을 설명하거나 (8)에 의해 설명되는 것이 아무것도 없다고 믿는다. 이러한 상황과 관련하여 우리는 당신의 신경질에 대한 설명이 없다고 가정하지 않는다. 단지 우리는 당신이 그 설명이 무엇인지에 대해 전혀 모르고 있을 뿐이라고 상상하고 있다. 정합론자가 그러한 상

황이 불가능하다는 것을 납득시킬 수 없는 한, 우리는 설명적 정합성이 정당성의 필요조건이 아니라고 결론지을 수밖에 없다.

한편 비록 설명적 정합성이 정당성의 필요조건은 아니라 할지라도, 그래도 설명적 정합성은 믿음의 정당성을 더하거나 증가시키는 것이라는 주장이 있을 수 있다. 이 주장을 거부할 분명한 이유가 없긴 하지만, 이 주장은 훌륭한 설명과 그렇지 못한 설명이 있다는 사실로부터 문제가 제기된다. 훌륭한 설명과 그렇지 못한 설명을 어떻게 구별해야 하는가? 다음 믿음들을 비교해 보자.

(9) 나는 내 고양이가 울고 있다고 믿는다.
(10) 내 고양이가 울고 있다.
(11) 사악한 악마가 나로 하여금 내 고양이가 울고 있다고 믿도록 만든다.

(10)은 (11)보다 (9)에 내해 더 나은 설명이라는 생각이 든다. 하지만 왜 그럴까? 어떤 근거로 (11)보다 (10)을 선호할 수 있는가? (11)의 터무니없음으로 인해 이 문제는 진지한 문제로 여겨지지 않는 것 같다. 하지만 어쨌든 (10)과 (11)이 설명될 수 있는 방식을 각각 비교한다면, 우선권은 악마론에 의거한 설명보다는 고양이의 소화 과정에 의거한 과학적 설명에 주어져야 하는 것처럼 보인다.

그러나 훌륭한 설명과 나쁜 설명을 구별하는 문제를 과소평가하면 안 되는데, 대안의 설명들이 (11)만큼 부자연스러운 설명일 필요가 없기 때문이다. 그래서 리처드 퓨머턴(R. Fumerton)은 "최대의 설명력과 단순성을 가지고 있으면서 직관적으로 그럴듯하지 않은 믿음체계의 예를 원한다면, 버클리의 지각 이론을 보라"[19]고 말한다. 퓨머턴의 요점은 이것이다. 세계란 물리적 대상들의 집단이라고 보는 우리의 일상적인 상식적 세계관은 (비회의적인 과학-정향적 관점을 가정하면) 정당화되는 반면에, 세계를 비물질적 관념들의 집단으로 보는 버클리의 세계관은 정당화되지 않는다. 하지만 설명적 정합성에 관한 한 우리의 과학적 세계관은 버클리의 비물질주의를 물리치지 못한다.

그렇지만 이 반론의 힘이 과장되어서도 안 된다. 이 반론은 어떤 설명을 다른 설명보다 더 나은 설명으로 만드는 것이 무엇인지 설명하는 일이 쉽지 않다는 점을 분명히 해 준다. 또 이 반론은 정합성에 설명적 관계 이상의 것이 있어야 한다는 것을 보여 준다. 그렇지만 이 반론은 믿음들 사이의 설명적 관계가 믿음체계의 정합성에 기여할 수 있다는 생각을 폐기할 강력한 이유를 제공하지는 않는다.

레러와 반주어는 둘 다 설명적 관계를 정합성의 구성 성분으로 생각한다.[20] 하지만 유감스럽게도 그들이 실제로 정당화 정합론이 어떻게 작동하게 되어 있는지를 세세하게 설명할 때는 설명적 정합성이 그림에서 빠져 버린다. 대신 그들은 파기가능성과 수준 상승(level ascent) 또는 상위 정당화(metajustification)에 의거하여 정합성이 결국 무엇과 같은 것인지에 대한 설명을 제시한다. 그러면 이제 레러와 반주어 이론에서 믿음체계의 정합성이 어떤 모양과 형식을 가정하는지 검토해 보기로 하자.

승인에 관한 레러의 견해

레러 이론을 제대로 이해하려면 그의 승인 개념부터 살펴보아야 한다. 다른 인식론자들과 달리 레러는 자신의 분석 대상을 "S가 p라고 믿는 일이 정당화된다"가 아니라 "S가 p라고 승인하는 일이 정당화된다"로 간주한다. 레러에 따르면, 모든 믿음이 승인은 아니지만 모든 승인은 믿음이다. 그래서 레러는 승인을 믿음의 부분집합으로 간주한다.[21)]

승인과 믿음을 구별시켜 주는 것은 다음과 같다. 즉 승인은 언제나 "우리가 승인하는 것에서 진리를 얻고 오류를 피하려는 관심"에서 형성되는 반면에, 믿음은 진리를 얻고 오류를 피하려는 관심에서 언제나 형성되는 것이 아니다.[22)] 어떤 명제를 믿는 일의 목표는 진리 달성이 아니라 오히려 유용함, 행복, 또는 도덕적 의무의 충족일 수도 있기 때문이다. 그래서 그런 경우에는 언제나 믿음은 승인이 되지 못한다.

더 나아가 레러는 승인을 기능적 상태로 생각한다. 그는 다음과 같이 말한다.

> 승인은 특수한 종류의 역할, 즉 우리가 사고하고 추리하고 행위할 때 기능적 역할을 하는 종류의 정신 상태다. 어떤 사람이 p라는 것을 승인하면, 그는 p의 진리성을 가정한 상태에서 어떤 추리들을 이끌어 내고 어떤 행위들을 하게 될 것이다. 따라서 만일 어떤 사람이 p라는 것을 승인한다면, 그는 적절한 상황에서 p라는 것을 긍정하거나 인정하려 할 것이다.[23)]

레러가 이 인용구를 통해 전달하고자 하는 바를 이해하기 위해 기능적 상태로서의 고통에 대해 생각해 보자. 기능적 상태란 어떤 상태가 입력과 출력에 대해 맺고 있는 인과 관계에 의해 정의된다. 예컨대 당신에게 고통을 야기하는 입력은 망치가 당신의 엄지손가락을 내리친 사건(당신은 목표했던 못을 맞히지 못했다)일 것이며, 당신이 고통 중에 있게 된 사건의 출력은 욕설을 퍼붓고 의자를 걷어찬 행위일 것이다. 고통에 관해 기능주의자인 사람은 물리적 손상이나 외상 같은 입력 때문에 발생하여 우리가 고통 행위라고 생각하는 것(신음하는 일, 욕설을 퍼붓는 일, 움츠리는 일 등)을 출력으로 내놓는 어떤 상태가 고통 중에 있음이라는 상태라고 말할 것이다.

마찬가지로 승인에 관해 기능주의자인 사람은 어떤 유형의 입력으로부터 발생하여 추리나 행위들로 자신을 출력시키는 어떤 정신 상태가 어떤 것을 승인함이라는 상태라고 말할 것이다. 당신이 초인종 소리를 듣는다고 해 보자. 이 청각 경험은 당신으로 하여금 초인종이 울리고 있다고 승인하는 상태를 가져오게 하는 입력이다. 그 다음에 당신은 누군가가 밖에 있다고 추리하고, 나가서 문을 열어 준다. 이 추리와 이 행위는 초인종이 울리고 있다고 승인하는 일의 출력이다.

승인에 대한 레러의 기능주의적 분석은 다음 문제에 직면한다. 즉 기능주의자의 연구 방식에 본질적인 요소는 승인의 내용이 오로지 입력 및 출력으로 기능하는 것들과 승인 사이에 맺어지는 관계의 결과라는 점이다. 문제는 입력 및 출력 관계가 승인의 내용을 완전히 결정하는가 하는 것이다.[24] 당신이 동네 식품점에서 사과를 사고 있고, 이제 막 그 사과들을 비닐봉지에 넣고 있다고 해 보자. 여기서 입력은 촉각과 시각 경험들에다가 사과에 관한 당신의 배경 믿음들 형태로 나타나는 반면에, 출력은 어떤 유형의 행위, 이를테면 사과가 있는 곳으로 걸어가 비닐봉지를 열고 사과를 담아서 당신의 짐수레에 싣는 행위 등으로 이루어진다. 이때 해당 승인은 "이것들은 사과다"라는 것이고, 이 승인은 (1) 당신의 현재 감각 경험과 배경 믿음들에 의해 야기되고 (2) 방금 기술한 행위를 유발하는 기능적 역할을 한다. 그렇지만 이 기능적 역할만으로 당신이 승인하는 것의 특정 내용을 결정하는 데 충분한가?

그렇지 않은 것처럼 보인다. 오히려 넓은 범위의 다른 승인들, 이를테면 "이것들은 녹색 사과다" "이것들은 멋진 녹색 사과다" "이것들은 멋지고 큰 사과다" 또는 아마도 "이것들은 장수산 사과다"도 똑같은 기능적 역할을 허용하는 것처럼 보인다. 따라서 레러 기능주의의 문제는 다음과 같다. 즉 승인의 내용을 오로지 다른 정신적인 것들 및 비정신적인 것들과 승인 사이에 맺어지는 관계의 기능으로만 간주함으로써 승인에 대한 그의 설명은 승인의 특정 내용을 결정하는 내적 특성, 즉 질적 또는 비관계적 특성을 무시한다.

이 반론은 레러가 말하는 승인과 믿음의 관계에 대해서도 의심을 불러일으킨다. 레러에 따르면, 승인은 믿음의 부분집합이다. 하지만 입력과 출력 관계를 가지고 승인의 내용을 충분히 결정하지 못한다는 말이 사실이라면, 어떤 승인들은 믿음이 아니라는 결론이 따라 나온다. 다음 두 상황을 생각해 보라. 첫째로 당신은

(1) 이것들은 멋진 녹색 사과다

라고 믿지만

(2) 이것들은 멋진 큰 사과다

라고는 믿지 않는다. 두 번째 상황에서는 당신이 (2)는 믿지만 (1)은 믿지 않는다. 두 상황 모두에서 입력과 출력 조건이 동일하다고 가정하는 것이 그럴듯한가? 즉 방금 지적된 대로 다른 믿음 상태에 있지

만, 그 밖의 것은 당신이 겪는 지각 경험, 당신이 이끌어 내는 추리, 사과에 관한 당신의 배경 믿음들, 그리고 당신의 행위가 두 상황 모두에서 똑같은 그런 두 상황을 상상할 수 있을까? 적어도 그러한 상황 짝이 있을 수 있다는 것을 부정할 분명한 이유는 없다.[25] 그러면 첫 번째 상황은 당신이 (2)를 승인하지만 믿지 않는 상황일 것이고, 두 번째 상황은 당신이 (1)을 승인하지만 믿지 않는 상황일 것이다. 어느 쪽이든 믿음이 아닌 승인이 있게 될 것이다. 따라서 만일 그러한 상황 짝이 가능하다고 믿는다면, 우리는 레러가 주장했던 것과 달리 승인이 믿음의 부분집합이 아니라고 결론지어야 한다. 모든 승인이 믿음이 아니라고 결론짓는 데 대한 또 다른 이유들은 나중에 보게 될 것이다.

경쟁 주장을 물리침으로서의 정합성

승인이란 말로 레러가 무엇을 의미하는지 검토하고 난 다음, 이제 그가 정합성의 내적 기제를 어떻게 이해하고 있는지에 초점을 모아야 한다. 레러에 따르면, 나의 믿음은 그가 나의 "승인체계"라 부르는 것, 즉 내가 승인하는 모든 명제들의 집합과 정합할 경우에, 그리고 오직 그 경우에만 정당화된다. 일반적인 말로 표현하면, 시간 t에서 어떤 사람 S의 승인체계는 "S가 t에 p라는 것을 승인한다" 형식의 모든 옳은 명제들의 집합이다.[26] 그렇다면 레러는 정합성을 어떤 특정 믿음 대 관련된 승인체계 사이의 관계로 생각한다.

이 관계에 대한 레러의 분석은 필요조건 형태의 두 가지 핵심 요소를 포함한다. 첫 번째 요소에 따르면, p에 대한 나의 승인은 p가 자신과 경쟁하는 모든 명제를 이길 경우에만 내 승인체계와 정합한다. 두 번째 요소에 따르면, p에 대한 나의 승인이 내 승인체계와 정합하기 위해서는 나는 p에 대한 나의 승인이 신뢰할 만한 원천(trustworthy source)에 기초를 두고 있다는 것을 승인해야 한다. 이 절에서는 우선 첫 번째 조건을 다루고, 두 번째 조건은 다음 절에서 다루기로 하자.

레러에 따르면, 어떤 명제가 그 경쟁 주장들과 경쟁하여 이길 때 그 명제는 그 경쟁 주장들을 물리치는 것이다. 그렇지만 어떤 의미에서 어떤 명제가 다른 명제와 "경쟁한다"고 할 수 있을까? 당신이 어떤 명제들을 승인해야 할 것인지 숙고할 때, 명제들은 승인됨이라는 격위를 놓고 다투는 경쟁자들로 당신에게 나타난다. 그러면 당신이 자문해야 하는 문제는 그 명제들 가운데 어떤 것이 승인할 만한 가치가 있고 어떤 것이 승인할 만한 가치가 없는가 하는 것이다. 예컨대 당신이 고양이가 한 마리 있는데, 바로 당신 앞에서 그 고양이를 보고 나서 당신이

(1) 나는 내 앞에 있는 고양이를 본다

를 승인해야 하는지, 아니면 대신에

(2) 나는 내 앞에 고양이가 있다는 환상을 갖고 있다

를 승인해야 하는지 자문하고 있다고 해 보자. (2)는 (1)의 경쟁 주장이며, 그 역도 마찬가지다. (왜냐하면 실제로 당신 앞에 있는 고양이를 볼 경우에 당신은 당신 앞에 고양이가 있다는 환상을 갖고 있는 것이 아니고, 고양이 환상을 볼 경우에는 당신이 당신 앞의 고양이를 보는 것이 아니기 때문이다.) 그러면 당신이 직면한 문제는 (1)을 승

인하는 것이 더 합리적인가, 아니면 (2)를 승인하는 것이 더 합리적인가 하는 것이다. 레러는 이 물음에 대한 답이 당신의 승인체계에 달려 있다고 말할 것이다. 당신이 또한 다음 명제들을 승인한다고 해보자.

(3) 나는 어떤 환각 물질도 복용하지 않았다.
(4) 내 현재 경험으로는 어떠한 환각 징표도 없다.[27)]

(3)과 (4)를 승인한다는 사실이 주어지면, 당신은 (2)를 승인하는 것보다 (1)을 승인하는 것이 더 합리적이다. 그렇지만 만일 당신의 승인체계가

(5) 나는 한 시간 전에 LSD를 복용했다
(6) LSD는 나에게 고양이 존재에 대한 환각을 유발하는 경향이 있다
(7) 나는 거실에 있으며, 전혀 고양이를 가지고 있지 않다

를 포함한다면, 당신은 (1)을 승인하는 것보다 (2)를 승인하는 것이 더 합리적일 것이다. 레러에 따르면, 경쟁하는 두 명제 가운데 어느 것이 당신의 승인체계와 정합하는가는 당신의 승인체계에 비추어 당신이 두 명제 가운데 어느 것을 승인하는 것이 합리적인가에 의해 결정된다. 따라서 그는 당신의 승인체계가 (3)과 (4)를 포함하면 (1)이 당신의 승인체계와 정합하고, (5), (6), (7)을 포함하면 (2)가 당신의 승인체계와 정합한다고 말할 것이다. (3)과 (4)를 포함하는 승인체계를 체계 A라 하고, (5), (6), (7)을 포함하는 승인체계를 체계 B라

하기로 하자. 레러는 체계 A에 비추어 보면 (1)이 (2)를 물리치고, 체계 B에 비추어 보면 (2)가 (1)을 물리친다고 말할 것이다.

그렇다면 레러는 "경쟁 주장을 물리침"을 정합성의 본질적 요소로 간주한다. 그의 설명에 따르면, 어떤 명제 p가 당신의 승인체계와 정합하려면 p는 당신이 승인하는 모든 경쟁 명제를 물리쳐야 한다.[28]

신뢰성(trustworthiness)

레러 정합론의 두 번째 핵심 요소는 어떤 명제가 그 모든 경쟁 주장을 물리치는 데 실제로 무엇이 필요한가를 생각할 때 드러나기 시작한다. 다시

(1) 나는 내 앞의 고양이를 본다

와 그 경쟁 주장

(2) 나는 내 앞에 고양이가 있다는 환상을 보고 있다

를 생각해 보자. (1)이 (2)를 물리치려면, 당신의 승인체계가

(3) 나는 어떤 환각 물질도 복용하지 않았다
(4) 내 현재 경험으로는 어떠한 환각 징표도 없다

와 같은 명제들을 포함해야 한다. 그렇지만 어째서 (3)과 (4)가 (1)에게 (2)를 물리칠 인식적 힘을 제공하는가? 어째서 (3)과 (4)에 비

추어 볼 때 (2)를 승인하는 것보다 (1)을 승인하는 것이 더 합리적인가? (3)과 (4)를 승인할 때 당신은 사실상 현재 상황에서 당신이 정보의 원천으로 지각을 신뢰할 수 있다고 승인하고 있는 것이라고 레러는 말할 것이다. 다시 말해 당신의 승인체계에 또 다른 관련 명제, 즉

(5) 현재 상황에서 나는 내 지각을 신뢰할 수 있다

라는 명제가 있다. 그렇다면 (3)과 (4)를 당신 믿음체계의 원소로 지니는 일의 가치는 현재 상황에서 지각에 기초를 둔 승인들이 옳다고 당신이 승인할 수 있다는 사실인데, (2)가 옳다면 당신은 이 사실을 승인할 수 없었다. 이렇게 해서 당신의 승인체계와 관련하여 당신이 (2)를 승인하는 것보다 (1)을 승인하는 것이 더 합리적이다.

레러에 따르면, 우리 자신의 신뢰성에 관한 가정은 정합성의 본질적 요소다. 내가 조건들 C 아래서 p를 승인하는 일이 정당화되려면, 내 승인체계는 조건들 C 아래서 p에 대한 내 승인이 기초를 두고 있는 정보의 원천을 신뢰할 수 있다는 식의 명제들을 포함해야 한다. 그런 명제들은 지각, 내성, 기억의 대상에 관한 명제가 아니라 오히려 내가 지각, 내성, 기억을 기초로 하여 명제들을 승인하는 조건에 관한 명제다. 그런 명제들을 승인하는 경우에 나는 말하자면 더 높은 수준, 즉 어떤 조건들 아래서 정보 원천들이 신뢰할 만한가를 평가하는 수준으로 상승하고 있는 것이다. 그러므로 레러 정합론의 두 번째 요소를 **수준 상승 요건**(requirement of level ascent)이라 부르기로 하자.

수준 상승 요건에 대한 레러의 언질은 정합론에 대한 어떤 반론에 응답하는 과정에서 명시적으로 진술된다. 이 반론에 따르면, 지각만으

로 어떤 믿음을 정당화하는 일이 가능하다. 달리 표현해 지각이 어떤 믿음을 정당화하기 위해서는 승인된 명제가 지각자의 승인체계로부터 지지를 받는 일이 꼭 필요한 것이 아니라는 식으로 반론은 진행된다. 이 반론에 대한 응답으로 레러는 수준 상승의 필요성을 역설한다.

> 어떤 것이 어떠어떠하다는 것을 보거나 기억하거나 내성한다는 모든 주장은 곧바로 그 믿음이 신뢰할 만한 원천으로부터 발생한 것이 아니라 신뢰할 수 없는 어떤 방식으로부터 발생한다는 … 반론에 직면한다. 그러므로 어떤 것을 보거나 기억하거나 내성한다고 승인하는 일이 … 정당화되기 위해서는 우리는 이런 것들이 신뢰할 만한 정보의 원천임을 승인해야 한다.[29]

그렇다면 레러에 따를 때, 당신 승인체계가 지각, 기억, 내성과 같은 정보 원천들이 신뢰할 만하다고 주장하는 고차 수준의 명제를 포함하지 않는 한 당신은 이 원천들로부터 발생하는 정당화되는 믿음을 가질 수 없다.

레러 관점에서 당신의 승인이 정당화되는 데 무엇이 필요한지 요약해 보자. 우선 레러는, 만일 p가 당신의 승인체계와 정합한다면, 그리고 오직 그 경우에만 당신이 p라고 승인하는 일이 정당화된다고 말할 것이다. 그리고 p에 대한 당신의 승인이 당신의 승인체계와 정합하기 위해서는 p가 모든 경쟁 주장을 물리쳐야 한다. 마지막으로 당신의 승인체계는 현재 상황에서 당신으로 하여금 승인하게 만드는 원천이 신뢰할 만하다는 취지의 하나 또는 몇 개의 명제를 포함해야 한다.

수준 상승, 승인, 믿음

5장에서 우리는 현대 토대론에 대한 강력한 반론에 맞닥뜨렸었다. 그 반론이란 사람들이 대체로 강한 토대론이 기초믿음으로 인정하는 종류의 믿음을 형성하지 않는다는 것이었다.[30] 이 반론의 요점은 현대 토대론을 일종의 회의주의로 간주해야 한다는 것이다. 만일 수준 상승을 정합성의 본질적 요소로 간주한다면, 비슷한 반론을 정합론에 대해서도 구성할 수 있다. 수준 상승은 상당히 복잡한 지적 절차이며, 그래서 철학자들에게나 익숙할 뿐 철학을 공부해 본 적이 없는 사람들에게는 생소한 절차라는 반론이 있을 수 있는 것이다. 일상의 상황에서 사람들은 자신들이 지각하는 과정에 관해 실제 믿음을 형성하지 않고도 그 과정이 신뢰할 만하다는 것을 본능적으로 가정한다.[31]

(1) 나는 내 앞의 고양이를 본다

를 생각하고, (1)을 믿는 데 대한 나의 정당성을 훼손시킬 만한 것으로서 나에게 명백하게 드러난 것이 전혀 없다고 가정하자. 레러에 따르면, (1)은 내가

(2) 현재 상황에서 내 지각은 신뢰할 만하다

는 식의 어떤 명제를 승인할 경우에만 내 승인체계와 정합한다. 그러나 내가 (2)를 불신하는 건 아니지만 실제로 (2)를 믿는 것도 아니라면 어떻게 되는가? 아마도 나는 현재 상황에서 나의 지각이 신뢰할 만한지에 대해 반성해 보지 않았고, 그래서 그 문제에 관해 어떠한

믿음도 형성하지 않았을 것이다. 만일 그렇다면, 내가 (1)을 믿는 일이 실제로 정당화되지 않는가? 내가 정당화되지 않는 것이 아니라고 말하는 것이 합리적인 것처럼 보인다. 그러므로 레러 이론은 너무 많은 정당성을 요구하기 때문에 결국 일종의 회의주의가 되는 것처럼 보인다. 일상의 상황에서 경험적 믿음은 (2) 같은 믿음을 전혀 동반하지 않는다. 따라서 정합론에 대한 반론은 레러가 부과하는 수준 상승 요건이 일상의 경험적 믿음들이 정당화되지 않는다는 걸 함의한다고 결론짓는다.

이 반론에 대한 응답으로 레러는 자신에 따를 때 정합성은 믿음을 요구하는 것이 아니라 수준 상승에 관한 승인만을 요구할 뿐이라고 주장할 수 있다. 그리고 사람들이 대체로 믿음을 형성하고 추리를 끌어내며 그 믿음에 기초를 두고 행위하는 방식을 살피게 되면, 반대 증거가 없는 한 지각이 신뢰할 만한 정보의 원천임을 사람들이 실제로 승인하고 있다는 판정을 내려야 한다는 사실은 아주 분명한 것이라고 그는 말할지도 모르겠다.

사실상 레러는 경쟁과 관련하여 비슷한 조처를 취한다. 레러 정합론에 따를 때, 내가

(1) 나는 내 앞에 있는 고양이를 본다

를 믿는 일이 정당화되려면 (1)이 어떠한 경쟁 주장—예컨대

(3) 나는 내 앞에 고양이가 있다는 환상을 보고 있다

는 경쟁 주장—이라도 물리쳐야 한다는 사실을 기억해 보라. 나는

환각 문제는 전혀 생각해 본 적도 없고, 그래서

(4) 나는 어떤 환각 물질도 복용하지 않았다
(5) 내 현재 경험으로는 어떠한 환각 징표도 없다

와 같은 것들을 믿지 않는다고 해 보자. 이 사실이 내가 (1)을 믿는 일이 정당화되지 않는다는 걸 의미하는가? 레러는 이러한 난점을 다음과 같이 말함으로써 처리한다.

> 어떤 사람이 경쟁 주장을 물리치기 위하여 그 경쟁 주장에 대해 신중하게 검토했다는 사실은 꼭 필요한 것이 아니지만, 그 사람의 승인체계가 그 경쟁 주장보다 그 주장을 승인하는 것이 더 합리적이라는 사실을 함의해야 한다는 것은 반드시 필요하다. 만일 어떤 사람의 승인체계가 c를 승인하는 것보다 p를 승인하는 것이 더 합리적이라는 사실을 함의한다면, 그는 마치 p가 옳은 것처럼 생각하고 추리할 상태에 있어야 한다.[32)]

환각 가능성에 대해 반성해 보지 않았기 때문에 설령 내가 (4)와 (5)를 믿지는 않는다 할지라도, 나는 분명히 마치 (4)와 (5)가 옳은 것처럼 생각하고 추리할 상태—(4)와 (5)를 승인하는 상태—에 있을 수 있다.[33)] 따라서 설령 (4)와 (5)가 내가 믿는 명제가 아니라 할지라도, 내가 (1)을 믿는 일은 정당화될 수 있다.

신뢰성에 대해서도 이와 똑같은 논증을 적용할 수 있다. 설령 내 지각의 신뢰성에 관해 반성해 보지 않았고, 그래서 이 문제와 관련하여 어떠한 믿음도 형성하지 않았다 할지라도, 나는 마치

(2) 현재 상황에서 내 지각은 신뢰할 만하다

가 옳은 것처럼 생각하고 추리할 상태—즉 (2)를 승인하는 상태—에 있을 수 있다. 따라서 레러는 우리 반론에 대해 내가 (1)을 믿는 일이 정당화됨에 내가 실제로 (2)를 믿을 것이 요구되는 건 아니라고 응답할 수 있다. 그것은 내가 (2)를 승인할 것만을 요구하기 때문이다.

앞의 승인에 관한 절에서 우리는 승인이 믿음의 부분집합이라는 레러의 주장을 논의했고, 이 주장이 그르다고 의심할 이유들을 발견하였다. 이제 이 의심은 더욱 강화된다. 왜냐하면 일상적으로 경쟁과 신뢰성에 관해 꼭 필요한 것이라고 주장된 승인이 실제 믿음의 형태를 띠지 않는다는 반론 앞에서 자신의 정합론을 옹호하기 위해서는 레러는 이 승인들이 믿음일 필요가 없다고 말해야 할 것이기 때문이다.[34]

레러 정합론과 토대론 비교

그렇지만 이렇게 되면 레러 정합론과 토대론이 실제로 경쟁하는 이론들인지, 그리고 상호 모순되는 이론들인지 의심해 볼 수 있다. 레러 정합론의 두 가지 핵심 요소를 종합해서 생각하면, 그의 이론은 다음과 같이 요약할 수 있다.

(J_L) S의 승인 A는 정당화된다 iff
(ⅰ) S의 승인체계에서 A의 경쟁 주장 모두가 물리쳐진다
(ⅱ) S가 A가 산출되는 조건 아래서 자신이 신뢰할 만한 정

보의 원천임을 승인한다.

(J_L)이 믿음이 기초믿음으로 불가능하다는 사실을 함의하는가? 앞에서 기초믿음을 어떻게 정의했는지 다시 생각해 보라. 기초믿음이란 자신의 정당성을 다른 어떤 믿음들에 의존하지 않고 정당화되는 믿음이다. 이제 당신 자신이 기초믿음으로 추정되는 다음 믿음을 지니고 있다고 해 보라.

(1) 내 앞에 붉은 대상이 있다.

(J_L)의 조건 (ⅰ)은 당신의 승인체계에서 (1)의 모든 경쟁 주장이 물리쳐질 것을 요구한다. 그래서 레러에 따르면, (1)이 정당화되기 위해서는 당신은 (1)의 모든 경쟁 주장을 물리치는 데 필요한 명제들을 믿을 필요는 없다 할지라도 승인은 해야 한다. 결과적으로 조건 (ⅰ)은, (1)이 정당화되기 위해서 (1)에 정당성을 제공하는 또 다른 믿음들이 있어야 한다는 사실을 함의하지 않는다. 조건 (ⅱ)도 그런 어떤 것을 함의하지 않는데, 왜냐하면 조건 (ⅱ)가 우리 자신의 신뢰성에 관한 믿음이 아니라 승인을 요구하기 때문이다. 따라서 만일 승인이 믿음일 필요가 없다면, (J_L)은 믿음이 다른 어떤 믿음들의 도움 없이 정당화될 수 있다는 기능주의적 주장과 완전히 양립가능하다. 그리고 앞에서 살펴보았던 것처럼, 승인이 믿음일 필요가 없다는 것을 레러가 인정할 훌륭한 이유가 있다. 그 이유란 일상의 상황에서 사람들이 믿음을 형성하는 조건들 아래서 자신이 신뢰할 만한 정보의 원천인지 아닌지에 관한 믿음을 전혀 형성하지 않는다는 사실이다.

사실상 레러 정합론은 5장에서 해석했던 토대론과 양립가능할 뿐만 아니라 실제로 유사한 것처럼 보인다. 토대론을 다음과 같은 내용을 주장하는 이론으로 해석했던 사실을 기억해 보라. 즉 S의 믿음 B는

(1) S가 B에 대한 S의 정당성을 파기하는 어떤 증거도 가지고 있지 않고,
(2) S가 B가 신뢰할 만한 방법으로 형성되었다고 믿을 증거를 가지고 있다

가 사실일 경우에만 기초믿음이며, 그래서 정당화되는 믿음이다. 이 조건들은 대략 레러 이론의 두 조건과 대응한다. 레러 이론과 마찬가지로, 5장에서 전개했던 토대론은 정당화가 믿는 사람의 전체 믿음 체계에 부정적인 차원에서 의존해 있는 것으로 본다. 그래서 어떤 믿음이 정당화되기 위해서는 그 믿음을 파기하게 될 또 다른 어떤 믿음이 있어서는 안 된다. 둘째, 토대론은 정당화를 수준 상승에 의존하는 것으로 만든다. 그렇지만 이 두 번째 조건은 레러 이론처럼 상위 승인에 의해서가 아니라 적절한 상위믿음에 대한 증거에 의해 설명된다. 따라서 레러와 토대론자들 사이의 논쟁은 정당화 구조에 관한 조화될 수 없는 직관들 사이의 갈등을 반영하는 것이 아니라, 두 조건의 기초를 이루는 직관들을 어떻게 해야 가장 잘 포착하는가에 관한 논쟁으로 간주할 수 있다.

로렌스 반주어: 상위 정당성으로서의 정합성

레러와 마찬가지로 반주어는 정당성을 정합성에 의거해 생각한다.

그렇지만 레러와 달리 그는 정합성이 실제 믿음들 사이의 관계에 의해 이해되어야 한다고 주장한다. 반주어가 이렇게 생각하는 이유는 인식적 책임 관념과 관계가 있다. 하지만 이 주제에 관한 반주어의 생각을 검토하려면 먼저 그가 정합성에 대해 어떻게 생각하는지 논의할 필요가 있다.

반주어에 따르면, 내 경험적 믿음 B가 정합성을 가지기 위해서는 나는 두 개의 또 다른 믿음을 가져야 하는데, 이 두 믿음은 함께 결합하여 B를 옳음 직하게 만든다.[35] 달리 표현하면, B는 내가 B의 옳음에 대한 논거나 또는 정당화하는 논증을 가지고 있다면, 그리고 오직 그 경우에만 내 배경 믿음들과 정합한다. 그런 논증의 형식은 다음과 같다.

(1) B는 특징 F를 가지고 있다.
(2) 특징 F를 지닌 믿음은 매우 옳음 직하다.
그러므로
(3) B는 매우 옳음 직하다.[36]

우리가 "수준 상승"이라 부르는 것에 관여하지 않고 그런 논증을 구성한다는 건 불가능하다.[37] 만일 당신이 첫 번째 전제를 믿는다면, 당신은 고차 수준의 믿음, 즉 당신의 믿음에 관한 믿음을 형성한 것이다. 두 번째 전제와 결론에 대해서도 똑같은 말이 성립한다. 당신이 (2)를 믿는다면 당신은 어떤 유형의 믿음들에 관한 믿음을 지니는 것이며, 결론을 믿는다면 당신은 자신의 믿음이 옳음 직하다고 믿는 것이다. 그러면 이 맥락에서 가장 문제가 되는 점은 이것이다. 즉 반주어에 따를 때, 내 믿음 B는 내가 실제로 전제들 (1)과 (2)를 믿을 경우에만 정당화될 수 있다. 그는 다음과 같이 말한다. "B가 특정 개인 A에게 (특정 시점에서) 정당화되기 위해서는 단순히 위의 노선을 따른 정당성이 추상적으로 존재한다는 것뿐만 아니라 A 자신이 그 정당성에 대한 인지적 점유 상태에 있다는 것, 즉 그가 (1)과 (2) 형식의 적절한 전제들을 믿는 것이 꼭 필요하다. …"[38]

그렇다면 레러와 반주어는 정합성이 적어도 부분적으로라도 수준 상승의 함수라는 데 일치한다. 그렇지만 레러와 달리 반주어는 수준 상승이 실제 믿음의 형태로 이루어져야 한다고 주장한다. 이제 이 견해에 대한 반주어의 이유를 살펴볼 차례다.

반주어 식 정당성과 인식적 책임

반주어에 따르면, 전제 (1)과 (2)가 실제로 믿고 있는 것이라야 한다는 요건은 인식적 책임에 대한 고찰에 의해 부과된다.[39] 어떤 주체 S가 믿음 B를 지니는 일에 대해 인식적으로 책임이 있기 위해서는 S는 B의 정당성에 대해 "인지적 점유 상태"나 "파악 상태"에 있어야 한다. 만일 S가 정당성을 파악하지 않는다면, S는 "그 믿음이 도대체 옳음 직하다고 생각할 이유가 없다"고 반주어는 말한다.[40]

이 논증을 평가하기 위해서는 "정당성의 인지적 점유 상태에 있음"이나 "정당성을 파악하고 있음" 같은 표현을 어떻게 해석할지 결정해야 한다. 그리고 여기서 우리는 엄밀한 해석과 관대한 해석을 구별할 수 있다. 관대한 해석에 따르면, 만일 내가 내 믿음의 정당성을 인지하기 위해 그저 그 믿음의 인식적 신용도에 관해 반성해 보는 일만을 필요로 한다면, 나는 내 믿음의 정당성을 파악하고 있는 것이다. 엄밀한 해석에 따르면, 내가 인지적 점유 상태에 있거나 내가 파악하고 있는 정당성은 믿음의 형태로 나타나야만 한다. 이미 살펴본 것처럼 반주어는 엄밀한 해석을 선호하는데, 이는 그가 앞에 제시된 논증의 전제들이 실제 믿음의 형태를 취할 것을 요구하기 때문이다.

그러나 반주어의 논증에 대해 문제가 제기된다. 그가 "정당성을 파악하고 있음"이라는 표현에 대해 엄밀한 해석을 선호하는 이유를 제시하지 않는 한, 인식적 책임을 고려하다 보니 어째서 그 논증의 결론이 옳아야만 하는지가 불명료한 채로 남게 된다. 정당성에 관한 반주어의 관점이 확실하게 내재주의자의 관점이라는 것은 의심할 여지가 없는데, 이것이 바로 그가 믿음의 정당성이 그 주체에게 인지적으로 파악될 수 있어야 한다고 주장하는 이유다.[41] 그렇지만 내재주의자들이 정당성이 또 다른 믿음의 형태로 나타날 때에만 파악가능하다고 주장하는 반주어에 동의할 필요는 없다. 그들은 정당성이 증거의 형태로 나타날 경우에도 또한 파악가능하다고 주장할 수 있는데, 이때 이 증거가 자신을 또 다른 믿음 형태로 드러내는지 아닌지는 문제가 되지 않는다.[42] 그러므로 정당성의 본성에 관해 엄밀한 믿음 형태를 주장하는 반주어 관점의 토대는 명백한 약점을 보인다고 할 수밖에 없는데, 이 약점은 우리가 이제 살펴보게 될 것처럼 모든 정당화가 믿음 수준에서 이루어진다고 보는 반주어 믿음주의(doxasticism)가 초래하는 귀결이 무엇인가를 살필 때 특별한 중요성을 가정하는 약점이다.

반주어 식 수준 상승

이미 살펴본 것처럼, 반주어 식 정합론의 기본 착상은 경험적 믿음 B가 정당화되기 위해서는 B와 같은 믿음들이 옳음 직하다는 식의 정당화되는 또 다른 믿음을 주체가 가져야 한다는 것이다. 이것이 세부적으로 어떻게 이루어지는지 검토하기 위해 반주어 자신이 들고 있는 예를 하나 살펴보자. 내가 내 책상 위에 있는 붉은 책을 보고,

(1) 책상 위에 붉은 책이 있다

고 믿는다고 해 보자. 이 명제를 믿는 데 대해 내가 가질 수 있는 정당화 논거는 어떤 것인가?

반주어에 따르면, (1)에 대한 나의 정당화는 두 가지 명제 형태로 나타난다. 첫 번째 명제는 (1)이 어떤 종류의 믿음인가에 관한 것이다. 반주어는 (1)이 비추리적 명제임을 지적한다. 즉 (1)은 다른 어떤 믿음으로부터 추리된 것이 아니고, 그저 나에게 떠올랐을 뿐이다. 반주어의 용어법으로 그런 믿음은 인지적으로 자발적인 믿음이다. 둘째, 그는 (1)을 종류 K에 속하는 믿음, 즉 색깔과 적당한 크기 대상의 일반적 분류에 관한 믿음이라고 말한다. 셋째, 그는 (1)이 우리가 표준 관찰 조건이라고 생각하는 조건 아래서 형성된 믿음이라는 것을 지적한다. 즉 나는 그 책에서 아주 가까이 있는 것도 아니고 아주 멀리 떨어진 것도 아니며, 내 눈은 제대로 잘 작동하고 있고 조명 상태도 좋다. 이 세 가지 점을 종합하면, 첫 번째 명제를 다음과 같이 표현할 수 있다. 즉 나는 조건들 C 아래서 종류 K에 속하면서 인지적으로 자발적인 믿음인 책상 위에 붉은 책이 있다는 믿음을 갖고 있다.

반주어에 따를 때 내가 (1)을 믿는 일을 정당화하는 두 번째 명제는 다음과 같다. 즉 조건들 C 아래서 종류 K에 속하면서 인지적으로 자발적인 믿음은 매우 옳음 직하다. 이제 이 두 명제를 결합시키면, 나는 (1)을 믿는 데 대해 다음과 같은 정당화 논증을 제시할 수 있다

고 반주어는 말한다.

P1 나는 조건들 C 아래서 종류 K에 속하면서 인지적으로 자발적인 믿음인 책상 위에 붉은 책이 있다는 믿음을 갖고 있다.
P2 조건들 C 아래서 종류 K에 속하면서 인지적으로 자발적인 믿음은 매우 옳음 직하다.
그러므로
(C) 책상 위에 붉은 책이 있다는 내 믿음은 매우 옳음 직하다.

이런 식으로 논증을 표현하는 일은 필연적으로 수준 상승을 포함한다. 첫 번째 전제와 결론은 "붉은 책" 믿음에 관한 믿음이고, 두 번째 전제는 어떤 조건들 아래서 성립하는 어떤 종류의 믿음에 관한 일반적 믿음이다. 그러므로 믿음에 관한 믿음을 형성하지 않고 이 논증의 전제들과 결론을 믿는다는 건 불가능하다. 유감스럽게도 곧 살펴보게 될 것처럼 이것은 반주어 식 정당화 표준은 만족시키기가 어렵다는 것을 의미한다.

수준 상승과 회의주의

정당화 논거를 제시하는 반주어 논증이 제기하는 한 가지 심각한 문제는 정당성을 그런 유형의 논증들에서 결과하는 것으로 간주하는 일이 심리 차원에서 현실성이 있는가 하는 점이다. 책상 위에 붉은 책이 있다고 믿는 자신의 믿음을 언급하면서 반주어는 자신이 그 논증의 전제들을 믿는다고 말한다.[43] 그렇지만 철학 공부를 전혀 하지 않은 일반인은 어떤가? 일반인이 적당한 크기 대상에 관해 인지적으로 자발적인 믿음을 형성할 때, 반주어가 주장한 것처럼 정당화 논거를 제시하는 논증의 전제들을 믿는가? 일반인이 그러리라는 것은 아주 의심스러운 것처럼 보인다. 레러 정합론을 논의하면서 앞에서 지적했던 것처럼, 인식적 수준 상승은 현학적인 인식론적 절차다. 일상적으로 사람들은 그처럼 복잡한 인지적 조작을 수행하지 않는다.[44]

이 반론은 정합성 개념을 논의에 끌어들임으로써 더 밀고 나갈 수 있다. 정당화 논거를 제시하는 반주어 논증의 요점은 "책상 위에 붉은 책이 있다"는 그의 믿음이 그의 다른 믿음들과 정합한다는 것을 증명하는 것이다. 그래서 반주어에 따르면, 나의 어떤 믿음은 내가 그 믿음을 나의 다른 믿음들과 정합한다고 믿을 경우에만 정당화된다. 그렇지만 일반인은 정합성 개념을 이해하고 있지 않으며, 그래서 자신의 믿음이 정합성을 지닌다는 고차 수준의 믿음을 형성할 수 없다.[45] 이 논증에 응답하면서 반주어는 철학 교육을 받지 않은 성인들이 정합성 개념을 전혀 이해하지 못한다는 주장에 자신이 동의하지 않음을 지적한다.

> 그와는 반대로, 나는 그런 사람들이 정합성이 없는 경우를 반대할 때 그것을 직관적으로 깨닫는 경우가 많다고 생각한다(물론 비록 그들이 이 점을 그런 방식으로 표현하지는 않는다 할지라도).[46]

그런데 철학 교육을 받지 않은 사람들이 정합성 개념을 어느 정도 이해하는가, 또는 어느 정도 이해하지 못하는가 하는 문제는 철학자의 안락의자에서 해결될 수 없는 경험적 문제다. 그렇지만 이것은 해결될 수 있다. 설령 일반인이 정합성이 없는 믿음들에 대해 반대할 만한 것임을 깨닫는다는 것이 사실이라 할지라도, 그들의 믿음들이 정합성을 지닐 때 반주어 식의 정당화 논거를 제시하는 논증의 전제들로 적절한 종류의 믿음들을 그들의 믿음체계가 포함한다는 결론은 따라 나오지 않을 것이다. 반주어 논증 전제들의 복잡성에 대해 한번 반성해 보라. 이 전제들의 역할을 할 수 있는 고차 수준의 믿음을 지니기 위해서는 사람들은 자신들이 어떤 종류의 저차 수준 믿음을 형성하고 있는지, 어떤 조건 아래서 자신들이 이 믿음들을 형성하고 있는지, 그리고 이러저러한 조건들 아래서 성립하는 이러저러한 종류의 믿음들이 매우 옳음 직한지를 끊임없이 생각해야만 할 것이다. 일반인이 애써 그런 문제를 생각할 것이라는 것은 의심스러운 것처럼 보이며, 그들이 수준 상승이 요구하는 것처럼 저차 수준 믿음과 고차 수준 믿음을 구별할 줄 알 것이라는 것은 훨씬 더 옳을 성싶지 않다.

실제로 반주어는 정당성 표준으로서의 정합성이 "철학 교육을 받은 우리조차도 이 개념에 대해 충분히 명료하고 적합한 이해를 하지 못할 정도로" 충족시키기 어렵다는 것을 인정한다. 그래서 그는 다음과 같이 결론짓는 쪽으로 나아간다.

> 이것이 사실인 한 나는 … 우리조차도 이상적인 인식적 정당성에 도달하지 못하며, 다만 이상적인 인식적 정당성에 가까이 다가갈 뿐이라고 주장하고 싶다.[47)]

이 판정에 대한 응답으로 반주어는 근사치 정당성과 이상적 정당성을 구별한다. 이상적 정당성에 관한 한 반주어는 명백히 회의주의에 유리한 판정을 내린다. 하지만 근사치 정당성과 관련해서 그는 그런 판정을 내리지 않는다.[48)] 실제로 그가 그런 판정을 내려서는 안 되는데, 왜냐하면 그가 옹호하는 정합론은 회의주의를 논박하기 위해 제시된 것이기 때문이다. 따라서 그는 다음과 같이 말한다.

> 여기서 내가 회의주의에 대해 응답한다는 목적을 가진 정합성 이론들에만 관심이 있다는 것은 처음부터 강조할 만한 가치가 있다.[49]

그렇지만 만일 일반인이 반주어의 정당화 논거 논증에 꼭 필요한 종류의 믿음을 형성하지 않는다면—그리고 그들은 그런 종류의 믿음을 형성하지 않는 것처럼 보인다—, 그들의 경험적 믿음은 심지어 정당성에 가까이 다가가는 것조차 아니다. 그러므로 반주어 정합론이 일상의 경험적 믿음이 정당화되는 정도에 관해 일종의 어엿한 회의주의로 간주되어야 한다는 결론을 어떻게 피할 수 있을지 알 수가 없다.

고립 반론(isolation objection)

이제 정합론자들이 정합론에 대한 표준적 반론에 어떻게 응답할 것인지 살펴봄으로써 이 장을 마무리 짓기로 하겠는데, 이 반론에 따르면 정합론은 세계로부터 믿음체계들을 고립시킨다.[50] 정합론은 믿음들이 믿음과 세계 사이의 관계가 아니라 믿음들 사이의 관계만으로 정당화된다고 주장한다. 그렇다면 어떤 믿음체계의 정당화에 관한 한 왜 세계가 어떠할 것인지가 문제가 되는가? 정합론은 세계가 어떠할 것인지가 문제가 되지 않는다—아니 좀 더 정확히 말해 전혀 문제가 되지 않는다— 는 걸 함의한다는 식으로 반론은 전개된다.

고립 반론은 두 가지 다른 방식으로 표현될 수 있다. 소사(E. Sosa)의 말로는

> 정당성이 믿음들 사이의 관계 문제라는 견해는 우리의 관점에 따라 달라지는 정합성 있는 대안 체계들(alternative coherent systems)이나 또는 실재로부터의 분리(detachment from reality)에 의거한 반론을 받기 쉽다. 후자 관점에서는 믿음체계는 일정하게 유지되고 주변 세계가 다양하게 변할 수 있다. 반면에 전자 관점에서는 일정하게 유지되는 것은 주변 세계이고, 믿음체계는 다양하게 변할 수 있다. 정합론자에 따르면, 어느 쪽이든 어떤 믿음의 정당성에 아무런 영향을 미칠 수 없을 것이다.[51)]

두 형태의 고립 반론을 모두 논의하려면 예를 생각해 보아야 한다. 어떤 세계 W를 도입해 보자. W에서 당신은 동물원을 방문하고 있고, 분명히 당신 시야에 들어오는 두 마리 땅돼지가 들어 있는 우리를 보고 있다. 당신은 인지적으로 자발적인 믿음

(1) 이 우리에 땅돼지 두 마리가 있다

를 형성하는데, 이 믿음이 당신의 전체 믿음체계 M과 정합한다고 가정하자. 또 당신이 관찰하는 것 외에 당신 앞에 있는 땅돼지 수에 관해 다른 어떤 정보도 가지고 있지 않다고 가정하자. 더 나아가 당신이 분명히 땅돼지 두 마리가 아니라 세 마리를 본다는 점에서 W와 다른 세계 W*를 도입해 보자.

분리 반론을 설명하기 위해서는 우리는 M을 두 세계에서 불변하는 것으로 유지시켜야 한다. 즉 M은 W에서 정합성이 있는 체계고, W*에서도 똑같이 정합성이 있는 체계다. 분리 반론에 따르면, 정합론은 정당성을 오로지 정합성의 기능으로 만들기 때문에 정합론은 당신이 (1)을 믿는 일이 W와 W* 모두에서 똑같이 정당화된다는 사실을 함

의한다. 하지만 이것은 전혀 옳을 성싶지 않다. 왜냐하면 당신이 W* 에서처럼 우리 안에서 분명히 땅돼지 세 마리를 볼 때, 당신이 우리 안에 땅돼지가 두 마리만 있다고 믿는 일은 정당화될 수 없을 것이기 때문이다(앞에서 가정한 것처럼 당신이 관련된 어떠한 추가 정보도 가지지 않는다고 가정할 경우에).

이 반론에 정합론자가 어떻게 응답할 수 있는지 생각해 보자. W에서 W*로의 이행이 당신이 땅돼지들을 관찰하고 있을 때 일어난다고 해 보자. 처음에 있었던 두 마리에다 옆 건물이 열리면서 나타난 세 번째 땅돼지가 합류한다. 그런데도 당신은 계속해서

(1) 이 우리 안에 땅돼지가 두 마리 있다

고 믿는다고 우리는 상상하고 있다. 정합론자는 만일 당신이 계속해서 (1)을 믿는다면 그 직접적 결과는 정합성의 결여가 될 것이라고 응답할 것이다. 왜냐하면 세 번째 땅돼지가 무대에 등장하자마자 당신의 시지각이 당신으로 하여금 (1)과 양립할 수 없는 것들을 믿게 만들 것이기 때문이다. 예컨대 당신으로 하여금

(2) 이 우리에 있는 땅돼지 두 마리에 또 다른 한 마리가 합류했다

고 믿게 만들 것이기 때문이다. 따라서 W에서 W*로의 변화는 당신 믿음체계의 정합성을 손상시키지 않은 채로 놓아둘 것 같지 않다(당신이 당신의 믿음체계를 적절하게 변화시키지 않는 한). 그러므로 정합론은 당신의 믿음체계가 세계와 단절되어 있다는 것을 함의하지 않는다. 오히려 정합론은 당신 믿음체계의 정합성이 지각에 의해 세

계가 변하는 방식에 민감하게 반응한다고 쉽게 주장할 수 있다.

이 조처에 응답하면서 정합론 비판자는 정합론이 실제로 우리 믿음과 세계 사이의 지각적 연결을 허용한다는 것을 인정할 수 있다. 하지만 정합론 비판자는 이 연결이 충분할 정도로 단단하게 짜이지 않았다고 주장할 수 있다. 맞다. 일단 우리가 상상하고 있는 변화가 일어났다면 당신 믿음체계의 정합성은 그대로 보존될 것 같지 않다. 그렇지만 정합성이 그대로 보존된다면 어떻게 될까? 그 경우에 정합론은—불합리하게—당신이 분명히 세 마리 땅돼지를 보고 있을 때 두 마리를 보고 있다고 믿는 일이 정당화된다는 사실을 함의하게 된다.

분리 반론의 힘을 제대로 이해하려면, 당신은 모르고 있지만 미친 과학자가 그의 인지 광선총으로 당신을 실험용 쥐로 만들기로 했다고 가정해 보라. 그의 총에서 발사되는 광선은 지각 중화제다. 그 광선은 부분적으로 당신의 지각 경험이 가져오기 쉬운 믿음 효과를 제거한다. 당신은 이 광선에 노출되었기 때문에 세 번째 땅돼지를 지각하는 일로 인해 당신의 믿음체계에서 (1)과 정합하지 못하게 될 모든 믿음은 제거된다. 따라서 당신이 세 마리를 지각하고 있는데도 우리 안에 땅돼지가 두 마리 있다고 믿을 때, 당신은 이 믿음과 모순을 일으키거나, 또는 어떻게든 이 믿음을 손상시키는(즉 이 믿음과 정합하지 못하는) 어떤 것도 믿지 않는다.

방금 살펴본 사례의 의의는 다음과 같다. 우리 안에 땅돼지가 두 마리 있다는 당신의 믿음은 당신의 지각적 증거와 상충을 일으키며, 그래서 정당화되지 못하는 믿음의 대표적 사례다. 그러나 정합론은 정당성을 오로지 믿음들 사이의 정합성 관계의 기능으로 만들므로 당신의 믿음이 정당화된다는 사실을 함의한다. 그러므로 정합론은 거부되어야 한다.

다음으로 대안 체계들 반론을 설명하기 위해 앞의 예를 다시 표현해 보자. 다시 한번 땅돼지들을 관찰하면서 당신이

(1) 이 우리 안에 땅돼지가 두 마리 있다

고 믿고, 당신의 믿음이 당신이 믿는 그 밖의 다른 모든 것과 정합한다고 가정해 보자. 그렇지만 당신 옆에 있는 사람("옆 사람"이라 하자)은

(3) 이 우리 안에 땅돼지가 세 마리 있다

고 믿는다. 옆 사람은 인식적 차원에서 볼 때 당신과 똑같은 처지에 있다. 그는 당신이 지각한 것을 지각하고, 땅돼지들에 관해 당신이 어떤 추가 정보를 가지고 있지 않은 것처럼 그 역시 어떤 추가 정보를 가지고 있지 않다. 그렇다면 더 나아가 우리는 옆 사람의 믿음체계가 완전히 정합성 있는 체계라고 가정할 수밖에 없다. 맞다. 당신과 마찬가지로 옆 사람은 두 마리 땅돼지를 지각하고 있다. 이렇게 되면 정합론자는 옆 사람의 믿음체계가 부정합성에 빠질 수밖에 없다는 사실, 즉 그의 지각들로 인해 그가 (3)과 상충을 일으키는 믿음들을 갖게 될 것이라는 사실을 지적할 것이다. 그렇지만 정합론 비판자는 옆 사람의 지각이 그의 믿음체계에 필연적으로 부정합성을 일으키는 건 아니라고 응수할 수 있다. 우리는 또다시 미친 과학자가 그의 인지 광선총으로 지각에 의해 유발된 믿음 가운데 (3)과 상충하는 모든 믿음을 옆 사람의 믿음체계에서 제거한다고 가정하기만 하면 된다. 그런 상황에서는 당신이 (1)을 믿는 일이 정당화되는 것과 마찬

가지로 옆 사람이 (3)을 믿는 일이 정당화된다는 사실을 정합론은 함의한다. 하지만 이런 결과는 불합리하다. 당신과 옆 사람 모두 두 마리 땅돼지를 지각하고 있으므로, 그리고 누구도 우리 안의 땅돼지 수에 관해 또 다른 어떤 정보를 가지고 있지 않으므로, 당신이 (1)을 믿는 일은 정당화되지만 옆 사람이 (3)을 믿는 일은 정당화되지 않기 때문이다.

분리 반론과 대안 체계 반론은 정합론에 대해 똑같은 난점을 제기한다. 정합론은 서로 다른 믿음들 사이의 인식적 갈등에 민감하지만, 믿음과 자신을 믿음으로 명백히 드러내지 않는 지각 경험 사이의 인식적 갈등에는 민감하지 않다. 토대론적 입장에 있는 정합론 비판자에 따르면, 비믿음 수준의 지각 경험은 믿음의 정당화와 두 가지 방식으로 관련이 있을 수 있다. 즉 이 비믿음 수준의 지각 경험은 다른 믿음들을 정당화할 수도 있고, 또 다른 믿음들이 정당화되지 못하게 할 수도 있다. 그렇다면 정합론은 방금 앞에서 전개한 두 반대사례에 약점을 보이기 쉬운데, 이는 정합론이 지각의 관련성을 지각 믿음의 형태로만 인정할 뿐 지각 경험 자체의 형태로는 인정하지 않기 때문이다.

반주어와 레러는 고립 반론에 어떻게 응답하는가? 반주어에 따르면, 정합론은 그가 "관찰 요건"이라 부르는 것으로 보완되어야 한다는 것을 고립 반론은 보여 준다. 여기서 "관찰 요건"이란 어떤 믿음 체계 M이 세계 W에 관해 정당화된 믿음체계가 되기 위해서는 M이 W에 관한 관찰적 입력을 받아야 한다는 것이다. 그렇게 보완되면, 정합론은 "어떤 시간에 정합성 있는 인지 체계가 그 뒤의 관찰적 입력에 의해…부정합한 체계로 바뀔 가능성을 허용하며, 실제로는 그 가능성을 주장할 수 있다"[52]고 반주어는 논한다.

여기서 살펴본 두 가지 사고 실험에 비추어 볼 때 반주어의 이 응답은 현 상태로서는 분명히 불충분하다. 반주어의 요점은 우리 믿음과 세계 사이의 연결 고리로서 지각이나 관찰의 중요성을 정합론자도 이해할 수 있다는 것이다. 하지만 그러한 이해로 인해 반대사례가 배제되지는 않는다. 문제는 정합론이 지각의 관련성을 비믿음적 지각 경험의 형태가 아니라 지각적 믿음의 형태로만 인정한다는 것이다. 결과적으로 토대론 입장에 있는 정합론 비판자는 어떤 믿음의 정당성이 다른 믿음들에 의해서가 아니라 오로지 지각 경험만으로 손상될 수 있는 사례들을 구성할 수 있고, 그런 사례들의 경우에 정합론이 올바른 결과를 제공하지 못한다는 점을 들어 정합론을 거부할 수 있다.

한편 반주어 입장에서는 그런 반대사례를 자신의 엄밀한 믿음주의(doxasticism), 즉 믿음은 오직 다른 믿음들에 의해서만 정당화될 수 있다—그리고 오직 다른 믿음들에 의해서만 정당화되지 못할 수 있다—는 견해를 근거로 하여 거부할 수 있다. 지각 경험이 혼자 힘으로 믿음의 정당성을 손상시킬 수 있다는 사실을 부정하고 나면, 그는 만일 미친 과학자가 세 번째 땅돼지의 출현 후에도 당신의 믿음체계가 정합성 있는 체계로 남는다는 걸 보증한다면, 당신이 세 마리를 지각하고 있는데도 우리 안에 두 마리 땅돼지가 있다고 믿는 일은 정당화된다고 말함으로써 분리 반론을 논박할 수 있다. 그리고 대안 체계 반론에 관해서는, 그는 만일 미친 과학자가 부정합성을 일으킬 모든 믿음을 제거하기 때문에 옆 사람의 믿음체계가 정합성 있는 체계가 된다면, 그가 두 마리만을 지각하고 있다 할지라도 우리 안에 땅돼지가 세 마리 있다고 믿는 일은 정당화된다고 말할 수 있다.[53]

그렇지만 이 방책이 그럴듯한 방책인지는 또 다른 문제다. 어쨌든 고립 반론이 분명하게 초점을 모으는 것은 토대론-정합론 논쟁이 궁극적으로 무엇에 관한 논쟁인가 하는 것이다. 만일 비믿음적 지각 경험이 인식적으로 관련이 있다고 주장하는 점에서 토대론자가 올바르다면, 앞에서 살펴본 두 사례는 정합론에 대한 강력한 반대사례로 간주되어야 한다. 그런가 하면 비믿음적 지각 경험의 관련성을 부정한 점에서 정합론자가 올바르다면, 정합론자는 토대론자가 불합리하다고 주장하는 것의 함축 내용이 그럴듯하다고 주장하는 점에서도 올바르다.

고립 반론에 대한 레러의 응답은 반주어와 비슷하다. 우리는 지각을 통해 세계와 연결되어 있으므로, 세계 속에서의 변화는 우리의 지각적 믿음에 반영된다. 결과적으로 만일 당신이 분명히 두 마리 땅돼지만을 보고 있는데도 세 마리가 있다고 믿는다면, 당신의 믿음은 당신이 승인하는 것을 기초로 해서 볼 때 당신이 승인하는 것들 사이에 많은 경쟁주장을 갖게 될 것이고, 당신의 믿음이 이 경쟁주장들 모두를 물리치지는 못할 것이라고 레러는 논할 것이다.[54)]

레러의 응답에 대한 토대론자의 반박은 반주어를 반박할 때와 똑같다. 레러의 응답은, 어떤 믿음이 정당화되려면 모든 경쟁주장을 물리쳐야 하기 때문에 정합론이 지각에 중요한 역할을 부여한다는 것이다. 이 응답을 통해 레러가 달성하는 것은 이것이다. 즉 레러 정합론은 앞에서 살펴본 사례들이 있음 직하지 않은 사례라는 사실을 함의한다. 하지만 그의 정합론은 그런 사례들이 불가능하다는 사실을 증명하는 것은 아니다. 그런 사례들이 가능하지 않다는 것을 입증하려면 레러는 추가 응답, 즉 믿음 또는 승인의 형태를 띠지 않는다면 지각 경험이 인식적으로 믿음의 정당성과 관련이 없다는 추가 응답을 내놓아야만 할 것이다.

그러므로 이제 우리는 바로 이 문제, 즉 "비믿음 수준의 경험 상태가 인식적 의의가 있는가?" "비믿음 수준의 경험 상태가 믿음을 정당화할 수 있는가, 그리고 그것이 믿음을 정당화되지 못하게 할 수 있는가?"라는 문제를 살펴보아야 한다. 다음 장에서는 토대론자와 정합론자 모두 이 문제에 관해 내놓을 수밖에 없는 의견을 검토할 것이다.[55]

연구문제

1. 왜 정합론자가 순환적 정당화 같은 것이 있다는 생각을 승인하는가?
2. 반주어는 순환적 정당화에 대해 어떻게 생각하고 있는가?
3. 정합성을 논리적 함의 관계, 무모순 관계, 설명적 관계로 간주하는 데 대해 어떤 반론들이 있는가?
4. 레러가 승인에 대해 어떻게 생각하고, 승인은 믿음과 어떻게 다른가?
5. 레러에 따르면, 정합성과 경쟁의 관계는 무엇인가?
6. 레러 이론에서 신뢰성(trustworthiness)이 어떤 역할을 하는가?
7. 레러 이론이 어떻게 수준 상승을 초래하는가?
8. 반주어 이론에서 정합성과 상위 정당화의 관계는 무엇인가?
9. 레러 이론에서 인식적 책임 개념이 어떤 역할을 하는가?
10. 반주어 이론이 어떻게 수준 상승을 초래하는가?
11. 왜 반주어 식 정합론이 회의주의적인 함축 내용을 갖는가? 그리고 이 함축 내용에 대한 반주어의 반응은 무엇인가?
12. 고립 반론이 취할 수 있는 두 가지 형태는 어떤 것인가?

연습문제

1. 추리의 순환 사슬을 통한 정당화가 가능한가? 이 물음에 대한 찬반 답변의 이유들을 논의해 보라.
2. 레러 식 정합론이 어떻게 작동하는지 설명하는 두 사례를 구성

해 보라. 첫째, 어떤 믿음이 S의 승인체계와 정합하기 때문에—즉 모든 경쟁주장을 물리치기 때문에—그 믿음이 정당화되는 사례를 구성해 보라. 둘째, 어떤 믿음이 물리치지 못하는 경쟁주장이 하나 있기 때문에 그 믿음이 정당화되지 못하는 사례를 구성해 보라.

3. 분리 반론을 예증하는 사례와 대안 체계 반론을 예증하는 사례를 각각 구성해 보라.
4. 상위 정당화를 통한 반주어의 정합성 개념을 예증하는 구체적 예를 기술해 보라.

| 주 |

1) Neurath(1932).

2) 제1장, 1면 이하를 볼 것.

3) BonJour(1985), 89면.

4) Plantinga(1993a), 69면을 볼 것.

5) 자기-정당화의 가능성에 대한 논의는 제5장 99면 이하를 볼 것.

6) 여기서 "x는 y를 정당화하는 것이다"와 "x는 y를 완전히 정당화한다"를 조심스럽게 구별해야 하는데, 이 두 표현은 다른 관계를 나타낸다. 믿음 B3은 그 모든 정당성을 B1과 B2가 각각 B3을 정당화하는 것으로 기능하지만 B1도 B2도 혼자서는 B3을 완전히 정당화하지 못하는 방식으로 두 개의 다른 믿음 B1과 B2로부터 제공받을 수 있다. 그렇다면 믿음은 다른 믿음을 완전히 정당화하는 것이 아니면서 그 믿음을 정당화하는 것일 수 있다. 이렇게 보면 "x는 y를 정당화하는 것이다"라는 관계는 분명히 이행적 관계다. B1이 B2를 정당화하고 B2가 B3을 정당화하는 세 믿음 B1, B2, B3을 생각해 보라. B1은 B2에 의해 B3의 정당성에 기여하므로, B1은 B3을 정당화하는 것이다. 그렇지만 "x는 y를 완전히 정당화한다"라는 관계는 이행적 관계가 아니다. 왜냐하면 B3을 완전히 정당화하는 것이 B1 혼자가 아니라 B1과 B2의 연언이기 때문이다.

7) "x는 y를 정당화한다"는 표현은 애매하다. 이 표현은 x가 y의 정당성에 기여한다는 것을 의미할 수도 있고, x가 y를 완전히 정당화한다는 것을 의미할 수도 있다. 그렇지만 믿음 B1이 믿음 B2를 정당화할 때, 최소한 B1이 B2를 정당화하는 것이라는 말은 옳아야 할 것이다. 결과적으로 우리가 순환 사슬을 어떻게 해석하든—정당성에 기여하는 것들의 사슬로 해석하든 완전히 정당화하는 것들의 사슬로 해석하든—이행적 관계인 "x는 y를 정당화하는 것이다"는 B1이 B1을 정당화하는 것이라는 결과에 이르게 한다.

8) Plantinga(1993a), 74면 이하를 볼 것.

9) BonJour(1985), 90면.

10) 같은 책, 같은 면.

11) 또는 그런 것처럼 보인다. 그렇지만 제7장에서 우리는 반주어에 따를 때 믿음체계의 정당성은 실제로 그 체계의 정합성에 의해 산출되는 것이 아니라 정합

성에 관한 믿음들에 의해 산출된다는 것을 살펴보게 될 것이다. 따라서 이렇게 해석한다면, 정합론은 결국 무한 후퇴를 피할 수 없다.

12) 예컨대 블랜샤드(B. Blanshard)의 다음 진술을 생각해 보라. "충분히 정합성 있는 지식은 모든 판단이 그 체계의 나머지 판단을 논리적으로 함의하고, 또 그것에 의해 논리적으로 함의되는 지식일 것이다." Blanshard(1939), 264면.

13) Sosa(1991), 114면과 Fumerton(1993), 243면을 볼 것.

14) 그래서 P1과 P2는 역설을 발생시킨다. 즉 이 명제들은 각각 분명히 옳은 것처럼 보이지만 둘 다 옳을 수는 없다. 왜 그런가에 대한 설명은 제3장, 주 9)를 볼 것.

15) 이 예에 대한 논의는 Kornblith(1989), 243면을 볼 것.

16) 정합성과 무모순성에 대한 이 이상의 논의는 Fumerton(1993)과 Klein(1985)을 볼 것.

17) 설명적 정합성에 대한 설명은 BonJour(1985), 99면과 Lehrer(1990), 제5장을 볼 것. 설명적 정합성에 대해 비판적으로 논의하고 있는 책으로는 Fumerton(1980)과 (1993)을 볼 것.

18) 물론 내 고양이가 왜 야옹하고 우는지에 대해 다른 설명이 있을 수 있다. 그러나 우리가 상상하고 있는 상황에서는 그냥 고양이가 배고픔에 겨워 음식을 먹고 싶어 그렇게 운다고 가정하자.

19) Fumerton(1993), 244면.

20) BonJour(1985), 99면과 Lehrer(1990), 제5장.

21) Lehrer(1990), 11면.

22) 같은 책, 4면.

23) 같은 책, 35면.

24) Churchland(1984), 38면을 볼 것.

25) 이 반대사례를 정착시키기 위해서는 두 상황이 어째서 입력 조건들에서 다르지 않으면서 믿음 (1)과 (2)에 대해서는 다른지 설명해야 할 것이다. 그러한 설명을 찾는 일이 어려운 것처럼 보이지는 않는다. 예컨대 두 믿음의 차이는 마약 복용에 의해 야기된 것이라고 말할 수도 있다. 첫 번째 상황에서는 당신이 마약을 복용했지만, 두 번째 상황에서는 복용하지 않았다. 그러면 마약이 당신의 뇌에 미치는 화학적 효과도 입력 조건으로 간주해야 하는가? 인지적 입력에 대

한 전통적 견해로는 그런 효과가 입력 조건으로 간주되지 않음이 확실한데, 전통적 견해에 따를 때 입력은 지각, 기억, 내성 같은 것에 의해 산출되기 때문이다.

26) Lehrer(1990), 117면을 볼 것.

27) 같은 책, 116면을 볼 것.

28) 이런 문제들에 대한 완벽한 설명은 Lehrer(1990), 제6장을 볼 것. 실제로 레러는 정합성을 "물리침"으로뿐만 아니라 그가 "중화시킴"이라고 말하는 것으로 정의한다. 하지만 이 장의 목적을 생각하면 이 두 번째 개념에 관심을 기울일 필요는 없다.

29) Lehrer(1990), 145면.

30) 제5장, 107면 이하를 볼 것.

31) 물론 의심할 만한 특별한 이유가 있을 때는 자연스럽게 우리의 지각에 관한 이차 사고가 나타난다. 푸른 안경을 꼈을 때 사물이 자신에게 보이는 것처럼 실제로도 푸르다고 믿는 사람은 거의 없다.

32) Lehrer(1990), 119면.

33) 이 대목에 들어 있는 가정은 물론 내가 (4)와 (5)를 불신한다는 것이 아니라 (4)와 (5)가 내가 믿는 명제들에 속하지 않는다는 것뿐이다.

34) 승인의 본성에 관한 레러의 말에 의거해 생각할 때 그가 승인과 믿음의 관계에 대해 어떻게 생각하고 있는지가 이상적으로 명백한 것은 아니다. 한편으로 그는 승인이 믿음의 부분집합이라고 말한다. 또 한편으로 그는 "우리가 승인하는 것의 대부분, 예컨대 57이 홀수라는 것을 우리는 그것에 대해 생각해 보지 않고 승인한다"고 말한다. Lehrer(1989), 270면. 이 문장을 읽기에 앞서 내가 57이 홀수라는 믿음을 지니지 않았다는 건 확실한데, 왜냐하면 실제로 나는 이 문제를 생각해 본 적이 없기 때문이다. 그럼에도 레러는 그것이 내 승인이었다고 주장하는 것처럼 보인다. 만일 그것이 내 승인이었다면, 그 승인은 내 믿음은 아니었다. Greco(1993)을 볼 것. 이 책에서 그레코는 레러가 "승인은 명시적 믿음일 필요가 없다"고 주장하고 있는 것으로 간주한다(112면).

35) 여기서 경험적 믿음으로 한정시킨 것은 중요하다. 선천적 정당화에 관한 한 반주어는 토대론자의 견해를 가지고 있기 때문이다. BonJour(1985), 부록. A를 볼 것.

36) 같은 책, 30면 이하를 볼 것.

37) 반주어는 수준 상승의 필요성에 대한 영향력 있는 옹호자로 윌프리드 셀라스(W. Sellars)를 든다. 반주어는 셀라스의 견해를 다음과 같이 요약한다. 즉 셀라스에 따르면, "관찰적 믿음의 정당성은 언제나 일반적 지식에 의존하는데, 이때 일반적 지식은 바로 그러한 종류의 믿음들이 자신들이 있다고 주장하는 사실적 상황의 실제 존재에 대한 법칙적으로 신빙성 있는 징표라는 것이다." BonJour(1985), 116면; Sellars(1963) 참조.

38) BonJour(1985), 31면. 또한 122면 이하를 볼 것.

39) 같은 책, 31면.

40) 같은 책, 같은 면.

41) 제4장 마지막 절을 볼 것.

42) 오히려 문제가 되는 것은 주체가 자신의 증거에 대해 반성할 수 있고, 그래서 자신의 증거에 관해 적절한 믿음을 형성할 수 있다는 것이다.

43) BonJour(1985), 117면.

44) Greco(1993), Goldman(1989), Kornblith(1989)를 볼 것.

45) Goldman(1989)을 볼 것.

46) BonJour(1989b), 284면.

47) BonJour(1989b), 284면. 똑같은 취지의 주장을 펴고 있는 BonJour(1985), 152면 참조.

48) BonJour(1989b), 285면.

49) BonJour(1985), 88면.

50) 이 반론은 BonJour(1985), 106면 이하와 139면 이하; Lehrer(1990), 143면 이하; Pollock(1986), 76면 이하; Sosa(1991), 157면과 184면에서 논의되고 있다. "고립 반론"이란 용어는 폴록(J. Pollock)에게서 시작되었다.

51) Sosa(1991), 184면.

52) BonJour(1985), 144면.

53) 같은 책, 150면을 볼 것.

54) Lehrer(1990), 143면 이하를 볼 것.

55) 폴록에 따르면, 정합론이 우리 믿음이 지각을 통해 세계와 연결된다는 것을 쉽게 인정할 수 있기 때문에 고립 반론은 결정적 반론이 못된다. Pollock(1986), 76면 이하. 하지만 앞에서 살펴본 것처럼, 이 응답은 요점을 놓치고 있다. 이 응

답은 정합론이 우리가 살펴본 종류의 반대사례들을 있음 직하지 않은 사례로 만든다는 것을 입증할 뿐이지 불가능한 사례라는 것을 입증하는 것이 아니다. 더 나아가 폴록은 "우리 믿음과 세계 사이의 관계에 대해" 토대론이 정합론과 다르지 않다고 주장한다. "토대론이든 정합론이든 세계가 우리 믿음에 영향을 미칠 수 있는 유일한 방식은 인과적 방식뿐이다"(76면). 그렇지만 우리가 토대론을 해석했던 방식을 가정하면, 정합론과 토대론이 지각을 믿음과 세계 사이의 인식적 고리로 간주하는 방식에는 실제로 결정적 차이가 있다. 토대론에 따르면, 지각 상태는 자신을 믿음으로 드러내지 않을 때라 할지라도 인식적 의의가 있다. 정합론에 따르면, 지각은 지각적 믿음의 형태로만 중요성을 갖는다.

제 7 장 | 토대론과 정합론 논쟁

데이빗슨의 "믿음의 순환" 논증

「진리와 지식 정합론」("The Coherence Theory of Truth and Knowledge")이란 논문에서 도널드 데이빗슨(D. Davidson)은 토대론에 대해 중요한 반론을 제기하였다. 데이빗슨에 따르면, 정합론의 옹호자들은 다음과 같이 주장한다.

> 어떤 믿음을 지니는 논거로 간주할 수 있는 것은 또 다른 믿음 외에 아무것도 없다. 토대론자 일당은 이를 여전히 같은 종류의 정당화 근거나 같은 종류의 정당화 원천을 요구하는 이해할 수 없는 처사라고 하여 거부한다.[1)]

이 인용구는 토대론과 정합론 논쟁의 핵심에 자리 잡고 있는 문제를 제기한다. 토대론자에 따르면, 비믿음 수준의 정당화, 즉 믿음 이외의 어떤 것에 근거나 원천을 두고 있는 정당화가 있다. 그렇지만 정합론자는 믿음의 정당화 원천이 언제나 이런저런 다른 믿음들이어야 한다고 주장한다. 데이빗슨은 다음 논증을 기초로 하여 정합론자 편에 가담한다.

> 우리는 그것을 이런 방식으로 보아 왔다. 즉 어떤 사람이 세계에 관한 그의 모든 믿음, 즉 그의 모든 믿음을 가지고 있다. 그가 그 믿음들이 옳은지, 또는 옳음 직한지 어떻게 알 수 있는가? 우리는 그의 믿음들을 세계와 연결시킴으로써만, 즉 그의 믿음들 몇몇을 일대일로 감각에 대한 진술에 직면하게 하거나, 또는 아마도 그의 믿음들 전체를 경험이라는 법정에 직면하게 함으로써만 알 수 있다고 가정해 왔다. 하지만 그러한 직면은 아무런 의미가 없다. 왜냐하면 우리가 우리 자신이 자각하고 있는 내적 사건을 일으키는 것이 무엇인가를 발견하기 위해 우리 피부 밖으로 나갈 수 없다는 건 말할 필요도 없기 때문이다.[2]

데이빗슨의 논증 노선을 간단히 재검토해 보자. 그가 확립하려고 하는 것은 어떤 믿음의 정당화 원천이 언제나 다른 믿음들에 있다는 주장, 즉 믿음의 순환 기본주장(circle-of-belief thesis)이다. 이 기본주장이 비믿음 수준의 정당화 같은 것이 없다는 사실을 함의한다는 것은 말할 것도 없다. 이 기본주장에 대한 데이빗슨의 논거는 우리 믿음을 경험에 직면하게 하는 것이 불가능하다는 것인데, 이는 그러한 직면이 결국 "우리의 피부 밖으로 나가는 것"이 될 것이기 때문이다. 결과적으로 우리는 주어진 믿음을 어떤 경험에 직면하게 함으로써 그 믿음이 옳은지 말할 수 없고, 그 믿음을 다른 믿음들에 직면하게 함으로써만 그 믿음이 옳은지 말할 수 있다.

데이빗슨의 논증에 응답하면서 토대론자는 앞에서 도입했던 구별—어떤 믿음의 정당화됨이라는 속성과 어떤 사람이 믿음을 정당화하는 활동의 구별—을 이용하여 데이빗슨의 논증이 전자가 아니라 후자에 관련된 것이라고 해석할 수 있다.[3] 데이빗슨의 논증이 어떤 믿음이 옳은지(또는 그른지) 우리가 어떻게 알 수 있는가에 관한 논증이라는 사실을 주목해 보라. 만일 우리가 어떤 믿음이 옳은지(또는 그른지) 알고 싶다면, 우리는 정당화 활동에 종사해야 한다. 왜냐하면 특정 믿음의 진리치를 아는 데 필요한 것은 해당 믿음이 옳은지 자문한 다음, 그 믿음이 옳다(또는 그르다)는 것을 증명하거나 논증하는 것이기 때문이다.

그런데 우리의 믿음을 정당화하는 활동에 관한 한 데이빗슨이 올바르다는 건 확실하다. 정당화하는 활동에 종사할 때, 우리가 믿는 것을 어떤 식으로 옹호하든 그것은 언제나 우리가 믿는 다른 어떤 것이어야 할 것이다. 예컨대 만일 내가 "내 앞에 있는 책은 붉다"라는 내 믿음이 "그것은 내게 붉게 보인다"고 말함으로써 정당화된다는 걸 증명하려 한다면, 나는 그저 나의 또 다른 믿음을 진술하고 있는 것이다. 그리고 만일 "그것이 내게 붉게 보인다"라는 내 믿음을 우리 자신의 지각 상태에 대한 내성이 신빙성 있는 정보 원천이라고 말함으로써 정당화하려고 한다면, 나는 또다시 나의 또 다른 믿음을 진술하고 있는 것이다. 그러므로 우리의 믿음이나 확신을 정당화하기 위해 논증을 세우는 일에 종사할 때, 우리는 우리의 믿음을 벗어나서 더 찾아야 할 것이 없다는 사실을 인정할 필요가 있다. 그래서 우리의 믿음을 정당화하는 활동에 관한 것인 한, 토대론자는 믿음의 순환 기본주장이 옳다는 것을 인정해야 한다.

그렇지만 비믿음 수준의 정당화 같은 것이 있다고 주장할 때 토대론자가 관심을 가지는 것은 정당화하는 활동이 아니라 오히려 정당화됨이라는 속성 및 믿음이 그 속성을 어떻게 획득하는가에 대해서다. 따라서 토대론자는 데이빗슨의 논증에 대해 믿음을 정당화하는 활동에 관해 성립하는 전제들이 믿음의 정당화됨이라는 속성과 관련해서는 아무것도 증명하지 못한다고 응수할 것이다. 어떤 믿음이 다른 어떤 믿음들에 의거하지 않고 지각 경험을 통해 정당화된다는 것과, 특정 믿음이 그런 식으로 정당화되는지를 알거나 또는 그런 식으로 정당화된다는 것을 논증하는 일은 전혀 다른 일이다. 만일 후자의 일을 하고자 한다면, 우리는 문제의 믿음이 지각 경험을 통해 정당화된다고 말할 것이다. 그런데 바로 그 말은 또 다른 믿음을 진술하고 있는 말이고, 그래서 우리는 믿음들의 범위 안에 갇힌 채로 남아 있게 될 것이다. 그러나 그것은 해당 믿음이 지각 경험 자체에 의해서가 아니라 그 다른 믿음에 의해서 정당화됨이라는 속성을 지니게 된다는 것을 의미하지 않는다.

비유를 하나 생각해 보자. 윤리학에서 많은 철학자가 "결과주의"로 불리는 견해, 즉 행위의 도덕적 격위(그 행위의 올바름이나 그릇됨이라는 속성)가 그 귀결에 의해 결정된다는 견해에 찬성한다. 누군가가 어떤 행위를 수행하는데, 그 행위는 나쁜 귀결을 갖기 때문에 도덕적으로 그릇된 행위라고 해 보자. 결과주의자는 행위자가 그 행위의 귀결에 관해 어떤 믿음을 형성하든 않든 그 행위가 그릇되다고 말할 것이다. 결과주의자는 그 행위를 그릇되게 만드는 것이 다름 아닌 바로 귀결 자체라고 주장할 것이다.

그렇다면 토대론에 반대하는 데이빗슨의 논증과 짝을 이루는 결과주의에 대한 반론은 다음과 같이 진행될 것이다. 어떤 행위의 도덕적 격위를 그 행위의 귀결에 비추어 판단하고 있을 때, 우리는 귀결에 관한 우리의 믿음을 제외하고 더 이상 얻을 것이 없다. 왜냐하면 우리는 "우리의 피부 밖으로 나갈" 수 없으며, 행위의 귀결을 직접적으로 확인할 수 없기 때문이다. 따라서 행위의 도덕적 격위가 그 행위의 귀결에 의해 결정될 수 있다는 말은 이치에 닿지 않으며, 그래서 결과주의는 그르다.

결과주의자는 이 논증에 별 인상을 받지 못할 것이다. 그들의 응답은 데이빗슨에 대한 토대론자의 반박과 비슷할 것이다. 그들은 행위의 도덕적 격위를 평가하는 행위와 그 행위가 그런 도덕적 격위를 어떻게 획득하는가를 구별해야 한다고 말할 것이다. 어떤 행위가 올바른지 그릇된지 판단하고자 할 때, 실제로 우리는 언제나 그 행위의 귀결에 관한 믿음들 안에 갇혀 있게 될 것이라고 그들은 말할 것이다. 그러나 이것은 그 행위를 올바르거나 그릇되게 만드는 것이 그 행위의 귀결에 관한 우리의 믿음이라는 것을 의미하지 않는다. 오히려 그 행위는 우리가 귀결에 관해 믿는 것과 상관없이 실제 귀결에 따라 올바르거나 그릇되다.[4)]

데이빗슨의 논증에 대한 토대론자의 응답 역시 이와 유사하게 진행된다. 토대론자는 비믿음 수준의 정당화가 있다고 주장한다. 즉 믿음이 오로지 경험을 통해 정당화될 수 있다고 주장한다. 그런데 우리가 특정 믿음이 특정 경험에 의해 정당화된다는 것을 증명하려고 할 때, 우리가 무슨 말을 하든 그것이 경험 자체가 아니라 경험에 관한 믿음을 나타낸다는 것은 말할 것도 없다. 하지만 이 사실은 그 믿음을 정당화되게 만드는 것이 경험 자체가 아니라는 것을 의미하지 않는다.

논의를 계속하기 전에 데이빗슨의 논증에 대한 토대론자의 응답이 비믿음 수준의 정당화 같은 것이 있다는 것을 증명하는 논증으로 이해되면 안 된다는 사실을 지적할 필요가 있다. 그런 것은 없다. 오히려 토대론자 응답의 요점은 데이빗슨의 논증이 비믿음 수준의 정당화가 불가능하다는 것을 입증하지 못한다는 것을 증명하는 것일 뿐이다.

비믿음 수준의 정당화에 대한 반주어의 반대 논증

이제 데이빗슨의 논증과 달리 직접적으로 기초믿음의 성립가능성을 겨냥하고 있는 반주어의 논증을 살펴보기로 하자.[5] 이 논증의 결론은 비믿음 수준의 경험적 상태가 어떤 믿음에 정당화됨이라는 속성을 제공할 수 없다는 것이다. 따라서 토대론자로 하여금 데이빗슨의 논증을 반박할 수 있게 한 방책—믿음을 정당화하는 행위와 믿음이 정당화됨이라는 속성을 획득하게 되는 과정을 구별하는 방책—을 여기서는 적용할 수 없다. 그러므로 반주어의 논증은 비믿음 수준의 정당화 같은 것이 있다는 토대론자의 주장에 대한 심각한 도전으로 간주되어야 한다. 그렇다면 반주어는 어떻게 비믿음적 정당화 같은 것이 없다는 결론에 도달하는가?

반주어에 따르면, 비믿음 수준의 정당성이라는 관념—믿음 상태가 아닌 경험적 상태에 의해 어떤 믿음에 제공되는 정당성이라는 관념—은 다음 딜레마에 빠지게 된다.

> 비믿음 수준의 정당성의 딜레마
>
> 비믿음 수준의 경험은 자각 상태이든지 아니든지 둘 중 하나다. 만일 비믿음 수준의 경험이 자각 상태라면, 그것은 자신이 정당화될 경우에만 정당화할 수 있다. 만일 자각 상태가 아니라면, 그 상태는 그 자체로 정당화될 수 없으며, 그래서 어떤 믿음도 정당화할 수 없다.[6]

딜레마의 첫 번째 뿔이 옳다고 해 보자. 그러면 비믿음 수준의 경험은 자각 상태이다. 만일 그렇다면, 비믿음 수준의 경험은 자신이 정당화되지 않는 한 믿음들에 정당성을 수여할 수 없다. 그러나 이것은 비믿음 수준의 경험이 정당화를 필요로 하며, 그래서 후퇴 종료자로 기능할 수 없다는 것을 의미한다. 그래서 만일 딜레마의 첫 번째 뿔이 옳다면, 경험을 통해 정당화되는 믿음은 다른 믿음들에 의해 정당화되는 믿음과 마찬가지로 정당화될 필요가 있으며, 그래서 기초믿음일 수 없다.

딜레마의 두 번째 뿔이 옳다고 해 보자. 즉 비믿음 수준의 경험은 자각 상태가 아니다. 그 경우에 비믿음 수준의 경험은 책상이나 의자가 그렇지 않은 것처럼 정당성을 지닐 수 있는 종류의 것이 아니다. 하지만 만일 비믿음 수준의 경험이 정당성을 "가질" 수 없다면, 그것은 정당성을 "줄" 수도 없다. 따라서 만일 딜레마의 두 번째 뿔이 옳다면, 우리는 또다시 기초믿음이 있을 수 없다는 귀결에 이르게 된다.

반주어 논증은 간단히 말해 다음을 주장하고 있다. 즉 비믿음 수준의 정당성이라는 관념은 두 개의 대안을 놓고 선택해야 하는 문제를 불러일으킨다. 어떤 대안을 선택하든 기초믿음은 있을 수 없다는 결론이 따라 나온다. 그러므로 기초믿음이 존재한다는 건 불가능하다.

토대론자는 이 논증에 대해 어떻게 응답할까? 우선 토대론자가 딜레마의 두 뿔 중 하나를 선택해야 한다는 건 분명한 일인데, 왜냐하면 비믿음 수준의 경험은 자각 상태거나 아니거나 둘 중 하나기 때문이다. 둘째 토대론자가 첫 번째 대안을 선택할 수 없다는 것 또한 분명한데, 왜냐하면 그럴 경우에 토대론자는 기초믿음이 후퇴 종료자로 기능한다고 주장할 수 없을 터이기 때문이다. 따라서 반주어의 논증을 반박하기 위해서는 토대론자는 두 번째 대안이 승인할 만한 것임을 증명해야 한다. 즉 비믿음 수준의 상태가 그 자체로 정당화됨이라는 속성을 가질 수 있는 종류의 것이 아니라 할지라도, 그 상태가 실제로 믿음들에 그 속성을 제공할 수 있다는 것을 증명해야 한다.

요컨대 토대론자는 비믿음 수준의 상태가 정당성을 "가질" 수 없다 할지라도 정당성을 "줄" 수 있다고 주장해야 한다.

이것은 적어도 처음에는 가망 없는 일인 것처럼 보인다. 자기-정당화에 대한 앞의 반대 논증을 다시 생각해 보라. 우리는 어떤 믿음이 애초에 정당화되거나 정당화되지 않거나 둘 중 하나라고 논했다. 만일 정당화된다면, 그 믿음은 이미 정당화되기 때문에 제 자신을 정당화할 수 없다. 그리고 애초에 정당화되지 않는다면, 그 믿음은 정당성을 "가지지" 않은 믿음이 다른 어떤 믿음에 정당성을 "줄" 수 없기 때문에 제 자신을 정당화할 수 없다. 딜레마의 두 번째 뿔에 대한 반주어의 판단은 이와 똑같은 직관, 즉 만일 비믿음 수준의 상태가 정당성을 "가질" 수 없다면, 그 상태는 정당성을 "줄" 수도 없다는 직관에 의존하는 것처럼 보인다. 그러면 토대론자는, 비록 비믿음 수준의 상태가 그 자체로 정당화될 수 있는 종류의 것이 아니라 할지라도, 그 상태는 어쨌든 믿음을 정당화할 수 있다는 견해를 옹호해야 하는 임무에 직면하게 된다. 다음 절에서는 토대론자가 이 어려운 일을 어떤 방식으로 진행할 수 있는지 살펴보기로 하자.

반주어 논증에 대한 토대론자의 응답

반주어의 딜레마 논증이 제기하는 문제는 믿음의 정당성의 원천이 그 자체로 정당화될 수 없는 어떤 것에 있을 수 있는지 하는 것이다. 반주어는 믿음의 정당성이 그러한 어떤 것에서도 원천을 가질 수 없다고 주장한다. 그럼에도 불구하고—그리고 이것이 바로 토대론자가 반주어 논증에 응답하면서 말하지 않을 수 없는 것인데—반주어 자신의 정합론적 입장은 믿음의 정당성이 그러한 어떤 것에 원천을 둘 수 있다고 전제가정하는 것처럼 보인다. 정합론의 핵심 주장은 뭐니뭐니해도 믿음이 정합성에 의해 정당화된다는 것이다. 반주어 표현으로는 "특정한 경험적 믿음의 정당성은 … 최종적으로 전체 체계 및 그 체계의 정합성에 의존한다."[7] 그렇지만 믿음체계의 정합성은 그 자체로 정당화될 수 있는 것이 아니다. 믿음체계의 정합성은 정당화되는 것일 수도 정당화되지 않는 것일 수도 없다. 하지만 반주어에 따르면, 그 믿음체계는 정당화되는 모든 믿음에 정당성을 제공하는 원천이다.

따라서 정합론자 자신은 정당성에 대한 비믿음 수준의 원천, 즉 정합성을 찬성하는 것처럼 보인다. 하지만 그렇게 되면 정합론자는 비믿음 수준의 정당성 같은 것이 없기 때문에 경험적 상태를 통한 비믿음 수준의 정당성이 불가능하다는 것을 근거로 하여 토대론을 거부할 수 없다. 사실상 기초믿음과 관련하여 그러한 가능성을 부정하면서 정합성과 관련하여 그러한 가능성을 긍정하는 것은 완전히 부정합한 것이 아니라면 임의적인 것이다.[8]

비록 반주어의 딜레마 논증이 처음에는 아주 강력한 것처럼 보였을지라도, 이제 토대론자의 대응책도 적어도 똑같은 정도로 강력하다고 말하지 않을 수 없다. 토대론자 대응책의 힘은 비믿음 수준의 정당성의 가능성에 대한 정합론자의 공격이 공격 목표로 삼은 토대론뿐만 아니라 정합론이라는 입장 자체까지도 무너뜨릴 위험에 봉착한다는 사실을 지적하는 데서 비롯된다. 그렇지만 정합론자가 이러한 역전 상태를 되돌리기 위해 의거할 수 있는 응답이 한 가지 있다. 정합론자는 정당화되는 믿음이 정합성 관계 자체에 의해서 정당화되는 것이 아니라 주체의 믿음체계 정합성에 관한 그의 믿음들에 의해 정당화된다고 말할 수 있다. 그리고 실제로 반주어는 정합론에 대해 자신의 철저한 믿음주의를 증거로 삼아 바로 이런 방식으로 생각하는 것처럼 보이는데, 그의 철저한 믿음주의는 그가 수준 상승의 필연성에 대해 생각하고 있는 방식으로 표현된다.[9]

그렇지만 정합론자의 이러한 응수—"믿음 수준의 방책"(doxastic move)이라 부르기로 하자—는 토대론자의 역습으로부터 완전히 회복되지 못하는데, 이 응수는 다소 심각한 두 가지 반론을 끌어들이기 때문이다. 첫 번째 반론에 따르면, 철저하게 믿음을 앞세우는 정합론 개념은 정당화를 불가능하게 만드는 무한 후퇴를 야기한다. 두 번째 반론에 따르면, 믿음 수준의 방책은 아주 옳을 성싶은 기본주장, 즉 믿음의 정당화됨이라는 격위와 같은 평가적 속성이 비평가적 속성들의 집합에 수반되거나 닻을 내리고 있어야 한다는 기본주장과 조화를 이루지 못한다.

이 두 가지 반론을 논의하기 전에 반주어의 딜레마 논증에 대한 토대론자의 대응책을 요약해 보자. 이 대응책의 요점은 정합론자 자신이 딜레마에 봉착한다는 것임을 주목할 필요가 있다.

정합론의 딜레마

> 정합론에 따르면, 믿음의 정당성은 정합성 자체나 정합성에 관한 믿음에 의해 제공된다. 만일 정합성 자체에 의해 정당성이 제공된다면 원리상 비믿음 수준의 정당성이 인정되어야 하는데, 왜냐하면 믿음체계의 정합성은 본성상 비믿음적이기 때문이다. 한편 만일 정합성에 관한 믿음에 의해 정당성이 제공된다면, 그로부터 비롯되는 정당성 개념은 두 가지 결점을 갖게 된다. 첫째, 그 정당성 개념은 별로 달갑지 않은 무한 후퇴를 야기한다. 둘째, 그 정당성 개념은 평가적 속성으로서의

정당화됨이라는 속성이 비평가적 속성에 수반된다는 기본주장과 조화를 이루지 못한다.

정합론자가 이 딜레마를 아무리 피하려 해도 그가 맞닥뜨리는 문제는 가공할 만한 것이다. 만일 정합론자가 정합성 자체가 정당성의 원천이라는 것을 승인한다면, 그는 비믿음 수준의 정당화 같은 것이 있다는 것을 원리적으로 인정하지 않을 수 없는데, 이것은 정합성을 통한 비믿음 수준의 정당화가 가능한 반면에 경험을 통한 비믿음 수준의 정당화가 가능하지 않다는 주장을 상당히 약화시킨다.[10] 한편 만일 정합론자가 믿음 수준의 방책을 사용한다면—만일 정합론자가 정당성이 정합성 자체를 통해서가 아니라 정합성에 관한 믿음들에 의해 발생한다고 주장한다면—, 그는 믿음 수준의 방책을 사용하지 않았을 경우에 맞닥뜨릴 것과 똑같은 정도로 중대한 두 가지 문제에 직면하게 된다. 다음 세 절은 바로 이 문제를 논의하게 될 것이다.

정합론과 수준들의 후퇴

믿음 수준의 방책에 따르면, 정당화되는 믿음에 정당성을 제공하는 원천은 정합성에 관한 믿음이다. 따라서 믿음 수준의 방책을 포함한다면, 정합론은 다음과 같이 표현될 수 있다.

(J) S가 지니고 있는 개개의 모든 믿음 B에 대하여 B가 정당화된다 iff
S는 B가 S의 믿음체계의 다른 믿음들과 정합한다고 믿는다.

이런 식으로 이해되는 정합론은 정당화되는 모든 믿음 B에 대하여 B가 주체의 믿음체계의 다른 믿음들과 정합한다는 식의 상위믿음 B*가 있어야 한다는 사실을 함의한다. 그래서 만일 B가 나의 정당화되는 믿음이고 그 정당성이 정합성에 관한 믿음들로부터 나온다면, 나는 B가 내 믿음체계와 정합한다는 식의 적어도 한 믿음 B*를 지니고 있어야 한다. 그렇지만 B* 자체의 정당성은 어떻게 되는가? (J)에 따르면, B* 정당성의 원천은 B*가 내 믿음체계와 정합한다는 식의 믿음 B**에 있다. 그리고 B**, B*** 등에 대해서도 이와 똑같은 상황이 성립한다. 그러므로 (J)는 다음 종류의 무한 후퇴를 발생시킨다.

B* 나의 믿음 B가 나의 다른 믿음들과 정합한다.
B** 믿음 B*가 나머지 내 믿음들과 정합한다.
B*** 믿음 B**가 나머지 내 믿음들과 정합한다.

이 후퇴에 관해서는 이 후퇴가 단순히 정당화하는 믿음들의 일상적 후퇴가 아니라는 사실을 주목하는 것이 중요하다. 오히려 이 후퇴는 믿음 수준들의 무한 계열을 가로질러 가는 후퇴다. B*는 믿음에 관한 믿음이며, 그래서 상위믿음이다. 그리고 B**는 상위믿음에 관한 믿음이며, 그래서 상위-상위믿음이다. … 이런 식으로 믿음 수준의 방책은 믿음 수준들의 무한 계층을 야기한다.[11]

그러한 무한 계층은 두 가지 이유로 의심스럽다. 첫째, 후퇴의 아주 초기라 할지라도 그런 믿음들은 너무 복잡해서 이해할 수 없는 믿음이 된다. B가 책상 위에 책이 있다는 믿음을 나타낸다고 하고, 그저 B**가 무엇이 될 것인지 생각해 보라.

> "책상 위에 책이 있다"는 내 믿음이 나의 다른 믿음들과 정합한다는 내 믿음은 나의 다른 믿음들과 정합한다.

둘째, 유한한 인간 정신이 그러한 믿음들의 무한 계열을 지닌다는 것이 불가능하다. 그러므로 믿음 수준의 방책은 회의주의를 위한 처방으로 간주되어야 한다. 그 이유를 살펴보자.

믿음 수준의 방책에 따르면, 정당화되는 모든 믿음에 정당성을 제공하는 원천은 정합성에 관한 믿음들이다. 다시 말해 정당화되는 모든 믿음 B가 믿음 B*를 동반해야 한다는 것은 정당화의 필요조건인데, 이 믿음 B*는 정합성 있는 믿음체계의 원소임이라는 속성을 B에 귀속시킨다. 이 속성을 귀속시키는 각 믿음은 그 자체로 이 속성을 자신에게 귀속시키는 믿음을 동반해야 하므로, 믿음 수준의 방책은 사실상 정당화되는 모든 믿음이 무한 계열의 상위믿음들을 동반해야 한다는 사실을 함의한다. 유한한 인간 정신이 그러한 무한 계열의 상위믿음들을 형성한다는 건 불가능하므로, 믿음 수준의 방책은 정당성에 유한한 인간 정신이 충족시킬 수 없는 조건을 부과하는 것이다. 따라서 무한한 정신을 갖지 못하는 인간은 정당화된 믿음을 가질 수 없다.

"B는 나의 다른 믿음들과 정합한다" 형식의 상위믿음 형성이 실제로 필요조건이 아니라고 정합론자가 응답할 수 있을까? 물론 정합론자는 그렇게 응답할 수 있지만, 비믿음 수준의 정당화 가능성을 암암리에 인정하지 않고는 그런 응답을 할 수 없다. 왜냐하면 믿음 수준 방책의 요점은 비믿음 수준의 정당성의 원천으로 정합성 자체를 인정하지 않으면서 정합론자 입장—이 입장에 따르면 비믿음 수준의 정당화는 불가능하다—을 유지하는 것이기 때문이다. 따라서 믿음 수준 방책이 확보하게 되는 결과는 다음과 같다. 즉 정당화되는 개개의 모든 믿음은 그 정당성을 적어도 부분적으로 정합성에 관한 믿음들에서 제공받는다. 하지만 앞에서 살펴본 것처럼 이 결과는 무한 후퇴라는 가격표가 붙어 다닌다. 정합성에 관한 믿음을 통한 정당화가 모든 정당성의 필연적 성분이라는 생각을 포기하면 이 후퇴를 피할 수 있다는 건 옳은 말이다. 그렇지만 그 생각을 포기하자마자 비믿음 수준의 정당화가 들어와 토대론자 이론 내에서 적절한 역할을 하도록 문을 열어 주게 된다.

반주어 식 수준 후퇴

이른바 "믿음 수준의 방책"에 기초를 둔 반주어의 수준 상승 개념이 어떻게 무한 후퇴를 산출하는지 정확히 음미하는 것은 가치가 있다. 반주어에 따르면 기초믿음은 불가능한데, 이는 정당화되는 개개의 모든 믿음이 그 정당성을 다음 도식에서 표현되는 적어도 두 전제에서 제공받기 때문에 그렇다.

(1) B는 특징 F를 가지고 있다.
(2) 특징 F를 가진 믿음들은 매우 옳음 직하다.
그러므로
(3) B는 매우 옳음 직하다.[12)]

이 도식은 믿음이 자신의 정당성을 어떻게 제공받는가를 설명하는 것이다. 그래서 만일 어떤 믿음이 전제들 (1)과 (2)에 의해 지지된다면, 그리고 오직 그 경우에만 그 믿음은 정당화된다. 전제들 (1)과

(2)가 그저 옳기만 하면 되는지, 아니면 실제 믿음 형태를 취해야 하는지에 대해 도식 자체는 아무 말이 없지만, 반주어는 이 문제에 관해 자신의 생각을 분명히 하고 있다. 반주어에 따르면 우리의 믿음을 정당화하는 것은 정합성이 있다는 사실이 아니라 오히려 정합성에 관한 우리의 믿음이다.[13)]

반주어의 도식은 정당화되는 각각의 믿음 B가 "B는 주체의 다른 믿음들과 정합한다"는 식의 명시적 믿음을 동반해야 한다는 것을 필요조건으로 부과하지 않는다. 결국 정합성 개념을 가지지 않아서 자신의 믿음체계가 정합성을 지니고 있는지 자문할 수 없는 사람도 여전히 (1)과 (2)를 믿을 수 있으며, 그래서 그는 사실상 반주어가 필요하다고 주장하는 정합성에 관한 믿음이라고 할 수 있는 것을 믿을 수 있다. 그럼에도 불구하고 반주어의 도식은 앞에서 살펴본 것만큼이나 심각한 후퇴를 발생시킨다. 위에 제시된 도식의 요점은 이것이다. 즉 어떤 믿음도 (1)과 (2)처럼 그 믿음의 옳음에 대한 논거가 되는 또 다른 믿음들을 동반하지 않는 한 정당화될 수 없다. 그리고 또 이 논거들은 분명히 그 자체가 정당화되어야 한다. 따라서 (1)과 (2)는 다시 반주어의 도식을 만족시켜야 하는데, 이것이 바로 수준 후퇴를 발생시키는 것이다.

어떻게 해서 그렇게 되는지 보기 위해 (1)에 초점을 모으기로 하자. 원래 믿음 B가 정당화되기 위해서는 (1)이 정당화되어야 한다. 결과적으로 주체가 상위믿음

B* (1)은 특징 F를 가지고 있다

를 형성한다는 것은 B의 정당성의 필요조건이다. 이 상위믿음은 또

다시 반주어의 도식을 만족시켜야 한다. 이런 식으로 우리는 다음 상위-상위믿음에 이르게 된다.

B** "(1)이 특징 F를 가지고 있다"는 내 믿음은 특징 F를 가지고 있다.

그리고 이 믿음 역시 또다시 도식을 만족시켜야 하므로, 우리는 상위-상위-상위믿음 B***에 이르게 된다.

B*** "(1)이 특징 F를 가지고 있다는 내 믿음은 특징 F를 가지고 있다"는 특징 F를 가지고 있다.

이 계열의 또 다른 상위믿음 각각은 똑같은 방식으로 정당화되어야 하며, 그래서 믿음 수준들의 무한 후퇴가 발생하는데, 이 무한 후퇴는 앞에서 살펴보았던 것만큼이나 치명적인 후퇴다. 세 번째 수준 상위믿음의 복잡성을 생각해 보고, 정당화되어야 할 믿음을 "책상 위에 책이 있다"라고 해 보자.

책상 위에 책이 있다가 특징 F를 가지고 있다는 내 믿음이 특징 F를 가지고 있다는 내 믿음은 특징 F를 가지고 있다.

이런 식으로 상위믿음들의 무한 계열 형성을 정당성의 필요조건으로 부과하는 것은 정당화를 불가능하게 만드는 것이다. 그러므로 반주어의 믿음주의—어떤 믿음을 정당화하는 근거가 또 다른 믿음이어야 한다는 주장—는 곧바로 정당화되는 믿음의 가능성에 관해 회의주의의 나락에 떨어진다는 결론에 이르게 된다.

이 논증에 대한 응답으로, 비록 정당화되는 믿음이 언제나 그 믿음의 옳음에 대한 논거가 되는 또 다른 믿음들을 통해 정당화된다 할지라도, 이 또 다른 믿음들이 상위믿음일 필요는 없다고 반주어는 논증하였다.[14] 그렇지만 이 주장은 반주어 자신의 일반적인 정당화 도식과 조화를 이루지 못하는데, 그의 정당화 도식은 상위믿음의 형성을 정당성의 필요조건으로 만들고 있다. 그러자 반주어는 전제 (1)과 (2) 형식의 실제 믿음의 형성이 정당성의 필요조건이긴 하지만 이 조건이 그저 모든 믿음에 대해서가 아니라 일정한 종류의 믿음에 대해서만 적용된다는 것을 인정함으로써 이 난점을 피하려 한다. 그래서 다음 인용구에서 그는 자신의 도식이 "추정상 토대적인" 믿음들에 대해서만 상위 정당화를 요구하려는 것임을 지적한다.

> 그렇지만 그 도식이 추정상의 토대적 믿음들, 즉 일상적으로 추리적 정당화가 제시되지 않는 믿음들을 염두에 두고 표현되었으며, 한 믿음이 다른 믿음이 옳다고 생각할 이유를 제공하는 모든 사례에 적용되도록 일반화할 의도가 반드시 있었던 것은 아니라는 사실을 강조할 필요가 있다.[15]

그 다음에 반주어는 문제의 도식이 토대론자가 기초믿음으로 간주할 믿음, 즉 "일상적인 추리적 정당화"가 제시될 수 없는 믿음에만 적용될 수 있다고 제안한다. 일상적인 추리적 정당화가 제시될 수 있는 믿음의 경우에는 그 믿음을 정당화하는 근거가 상위믿음일 필요가 없다. 오히려 그런 믿음은 첫 번째 수준에 위치한 일상적 논거에 의해 정당화될 수 있다. 따라서 반주어는 다음과 같이 말하고 있다.

> 그러나 내 생각에 본질적인 것은 그저 어떤 형태를 취하든 믿는 사람이 그와 같은 설득력 있는 논거를 갖는다는 것이다.… 어떤 믿음이 옳음직하다고 생각할 논거가 상위믿음의 형태를 취한다는 것은 필연적인 것이 아니다.[16)]

그 다음에 반주어는 두 종류의 믿음, 즉 (1) 일상적인 추리적 정당성이 제공될 수 없는 믿음(토대론자가 기초믿음으로 간주하는 믿음)과 (2) 일상적인 추리적 정당성이 제공될 수 있는 믿음을 구별한다. 전자를 비추리적 믿음, 후자를 추리적 믿음이라 부르기로 하자. 두 유형의 믿음은 모두 또 다른 믿음의 형태로 된 정당화 논거들에 의해 지지되지 않는 한 정당화될 수 없다고 반주어는 주장한다. 비추리적 믿음의 경우에는 이 논거들이 상위믿음의 형태를 취해야 하는데, 왜냐하면 반주어가 인정하듯이 그런 믿음은 앞의 도식을 만족시켜야 하기 때문이다. 그렇지만 추리적 믿음의 경우에는 정당화 논거들이 상위믿음의 형태를 띨 필요가 없다. 그래서 반주어에 따르면 무한 수준 후퇴의 문제는 피하게 된다.

이 응답이 한정된 범위에서만 성공하는 이유를 알기는 어렵지 않다. 반주어는 자신의 도식이 토대론자가 기초믿음으로 여기는 믿음, 즉 일상적인 추리적 정당성을 얻기가 어려운 인지적으로 자발적인 믿음을 염두에 두고 표현되었다는 것을 명시적으로 진술한다. 그런 믿음으로 그가 들고 있는 예는 "책상 위에 붉은 책이 있다"다.[17)] 그런데 물리적 환경에 관한 우리의 믿음은 대부분 이런 유형의 믿음이다. 만일 이런 유형의 믿음이 반주어의 도식을 만족시켜야 한다면, 반주어 도식이 발생시키는 무한 후퇴 때문에 이런 유형의 믿음은 정당화된다는 것이 불가능하다는 결론이 따라 나온다. 따라서 반주어 이론은 이상한 귀결에 이르게 된다. 즉 추리적 믿음이 정당화될 수 있는 반면에, "책상 위에 붉은 책이 있다"와 같은 비추리적 믿음은 정당화될 수 없다. 이 귀결은 인식론자들이 전형적으로 생각해 왔던 것, 즉 경험적 믿음의 정당성의 잠재적 힘은 그 믿음이 지각 경험에 얼마나 근접해 있느냐에 따라 결정된다는 생각을 뒤집는 것이다. 어떤 믿음이 지각 경험에 근접하여 연결되어 있으면 있을수록 그 믿음의 정당성 잠재력이 좋아지며, 또 다른 추리가 믿음의 정당성을 제거하면 할수록 그 믿음의 정당성 잠재력은 나빠진다. 어떻든 간에 일상적인 물리적 대상에 관한 인지적으로 자발적인 믿음이 정당화될 수 없다는 것을 함축하고 있는 반주어 이론을 정당화되는 믿음의 가능성에 관한 회의주의에 반대하는 사람은 누구라도 승인할 수 없을 것이다.

비추리적 믿음에 관해서라 할지라도 필요한 정당화 논거가 상위믿음일 필요가 없다고 반주어가 말했다고 해 보자. 그 경우에 우리는 반주어 도식에서 전제들 (1)과 (2) 같은 논거를 제외하고 그런 믿음들로 어떤 유형의 정당화 논거를 발견할 수 있는지 자문해야 할 것이다. 결국 반주어 자신은 문제의 믿음들—추정상 토대 믿음들—을 일상적인 추리적 정당성이 제공될 수 없는 믿음들로 기술한다. 따라서 만일 반주어가 비추리적 믿음에 대해서조차 그의 정당화 도식을 포기해야 한다면, 그의 이론에 따를 때 그런 믿음이 정당화될 수 있는 방식은 완전히 신비스러운 것으로 남게 될 것이다.[18)]

따라서 반주어의 믿음주의적 정합론의 정당성 개념이 무한 수준 후퇴를 발생시킨다는 반론은 적어도 비추리적 믿음에 관한 한 충분히 위력이 있다. 이 반론의 교훈은 다음과 같은 것인 것처럼 보인다. 정합론은 비추리적 믿음에 관해 일종의 회의주의가 되거나, 또는 정합성 자체를 정당화의 원천으로 간주하고, 그래서 원리적으로 비믿음 수준의 정당화를 허용하는 이론으로 해석되든가 둘 중 하나다. 이것은 물론 정합론자가 삼키기에는 쓴 약이다. 왜냐하면 일단 비믿음 수준의 정당화의 가능성을 인정하게 되면, 기초믿음이 있다는 토대론자의 주장에 대해 정합론자가 제기하는 원리 차원의 반대가 어떻게 정당화될 수 있는지 분명치 않게 되기 때문이다.

수반 : 비믿음 수준 정당화의 사례

제2장에서 우리는 믿음의 정당성—특별한 종류의 평가적 격위—이 일련의 비평가적 속성에 수반되어야 한다고 주장하는 이유가 무엇인지 연구하였다. 두 가지 점을 간단히 다시 진술해 보자. 첫째, 우리는 비규범적 속성을 공유하는 두 믿음이 인식적 속성도 공유해야 한다고 논했다. 이것은 믿음의 인식적 격위가 그 믿음의 기술적 본성에 약하게 수반된다는 견해다. 둘째, 우리는 어떤 믿음이 한 가능세계에서 그 믿음을 정당화되게 만드는 비규범적 속성을 가질 경우에 그 믿음은 이 비규범적 속성을 갖는 모든 가능세계에서 정당화된다고 논했다. 이 주장은 믿음의 인식적 격위가 그 믿음의 기술적 본성에 강하게 수반된다는 기본주장이다.[19)]

이제 정합론자가 믿음적 방책을 쓸 때—정합론자가 정합성의 원천이 정합성 자체가 아니라 정합성에 관한 믿음에서 발견된다고 주장할 때—, 정합론이 비규범적 속성들에 대한 인식적 격위의 수반과 어떻게 조화를 이룰 수 있는지 알쏭달쏭하게 된다. 그 이유는 다음과 같다.

믿음 수준의 방책이 주장하듯이 어떤 믿음에 정당성을 제공하는 원천이 정합성에 관한 믿음이라고 가정해 보라. 그 원천은 분명히 정합성에 관한 정당화되지 않는 믿음일 수 없다. 오히려 만일 어떤 믿음이 그 정당성을 정합성에 관한 믿음들로부터 제공받는다면, 이 믿음들도 정당화되는 믿음이어야 한다. 그래서 이 점을 믿음 수준의 방책과 결합시키면 정합론이 말하는 것은 사실상 믿음의 정당성의 원천이 언제나 정합성에 관한 정당화되는 믿음들이라는 것이다. 특정 믿음 B를 생각하고 B가 정당화된다고 가정해 보라. 이제 토대론자가 (믿음 수준 방책에 찬성하는) 정합론자에게 B가 정당화된다는 것이 무슨 뜻인지 말하라고 요구한다면, 정합론자는 다음과 같이 말해야 할 것이다. 즉 B는 그 정당성을 B의 정당화 논거로 기능하는, 정합성에 관한 적어도 하나의 정당화되는 또 다른 믿음으로부터 제공받는다. 그러나 만일 정합론자가 토대론자의 물음에 이런 식으로 대답한다면, 그는 어떤 믿음의 정당성을 또 다른 믿음의 정당성에 의해 설명하고 있는 것인데, 이 말은 그가 평가적 수준의 정당성으로부터 정당성을 산출하는 비평가적 속성들의 영역에 이르는 분석적 단계를 밟는 데 실패하고 있다는 뜻이다.[20)]

이 중대한 국면에서 토대론자는 자신의 주장을 밀어붙이려 할 것이다. 토대론자는 정합론자에게 "인식적 정당성이 궁극적으로 비규범적 원천에서 발생하는가 아닌가?"라고 물을 것이다. 만일 정합론자가 믿음 수준 방책에 충실하고자 한다면, 그는 "아니, 비규범적 원천에서 발생하지 않는다"라고 말할 것이다. 하지만 2장의 수반에 대한 논의에 비추어 볼 때 이 답은 그럴듯한 답이 되지 못한다고 말하지 않을 수 없다. 그렇지만 만일 정합론자가 토대론자의 물음에 "그래, 인식적 정당성은 궁극적으로 비규범적 원천에서 발생한다"라고 답한다면, 그는 사실상 믿음 수준 방책을 포기하고, 믿음들 사이의 인식적 관계가 아닌 것으로 이해되는 정합성 자체를 궁극적인 정당화 원천으로 동일시하는 것이다. 그리고 그렇게 동일시하는 과정에서 그는 원리적으로 비믿음 수준의 정당성 같은 것이 있음을 인정하는 것이다.[21)]

비믿음 수준의 정당화에 반대하는 반주어 논증을 다룬 절의 말미에서 우리는 자기-정당화 가능성에 반대하는 우리의 논증이 반주어 논증을 도출해 낸 바로 그 직관과 똑같은 원리를 전제가정한다는 사실을 지적하였다. 그 원리는 어떤 믿음이 정당성을 이미 "가지고 있지" 않을 경우에 그 믿음은 자신에게 정당성을 "줄" 수 없다는 것이다. 이 원리에 깔려 있는 직관은 어떤 것이 그 자신이 정당성을 가지고 있을 경우에만 다른 것을 정당화할 수 있다는 것처럼 보인다. 그렇지만 만일 어떤 믿음의 정당화됨이라는 속성이 비평가적 속성들에 수반된다는 것을 승인한다면, 우리는 이 직관을 거부해야 한다. 그리고 이 직관을 거부하는 데 극복할 수 없는 장애는 없는데, 왜냐하면 다음 두 원리를 구별해야 하기 때문이다.

(A) 임의의 두 믿음 B1과 B2에 대하여 만일 B1이 B2를 정당화한다면, B1은 그 자신이 정당화되어야 한다.

(B) 임의의 두 사물 x와 y에 대하여 만일 x가 y의 정당성의 원천이라면, x는 그 자신이 정당성을 갖는 어떤 것이어야 한다.

자기-정당화 가능성에 반대하는 논증을 펼치면서 우리가 호소했던 원리인 (A)는 원리 (B)를 함의하지 않는다. 원리 (A)는 믿음들에 관한 것인데, 이 믿음들은 정당화되거나 정당화되지 않을 수 있는 것이다. 그리고 (A) 배후의 직관은 정당화될 수 있는 것은 무엇이든 다른 것을 정당화하려면 그 자신이 정당화되어야 한다는 것이다. 분명히 우리는 정당화될 수 있는 것이 정당화하기 위해 그 자신이 정당화되어야 한다고 주장하면서, 동시에 정당화될 수 없는 것이 정당화하기 위해 그 자신이 정당화되어야 한다고 주장할 필요는 없다. 사실상 만일 우리가 정당화에 관해 수반 신조를 승인한다면, 우리는 믿음체계의 정합성이나 믿음의 지각적 근거와 같은 것들, 즉 정당화할 수 있지만 그 자신이 정당화될 수는 없는 것들을 정당화 원천으로 간주해야 한다. 따라서 (A)를 주장하면서 동시에 (B)를 거부하는 일이 모순적 요소를 품는 건 아니다.

그렇다면 토대론자가 비믿음 수준의 정당화에 대해 언질을 주는 것은 결국 괜찮은 것으로 보인다. 그렇지만 비믿음 수준의 정당화를 지지하는 추론은 사실상 토대론에 유리하고 정합론에 불리한 논증이 되는 것으로 보아야 한다. 왜냐하면 토대론자는 비믿음 수준의 정당화가 있다는 것을 인정하면서도 토대론과 정합론이 상호 양립불가능한 이론이라고 주장할 수 있기 때문이다. 만일 정합론자가 그렇게 주장했다면, 정합론자는 오직 하나의 비믿음 수준의 정당화 원천, 즉 믿음들 사이의 정합성 관계라는 오직 하나의 원천만이 있다고 주장해야 할 것이다. 이렇게 생각하면 정당성은 믿음이 다른 믿음들과 맺는 비평가적인 어떤 관계를 통해 발생하는 것이며, 믿음이 믿음 아닌 다른 것들과 맺는 관계를 통해서는 절대 발생하지 않는다. 그런데 그렇게 되면 이 견해가 부정합한 요소가 없다는 건 분명하지만, 어떤 논증이 이 견해를 입증할 수 있을지도 분명치 않다. 왜냐하면 일단 원리적으로 비믿음 수준의 정당화가 가능하고, 또 정당화가 성립한다고 할 경우에 이 비믿음 수준의 정당화가 꼭 필요하다는 것이 인정되면, 비믿음 수준에서 정당화하는 것들의 모임에서 지각 상태, 내성

상태, 기억 상태를 배제할 수 있는 이유가 무엇인지 알기가 어렵기 때문이다.

지금까지 토대론과 정합론의 논쟁을 따라 우리가 어디까지 와 있는지 간단히 요약해 보자. 그 논쟁의 출발점은 비믿음 수준 정당화의 가능성에 반대하는 반주어의 딜레마 논증이다. 즉 비믿음 수준에서 정당화하는 것은 자각 상태이며 그래서 그 자신이 정당화될 필요가 있거나, 또는 자각 상태가 아니며 그래서 자신이 정당화될 수 없으므로 어떤 것도 정당화할 수 없거나 둘 중 하나다. 이 논증에 대한 토대론자의 응답은 딜레마의 두 번째 뿔이 그르다는 것이다. 비믿음적 상태는, 비록 자각 상태가 아니고 그래서 그 자신은 정당화될 수 있는 것이 아니라 할지라도, 다른 것을 정당화할 수 있다는 것이다. 이 주장을 지지할 때 토대론자는 제 자신의 딜레마 반론에 빠진 정합론자와 맞닥뜨린다. 정합론자는 정합성을 정당성의 비믿음 수준 원천으로 인정하거나 인정하지 않거나 둘 중 하나다. 만일 인정한다면, 정합론자가 믿음들 사이의 정합성 관계 이외의 다른 정당성 원천이 없다고 주장할 수 있는 근거가 무엇인지 미스터리로 남는다. 만일 인정하지 않는다면, 정합론자는 승인할 수 없는 수준 후퇴를 유발시키며, 더 나아가 정당성이 수반하는 비평가적 근거를 확인하는 데 실패하게 된다.

레러 정합론 재고

반주어 식 정합론이 야기하는 후퇴 문제에 비추어 볼 때 레러의 이론은 어떻게 되는가? 5장에서 그의 이론을 검토하면서 살펴보았던 것처럼, 레러의 정합성 개념은 두 요소를 포함한다. (1) 경쟁주장들이 물리쳐져야 한다. (2) 주체는 적절한 상황에서 자신이 신뢰할 만한 정보의 원천이라고 생각해야 한다. 레러 정합론을 다음과 같이 요약해 보자.

> (J_L) S의 승인 A는 정당화된다 iff
> (i) S의 승인체계에서 A의 모든 경쟁주장이 물리쳐진다.
> (ii) S는 A가 산출된 상황에서 자신이 신뢰할 만한 정보의 원천이라고 승인한다.

(J_L)이 무한 수준 후퇴를 야기하는가? 이 점을 알아보려면 조건 (ii)에 초점을 맞추어야 한다. 만일 조건 (ii)가 만족된다면, S의 믿음체계는 상위-승인

> A* 나는 A가 산출된 상황에서 신뢰할 만한 정보의 원천이다

를 포함한다. 그렇다면 이번에는 이 상위-승인이 어떻게 정당화되는가? 레러의 답변은 다음과 같다.

> 내가 어떤 특별한 상황 집단에서 구체적인 어떤 문제에 대해 신뢰할 만하다는 주장은 내가 승인하는 다른 것들을 기초로 정당화될 수 있을 것이다. 즉 나는 과거에 비슷한 상황, 비슷한 문제에 관해 진리에 도달하는 데 성공했었으며, 현재 상황이 내가 올바랐던 과거 상황들과 관련 있는 점에서 다르지 않다는 것을 승인한다.[22]

레러의 이 답변은 아주 그럴듯해 보인다. 하지만 이 답변은 결정적

문제를 제기하지 않는가? 즉 A*가 정당화되기 위해서는 A* 자신이 (J_L)의 조건 (ii)를 만족시켜야 하는가? 만일 A*가 (J_L)의 조건 (ii)를 만족시켜야 한다면 우리는 무한 후퇴에 이르게 되는데, 왜냐하면 A*가 상위-상위-승인

A** 나는 A*가 산출된 상황에서 신뢰할 만한 정보의 원천이다

를 동반해야 하고, 또 A**는 상위-상위-상위-승인 A***를 동반해야 하는 식으로 상위 승인의 과정이 계속될 것이기 때문이다.

물론 이렇게 발생하는 무한 후퇴는 믿음들의 무한 후퇴가 아니라 승인들의 무한 후퇴이다. 그러므로 우리는 믿음들의 무한 후퇴와 달리 승인들의 무한 후퇴가 별로 해로운 것이 아니지 않을까 하고 생각할지도 모르겠다. 그런데 레러에 따르면, "승인이라는 정신 상태는 기능적 상태, 즉 사고, 추리, 행위에서 어떤 역할을 하는 상태다."[23] 결과적으로 만일 A* 자신이 정당화되어야 한다면, (J_L)은 정당화되는 모든 승인이 무한 계열의 정신 상태를 동반해야 하는데, 이 무한 계열의 정신 상태들 각각은 사고, 추리, 행위를 할 때 어떤 역할을 한다는 사실을 함의한다. 그러나 아무리 줄잡아 말하더라도 유한한 정신이 그러한 무한 계열의 정신 상태를 가질 수 있다는 것은 의심스럽다.[24] 그러므로 우리는 승인들의 무한 후퇴가 믿음들의 무한 후퇴만큼이나 치명적인 것이라고 결론짓지 않을 수 없다. 따라서 만일 (J_L)이 상위-승인들의 무한 후퇴를 야기한다면, (J_L)은 회의주의에 유리한 처방이라고 간주되어야 한다.

그렇지만 레러는 A*가 A**와 같은 상위-승인에 의해 정당화될 필요는 없다고 주장하고 있는 것처럼 보인다. 유감스럽게도 이 주장 뒤

에 숨어 있는 그의 추론은 이상적이라고 할 수 있을 정도로 명료하지는 않다. 위 인용문 바로 다음에 그는 다음과 같이 말한다.

> 그렇지만 이 문제에는 그처럼 특수한 상황에서 요구되는 것 이상의 것이 있다. 나는 내 능력들, 즉 내 지각, 기억, 추론 등이 내가 그런 능력들에 대한 어떤 주장을 승인하고 있다는 것을 알고 있는 종류의 상황에서 진리에 대한 신뢰할 만한 지침이라는 것을 승인할 것이다. 그렇지만 나는 내 자신이 신뢰할 만한 사람이라는 것 또한 승인해야 한다. 즉 내가 어떤 것을 승인할 때, 내가 승인한다는 바로 그 사실은 그것이 옳다고 생각할 수 있는 아주 훌륭한 이유라는 것을 승인해야 하며, 그래서 적어도 내가 그 부정을 승인하는 것보다 그것을 승인하는 것이 더 합리적이라는 것을 승인해야 한다.[25]

이제 만일 누군가가 자신을 이 인용구에서 제시된 방식으로 자신을 신뢰할 만한 사람으로 여긴다면, 그는 다음 원리를 승인한다고 레러는 계속해서 논증한다.

> (T) 내가 어떤 것이 옳은 경우에만 승인한다는 목표를 가지고 승인하는 것은 무엇이든 나는 그것을 신뢰할 만한 방식으로 승인한다.[26]

그러면 당신은 당신 자신이 신뢰할 만한 정보의 원천이라고 여기고, 그래서 (T)를 승인한다고 가정해 보라. 우리는 이것으로부터 어떻게 A*가 A**와 같은 상위-승인에 의해 정당화될 필요가 없다는 결과에 도달하는가? 앞에서 언급했던 것처럼, 이 문제에 대한 레러의 해명은 바라는 연관 관계를 이상적으로 명료하게 드러내는 데 실패하지만, 그의 논증의 골자를 파악하는 데는 아마 다음과 같이 해 보는 것이 적절한 시도일 것이다.

우선 (T)를 **총체적 신뢰성 원리**(global trustworthiness principle)라 부르기로 하자. 이는 당신이 (T)를 승인한다면, 당신은 당신의 인지 능력 모두, 즉 지각, 기억, 내성, 추론에 대해 자신이 신뢰할 만한 정보의 원천이라고 생각하기 때문이다. 총체적 신뢰성 원리는 (J_L)의 조건 (ii)가 요구하는 A* 형식의 **국부적 신뢰성 주장**(local trustworthiness claims)과 구별되어야 한다. 우리의 문제는 총체적 신뢰성 원리가 정확히 어떻게 해서 A* 형식의 국부적 신뢰성 주장들로 하여금 조건 (ii)를 만족시킬 필요—즉 A** 형식의 상위-상위-승인들에 의해 정당화될 필요—에서 면제되도록 하는가를 알아내는 일이다.

레러의 안은 이런 주장인 것처럼 보인다. 즉 우리가 바랐던 연관은, 만일 당신이 총체적 신뢰성 원리를 승인한다면 당신이 승인하는 것이 무엇이든 그것은 그 부정보다 합리적이라는 것이다. 그래서 만일 당신이 총체적 신뢰성 원리를 승인한다면, A* 형식의 당신의 모든 국부적 신뢰성 주장은 그 부정보다 합리적이다. 이런 식으로 당신의 국부적 신뢰성 주장은 A** 형식의 고차 승인에 전혀 의존하지 않으면서 긍정적인 인식적 격위를 획득한다.

어떻게 이 연관 관계가 국부적 신뢰성 주장을 **완전히** 정당화되게 만드는가? 결국 국부적 신뢰성 주장이 원리 (T)로부터 제공받는 인식적 격위는 다소 미미한 것이다. 즉 (T)는 국부적 신뢰성 주장을 그저 그 부정보다 합리적이게 만들뿐이다. 레러 자신은 이것이 충분한 정당화에 미치지 못함을 지적한다.[27] 그렇지만 앞에서 든 첫 인용구에서 레러가

A* 나는 A가 산출된 상황에서 신뢰할 만한 정보의 원천이다

가 정당화될 수 있는 방식에 관해 말한 것을 기억해 보라. 레러에 따르면 A*는 다음과 같은 승인들에 의해 정당화될 수 있다.

A1 과거에 나는 A가 산출된 것과 비슷한 상황에서 A와 비슷한 문제에 관해 진리에 도달하는 데 성공했다.

A2 과거에 이런 문제에 관해 내가 올바랐던 상황은 A가 산출된 상황과 관련 있는 점에서 다르지 않다.[28)]

그러면 이제 우리 문제에 대한 해결책이 떠오른다. A1과 A2 같은 승인들은 A*의 인식적 격위를 단순히 그 부정보다 합리적임이라는 격위에서 충분한 정당성이라는 격위로 끌어올린다. 게다가 상위-상위-승인 A**는 A*가 이 격위를 획득하는 방식에 아무런 역할도 하지 않는다. 그러면 이제 우리는 레러가 그의 모자에서 어찌 됐건 토끼—A*의 충분한 정당화—를 만들어 내는 방식을 알 수 있다. 첫째, 원리 (T)는 A*에게 그 부정보다 합리적임이라는 격위를 부여한다. 둘째, A1과 A2 같은 승인들은 그 부정보다 합리적임이라는 A*의 격위를 일거에 완전한 정당성이라는 격위로 상승시킨다. 따라서 레러 이론은 반주어 이론이 하지 못하는 일을 하는 것처럼 보인다. 즉 레러 이론은 무한 수준 후퇴를 야기하지 않으면서도 상위 정당화를 정당성의 필요조건으로 만든다.

이 노선의 논증을 검토하다 보면 우리는 그 결과가 너무 훌륭해서 옳지 않은 게 아닌가 하고 의아해할지도 모르겠다. 레러 이론을 다시 생각해 보자.

(J_L) S의 승인 A는 정당화된다 iff

(i) S의 승인체계에서 A의 모든 경쟁주장이 물리쳐진다.

(ii) S는 A가 산출된 상황에서 자신이 신뢰할 만한 정보의 원천이라고 승인한다.

(J_L)에 따르면, 어떤 승인이 정당화되려면 그 승인은 조건 (ii)를 만족시켜야 한다. 이미 살펴본 것처럼, 만일 이것이 승인과 상위-승인에 대해 똑같이 요구된다면, 치명적인 무한 수준 후퇴가 불가피하다. 결과적으로 원리 (T)에 관한 레러 설명의 결론은 조건 (ii)가 발생시키는 상위-승인들이 조건 (ii)를 만족시킬 필요 없이 정당화될 수 있다는 것임에 틀림없다. 그러나 이것은 후퇴 문제를 피하기 위해서는 레러의 정당화 이론이 두 가지 다른 설명, 즉 1차질서 승인에 대한 설명과 상위-승인에 대한 설명으로 쪼개진다는 것을 의미한다. 조건 (i)은 두 이론 모두의 구성 성분이다. 즉 승인과 상위-승인은 자신들의 모든 경쟁주장이 물리쳐질 경우에만 정당화된다. 그렇지만 조건 (ii)는 수준 후퇴를 피해야 한다면 상위-승인의 정당화에 부과해서는 안 된다. 그러나 이제 우리는 왜

A* 나는 A가 산출된 상황에서 신뢰할 만한 정보의 원천이다

형식의 상위-승인이 충족시켜야 하는 정당화 표준이 1차질서 승인이 충족시켜야 하는 정당화 표준보다 덜 엄중한지 의아해할 수 있다. 왜

(1) 책상 위에 책이 있다

와 같은 승인이 상위-승인

(1*) 나는 (1)이 산출된 상황에서 신뢰할 만한 정보의 원천이다

를 동반해야 하는 반면에, 이 상위-승인은 그것이 산출된 조건 아래서 나의 신뢰성에 관한 상위-승인을 동반할 필요가 없는가? 어째서 (1)은 (J_L)의 조건 (ⅱ)를 충족시켜야 하는 반면에 (1*)는 그럴 필요가 없는가? 확실히 우리는 1차질서 승인과 2차질서 승인을 이토록 달리 처리하는 근거가 무엇인지 알 필요가 있다.

레러의 총체적 신뢰성 원리가 작동하기 시작하는 것은 바로 이러한 도전에 대한 응답으로서다. (T)는 나의 모든 승인에 대해 그 부정들보다 합리적인 것으로 만듦으로써 (1*)로 하여금 조건 (ⅱ)를 충족시킬 필요를 면제시켜 준다는 식으로 레러의 설명은 계속될 것처럼 보인다. 하지만 곧바로 다음 문제가 제기된다. 즉 조건 (ⅱ)를 충족시킬 필요를 면제시켜 주는 (T)의 은전이 어째서 상위-승인으로만 제한되는가? 왜 (T)는 (1)도 상위 정당화로부터 면제시켜 주지 않는가? 레러에 따르면, (T)는 자신이 한 원소로 속한 승인체계의 모든 승인을 그 부정들보다 합리적인 것으로 만든다. 그러므로 만일 (T)가 레러가 귀속시킨 인식적 효과를 실제로 갖는다면, 이 효과는 1차질서 승인과 2차질서 승인 모두에 똑같이 적용되는 것이어야 한다고 보는 것이 당연하다.

따라서 레러가 1차질서 승인과 2차질서 승인을 달리 취급하는 것은 정당화되지 않은 채로 남는데, 이것은 상위-승인들에 대한 레러의 우대—조건 (ⅱ)를 충족시킬 필요가 면제되는 것—가 임의적인 것임을 의미한다. 그러면 레러는 달갑지 않은 딜레마에 직면한다. 그

는 상위-승인에 대해 (J_L)의 조건 (ⅱ)를 만족시킬 필요를 면제시켜 주거나 주지 않거나 둘 중 하나다. 만일 그가 상위-승인으로 하여금 그런 필요에서 면제되게 한다면, 상위 정당화가 어째서 고차 질서 승인에는 필요하지 않으면서 1차질서 승인에는 필요한지 분명치 않게 된다. 그리고 만일 그가 그런 필요를 면제시켜 주지 않는다면, 치명적인 수준 후퇴가 불가피하다. 그러므로 최종적으로 분석해 본다면 수준 상승에 대한 레러의 연구 방식은 반주어와 마찬가지로 성공적이지 못한 것으로 보인다.

최종 판정

경험적 정당화의 구조에 관한 견해로서의 정합론은 본질적으로 반토대론이다. 반주어에 따르면, 어떤 믿음도 그 정당성을 다른 믿음들로부터 제공받지 않고는 정당화될 수 없기 때문에 토대론은 그르다. 레러에 따르면, 어떤 승인도 그 정당성을 다른 승인들로부터 제공받지 않고서는 정당화될 수 없기 때문에 토대론은 그르다.[29] 반토대론이라는 점 외에 정합론—적어도 반주어와 레러가 대표하는 정합론—은 수준 상승이나 상위 정당화에 대한 언질을 포함한다. 반주어와 레러 두 사람은 모두 어떤 믿음이 동반하는 상위 정당화, 즉 그 믿음이 형성된 조건들에 대한 인식적 평가 없이는 그 믿음이 정당화될 수 없다고 주장한다. 반주어는 이 평가가 믿음의 형태를 취할 것을 요구하고, 레러는 승인의 형태를 취할 것을 요구한다.

이 장에서는 정합론의 이 두 요소—반토대론과 수준 상승에 대한 언질—가 서로 조화를 이루지 못한다는 것을 살펴보았다. 반주어와 레러의 반토대론은 그들이 정당화에 부과하는 조건을 통해 명백하게 드러나며, 또 그 조건들에 의존하고 있다. 반주어는 상위믿음을 요구하고, 레러는 상위-승인을 요구하는데, 이것들을 통해 믿음이 형성된 상황을 평가한다. 정합론을 본성상 반토대론으로 만드는 것은 바로 이 요구인데, 왜냐하면 만일 개개의 모든 믿음이 그 믿음에 상위 정당화를 제공하는 또 다른 믿음에 의존한다면, 어떠한 기초믿음도 있을 수 없기 때문이다. 그러나 이 상위믿음과 상위-승인은 그 자신이 반주어와 레러가 부과하는 조건을 충족시켜야 하는데, 이 요구로 인해 믿음 수준들의 무한 후퇴가 발생한다. 그렇다면 정합론자가 직면하는 주요 문제는 이런 유형의 후퇴를 어떻게 피할 것인가 하는 것이다.

반주어와 레러의 이론을 쓰러뜨리는 후퇴 문제의 원인은 바로 그들의 반토대론이므로, 이제 우리가 던져야 할 물음은 뻔하다. 정합론의 두 번째 요소—수준 상승에 대한 언질—는 보존하지만 첫 번째 요소—반토대론—를 버리면 안 되는가? 믿음이나 승인의 형태를 취할 것을 요구하지 않는 상위 정당화를 요구하면 안 되는가? 사실상 반주어와 레러가 직면하는 후퇴 문제의 심각성이 주어지면, 정합론과 토대론 모두의 장점을 하나의 정당화 이론으로 결합시키는 것이 합리적인 것처럼 보인다.

정당화 이론이 수준 후퇴를 발생시키지 않는 상위 정당화를 요구하는 문제를 어떻게 처리할 수 있을까? 제5장에서 우리는 이 물음에 대한 증거론자의 답을 간략히 살펴본 바 있다. 만일 무한 후퇴를 발생시키지 않는 상위 정당화의 중요성을 강조하고자 한다면, 우리는 다름 아닌 바로 이것을 요구해야 한다. 즉 믿음 B가 정당화되기 위해서 주체는 B가 산출된 상황에서 자신이 신뢰할 만한 사람이라고 여길 증거를 가진다. 하지만 만일 정당화에 대한 우리의 견해가 그런 정도로 온건함을 보인다면—만일 상위 정당화의 요구가 상위믿음이 형성되어 있어야 한다는 요구가 아니라, 상위믿음이 형성될 경우에 적절한 상위믿음을 정당화할 증거가 있어야 한다는 요구로 해석된다면—, 이른바 "비믿음 수준의 정당화"의 여지가 있게 된다. 왜냐하면 그럴 경우에 경험적 믿음이 적절한 지각이나 내성이나 기억에 의한 증거에 의해 지지될 경우 그 믿음은 다른 어떤 믿음이나 승인으로부터 정당성을 제공받지 않고 정당화될 수 있다는 견해를 반대할 근거가 남아 있지 않기 때문이다.

그렇다면 마지막 판정은 토대론자와 정합론자가 각각 그들의 이론을 통해 제시해야 하는 나름의 장점들로부터 상호 이익을 얻을 수 있다는 것이다. 5장에서 살펴본 것처럼 토대론자는 기초믿음이 어떻게 정당화되는지 설명하기 위해 수준 상승에 호소할 필요가 있다. 그리고 이 장에서 살펴본 것처럼 정합론자는 자신의 반토대론이 불러들일 수밖에 없는 후퇴 문제에 굴복할 수밖에 없다면 비믿음 수준의 정당화를 감수할 필요가 있다.

연구문제

1. 데이빗슨은 정합론을 지지하여 어떻게 논증하는가?
2. 토대론자는 자신의 논증에 응답하기 위해 어떤 구별을 채택하며, 그 구별을 어떻게 이용하려 하는가?
3. 반주어에 따를 때 비믿음 수준 정당화의 옹호자들은 어떤 딜레마에 직면하는가?
4. 토대론자에 따를 때 정합론의 옹호자들은 어떤 딜레마에 직면하는가?
5. 정합론자가 믿음 수준 방책을 써서 이 딜레마를 해소하려고 할 때, 그가 주장하는 것은 정확히 무엇인가?
6. 왜 믿음 수준 방책이 수준 후퇴를 일으키는가?
7. 반주어 이론에서 이 수준 후퇴는 어떤 형태를 취하는가?
8. 반주어는 그의 이론이 수준 후퇴를 발생시킨다는 비난에 대해 어떻게 응답하는가?
9. 토대론자가 반주어의 응답을 어떻게 논박할 수 있는가?
10. 수반 신조가 어떻게 해서 정합론자에게 문제를 제기하는가?
11. 레러 이론은 왜 수준 후퇴의 위협에 직면하는가?
12. "총체적 신뢰성" 원리가 레러 이론에서 하는 역할은 무엇인가?

연습문제

1. 정합론을 옹호하는 가능한 가장 강한 사례라고 여기는 사례를

만들어 보라.

2. 토대론을 옹호하는 가능한 가장 강한 사례라고 여기는 사례를 만들어 보라.
3. 정합론이 수준 후퇴 문제를 어떻게 피할 수 있을지 논의해 보라.
4. 레러 이론이 궁극적으로 수준 후퇴 문제를 피하는지, 피하지 못하는지 논의해 보라.
5. 토대론-정합론 논쟁에 대한 당신 자신의 판정을 개진하고 옹호해 보라.

| 주 |

1) Davidson(1983), 426면.

2) 같은 책, 431면.

3) 이러한 노선을 따르는 논증은 Sosa(1991), 109면 이하에서 찾아볼 수 있다. 활동/속성 구별에 대해서는 제1장, 10면을 볼 것.

4) 이 말은 결과주의를 옹호하려고 한 말이 아니다. 정확히 말하면, 이 말의 요점은 결과주의에 대한 데이빗슨-유형의 반론이 결정적이지 못하다는 것이다.

5) BonJour(1985), 75면과 BonJour(1989b), 281면을 볼 것.

6) BonJour(1989b)에서 이 논증은 자각 상태인 경험과 자각 상태가 아닌 경험에 의거해 자세히 설명된다. BonJour(1985)에서는 이 논증이 판단적 또는 인지적 상태 대 비판단적 또는 비인지적 상태에 의해 표현된다.

7) BonJour(1985), 92면. 101면에 있는 다음 구절을 참조. "지금까지 규정한 것처럼, 경험적 정당화에 대한 정합론에 따르면 경험적 믿음의 인식적 정당성은 전적으로 그 믿음을 가진 사람의 전체 경험적 믿음체계와 그 믿음의 정합성에서 나온다. …"

8) 이 문제는 반주어가 선천적으로 정당화되는 믿음의 경우에 토대론을 찬성한다는 사실로 인해 사정이 더욱 나빠진다. BonJour(1985), 부록 A, 191~211면을 볼 것. 그런 믿음의 정당성의 근거는 믿어진 명제의 본성(예컨대 그 명제들의 필연성이나 공리적 성격)에 있거나 필연성에 대한 직관적 이해나 직관적 파악 같은 심리 상태들에 있어야 한다. 이 근거들 모두의 공통점은 이 근거들이 정당성의 비믿음 수준의 원천이라는 것이다.

9) 제6장에서 반주어 식 정합론에 대한 설명을 볼 것.

10) 반주어의 딜레마 논증이 가능한 유형의 비믿음 수준 정당화와 불가능한 유형의 비믿음 수준 정당화 사이에 그러한 차별을 두고 있지 않다는 사실을 주목하라. 대신 그 논증의 요점은 그 자체로 정당화될 수 없는 것이 정당성을 제공할 수 없기 때문에 비믿음 수준의 정당화 자체가 불가능하다는 것이다.

11) Fumerton(1993), 242면.

12) BonJour(1985), 31면을 볼 것.이 문제에 대한 논의는 Steup(1989)를 볼 것.

13) BonJour(1985), 31면과 101면 이하를 볼 것.

14) BonJour(1989a)를 볼 것.
15) 같은 책, 58면을 볼 것.
16) 같은 책, 같은 면.
17) BonJour(1985), 116면 이하.
18) BonJour(1985), 제6장에서 관찰적 믿음의 정당화 표본들을 주목하라. 이 정당화들은 모두 전제로 상위믿음을 포함한다.
19) 제2장, 30~34면을 볼 것.
20) Sosa(1991), 110면 이하를 볼 것.
21) 수반 기본주장이 의의 있게 되는 한 방식은 수반 기본주장을 옹호하는 논증이 비믿음 수준의 정당성의 존재를 옹호하는 논증이기도 하다는 사실에 있다. Sosa(1991), 149~164면과 Van Cleve(1985)를 볼 것.
22) Lehrer(1990), 122면.
23) 같은 책, 174면.
24) 5873번째 수준의 상위-승인의 기능적 역할을 하는 실제 정신 상태가 있을 수 있다고 가정하는 것이 합리적인가?
25) 같은 책, 122면.
26) 같은 책, 같은 면.
27) 같은 책, 123면 이하를 볼 것.
28) 우리는 A1과 A2 자신들이 어떻게 정당화되는지 물을 수 있을 것이다. 그 답은 그것들이 (J_L)의 두 조건을 만족시키면 정당화된다는 것이다. 즉 A1과 A2는 자신들의 모든 경쟁주장을 물리쳐야 하고, S는 자신이 A1과 A2를 승인하고 있는 상황에서 자신이 신뢰할 만한 사람이라는 식의 상위-승인을 승인해야 한다.
29) 그렇지만 제6장에서 살펴본 것처럼, 이 논증은 제5장에서 옹호된 토대론에 대해 전혀 위협이 되지 못한다. 기초믿음이란 그 정당성을 다른 어떤 믿음들에 의거하지 않고 정당화되는 믿음이다. 따라서 만일 어떤 믿음이 그 정당성을 다른 승인들—이 승인들이 또 다른 믿음들이 아니라고 한다면—에 의거한다 할지라도 그 믿음은 기초믿음일 수 있다.

제 8 장 | 신빙론

과정 신빙론

신빙론의 제창자 가운데 앨빈 골드맨(A. Goldman)을 가장 영향력 있는 공헌자로 생각하는 사람들이 있을 것이다. 그래서 골드맨이 연속해서 써 낸 중요한 논문들을 통해 그가 제안한 다양한 형태의 신빙론(reliabilism)에 초점을 모으기로 하자. 그럼 먼저 그가 1979년 논문 「정당화된 믿음이란 무엇인가?」("What Is Justified Belief?")에서 전개한 설명부터 살펴보기로 하겠는데, 그는 이 논문에서 믿음 산출 과정 또는 믿음 야기 과정(belief-producing or belief-causing processes)이라는 개념을 도입한다. 그런 과정의 예로 골드맨은 다음을 언급한다.

> 혼란된 추론, 소망적 사고, 감정적 애착에 대한 의존, 단순한 예감이나 짐작, 성급한 일반화.

그는 이 과정을 다음과 비교한다.

> 지각 과정, 기억하기, 훌륭한 추론, 내성.[1)]

이 두 과정 집합은 다음 점에서 다르다. 첫 번째 집단에 속하는 과정이 대부분 그른 믿음을 산출하는 반면에, 두 번째 집단에 속하는 과정은 대부분 옳은 믿음을 산출한다. 요컨대 두 번째 집단의 과정은 신빙성이 있는(reliable) 반면에 첫 번째 집단의 과정은 신빙성이 없다. 골드맨의 제안은 다음과 같다.

> 어떤 믿음의 정당성 격위는 그 믿음을 야기하는 과정이나 과정들의 신빙성의 함수인데, 여기서 (우선 대략적으로 말해) 신빙성은 그른 믿음이 아니라 옳은 믿음을 산출하는 과정의 경향이다.[2)]

이 안에 함축되어 있는 내용을 검토하기 위해 이 안을 쌍조건 형식으로 정식화해 보자. 신빙성 있는 과정으로 가정되는 것은 믿음 산출 과정이므로, 이 특수한 형태의 신빙론을 과정 신빙론이라 부르기로 하자. 그리고 단순화시키기 위해 믿음 산출 과정을 인지 과정(cognitive process)이라 부르기로 하자.

> 과정 신빙론(초판)
>
> S의 믿음 B가 정당화된다 iff
>
> B는 신빙성 있는 인지 과정에 의해 산출된다.[3)]

골드맨 자신이 지적한 것처럼, 이렇게 이해되는 신빙론은 증거적 파기에 의거한 반론의 공격을 받기 쉽다. 그런 반론은, 비록 신빙성 있게 산출된다 할지라도 주체가 신빙성 없는 과정에 의해 야기된다고 여기는 증거를 가지고 있기 때문에 정당화되지 못하는 믿음을 기술한다.[4)] 스펜서가 분명히 기억 상실증을 겪고 있으며, 그래서 자신의 문제에 관해 신경 생리학자에게 상담을 하기로 한다고 하자. 자신의 분야에서 저명한 권위자인 이 신경 생리학자는 스펜서에게 그의 어린 시절 기억들이 극히 신빙성이 없다고 말한다.[5] 더 나아가 실제로는 스펜서의 어린 시절 기억들이 실제로는 매우 신빙성 있는 것인데도, 스펜서가 그와 반대되는 그 신경 생리학자의 주장을 믿는 일은 충분히 정당화된다고 하자. 그 신경 생리학자의 판정은 정당화 원천으로서의 스펜서 기억의 신빙성을 파기하며, 그래서 만일 스펜서가 자신의 어린 시절에 일어났던 것에 관한 믿음들을 보유하고 있다고 한다면 이 믿음들은 정당화되지 않을 것이다. 그렇지만 과정 신빙론 초판에 따를 때 이 믿음들은 신빙성 있게 산출되었기 때문에 정당화될 것이다.

이런 종류의 사례를 다루기 위해 골드맨은 또 다른 조건을 끌어들이는데, 이 조건을 끌어들인 것은 "어떤 믿음의 정당성이라는 격위는 그 믿음을 산출하면서 실제로 사용한 인지 과정들의 함수일 뿐만 아니라 사용될 수 있고 사용해야 하는 과정들의 함수이기도 하다"[6]라는 생각이 동기로 작용한다. 이제 이 조건을 가지고 초판 과정 신빙론을 다음과 같이 수정해 보기로 하자.

과정 신빙론(최종판)

S의 믿음 B가 정당화된다 iff

(1) B가 신빙성 있는 인지 과정에 의해 산출된다.

(2) 실제로 사용된 과정 외에, S에 의해 사용되었더라면 S가 B를 형성하지 않는 결과를 가져왔을, S가 이용할 수 있는 대안의 신빙성 있는 과정이 없다.[7]

이 개선된 형태의 과정 신빙론을 신경 생리학자가 포함된 사례에 적용해 보자. 스펜서가 신경 생리학자의 진단을 무시하고 자신의 어린 시절에 관한 기억 믿음들을 보유한다고 하자. 그렇게 함으로써 그는 자신의 어린 시절에 관한 믿음들을 무너뜨리는 증거를 무시한다. 그러므로 우리는 스펜서가 그가 이용할 수 있는 증거를 부적절하게 사용한다고 말할 것이다. 골드맨이 지적한 대로 "적절한 증거 사용은 신빙성 있는 과정의 실례일 것이다."[8] 이 과정은 스펜서가 이용할 수 있는 과정이었지만 그는 그 과정을 사용할 수 있고 사용해야 했음에도 불구하고 사용하지 않았다. 그리고 스펜서가 그 과정을 사용했더라면, 그는 자신의 어린 시절에 관한 기억 신념들을 보유하지 않았을 것이다. 따라서 조건 (2)가 만족되지 않으며, 그래서 우리는 어린 시절에 관한 스펜서의 기억 믿음이 정당화되지 않는다는 올바른 결과를 얻게 된다.

과정 신빙론에 대해서는 크게 세 가지 반론이 있다. 첫 번째 반론에 따르면, 지각적 믿음이 신빙성 없게 산출된 것임에도 불구하고 정당화되는, 사악한 악마 세계의 가능성이 있다. 이 반론은 신빙성이 정당성의 필요조건인가라는 문제를 제기한다. 두 번째 반론은 자신이 신빙성 있는 투시력을 가지고 있다는 사실을 모르면서 신빙성 있는 투시력을 가진 사람을 예로 들어 이의를 제기한다. 이 경우 그의 믿음은 신빙성 있게 산출된 것임에도 불구하고 정당화되지 않는 것으로 가정된다. 이 반론은 신빙성이 정당성의 충분조건인가라는 문제를 제기한다. 그리고 세 번째 반론에 따르면, 과정 신빙론을 특수 사례들에 적용할 때 너무 넓지도 너무 좁지도 않은 방식으로 관련된 인지 과정을 구체적으로 밝힌다는 것이 가능하지 않다. 이 반론은 통상 "일반성 문제"로 불리는 문제를 제기한다.

신빙론과 자연주의 인식론

콰인(W. V. Quine)의 작업이 명성을 얻은 이후 지금까지 인식론을 자연화하는 프로그램—구식의 선천적 안락의자에서 철학하는 일을 새롭고 철저하게 과학적인 연구 방식으로 대치하는 프로그램—은 점점 더 많은 지지를 받아 왔다. 이 기획의 가치에 대해서는 다음 장에서 논의하게 될 것이다. 현재의 목적을 생각할 때 문제가 되는 것은 1979년판 과정 신빙론을 제안하면서 골드맨이 자연화된 인식론을 전개하려 했다는 사실이다. 과정 신빙론은 자연주의 이론, 즉 중요한 점에서 비자연화된 전통적 이론들 내에서 전개된 이론들과 다른 이론이라고 가정된다.[9] 그런 이론들의 전형적 특징은 그런 이론들이 정당성의 본성을 증거적 요인을 사용함으로써—즉 인식적 용어로 표현되는 조건을 사용함으로써—분석한다는 것이다. 따라서 골드맨은 인식적 정당성 개념을 증거론자의 언어를 사용하지 않고—즉 "합리적인" "확실한" "명백한" 같은 인식적 용어를 전혀 사용하지 않고—분석하려 한다.[10]

과정 신빙론은 또한 외재주의 이론이라는 점에서 전통적 이론들과 다르다. 외재주의 이론에 따를 때 어떤 믿음의 정당성 격위를 결정하는 요인들이 반성을 통해 파악가능한 것일 필요가 없다는 사실을 다시 생각해 보라.[11] 자연주의 관점에서 볼 때 정당화 이론은 외재주의적이어야 하는데, 이는 자연화된 인식론에 따를 때 어떤 믿음이 정당화되는지 여부가 주체가 반성을 통해 결정할 수 있는 문제가 아니기 때문이다. 오히려 그 문제는 인지 과학자와 신경 생리학자가 해결해야 할 과학적 문제다.

왜 과정 신빙론이 외재주의 이론인가? 과정 신빙론은 주어진 믿음이 신빙성 있는 과정에 의해 산출되는지 여부가—적어도 원리적으로라도—충분한 시간과 과학적 수단이 주어졌을 때 알 수 있는 것이기 때문에 외재주의 이론이다. 하지만 확실히 주어진 믿음이 신빙성 있는 과정에 의해 산출되는지 여부를 반성을 통해 알 수는 없다. 설령 반성을 통해 주체가 문제의 믿음을 산출한 인지 과정을 분명하게 드러낸다 할지라도—이것은 당연한 것으로 간주할 수 있는 것이 전혀 아니다—, 그는 그 과정이 대부분 옳은 믿음을 산출하는 과정인지 아닌지 결정해야 할 것이다. 이 일은 단순히 그 문제에 관해 반성을 해 보는 것만 가지고서는 할 수 없다. 오히려 광범위한 경험적 연구가 필요할 것이다.

일종의 외재주의가 됨으로써 과정 신빙론은 자연화 요구를 만족시킨다. 그렇지만 증거론의 언어를 피함으로써 또한 이 요구를 만족시키는지는 덜 분명하다. 사실상 골드맨이 우리가 증거를 적절하게 사용하는 인지 과정과 부적절하게 사용하는 인지 과정에 호소함으로써 증거적 파기 문제를 해결한다는 것은 이미 살펴본 바 있다. 만일 이 차이가 또다시 비인식적 용어들로 분석되지 않는다면, 의도했던 전통적 인식론으로부터의 이탈은 아주 성공적인 것은 아닌 것처럼 보인다.

사악한 악마 문제

아마 과정 신빙론이 직면하는 가장 만만찮은 난점은 신빙성이 정당성의 필요조건이라는 주장에 이의를 제기하는 사례의 형태로 나타날 것이다. 그런 사례로 가장 두드러진 것은 사악한 악마 세계 사례다. 당신이 사악한 악마의 희생자라고 해 보자. 당신의 모든 지각적 믿음은 사악한 악마가 실제로는 그런 세계가 없는데도 물리적 세계의 실존이 당신에게 분명하게 나타나는 방식으로 당신의 지각 경험을 조작하기 때문에 그르다. 실존하는 것은 신체 없는 비물리적 정신뿐이며, 당신은 그 정신 중 하나다. 당신의 지각적 믿음은 당신 믿음의 대상들이 실존하지 않기 때문에 그르다. 예컨대 당신이 당신 앞에 개가 한 마리 있다고 믿을 때, 당신의 믿음은 우리가 상상하고 있는 상황들 아래서 처음부터 개들이 없었고, 그래서 당신 앞에 개가 없으므로 그르다.

여기서 우리가 전제해야 하는 결정적인 가정 하나는 사악한 악마가 당신에게 일으키는 경험이 당신이 실제 갖는 경험과 현상적으로 구별될 수 없다는 것이다. 그 경험은 당신이 사악한 악마에 의해 속임을 당하지 않고 일상의 물리적 세계에서 정상적으로 살 경우에 했을 경험과 정확히 똑같은 유형의 경험이다. 이 가정은 당신의 지각적 믿음이 정당화된다고 말할 강한 이유를 제공하기 때문에 결정적이다. 아무튼 일상적으로 우리는 자신이 지각적 믿음이 대개 정당화되는 정상적인 세계에서 살고 있다고 믿는다. 결과적으로 당신의 실제 지각적 경험과 사악한 악마 시나리오에서 당신이 하는 경험 사이에 식별할 수 있는 차이가 없다고 한다면, 우리는 사악한 악마 세계에서의 당신의 믿음들 또한 정당화되는 것으로 보아야 한다.

우리가 상상하고 있는 시나리오를 신빙론의 난점으로 전환시키는 것은 바로 이것이다. 사악한 악마 세계에서 당신의 지각적 믿음은 모두 그르며, 그래서 신빙성 없게 산출된 것이다. 달리 표현해 사악한 악마의 희생자에게 지각은 신빙성 있는 인지 과정이 아니다. 따라서 사악한 악마 세계에서 지각적 믿음은 신빙성 있는 인지 과정에 의해 산출되는 것이 아니다. 하지만 그 믿음들은 정당화된다. 그렇다면 여기서 도출해 낼 수 있는 결론은 신빙성이 정당성에 꼭 필요한 성분이

아니라는 것이다.[12)]

실제 세계에서 당신의 지각적 믿음이 정당화된다는 전제를 의문시할 수 있을까? 회의주의적 관점에서 보면 그럴 수 있다. 그렇지만 골드맨은 과정 신빙론이 우리의 일상적인 정당성 개념을 설명하려고 한 것임을 명확히 진술하고 있다.[13)] 그래서 신빙론에 따를 때 정당화되는 믿음은 우리가 일상적인 정당성 개념을 적용할 때 정당화되는 것으로 판명되는 믿음과 대략 일치할 것으로 기대된다. 하지만 만일 이 개념을 사악한 악마 세계에 적용한다면, 우리의 판단은 이 세계의 지각적 믿음들이 (대부분) 실제 세계의 지각적 믿음들만큼이나 정당화된다는 것일 수밖에 없다. 왜냐하면 일상적인 정당성 개념에 따를 때 지각적 증거에 기초한 믿음은 (대부분) 정당화되기 때문이다.

투시력 문제

신빙성 있는 믿음 산출이 정당성의 충분조건인가? 다음 사례는 그렇지 않다는 것을 입증하기 위해 제시된 사례다. 노먼이 대통령이 있는 곳에 대해 완전히 신빙성 있는 투시력을 지니고 있다고 가정하자. 신빙론에 대한 투시력 반대사례는 반주어가 제시했다.[14)] 주어진 어떤 순간에 그는 대통령이 어디 있는지 말할 수 있다. 더 나아가 그의 투시력은 보통 노먼이 일부러 이 능력을 사용할 경우에만 대통령이 있는 곳에 관한 믿음으로 귀착된다. 드문 어떤 상황에서 그는 자발적으로 자신의 투시력을 기초로 대통령이 뉴욕에 있다고 믿게 된다. 더 나아가 노먼이 텔레비전을 통해 본 뉴스에는 대통령이 그날 아침 백악관에서 상원의원들을 접견하기로 되어 있었다고 가정하자. (사실상 그 모임은 취소되었으며, 실제로 대통령은 그날 아침 뉴욕에 있다.)

가정상 노먼의 신념은 신빙성 있게 산출된 것이다. 하지만 그의 믿음이 정당화되는가? 텔레비전 뉴스는 노먼에게 대통령이 뉴욕에 있다는 믿음에 대한 반대 증거를 제공한다. 그리고 노먼은 대통령이 있는 곳에 관해 다른 증거가 없으므로, 우리는 노먼의 믿음이 신빙성 있게 산출된 것임에도 불구하고 정당화되지 않는다고 말해야 할 것이다. 그러므로 신빙성 있는 믿음 형성만으로는 정당성의 충분조건이 못된다. 그렇지만 골드맨이 의도하는 과정 신빙론은 반파기 조항을 포함한다. 만일 그런 조항을 통해 수정된다면, 과정 신빙론은 방금 살펴본 사례를 처리할 수 있다. 노먼이 대통령이 뉴욕에 있다는 믿음을 형성할 때, 그가 사용할 수 있었고 사용해야만 했던 그가 이용할 수 있는 과정, 즉 반대 증거를 고려하는 과정이 있다. 그가 그 과정을 사용했더라면, 그는 대통령이 뉴욕에 있다는 믿음을 형성하지 못했을 것이다. 이렇게 되면 과정 신빙론은 노먼의 믿음이 정당화되지 못한다는 올바른 결과를 가져온다.

그렇다면 과정 신빙론을 논의할 때 문제가 되는 것은 신빙성 있는 믿음 형성이 정당성의 충분조건이라는 주장이 아니라 오히려 파기되지 않은 신빙성 있는 믿음 형성이 정당성의 충분조건이라는 주장이다. 우리가 살펴본 예에서는 파기하는 증거, 즉 대통령이 그날 아침 백악관에서 상원의원들을 접견하고 있다는 텔레비전 뉴스가 있다. 따라서 투시력에 의거한 반론이 과정 신빙론에 대해 진짜로 도전하기 위해서는 다른 종류의 예를 고안해야 한다. 첫째, 해당 믿음이 신빙성 있게 산출된 것이어야 한다. 둘째, 그 믿음은 반대 증거에 의해 무너지기 때문에가 아니라 주체가 그 믿음을 지지하는 적극적 증거를 가지고 있지 않기 때문에 정당화되지 않는 믿음이어야 한다.

그렇지만 과정 신빙론이 그런 종류의 사례를 처리할 수 없다는 사실은 그렇게 분명한 것이 아니다. 왜냐하면 S가 지지하는 증거 없이 어떤 것을 믿을 때, 사용할 수 있고 사용해야 하는 S가 이용할 수 있는 과정, 즉 지지하는 증거가 없다는 사실을 고려하거나, 또는 좀 더 일반적으로 우리 증거에 따라 믿는 과정이 있다고 골드맨은 말할 수 있기 때문이다. 따라서 적절하게 적용되면 골드맨의 과정 신빙론은 마땅히 그래야 할 것, 즉 증거에 의해 지지되지 않는 믿음이 정당화되지 않는다는 사실을 함의한다.

그럼에도 불구하고 투시력 문제는 자연주의 인식론의 옹호자가 약점으로 간주해야 할 과정 신빙론의 특징을 조명해 준다. 과정 신빙론은 자연주의 이론—증거론자의 고려 요인을 적용하지 않고 믿음을 평가할 수 있도록 해 주는 이론—이라고 가정된다. 그렇지만 과정 신빙론이 특수 사례들에 적용될 때는 증거론자의 고려 요인이 뒷문을 통해 살그머니 들어오게 된다. 신빙성 있게 산출된 믿음이 반대 증거에 의해 파기되는 사례를 처리하기 위해서는 과정 신빙론자는 반대 증거를 고려함과 같은 과정을 끌어들여야 한다. 그리고 지지하는 증거가 없는 투시력 사례를 처리하기 위해서는 과정 신빙론자는 지지하는 증거가 없다는 사실을 고려함과 같은 과정에 호소해야 한다. 그러므로 올바른 결과에 이르기 위해서는 과정 신빙론자가 궁극적으로 증거론자의 고려 요인을 사용해야 한다는 주장이 있을 수 있다. 따라서 과정 신빙론이 실제로 전통적 증거론자의 이론들에 대한 진정한 대안이라는 데 대해 의문이 있을 수 있다.

일반성 문제

일반성 문제의 안팎을 연구하기 위해서는 처음에 단순화된 형태의 신빙론("단순 신빙론"이라 하자)을 살펴보고, 나중에 우리가 앞에서 살펴본 좀 더 복잡한 형태의 신빙론을 살펴보는 것이 최선이다. 단순 신빙론에 따르면, 어떤 믿음의 정당성은 오로지 그 믿음을 산출한 과정의 신빙성의 함수다. 그러나 어떤 특수 사례에서 어떤 믿음을 산출하는 인지 과정은 서로 다른 많은 유형의 인지 과정을 예증한다. 예컨대 내가 연구실에서 창을 통해 캠퍼스에 있는 개를 한 마리 볼 때, "저기에 개가 있다"는 믿음을 산출하는 인지 과정은 다음과 같이 기술될 수 있다.

(1) 지각
(2) 시각
(3) 낮 동안의 시각
(4) 보정 렌즈를 통한 낮 동안의 시각
(5) 대략 100m 거리에서 보정 렌즈를 통해 낮 동안에 움직이는 물체를 눈으로 지각하는 일

그러므로 특정 사례에서 어떤 믿음을 산출하는 특수한 인지 과정 표지(token of a cognitive process)와 그 표지를 예증하는 다양한 인지 과정 유형(types of cognitive processes)을 구별할 필요가 있다. 이 구별은 신빙성이 있다거나 없다고 말할 수 있는 것이 인지 과정 표지가 아니라 인지 과정 유형이기 때문에 중요하다. 어떤 과정이 신빙성 있는 과정이기 위해서는 그 과정을 예증하는 표지들이 대부분 옳은 믿음을 산출해야 한다. 따라서 어떤 인지 과정 유형의 특수한 표지들 자체는 신빙성 있음이나 신빙성 없음이라는 속성을 갖지 않으며, 오히려 그런 과정 유형이 신빙성이 있는지 없는지를 결정한다.[15]

골드맨 자신은 과정 유형들이 넓거나 좁게 기술될 수 있기 때문에 심각한 문제, 즉 어느 정도 일반성을 가져야 적절한 과정 유형인가를 기술하는 문제가 제기된다는 사실을 지적한다.[16] 이 문제의 본성을 검토하기 위해 옳지만 정당화되지 않는 믿음을 끌어들여 보자. 내 동료 에디스가 그의 개를 캠퍼스에 데려왔는데, 개가 달아났다고 해 보자. 그래서 그는 개를 찾고 있는데, 멀리서 개를 한 마리 발견하고

(D) 저기 내 개가 있다

고 믿는다. 그가 그 개를 아주 선명하게 인지한 것은 아니므로 그의 시각적 증거는 그의 믿음을 정당화하지 못하며, 그의 믿음은 사실 소망적 사고의 실례다. 따라서 (D)는 정당화되지 않는다. 그렇지만 그가 발견한 개는 실제로 그의 개다. 그래서 (D)는 옳게 된다. 이 예를 단순 신빙론에 적용해 보자. 단순 신빙론은 다음과 같이 주장한다.

단순 신빙론

믿음 B는 정당화된다 iff

B를 산출하는 과정 표지는 신빙성 있는 과정 유형을 예증한다.

에디스의 믿음은 시각적 믿음이다. 시각은 신빙성 있는 인지 과정이므로 단순 신빙론은 (D)가 실제로는 정당화되지 않는데도 정당화된다는 사실을 함의한다. 그러므로 단순 신빙론은 우리가 살피고 있는 사례의 경우에 올바른 결과를 제공하지 못한다.

이 문제에 대한 자연스런 반응은 과정 유형을 좀 더 구체화(specification)하라고 요구하는 것이다. 그렇지만 단순 신빙론은 너무 많은 일반성뿐만 아니라 너무 많은 구체성도 지니고 있다. 지각자의 신원(에디스 N.), 지각자가 자신의 개를 발견하는 정확한 시간과 장소를 언급하는 다음 과정 유형을 생각해 보라. 에디스 N.이 1994년 6월 25일 오후 3시 15분에 브라운 홀 123호 연구실 앞에서 개 한 마리를 눈으로 지각하고 있음. 이 과정 유형은 오직 하나의 과정 표지, 즉 내 동료로 하여금 믿음 (D)를 형성하도록 이끌었던 과정 표지에 의해서만 예증된다. 오직 하나의 과정 표지에 의해서만 예증되는 과정 유형을 "OTOP"(one-token-only process types)라 부르기로 하자. OTOP에 관해 주목할 만한 것은 OTOP를 예증하는 독특한 표지가 옳을 때는 언제나 그 OTOP가 완벽한 신빙성의 예라는 것이다. 왜냐하면 OTOP가 옳은 믿음에 이르도록 할 때마다 그 OTOP는 그른 믿음에 이르게 하는 어떤 하나의 과정 표지에 의해 예증되는 과정 유형이 아니기 때문이다.

그렇다면 문제는 너무 넓지도 너무 구체적이지도 않은 방식으로 적절한 과정 유형을 기술하는 것이다. 소망적 사고에서 비롯되는 믿음의 예는, 지각이 일반적으로 신빙성 있는 과정이므로 구체화시키는 장치가 없이는 과정 신빙론이 모든 지각적 믿음이 정당화된다는 것을 함의한다는 사실을 예증하고 있다.[17] 그리고 OTOP의 위협은 허용가능한 구체화의 범위를 제한하지 않는 한 과정 신빙론이 모든 옳은 믿음이 정당화된다는 사실까지도 함의한다는 것을 보여 준다.

단순 신빙론은 또한 모든 그른 믿음이 정당화되지 않는다는 사실을 함의한다. 왜 그런지 알아보기 위해 앞의 예를 수정해 보자. 에디스는 개를 선명하고 분명하게 지각한다. 사실상 다른 사람 것인 그 개는 그의 개와 아주 흡사하다. 에디스는 이를 의심할 이유가 없으므로 그가 (D)를 믿는 일은 정당화된다. 아, 그런데 (D)가 그르다. 이제 OTOP 완벽한 신빙성이 있었던 ((D)가 옳았던) 앞의 경우와 마찬가지로 이번에는 OTOP 완벽한 반신빙성이 있다. 과정 유형 에디스 N.이 1994년 6월 25일 오후 3시 15분에 브라운 홀 123호 연구실 앞에서 개 한 마리를 눈으로 지각하고 있음은 정확히 하나의 과정 표지—내 동료로 하여금 (D)를 믿도록 이끈 과정 표지—에 의해 예증되며, 그 표지는 그른 믿음에 이르게 만든다. 이것은 문제의 과정이 완벽하게 신빙성이 없는 과정 유형을 예증함을 의미한다. 따라서 단순 신빙론은 잘못된 결과, 즉 에디스의 믿음이 정당화되지 않는다는 결과를 가져온다. 사실상 그른 믿음에 이르게 되는 개개의 모든 과정 표지는 이런저런 OTOP를 예증하므로, 단순 신빙론은 어떤 믿음이 그를 때마다 그 믿음이 정당화되지 않는다는 사실을 함의한다.

일반성 문제를 논의하면서 지금까지 단순화된 형태의 신빙론만을 살펴보았다. 이제 일단 반파기 조항을 삽입해 수정하고 난 뒤에도 과정 신빙론이 계속해서 일반성 문제의 공격을 받게 되는지 논의할 차례다. (그런 유형의 신빙론을 "골드맨의 과정 신빙론"이라고 부르기로 하자.)

골드맨의 과정 신빙론(GPR)

S의 믿음 B는 정당화된다 iff

(1) B는 신빙성 있는 인지 과정에 의해 산출된다.

(2) 실제로 사용된 과정 외에 S가 사용했더라면 S가 B를 형성하지 않는다는 결과를 가져왔을, S가 이용할 수 있는 대안의 신빙성 있는 과정이 없다.[18]

GPR은 믿음이 옳을 때마다 그 믿음이 정당화된다는 것을 함의하지 않는다. 왜냐하면 S가 옳은 믿음을 형성할 때 S가 그 믿음을 무너뜨리는 반대 증거를 무시하는 경우가 있기 때문이다. 그런 경우에 조건 (2)가 만족되지 않을 것이다. 그렇지만 GPR은 믿음이 정당화되지 않을 때는 언제나 그 믿음이 그르다는 걸 함의한다. 앞에서 살펴본 것처럼, 그러한 모든 믿음에 대하여 그 믿음을 산출하는 완벽하게 신빙성없는 OTOP가 있다. 그러므로 그른 믿음들은 조건 (1)을 만족시킬 수 없으며, 그래서 GPR에 따를 때 언제나 정당화되지 않게 된다.[19]

규칙 신빙론과 사악한 악마 문제

1986년 저서 『인식론과 인지』(*Epistemology and Cognition*)에서 골드맨은 과정 신빙론을 이른바 "규칙 신빙론"으로 대치하였다. 규칙 신빙론은 어떤 믿음의 정당성을 올바른 인식 규칙들—골드맨 용어법으로 J-규칙들—체계에 의해 허용됨의 함수로 만들고, J-규칙들 체계의 올바름을 신빙성의 함수로 만든다. 그래서 골드맨의 1986년 안은 정당화된 믿음에 대해 2단계 분석을 제시한다.

J1 S의 믿음 B는 정당화된다 iff

(a) B는 올바른 J-규칙들 체계에 의해 허용된다.

(b) 이 허용은 S의 인지 상태에 의해 무너지지 않는다.[20]

J2 J-규칙들 체계 R은 올바르다 iff

R은 어떤 (기초적) 심리 과정들을 허용하고, 이 과정들의 예증은 충분히 높은 진리 비율이라는 결과를 가져온다.[21]

과정과 규칙 틀 사이의 한 가지 주요한 차이는 다음과 같다. 과정 신빙론에 따르면, 어떤 세계 W에서 주체의 믿음들의 정당성은 W에서 그 주체의 인지 과정들의 신빙성 함수이다. 그 결과 과정 신빙론은 사악한 악마 문제의 공격을 받기 쉽다. 사악한 악마 세계에서 그 주체의 지각 과정은 신빙성이 없지만 정당화된다. 이와 대조적으로 규칙 신빙론에 따르면, J-규칙 체계의 올바름은 가능세계들이 달라짐에 따라 달라지는 것이 아니라 골드맨이 **정상세계**(normal world)라 부르는 곳에서 엄격하게 고정된다. 골드맨에 따르면, 실제 세계에서 우리의 일반적 믿음들이 어떤 세계 W에서 옳다면 그 세계 W는 정상세계다. 예컨대 우리의 일반적 믿음 가운데 한 믿음은 지각이 신빙성 있는 인지 과정이라는 것이다. 결과적으로 지각이 신빙성 있는 인지 과정이 아닌 어떤 세계도—사악한 악마 세계의 경우처럼—정상세계가 아니다.

골드맨이 **정상세계 쇼비니즘**이라 부르는 규칙 신빙론의 이 특징은 사악한 악마 문제에 대해 산뜻한 해결책을 허용하는 것처럼 보인다. 파기되지 않은 지각 과정에 의해 산출된 믿음을 허용하는 J-규칙 체계를 생각해 보라. 만일 우리가 이 J-규칙 체계의 올바름을 어떤 세계 W에서 그 체계의 출력을 살핌으로써 W에 고정시킨다면, 그 체계는 사악한 악마 세계에서 올바른 J-규칙 체계로 간주될 수 없을 텐데, 이는 그런 세계에서 J-규칙 체계가 대부분 그른 믿음을 허용할 것이기 때문이다. 그렇지만 골드맨의 정상세계 쇼비니즘은 우리의 J-규칙 체계의 올바름이 정상세계에서 측정될 것을 요구한다. 그리고 정상세계들에서 J-규칙 체계가 허용하는 믿음은 대부분 옳다. 따라서 우리가 우리의 J-규칙 체계를 사악한 악마 세계에 적용할 때 우리의 J-규칙 체계는 엄격하게 올바른 J-규칙 체계로 남게 되는데,

이것은 우리가 그 세계의 지각 믿음들이 정당화된다고 판정해야 함을 의미한다.

그렇지만 골드맨 자신이 지적했던 것처럼, 그의 정상세계 쇼비니즘은 심각한 문제에 직면한다.[22] 비록 투시력에서 나온 믿음 가운데 정당화되는 믿음이 사실상 없다 할지라도, 그런 믿음이 가능하다고 말하는 것은 그럴듯하다. 정상세계 쇼비니즘의 문제는 그런 믿음을 불가능하게 만든다는 것이다. 투시력이 신빙성 있는 인지 과정으로 알려진 가능세계를 생각해 보라. 정상세계들에서는 투시력이 신빙성이 없으므로, 규칙 신빙론은 투시력에 의한 믿음이 이 세계에서 정당화되지 않는다는 사실을 함의한다. 뿐만 아니라 투시력에 의한 믿음의 정당성 결여는 정상세계에서 투시력이 신빙성이 없다는 사실에 의해 엄격하게 고정되므로, 투시력이 정당화된 믿음이라는 결과를 낳는 세계란 있을 수 없다. 따라서 『인식론과 인지』에서 정의된 규칙 신빙론은 결국 옳을 성싶지 않은 귀결을 갖는 것으로 판명된다.[23]

강한 정당화와 약한 정당화

1988년 논문 「강한 정당화와 약한 정당화」(“Strong and Weak Justification”)에서 골드맨은 사악한 악마 문제에 대해 대안의 연구 방식을 제안한다. 그의 새로운 해결책은 믿음이 정당화될 수 있는 두 방식, 즉 약하게 정당화되는 방식과 강하게 정당화되는 방식의 구별에 기초를 두고 있다. 약한 정당화는 인식적 의무를 위반하지 않는 상황의 결과로서 생긴다. 반면에 강한 정당화는 신빙성 있는 과정과 방법의 결과로서 생긴다.[24] 신빙성 있는 과정이나 방법에 의해 산출된 믿음은 강하게 정당화되는 반면에, 그런 식으로 산출되지 않은 믿음은 아예 정당화되지 않거나, 또는 인식적 의무를 위반하지 않는다고 주장된다면 약하게 정당화된다.

약한 정당화 개념을 예를 통해 설명하기 위해 골드맨은 사람들이 빈번히 신빙성 없는 방법의 실례라고 할 수 있는 점성술에 기초하여 예언을 하는 어떤 문명의 예를 도입한다. 이 문명 속에서 살고 있는 사람들은 이런 예언을 믿는다고 하여 비난받을 수 없는데, 왜냐하면 이들에게는 점성술이 신빙성 없는 방법이라는 것을 깨달을 지적 수단이 없기 때문이다. 골드맨이 약정한 대로라면, "〔점성술을 이용하여 도출해 낸〕 예언에 들어맞지 않는 결과가 보고되는 경우에 그 사회의 점성술 전문가들은 그 예언들이 그 방법을 잘못 적용한 것이었다고 설명한다. 그 전문가들은 용이한 반증으로부터 자신들의 이론을 '보호하는' 기술을 가지고 있으며, 아주 정교한 방법론이나 천문학 이론들을 통해서만 그런 책략이 옹호될 수 없음을 증명할 수 있는데, 그 사회의 사람들은 그런 것들을 이용할 수 없다."[25] 이 경우에 문제의 믿음들은 약하게 정당화된다고 골드맨은 말한다. 왜냐하면 그 주체들이 자신들의 점성술 전문가를 신뢰한다고 하여 비난받을 수 없기 때문이다. 그러나 "전문가들"이 사용하는 방법은 사실상 신빙성이 없으므로, 이 믿음은 강한 정당성을 지니지 못한다.

그렇다면 약한 정당화는 인식적 비난으로부터 도출되는 정당화다. 약한 정당화의 두 번째 특징은 약하게 정당화되는 믿음들이 신빙성 없게 산출된다는 것인데, 왜냐하면 골드맨은 약한 정당화가 강한 정당화의 반대 짝이 되기를 원하기 때문이다. 강한 정당화와 약한 정당화의 구별을 사악한 악마 문제에 적용하게 되면, 골드맨의 해결책은 속임을 당한 주체의 지각적 믿음들이 강하게 정당화되지 않으면서 약하게는 정당화된다는 것이다. 그들의 지각적 경험은 정상세계의 지각자의 경험과 똑같으므로, 그들은 물리적 세계의 실존을 믿는 일로 인해 비난받을 수 없다. 그리고 이것이 바로 그들의 지각적 믿음이 인식적 비난에서 벗어나고, 그래서 약하게 정당화되는 이유다. 한편 그들의 지각적 믿음은 (사악한 악마 세계에서 지각은 신빙성 있는 인지 과정이 아니기 때문에) 신빙성 없게 산출된다. 그리고 그것이 바로 그들의 지각적 믿음이 강하게 정당화되지 못하는 이유다.

이러한 방책에 대해 응답하는 과정에서 신빙론에 대한 내재주의 비판자들은 약한 정당화와 강한 정당화 구별의 적법성에 의문을 제기할 것이다.[26] 인식적 의무에 대해 데카르트-로크 식으로 전통적 개념을 옹호하는 사람들은 사악한 악마 세계에서 속임을 당하는 주체들이 지니는 정당성과 관련하여 약한 정당화란 없다고 주장할 수 있다. 그들의 지각적 믿음은 자신들의 증거에 의해 지지되며, 그래서 충분하고 완전하게 정당화된다. 이 내재주의적인 전통적 관점에서 볼 때 사악한 악마 세계에서의 지각 과정들의 비신빙성은 지각적 믿음의 정당성에 전혀 불리하게 작용하지 않는다. 따라서 신빙론에 반대하는 내재주의자 적수는 골드맨의 조정안—사악한 악마 세계의 지각적 믿음은 약하게 정당화된다—을 만족스러운 것으로 간주하지 않을 것이다. 그들은 이 믿음들이 신빙성 없게 산출된다는 바로 그 사실 때문에 어쨌든 정당화 격위에서 결함이 있다는 골드맨의 주장을 부정할 것이다.

덕 신빙론

1991년 논문 「인식 습속과 과학적 인식론」("Epistemic Folkways and Scientific Epistemology")에서 골드맨은 사악한 악마 문제에 대해 또

다른 해결책을 제시한다. 이 논문에서 그는 인식론의 두 가지 사명을 구별한다. 첫 번째 사명—성격상 기술적인—은 우리의 상식적인 인식 개념과 규범들을 기술하는 것인데, 골드맨은 이것을 "인식 습속"(epistemic folkways)이라 부른다. 두 번째 사명—성격상 규범적인—은 우리의 습속을 비판적으로 평가하고, 필요하다면 개선책을 내놓는 것이다.

여전히 신빙론자로서이긴 하지만 정당화된 믿음을 분석하면서 골드맨이 채택하는 새로운 연구 방식은 지적 덕과 악덕에 의거해 진행된다. 그래서 이제 골드맨은 서로 다른 두 이론 가닥, 즉 신빙론과 덕 인식론을 병합시키고 있다. 덕 연구 방식에 따라 정당화된 믿음을 분석하게 되면, 어떤 믿음이 지적 덕의 결과로 생기게 되면 그 믿음은 정당화되는 믿음이고, 지적 악덕의 결과로 생기게 되면 그 믿음은 정당화되지 못하는 믿음이다.[27] 그렇지만 지적 덕과 악덕이란 무엇인가? 골드맨에 따르면, 지적 덕은 우리가 신빙성이 있는 것으로 간주하는 인지 과정이고, 지적 악덕은 신빙성이 없는 것으로 간주하는 인지 과정이다. 그렇다면 지적 덕과 악덕을 식별하는 기준은 신빙성이라는 기준이다.[28]

인식적 평가자들은 자신들의 사회 문화적 배경으로부터 인지적 덕과 악덕의 목록을 상속받는다고 골드맨은 논한다. 믿음을 평가할 때 그들은 어떤 믿음이 산출되는 심리 과정을 확인하고, 그 과정을 자신들의 목록에 있는 항목들과 짝 지운다. 이 점에서 세 가지 다른 평가가 가능하다.

(1) 만일 확인된 과정이 덕들하고만 짝 지워진다면, 그 믿음은 정당화된다.

(2) 만일 확인된 과정이 완전히 또는 부분적으로 악덕들과 짝 지워진다면, 그 믿음은 정당화되지 않는다.

(3) 만일 확인된 과정이 목록에 없다면, 그 믿음은 정당화와 무관한 믿음으로 분류된다.(정당화와 무관한 믿음은 정당화된 믿음도 아니고 정당화되지 않는 믿음도 아니다.)[29]

에디스와 그의 도망간 개에 관련된 두 사례를 다시 생각해 보라. 자신이 본 개가 자기 개라는 믿음, 즉 정당화되지만 그른 믿음을 생각해 보라. 인과적으로 그의 믿음이 발생하는 과정 속에는 소망적 사고도 다른 어떤 비덕적인 과정도 포함되지 않는다. 관련된 과정은 덕들과만 짝 지워진다. 따라서 에디스의 믿음은 정당화된 믿음의 자격을 부여받는다. 다음에 자신이 본 개가 자기 개라는 믿음 즉 정당화되지 않지만 옳은 믿음을 생각해 보라. 이 경우에 그로 하여금 이 믿음을 형성하게 하는 데에는 지각은 물론이고 소망적 사고도 작용을 한다. 그러면 이때 관련된 과정은 지각이라는 덕과 짝 지워지긴 하지만 소망적 사고라는 악덕과도 짝 지워진다. 따라서 그의 믿음은 정당화되지 않는 믿음으로 간주된다. 마지막으로 텔레파시를 통해 발생한 믿음을 생각해 보라. 텔레파시는 우리의 덕 목록에 없으므로 그런 믿음은 정당화와 무관한 믿음으로 판명된다.

골드맨의 덕 연구 방식을 그가 원래 옹호했던 형태의 신빙론인 과정 신빙론보다 낫게 만드는 것은 무엇인가? 우선 무엇보다도 덕 신빙론은 과정 신빙론보다 일반성 문제에 의거한 공격을 덜 받는다고 기대해 볼 수 있을 것이다. 이 문제는 신빙론자에게 너무 넓지도 좁지도 않은 방식으로 인지 과정을 기술하는 문제를 제시한다. 이제 만일 어떤 신빙성 있는 과정은 덕으로 간주되고 다른 신빙성 있는 과정은 덕으로 간주되지 않는다면, 아마 정당화되는 믿음을 산출하는 과정에 적절하게 일반성의 정도를 명확히 밝히는 일이 가능할 것이다. 지적 덕에 대한 그런 식의 설명이 성공적으로 전개될 수 있을지는 앞으로 두고 보면 알게 될 것이다. 둘째로 골드맨의 덕 신빙론은 세 가지 표준적인 문제 가운데 다른 두 문제, 즉 사악한 악마 세계 문제와 신빙성 있는 투시력 문제를 직접적으로 해결할 수 있도록 해 준다. 다음 절에서 이 해결책들을 간단히 살펴볼 것이다.

투시력 문제와 사악한 악마 문제 재검토

다음은 신빙론에 대한 골드맨의 덕 연구 방식이 투시력 문제, 즉 완벽하게 신빙성 있는 투시력의 재능을 소유한 사람에 의해 제기되는 문제에 대한 해결책을 제공하는 방식이다. 골드맨은 두 종류의 투시력 문제, 즉 주체가 반대 증거를 무시하는 경우와 주체가 자신의 투시력이 산출하는 믿음들에 대하여 찬반 증거를 가지지 않은 경우를 구별한다. 첫 번째 경우에 대한 판정은 뻔하다. 반대 증거를 무시함은 우리의 지적 악덕 목록에 있으므로, 완벽하게 신빙성 있는 투시력의 결과로 생긴 믿음은 반대 증거에 의해 무너진다면 정당화되지 않는 믿음이라고 말하지 않을 수 없다.

두 번째 경우에 대한 판정은 우리가 투시력을 악덕으로 간주하는지에 달려 있다. 만일 악덕으로 간주한다면, 우리는 문제의 믿음이 정당화되지 않는다고 말할 것이다. 만일 악덕으로 간주하지 않는다면, 우리는 문제의 믿음을 형성할 때 어떠한 지적 악덕도 포함되지 않는다는 걸 인정해야 한다. 그래서 그 경우에는 문제의 믿음이 정당화되지 않는다고 말할 근거가 없다. 그렇지만 우리가 투시력을 지적

덕으로 간주하지 않는다고 한다면, 문제의 그 믿음은 정당화와 무관한 믿음이라고 말할 수 있다.[30]

다음으로 골드맨의 덕 연구 방식이 그로 하여금 어떻게 사악한 악마 문제를 처리할 수 있도록 하는지 살펴볼 차례다. 사악한 악마 세계에서는 지각이 신빙성 있는 과정이 아니라는 것을 다시 생각해 보라. 그러나 속임을 당한 주체가 자신이 속임을 당하고 있다고 믿을 이유가 없으므로, 우리는 사악한 악마 세계에서 지각적 믿음들이 정당화된다고 판단한다. 그러므로 사악한 악마 반론의 요점은 믿음이 신빙성 없게 산출될 때라 할지라도 정당화될 수 있다는 것이다. 이제 골드맨은 이 판정에 동의한다. 그는 다음과 같이 말한다.

> 우리의 설명은 어떤 인식적 평가자가 악마 희생자의 시각에 기초한 과정을 그의 지적 덕의 목록 속의 하나(또는 그 이상)의 항목과 짝 지울 것이며, 그래서 그 희생자의 믿음이 정당화된다고 판단할 것임을 예측한다.[31]

그러나 사악한 악마 문제에 대한 이 해결책이 우리가 신빙성을 기준으로 사용하여 지적 덕과 악덕을 구별해야 한다는 사실과 어떻게 조화를 이루는가? 뭐니뭐니해도 사악한 악마 세계에서는 지각이 신빙성이 없다. 그래서 사악한 악마 세계에서는 속임을 당하는 주체의 지각적 믿음들이 지적 악덕이 발휘된 결과라고 판단하지 말아야 하는가?

이 대목에서 우리는 골드맨이 신빙성에 새로운 역할을 부여한다는 사실을 고려해야 한다. 덕 신빙론에서 어떤 인지 과정이 덕 있는 것인지 아닌지를 결정하는 것은 **사실상의 신빙성**(de facto reliability)이 아니라 오히려 **간주된 신빙성**(deemed reliability)이다. 무엇을 기초로 어떤 과정은 덕으로 분류하고, 또 어떤 과정은 악덕으로 분류하는지 하는 문제에 대한 골드맨의 답을 생각해 보라.

> 시각, 청각, 기억, 그리고 ("훌륭한") 추론에 기초한 믿음 형성 과정은 높은 비율로 옳은 믿음을 산출하기 때문에(산출한다고 간주되기 때문에) 덕 있는 것으로 간주된다. 추측, 소망적 사고, 반대 증거를 무시하는 일은 낮은 비율로 옳은 믿음을 산출하기 때문에(산출한다고 간주되기 때문에) 악덕한 것으로 간주된다.[32)]

문제가 되는 것이 간주된 신빙성이라는 사실이 주어지면, 골드맨의 새로운 설명은 우리가 어떤 평가자를 생각하느냐에 따라 다른 결과를 낳는다. 악마 세계의 평가자들은 자신들이 속임을 당하고 있다는 것을 모른다. 그들은 지각 과정을 신빙성 있는 과정으로 간주한다. 따라서 그들은 자신들의 세계에서 지각적 믿음이 정당화된다고 판단할 것이다. 그렇지만 사악한 악마 세계의 지각적 믿음을 우리는 어떻게 판단해야 하는가? 물론 우리는 우리 세계에서 지각 과정을 신빙성 있는 과정으로 간주하며, 그래서 지각을 인식적 덕으로 생각한다. 하지만 사악한 악마 세계에서 지각이 신빙성 없는 것임을 알고 난 뒤에는 사악한 악마 세계의 지각을 인식적 악덕으로 간주해야 하지 않을까? 그렇다면 골드맨 이론은 사악한 악마 세계 문제에 대해 두 가지 응답, 즉 사악한 악마 세계의 평가자를 위한 답과 우리 세계의 평가자를 위한 답을 제시하는 것처럼 보인다.

사악한 악마 문제에 대한 골드맨 해결책의 한 가지 결정적 요소는 정당성의 필요조건을 사실상의 신빙성에서 간주된 신빙성으로 이행시킨 점이다. 골드맨의 새로운 이론을 다음과 같이 요약해 보자.

골드맨의 덕 신빙론

> 만일 P가 지적 덕이고 P가 어떠한 악덕도 포함하지 않는 그러한 인지 과정 P에 의해 B가 산출된다면, 그리고 오직 그 경우에만 B는 정당화된다. 인지 과정 P는 우리가 P를 신빙성 있는 과정으로 간주하면 지적 덕이고, 신빙성 없는 과정으로 간주하면 지적 악덕이다.

이 설명의 한 가지 특징은 B에 대한 S의 정당성이 S가 신빙성 있는 것으로 간주하는 것에 달려 있는 것이 아니라 우리가 신빙성 있는 것으로 간주하는 것에 달려 있다는 점이다. 따라서 우리는 사악한 악마의 희생자 관점을 채택할 경우—이 경우 우리는 지각을 신빙성 있는 것으로 간주해서 지각을 덕으로 여기고, 그래서 그 세계의 지각적 믿음을 정당화된다고 판단한다—와 일상적인 실제 세계 관점을 채택할 경우—이 경우 우리는 사악한 악마 세계의 지각을 신빙성 없는 것으로 간주해서 사악한 악마 세계의 지각을 악덕으로 간주하고, 그래서 그 세계의 지각적 믿음을 정당화되지 않는 믿음으로 판단한다—에 서로 다른 결과를 얻게 된다. 그러므로 골드맨의 덕 신빙론이 사악한 악마 세계 문제에 대해 만족스러운 해결책을 제시하는지는 그리 분명치 않다.

골드맨의 새로운 설명의 또 다른 특징은 인지 과정을 신빙성 있거나 신빙성 없는 과정으로 간주하는 이유에 대해 어떠한 속박 요건도 두지 않는다는 것이다. 우리가 집단 광란 발작의 희생자여서 대부분의 미친 과정이 신빙성 있는 과정으로 간주되고, 그래서 그 미친 과정을 지적 덕으로 간주한다면 어떻게 될 것인가? 그러한 시나리오를 가정한다면, 골드맨의 이론은 분명히 잘못된 결과를 제공할 것이

다.[33]

이 난점들에 대한 응답으로 우리는 B에 대한 S의 정당화가 S 자신이 적합한 증거를 기초로 신빙성 있는 것으로 간주하는 것에 달려 있다고 결정할 수 있다. 이 안은 다음과 같이 정식화될 수 있다.

증거론적 덕 신빙론

만일 p가 (1) C가 어떤 지적 덕을 예증하면서 (2) 어떠한 지적 악덕도 예증하지 않는 그런 인지 과정 C에 의해 산출된다면, 그리고 오직 그 경우에만 S가 p라고 믿는 일이 정당화된다. 인지 과정 C는 S가 C를 신빙성 있는 과정으로 간주할 적합한 증거를 가지고 있으면 지적 덕이고, C를 신빙성 없는 과정으로 간주할 적합한 증거를 가지고 있으면 지적 악덕이다.

증거론적 덕 신빙론은 두 가지 표준적인 도전에 대해 쉬운 해결책을 허용한다. 사악한 악마 세계에서 주체들은 지각을 신빙성 있는 것으로 간주할 적합한 증거를 가지고 있는데, 왜냐하면 그들은 자신이 사악한 악마에게 속임을 당하고 있다고 가정할 이유가 없기 때문이다. 결과적으로 사악한 악마 세계에서 지각적 믿음은 (조건 (2)도 충족된다고 한다면) 정당화된다. 투시력에서 나온 믿음은 반대 증거에 의해 무너진다면 정당화되지 않는데, 그런 믿음은 조건 (2)를 만족시키지 못하기 때문이다. 그러나 투시력이 신빙성 있는 것으로 알려진 곳에서 투시력에서 나온 믿음은 조건 (1)을 충족시키며, 그래서 (또다시 조건 (2)도 충족된다고 할 경우에) 정당화된 믿음의 자격을 갖게 된다. 일반적으로 주어진 과정—그 과정을 투시력, 텔레파시, 또는 초감각적 감지라 하자—에 의해 산출된다고 알려진 어떤 믿음도 주체가 그 과정을 신빙성 있는 과정으로 여길 적합한 증거를 가지고 있으면 정당화되는 믿음으로 간주된다.

그렇지만 증거론적 덕 신빙론이 인식적 덕에 대해 이상하게 이해하고 있다는 반론이 있을 수 있다. 자주 잘못된 결과를 산출하는 인지 능력을 생각해 보라. 실제로는 그렇지 않은데도 그 능력이 신빙성이 있다고 여길 증거가 있다는 바로 그 점 때문에 우리는 그런 능력이 실제로 인식적 덕이라고 말하고 싶어 할까? 이와 관련된 다음 물음을 생각해 보라. 즉 우리는 아주 열심히 노력하지만 대부분 실패하는 사람—올바른 이유를 가졌다는 점을 제외하고는 대부분 잘못된 것을 하는 사람—에 대해 그가 덕을 성취한 사람이라고 말할 것인가?

더 나아가 증거론적 덕 신빙론은 신빙론자도 승인할 수 없을 것 같은 결점이 있는데, 그것은 "증거"라는 용어가 분석항에 나타난다는 것이다. 증거론적 덕 신빙론은 인식적 정당화에 대한 분석이 인식 용어를 사용하지 않고 이루어져야 한다는 자연주의의 단서를 만족시키지 못한다. 그렇지만 앞에서 언급했던 것처럼, 이 점이 실제로 약점으로 간주되어야 하는지는 그리 분명치 않다. 골드맨의 덕 신빙론이 그의 초기의 과정 신빙론과 다음 특징을 공유한다는 사실을 주목해 보라. 즉 파기 증거를 포함한 잠정적 반대사례를 처리하기 위해서는 신빙론은 증거론자의 고려 요인을 참작해야 한다. 덕 신빙론에 따르면, 어떤 믿음이 정당화되려면 그 믿음을 산출하는 과정에서 어떠한 지적 악덕도 포함되어서는 안 된다. 그리고 지적 악덕 중에서 우리는 반대 증거를 무시함 같은 과정이 있음을 안다. 이 악덕이 비인식적 용어로 기술될 수 없는 한, 덕 신빙론은 어쨌든 증거론적 이론이 될 수밖에 없다. 그러므로 우리는 그 주체의 증거에 은밀하게 호소하는 것을 명시적 호소로 바꾸는 일이 왜 비합법적인지 의아해할 것이다.

연구문제

1. 어떤 종류의 난점 때문에 단순 신빙론을 반파기 조건을 추가해 보완하게 되는가?
2. 왜 신빙론은 일종의 전형적인 자연주의 인식론인가?
3. 신빙론의 세 가지 표준적 문제는 무엇인가?
4. 왜 단순한 신빙론은 어떤 믿음이 옳을 때마다 정당화된다는 사실을 함의하는가?
5. 왜 단순한 신빙론은 어떤 믿음이 그를 때마다 정당화되지 않는다는 사실을 함의하는가?
6. 단순한 신빙론에 반파기 조항을 보충함으로써 일반성 문제가 해결될 수 있는가?
7. 사악한 악마 세계 문제에 대한 골드맨 규칙 신빙론의 해결책은 무엇인가?
8. 투시력이 신빙성이 있다고 알려진 가능세계가 어째서 규칙 신빙론의 문제를 제기하는가?
9. 앨빈 골드맨에 따를 때 약한 정당화와 강한 정당화의 차이는 무엇인가?
10. 골드맨의 덕 신빙론에서 신빙성은 어떤 역할을 하는가?

연습문제

1. 구체적인 사례를 이용하여 일반성 문제의 본성을 설명하라.
2. 일반성 문제에 대해 당신이 성공적인 해결책으로 여기는 것을

설명하라.

3. 덕 신빙론이 사악한 악마 문제를 해결할 수 있는지 토론해 보라.
4. 당신이 생각하기에 가장 그럴듯한 형태의 신빙론이 어떤 것인지 토론해 보라.

| 주 |

1) Goldman(1979), 9면.

2) 같은 책, 같은 면.

3) "어떤 믿음이 주어진 과정에 의해 산출된다"라는 표현의 의미는 그 믿음이 형성된다는 것과 그 과정에 의해 유지된다(being sustained)는 것 둘 다를 포함한다.

4) Goldman(1979), 18면을 볼 것. 다음 예는 골드맨의 예를 약간 변형시킨 것이다.

5) 기억의 신빙성(또는 비신빙성)에 관한 흥미로운 사례 연구에 대해서는 Wright(1994)를 볼 것.

6) Goldman(1979), 20면.

7) 같은 책, 같은 면을 볼 것.

8) 같은 책, 19면 이하.

9) Maffie(1990), 284면을 볼 것. 매피에 따르면, 정당성 기준으로 신빙성을 선택하는 것은 자연주의 이론과 비자연주의 이론의 차이를 드러내는 것이다.

10) Goldman(1979), 1면을 볼 것.

11) 내재주의/외재주의 구별에 대한 간단한 논의는 2장 마지막 절을 볼 것.

12) 사악한 악마 문제에 대한 진술은 Cohen(1984), 281면 이하와 Ginet(1985), 178면을 볼 것.

13) Goldman(1979), 1면을 볼 것.

14) BonJour(1985), 3장을 볼 것.

15) Goldman(1979), 11면을 볼 것.

16) 같은 책, 12면을 볼 것. 또한 Chisholm(1982), 29면을 볼 것. 이 문제에 대해 명료하고 통찰력 있는 설명은 Feldman(1985)에서 찾아볼 수 있다.

17) 그렇게 될 경우 과정 신빙론은 또한 모든 기억 믿음과 내성 믿음이 정당화된다는 사실을 함의하는데, 이는 기억과 내성이 일반적으로 신빙성 있는 과정이기 때문에 그렇다.

18) Goldman(1979), 20면을 볼 것.

19) 일반성 문제를 해결하는 한 가지 전략은 인지 과정들이 허용되는 영역을 제한하는 것이다. 예컨대 우리는 신경 생리학적인 과정만을 진정한 인지 과정으로

간주하기로 약정해 볼 수 있다. 이 안의 문제는 진정으로 신경 생리학적인 OTOP가 있을 수 없다고 가정할 이유가 거의 없다는 것이다. 이 반론은 모든 비슷한 안에 대해 제기될 수 있으므로, 그 전략은 성공적인 전략인 것 같지 않다. (일반성 문제에 기초한) 치섬의 반론에 대한 골드맨의 응답은 Goldman(1988), 55면, 그리고 그에 대한 치섬의 논박은 Chisholm(1989), 79면을 볼 것.

20) Goldman(1986), 63면.

21) 같은 책, 106면.

22) Goldman(1988), 62면을 볼 것.

23) 골드맨의 1986년판 규칙 신빙론에 대한 또 다른 반론으로는 Goldman(1988); Swank(1988)을 볼 것.

24) 다음은 골드맨이 과정과 방법의 차이를 설명하는 방식이다. "과정은 대략 우리가 타고난 인지 구조의 특징들로 배선된 기초적인 심리적 과정이다. '방법'은 학습할 수 있는 연산, 발견적 장치, 또는 계기 읽는 법이나 통계 분석에 의거하는 절차들처럼 믿음을 형성하기 위한 절차다." Goldman(1988), 53면.

25) 같은 책, 57면.

26) 약한 정당화와 강한 정당화에 대한 골드맨의 구별은 일종의 주관적 정당화와 객관적 정당화 구별이다. 이 구별은 여러 가지 다른 방식으로 끌어낼 수 있다. 예컨대 주관적 정당화는 의무 이행에 의거해 생각해 볼 수 있다. 그렇지만 어떤 관점들에서는 의무 이행이 완전히 객관적인 사태이므로, 그 구별이 의무론적 정당화와 비의무론적 정당화에 의해 설명될 수 있을지 의심스럽다. 이 구별을 끌어내는 또 다른 방식은 주관적 정당화를 주체가 믿는 것에 의해 수여되는 정당화로 규정하고, 객관적 정당화를 주체가 훌륭한 근거를 기초로 믿는 것에 의해 수여되는 정당화로 규정하는 것이다. 그렇지만 훌륭한 근거에 기초를 두지 않는다고 할 경우에 주체의 믿음들이 어느 정도의 정당성을 수여할 수 있다는 데 대해 의문이 제기될 수 있다. 그래서 우리는 주관적 정당화를 규정하려는 시도가 합리적인 어떤 의미에서 정당화되는 믿음들 집합을 드러낼 수 있는지 의심할 수 있다. 주관적 정당화와 객관적 정당화 구별을 비판적으로 검토하고 있는 것으로는 Feldman(1988b)을 볼 것.

27) 덕 인식론에 대한 간단하면서도 유용한 설명은 Greco(1992)를 볼 것. 또 Kvanvig(1992)와 Greco(1994)를 볼 것.

28) 지면 관계상 여기서는 지적 덕들에 대해 검토할 수 없다. 여기서는 그냥 지적 덕의 본성을 규정하려는 기획이 결코 쉬운 일이 아니라고 말하는 걸로 충분하다고 하겠다. Alston(1993)에 따르면, 지적 덕에 대한 적합한 정의는 다음 사항을 고려해야 한다. 즉 "우리는 있다고 해도 좀처럼 발휘하기 힘든 능력을 가질 수 있다. 그러나 덕은 오히려 습관의 성격을 지닌다. 그래서 덕이란 우리가 무엇을 할 수 있는가의 문제가 아니라 어떤 조건들 아래서 우리가 무엇을 하게 되는가의 문제다"(202면 이하). 만일 여기서 올스턴의 말이 올바르다면, 어떤 인지 과정의 신빙성은 그 과정을 지적 덕으로 만드는 데 충분치 못할 것이다.

29) Goldman(1991), 157면.

30) 골드맨은 문제의 믿음이 정당화되지 않는다고 말하게 될 사람들의 직관에 대해서도 잘 설명할 수 있다고 주장한다. "[문제의 믿음들이] 정당화되지 않는다고 판단할 평가자들에 대해서는 그 이론에 의거하여 또다시 설명할 수 있다. 정신의 텔레파시, ESP, 염동(念動) 현상 등을 포함하여 과학적으로 평이 좋지 않은 추정상의 능력들 집합이 있다. 평가자들이 믿음들을 그러한 능력들의 가정된 능력에 기초를 두는 어떤 과정을 악덕으로 간주하는 것은 그럴듯하다." Goldman(1991), 159면.

31) 같은 책, 같은 면.

32) 같은 책, 160면. 이와 대조적으로 여전히 일종의 덕 신빙론을 옹호하는 소사는 지적 덕에 대해 사실상의 신빙성을 지닐 것을 요구하는 것처럼 보인다. 그의 논문들 "Reliabilism and Intellectual Virtue"와 "Intellectual Virtue in Perspective" in Sosa(1991), 131~145면과 270~293면을 볼 것.

33) 이 두 가지 반론에 대한 골드맨의 응답은 십중팔구 덕 신빙론이 기술적 인식론이 되는 것, 즉 우리의 인식 습속에 대한 단순한 기술적 설명을 제시하는 것을 의도했다는 것일 것이다. 이 응답의 요점은 덕 신빙론이 인식적 정당성 개념을 적용하기 위한 필요충분조건을 제시하려는 것이 아니라는 것이다. 오히려 덕 신빙론의 목적은 평가자들이 어떤 믿음을 정당화된 믿음으로 분류하고 어떤 믿음을 정당화되지 않는 믿음으로 분류할지 예측하는 것이다. 결과적으로 다른 상황에 있는 평가자들이 사악한 악마 세계에 대해 달리 반응할 것이라는 사실이 그 이론에 불리하게 작용하지 않는다. 또 미친 평가자들이 우리가 판단하는 것과 완전히 다른 방식으로 믿음을 달리 판단할 것이라는 것도 덕 신빙론에 불리하게 작

용하지 못한다. 그렇지만 이 응답에 대해 응답하면서 우리는 그러한 기술적 인식론을 추구함으로써 도대체 이 책 서두에서 우리가 제시했던 물음들을 처리할 수 있는지 의아해할 수 있다.

제 9 장 | 자연주의 인식론과 비자연주의 인식론

안락의자 인식론

최근 수십 년 동안 인식론을 "자연화"하려는 프로그램이 계속해서 인기를 끌어 왔다. 인식론의 주제는 적절히 이해될 경우 자연의 어떤 측면들이므로 인식론은 자연과학의 한 부분이 되어야 하고, 인식론에서 사용하는 방법도 경험과학의 방법이어야 한다는 것이 이 프로그램의 기본 착상이다. 이 프로그램을 이행하는 것은 결국 전통적으로 이해되어 온 학문으로서의 인식론을 혁명적으로 재편하자는 것에 다름 아니다. 따라서 자연화 프로그램을 논의하기 위해서는 전통적 인식론의 방법론을 간단하게 재검토하는 일로부터 시작할 수밖에 없다.

우선 데카르트부터 시작하기로 하자. 『성찰』에서 데카르트는 어떻게 지식이 가능한가를 결정하는 일에 착수하는데, 그 결과 그는 선명하고 분명한 지각이라는 지식의 기준을 정립하는 데 이르게 된다. 더 나아가 그는 우리가 알 수 있는 것의 범위를 밝히려 하였다. 결국 그가 도달한 답은 비회의적인 답, 즉 우리는 실제로 물리 세계에 대한 지식을 가지며, 그래서 다소간에 우리가 안다고 생각하는 것을 안다는 것이었다.

우리가 실제로 아는지 판단할 기준을 정하고 우리 지식의 한도를 그리기 위해 데카르트는 그저 자신의 난로 앞 안락의자에 앉아 명상과 반성을 시작하였고, 다음 전략을 고안해 냈다. 먼저 그는 의심할 수 있는 가장 강한 이유를 결정하였고, 자신이 그런 종류의 의심에서 제외되는 명제만을 승인하였다. 의심할 수 있는 가능한 가장 강한 이유는 물론 사악한 악마에게 속임을 당한다는 그의 가정이었다. 이 전략을 수행한 결과 그가 전제로 사용할 수 있었던 것은 오로지 두 종류의 명제, 즉 자기 자신의 정신 상태에 관한 명제와 자신에게 확실한 선천적 명제뿐이었다.

사악한 악마 수준의 의심에도 살아남은 두 명제를 생각해 보자. 데카르트는, 설령 자신이 신체를 가지고 있다고 믿을 때 사악한 악마가 그를 속일 수 있다 할지라도 그런 악마는 그가 생각하고 있다고 믿는 경우에 그를 속일 수는 없다고 결정하였다. 그래서 그는 자신이 다음 두 명제를 안다고 간주하였다.

(1) 나는 생각하고 있다.

(2) 나는 내가 생각하고 있다고 믿는 일에서 틀릴 수 없다.

(1)은 데카르트 자신의 정신 상태 가운데 하나에 대한 내성적 자각을 표현하고, (2)는 데카르트가 자신에게 확실하다고 간주한 선천적 명제다.

인식론에 대한 데카르트 연구 방식의 기초에는 분명하게 파악할 수 있는 두 방법론적 가정, 즉 유아주의와 이성주의가 들어 있다. 첫째, 데카르트는 자신의 기획에 쓸모 있는 전제들이 가능한 가장 강한 의심에서 제외되어야 하는 것이라고 결정했으므로, 그는 오직 제 자신의 정신 상태의 존재만을 가정할 수 있었다. 이 점은 그의 연구 방식에서 유아주의 요소다. 둘째, 그는 자신이 선명하고 분명하게 인식한 전제들을 허용가능한 것으로 가정하였다. 이 점은 그의 연구 방식에서 이성주의 요소다. 즉 지식의 원천으로 이성에 대한 신뢰를 보여주고 있다.

이 대목에서 인식론에 대한 데카르트 식 연구 방식과 로데릭 치섬의 연구 방식을 비교해 보면 유익할 것이다. 치섬에 따르면, 인식론을 할 때 우리는 세 가지를 전제가정할 수 있는 자격이 있다.

> 첫째로 우리는 우리가 아는 어떤 것이 있다고 전제가정하며, 우리가 아는 것은 반성을 통해 우리가 안다고 생각하는 것과 거의 똑같다는 작업가설을 채택한다. …
> 둘째로 우리는 우리가 아는 것들이 다음 의미에서 정당화된다고 전제가정한다. 즉 우리는 어떤 경우든 우리가 안다고 생각하는 데 대한 근거나 이유 또는 증거를 이루는 것이 무엇인지 알 수 있다. 만일 내가 산 정상에 지금 눈이 온다는 걸 안다고 생각한다면, … 나는 산 정상에 지금 눈이 있다고 생각하는 데 대한 근거나 이유가 무엇인지 말할 수 있다. …
> 그리고 셋째로 만일 우리가 안다고 생각하는 것들에 대해 그런 식으로 근거나 이유를 실제로 가지고 있다면, 우리는 타당한 일반적 증거 원리들—우리가 믿는 것에 대해 근거나 이유를 가지고 있다고 말할 수 있게 해 주는 일반적 조건을 진술하는 원리들—이 있다고 전제가정한다.[1)]

이 전제가정들 중 첫 번째 것으로 인해 치섬이 데카르트와 불일치한다는 사실이 분명해진다. 데카르트는 우리가 인식론을 하기 시작할 때 우리가 아는 어떤 것이 있다고 가정해서는 안 된다고 생각했다. 그렇지만 치섬에 따르면, 우리는 우리가 안다고 생각하는 것과 거의

똑같은 정도로 안다고 가정할 수 있다. 그러면 치섬은 데카르트의 유아주의를 거부하는 셈이다.[2)]

두 번째 전제가정은 치섬이 다음 물음을 소크라테스 식 물음으로 간주하고 있음을 가리킨다.

> 내가 p라고 믿는 일이 지금 정당화되는가? 그리고 정당화된다면, 나로 하여금 p라고 믿는 일이 정당화되게 만드는 것은 무엇인가?

소크라테스 식 물음은 다음 점에서 다른 종류의 물음과 다르다. 즉 우리가 소크라테스 식 물음을 던질 때마다 언제나 우리는 그 물음에 대한 답을 그 물음을 던지고 있는 그 시간에 우리가 가진 증거와 지식 체계로부터 도출해 낼 수 있다. 그래서 위 물음에 답하기 위해 내가 해야 할 일이 나의 현재 증거를 살피는 것뿐이라고 치섬은 말할 것이다.

뿐만 아니라 치섬은 이 책 서두에서 살펴보았던 다음 네 물음도 모두 이 의미에서 소크라테스 식 물음이라고 말할 것이다.

> Q1 지식이란 무엇인가?
> Q2 우리는 무엇을 아는가?
> Q3 믿음이 정당화된다는 것은 무엇인가?
> Q4 우리의 믿음들 가운데 어떤 믿음이 정당화되는 믿음인가?

이 물음들에 대한 올바른 답을 찾아내는 데에는 우리는 우리가 아직 갖고 있지 않은 어떠한 경험적 정보도 필요로 하지 않는다. 우리가 해야 할 일은 가만히 앉아 우리의 현재 증거와 지식 체계 및 그것이 논리적으로 함의하는 것에 대해 반성해 보는 것일 뿐이다. Q1~Q4와 다음 두 물음을 비교해 보라.

Q5 당신의 은행 계좌에 돈이 얼마나 들어 있는가?
Q6 마오쩌둥 죽음의 원인은 무엇이었는가?

이 두 물음은 소크라테스 식 물음이 아니다. 물론 나는 방금 5분 전에 내 계좌에 돈이 얼마나 들어 있는지 들었을 수도 있다. 그러면 Q5에 답하기 위해 내가 해야 할 일은 5분 전에 내가 입수한 정보를 기억하는 것뿐이다. 그렇지만 또한 나는 필요한 정보를 아직 갖고 있지 못할 수도 있다. 그런 경우에 나는 내 계좌에 돈이 얼마나 있는지 알아보려면 은행에 전화를 하든지 직접 들러 알아보아야 할 것이다. 그러므로 Q5를 물을 때마다 언제나 그 답을 우리의 현재 증거와 지식 체계로부터 끌어낼 수 있다는 것은 사실이 아니다. 그래서 Q5는 소크라테스 식 물음이 아니다. Q6 역시 누군가가 죽은 이유를 그저 우리가 이미 알고 있는 것에 관해 반성한다고 해서 언제나 대답할 수 있는 것이 아니기 때문에 소크라테스 식 물음이 아니다.[3] Q6에 대한 답은 마오쩌둥이 루게릭 병으로 죽었다는 것이다. 이 답은 마오쩌둥이 겪었던 병에 대한 과학적이고 의학적인 검사 결과였다. 그러한 검사를 수행함으로써만 대답될 수 있는 물음이라면 어떤 것도 우리가 정의했던 의미의 소크라테스 식 물음은 아니다.

세 번째 전제가정은 치섬이 데카르트의 이성주의를 공유하고 있음을 가리킨다. 치섬은 일반적인 증거 원리들—어떤 조건 아래서 우리의 믿음이 정당화되는지 알려 주는 원리들—이 있다고 믿으며, 우리는 이성을 통해 이 원리들이 무엇인지 밝혀낼 수 있다고 믿는다. 치

섬은 이 원리들을 필연적 진리로 간주하며, 그것들이 선천적으로 알려질 수 있는 것이라고 믿는다.[4]

그렇다면 전통적 인식론을 어떻게 특징지어야 할까? 인식론에 대한 연구 방식을 전통적 연구 방식으로 만드는 요소는 다음 두 주장에 대해 언질을 주고 있는 것이라 하기로 하자.

(1) 인식론의 물음들은 소크라테스 식 물음이다. 즉 그 물음들에 답하기 위해서는 우리의 현재 증거와 지식 체계에 관해 반성하는 일 이외의 어떤 것도 요구되지 않는다.
(2) "지식이란 무엇인가?"와 "믿음이 정당화된다는 것은 무엇인가?"라는 두 물음에 대한 답은 선천적으로 알 수 있는 필연적 진리들이다.[5]

이렇게 이해했을 때 전통적 인식론은 유아주의 인식론이 될 수 있지만 꼭 그럴 필요는 없다. 그래서 치섬이 데카르트를 거부한 것이 올바른지 하는 문제는 미해결의 문제로 남겨 놓기로 하자. 그러나 우선 얼마나 많은 지식을 당연한 것으로 간주할 것인지의 문제에 대해 인식론자들이 어떤 견해를 취하든 그들이 주장 (1)과 (2)를 승인한다면, 그들은 다음에 동의하는 셈이다. 즉 우리가 인식론을 하고자 할 때, 우리는 데카르트가 했던 대로 할 수 있다. 즉 생각하고 반성하고 명상하기 위해 난로 옆 안락의자에 앉아 있을 수 있다. 성공하기 위해서는 이 일 외에 어떤 것도 필요치 않다. 우리는 사회학적인 또는 심리학적인 연구 기획에 종사할 필요가 없고, 뇌의 생화학적 작용을 연구하기 위해 흰색 가운을 입고 실험실에서 신경 생리학자에 합류할 필요도 없다. 만일 그런 일을 하는 것이 필요하다면, 우리는 아직 우리가 추구하고 있는 물음에 답할 수 있는 입장에 있지 않은 것이다. 우리는 먼저 경험적 자료를 모아야 할 것이고, 아마 몇 단계를 거친 뒤 일단 필요한 자료가 모아지면 답을 찾을 수도 있을 것이다. 그렇지만 전통적 인식론자—안락의자 인식론자—는 우리가 이미 찾고 있는 답을 알 수 있는 입장에 있다고 믿는다. 전통적 인식론자는 자신의 기획이 자율적 기획, 즉 우리로 하여금 생각하고 반성하고 명상할 수 있도록 해 주는 조건만 주어지면 언제 어디서나 누구라도 성공적으로 추구할 수 있는 기획이라고 믿는다.

콰인 식 자연화: 규범 인식론 제거

유명하고 매우 영향력 있는 논문 「자연화된 인식론」("Epistemology Naturalized")에서 콰인(W. V. Quine)은 인식론을 자연과학의 한 부분으로 만듦으로써 인식론을 전혀 다른 새로운 학문 분과로 전환시키는 걸 옹호한다. 그는 과학 밖에서 추구된 전통적 인식론이 완전히 실패로 끝났다는 사실을 근거로 이러한 전환을 권한다. 먼저 이런 진단을 내리는 콰인의 논거에 대해 논의한 다음, 그가 처방한 치료책에 대해 논의하기로 하자.

폐기되어야 한다고 생각했던 낡은 인식론을 특징지으면서 콰인은 개념 수준의 기획과 이론 수준의 기획(conceptual and doctrinal project)을 구별한다.[6] 후자의 기획은 물리 세계에 관한 우리 믿음을 정당화하는 기획이고, 전자의 기획은 목표하는 정당화를 수행하는 데 필요한 정의를 마련하려는 기획이다. 데카르트가 운용 방식을 처음 도입했던 정당화 기획은 토대론적 성격을 지니고 있다. 즉 우리 자신의 의식 상태에 관한 오류불가능한 믿음들로부터 연역에 의해 물리 세계에 관한 믿음이 도출된다. 흄은 이 기획의 성공 전망에 관해 회의적 입장을 유지하였으나 데카르트가 설정한 조건들, 즉 오류불가능하거나 의심불가능한 믿음 없이는, 그리고 이 토대와 물리 세계에 관한 믿음들로 이루어진 상부 구조 사이에 단단한 연역적 고리가 없이는 바라는 정당화가 이루어질 수 없다는 것을 승인하였다. 콰인은 전통적 인식론을 데카르트 식의 토대론적 인식론으로 생각하고 흄과 보조를 같이 한다. 그래서 "흄의 궁지는 인간의 궁지다"라고 콰인은 말한다.[7]

개념 수준의 기획은 정당화 기획을 수행하는 특수한 한 방식으로 간주할 수 있다. 콰인은 개념 수준의 기획을 다음과 같이 기술한다. "우리는 신체에 관한 우리의 전체 문장을 〔감각〕 인상에 관한 전체 문장들로 번역함으로써 신체에 관한 언급을 인상에 관한 언급으로 설명하는 일을 해 볼 수 있다.…"[8] 이 기획은 다음 고찰이 동기로 작용한다.[9] 물리적 대상에 관한 믿음은 그런 대상에 대한 감각 경험에 의해 야기된다. 그렇지만 감각 경험은 외견상 감각 경험을 일으키는 대상이 실제로 존재한다는 걸 증명하기에는 전혀 충분치 못하다. 그렇다면 우리의 임무는 감각 경험과 물리 세계에 관한 믿음 사이의 논리적 틈에 다리를 놓는 것이다. 그런데 이 문제를 해결하는 한 가지 방식은 그저 그 틈을 없애 버리는 것, 즉 물리적 대상에 관한 믿음을 감각 경험만을 언급하는 언어로 번역하는 것이다. 콰인에 따르면 이 기획은 실패할 수밖에 없는데, 왜냐하면 우리가 바라는 것처럼 물리적 대상에 관한 문장을 감각 경험에 관한 문장들로 번역하는 일이 이루어질 수 없기 때문이다.[10]

그렇다면 전통적 인식론의 상태에 대한 콰인의 진단은 다음과 같다. 전통적 인식론이 데카르트 식 확실성 형태로 정당화를 추구하는 것은 "가망 없는 일"(lost cause)이며, 그래서 물리적 신체에 관한 언급을 감각 경험에 관한 언급으로 번역하려는 것 또한 가망 없는 일이다. 그가 제안한 치료책은 전통적 노력을 다른 것으로 대치하는 것이다.

> 그러나 어째서 모두 이런 식의 창조적 재구성, 이런 식의 가공의 것에 천착하는가? 감각 기관들의 자극은 누구라도 궁극적으로 그의 세계상에 도달하는 경우에 거쳐야 할 증거 전부다. 어째서 이 구성이 실제로 진행되는 방식 바로 그것을 보면 안 되는가? 어째서 심리학을 받아들이면 안 되는가?[11]

콰인이 여기서 말하고 있는 내용의 취지를 제대로 이해하는 것이 중요하다. 우리 감각 기관의 자극이 우리의 세계상을 구성하는 방식을 연구할 것을 제안할 때 그가 의도하는 건 무엇인가? 그리고 콰인이 제안한 기획은 물리 세계에 관한 믿음을 정당화하는 전통적 기획과 어떻게 다른가?

콰인에 따를 때 전통적 인식론의 주요 관심사는 정당화다. 이 관심사는 확실성 추구 형태를 취하므로 폐기되어야 한다. 그 대신 인식론자는 우리가 어떻게 감각 자극으로부터 우리의 세계상에 이르는지 연구해야 한다. 이 연구의 목적은 정당화가 아니라 오히려 과학적 설명이다. 우리가 원하는 것은 우리의 감각 기관이 자극받을 때 우리 뇌에서 일어나는 일에 대한 심리학적 (또는 아마도 신경 생리학적) 설명이다. 이 기획에서 우리는

> 자연 현상, 즉 물리적 인간 주체를 연구한다. 이 인간 주체는 실험적으로 제어된 어떤 입력—예컨대 다양한 빈도로 나타나는 어떤 유형의 발

> 광—을 받으며, 때가 되면 그 주체는 3차원적 외부 세계 및 그 역사에 대한 기술을 출력으로 내놓는다.[12)]

이런 종류의 연구는 전통적 인식론의 노력과는 근본적으로 다르다. 인식론자들은 우리의 세계상을 정당화하려고 하거나, 또는 흄의 경우처럼 그런 정당화가 불가능하다는 것을 증명하려고 하곤 했다. 그들은 우리가 이 세계상에 대해 **훌륭한 이유**를 가지고 있다(또는 가지고 있지 않다)거나 우리가 그것을 믿는 일이 **합리적**이라는(또는 합리적이지 않다는) 것을 증명하려 했다. 콰인의 자연화된 무대에서는 정당성이나 합리성 문제를 제기하는 규범적 물음이 더는 제기되지 않는다. 그 대신 우리의 관심사는 그저 감각 자극으로부터 물리적 환경에 관한 믿음에 이르는 인과 사슬을 발견하는 것뿐이다.

전통적 인식론자들의 관심사가 **규범적**인 것인 반면에 콰인의 기획은 **비규범적**인 것, 즉 **기술적**인 것이다.[13)] 따라서 만일 우리가 콰인이 시사하는 방식으로 인식론을 자연화한다면, 인식론은 사실상 제거될 것이다. 새로운 콰인의 기획이 이전의 기획과 공통적으로 가질 수 있는 유일한 것은 오직 그 이름뿐일 것이다.

인식론을 자연화하라는 콰인의 권고가 지니는 장점은 무엇인가? 이 문제를 논의하기 위해 그의 논증의 본질을 다시 진술해 보자.

자연화를 옹호하는 콰인의 논증

(1) 전통적 인식론은 다음 두 가지 임무, 즉 (ⅰ) 감각 경험에 관한 오류불가능한 전제들로부터 연역을 통해 물리 세계에 관한 믿음을 정당화하는 일과 (ⅱ) 물리적 대상에 관한 문장을 감각 경험에 관한 문장들로 번역하는 일을 목

표로 삼는다.

(2) 이 두 임무 모두 달성될 수 없다.

(3) 만일 전통적 인식론이 이 두 가지 임무를 목표로 삼는데 두 임무 모두 달성될 수 없는 것이라면, 전통적 인식론은 폐기되어야 한다.

(4) 전통적 인식론은 폐기되어야 한다.

(5) 만일 전통적 인식론이 폐기되어야 한다면, 인식론자들은 대신 심리학을 연구해야 한다.

그러므로

(6) 인식론자들은 전통적 인식론 대신 심리학을 연구해야 한다.

하지만 전통적 인식론의 동료들은 이 논증으로 인해 동요될 것 같지 않다. 무엇보다도 설령 (4)가 옳음을 인정한다 할지라도, 그들이 (5)에 동의해야만 하는지가 그리 분명치 않다. 이 점은 김재권이 지적하였다. 김재권은 왜 콰인이 자연화에 대한 그의 천거와 규범적 인식론의 거부를 결부시키는지 의아해한다. 만일 콰인의 진단이 그르다면, 그래도 심리학은 계속해서 추구할 만한 가치가 있는 주제일 것이다. 그리고 콰인의 진단이 올바르다 해도 인식론자들이 심리학으로 전환해야 한다는 결론은 따라 나오지 않는다. 결국 김재권은 "만일 규범 인식론이 가능한 탐구가 아니라면, 어째서 이른바 인식론자가 심리학이 아니라 이를테면 유체 역학이나 조류학으로 전환하면 안 되는가?"[14]라고 묻는다.

그러나 콰인의 논증의 주요 문제는 말할 것도 없이 전제 (1)에 의해 제기된다. 콰인을 따르고 싶지 않은 사람들은 전통적 인식론 내에서도 전통적 인식론에 대한 콰인의 규정이 시사하는 것보다 훨씬 넓은 범위의 기획들을 찾을 수 있다고 이의를 제기할 수 있다. 이 말은 그들이 데카르트 식 토대론자의 기획에 대한 콰인의 진단에 도전하겠다는 뜻이 아니다. 그런 종류의 인식론에 관한 한, 그들은 콰인과 불일치할 필요가 없을 것이다. 그렇지만 그들이 이의를 제기할 수밖에 없다고 생각하는 것은 데카르트 식 토대론자의 기획이 인식론에 존재하는 요소 전부라는 콰인의 전제가정이다.

예컨대 5장에서 특징지었던 대로의 최소 토대론을 생각해 보라. 그 견해의 옹호자들은 우리의 경험적 믿음의 정당화가 궁극적으로 감각 경험에 의존한다고 믿지만, 오류불가능한 믿음들로 이루어진 토대의 존재를 주장하지 않는다. 또 그들은 정당성이 믿음에서 믿음으로 연역에 의해 건너간다고 생각하지도 않는다. 게다가 정합론자와 신빙론자도 있다. 정합론자는 정당성의 원천이 정합성 관계에 있다고 믿고, 신빙론자는 신빙성 있는 믿음 산출에 있다고 믿는다. 어느 쪽도 정당화에 대해 데카르트 식 모델을 채택하지 않는다. 그렇다면 인식론에 대한 콰인의 규정은 지나치게 제한적인 것임이 분명하다. 그러므로 전통적 인식론의 옹호자는 콰인 논증의 첫 번째 전제를 승인할 이유가 없으며, 그래서 그 결론 역시 승인할 이유가 없다.

인식론적 자연주의

많은 철학자가 인식론을 자연화하는 일에 찬성하지만 콰인 식 자연화—이미 살펴본 것처럼 전통적인 규범적 물음을 부적절한 것으로 만드는 과정—에 찬성하는 건 아니다. 자연화된 인식론 내에서 이 물음들에 답하고 싶어 하는 사람들은 전형적으로 우리가 "인식론적 자연주의"라 부르는 견해가 동기로 작용한다. 이 절에서는 이 견해를 검토해 볼 것이다.

『도덕의 본성』(*The Nature of Morality*)이라는 책에서 길벗 하먼(G. Harman)은 다음과 같이 말하고 있다.

> 윤리적 자연주의는 도덕적 사실이 자연의 사실이라는 신조다. 일반적 견해로서의 자연주의는 모든 사실이 자연의 사실이라는 상식적인 기본 주장이다.[15]

이 말은 인식론적 자연주의에 관한 진술로 쉽게 번역할 수 있다. 하먼에 따르면, 자연주의자는 모든 **규범적** 사실이 자연의 사실이라고 믿는다. 다른 곳에서 하먼은 이 말의 의미를 다음과 같이 자세히 설명하고 있다.

> 자연주의자가 원하는 것은 책상, 색깔, 유전자, 온도 등이 세계 속에 위치할 수 있는 방식으로 가치, 정의, 올바름, 그릇됨 등이 세계 속에 위치할 수 있어야 한다는 것이다.[16]

물론 인식론에서 우리의 관심사는 확실성, 합리성, 정당성, 개연성 같은 **인식적** 가치다. 하먼의 제안에 따르면, 자연주의자는 그런 가치들을 "책상, 색깔, 유전자, 온도 등이 세계 속에 위치할 수 있는 방식으로" 세계 속에 위치시키고 싶어 한다.

하먼의 규정은 인식론적 자연주의에 두 측면, 즉 형이상학적 측면과 분석적 측면이 있음을 시사한다. 무엇보다도 먼저 인식론적 자연주의자는 세계의 존재론적 구조에 관해 주장을 하고 있다. 그들은 존재하는 것은 무엇이든 "자연적인" 어떤 것인데, 이 어떤 것은 책상,

유전자, 온도 등과 똑같은 종류의 것이기 때문에 인식적 사실이 자연적 사실이라고 주장한다. 둘째로 자연주의자는 어떤 분석적 목표를 지향한다. 다시 말해 그들은 하먼의 표현으로 인식적 가치들을 자연 세계에 위치시키고 싶어 한다. 그들은 인식적 사실이 어떻게 자연 세계에 들어맞는가를 증명하고 싶어 한다.

이 두 가지 특징을 결합하여 인식론적 자연주의에 대한 하먼 식 생각을 다음과 같이 요약해 보자.

D1A 인식론적 자연주의는 (1) 인식적 사실은 자연의 사실이고, (2) 인식론자는 인식적 사실들을 자연 세계에 위치시켜야 한다는 견해다.

인식론적 자연주의를 이런 식으로 생각하는 것의 문제는 이 생각이 그리 많은 것을 알려 주지 않는다는 것이다. 이 생각이 의미 있기 위해서는 인식론적 비자연주의자가 주장하는 것이 무엇인지 알아야 할 것이다. 추정컨대 비자연주의자는 인식론적 자연주의자가 주장하는 두 명제를 부정할 것이다. 따라서 인식론적 비자연주의는 다음과 같이 표현할 수 있다.

D1B 인식론적 비자연주의는 (1) 인식적 사실이 자연의 사실이 아니고, (2) 인식론자가 인식적 사실들을 자연 세계에 위치시킬 필요가 없다는 견해다.

하지만 인식적 사실이 자연의 사실이 아니라는 건 무슨 뜻인가? 그리고 인식론자가 인식적 사실을 자연 세계에 위치시키지 않고 위치시킨다는 말은 무슨 뜻인가? 자연주의자는 비자연적 사실이 없다고 믿는다. 모든 사실은 자연적 사실이다. 이 말이 의미 있는 주장이 되려면, 어떤 종류의 사실이 비자연적 사실인지 알고 있어야 할 것이다. 더 나아가 자연주의자는 가치들이 자연 세계에 위치되어야 한다고 믿는다. 그러나 만일 비자연적 세계로 어떤 종류의 세계가 가정되는지 모른다면, 우리는 사실들을 자연 세계에 위치시켜야 한다는 말이 무슨 뜻인지도 알 수 없다.

어떤 인식론자가 비자연주의자가 된다는 말이 무슨 뜻인지 좀 더 잘 이해하기 위해 제임스 매피(J. Maffie)의 말을 한 구절 살펴보기로 하자. 매피는 인식론적 자연주의자들에 따를 때

> 인식적 가치는 원초적인 근본 사실로서 더는 자율적으로 세계에 들어오지 않으면서 기술적 사실에 닻을 내리고 있다. …[17]

고 말하고 있다. 매피의 제안은 이 문제에 대한 우리의 이해를 진전시키는데, 왜냐하면 그가 자연주의자와 비자연주의자가 불일치하는 것, 즉 어떤 종류의 규범적 사실인 인식적 사실이 기술적(비규범적) 사실과 어떻게 관련을 맺고 있는지 말하고 있기 때문이다. 매피의 말로는 쟁점이 되는 것은 "닻을 내리는 일"(anchoring)이다. 자연주의자는 인식적 사실이 기술적 사실에 닻을 내리고 있다고 믿는다. 그리고 인식적 사실이 그런 식으로 닻을 내리고 있다고 한다면, 인식적 사실은 원초적인 근본 사실이 아니다. 매피의 표현은 비자연주의자가 이 점을 부정한다—비자연주의자가 인식적 사실을 원초적 근본 사실로 간주한다—는 걸 시사하는 것처럼 보이는데, 이것은 인식적 사실이 기술적 사실에 닻을 내리고 있다고 비자연주의자가 생각하지

않음을 의미한다. 그리고 인식적 사실의 본성에 관해 양측의 불일치가 주어지면, 자연주의자와 비자연주의자는 인식론의 임무에 관해서도 불일치한다. 자연주의자는 인식론자가 인식적 사실이 기술적 사실에 정확히 어떤 방식으로 닻을 내리는지 설명해야 한다고 말할 것이고, 비자연주의자는 인식론자가 그런 일을 할 필요가 없다고 말할 것이다.

매피의 제안을 따라 인식론적 자연주의와 비자연주의를 다음과 같이 특징짓기로 하자.

D2A 인식론적 자연주의는 (1) 인식적 사실이 기술적 사실에 닻을 내리고 있고, (2) 인식론자가 인식적 사실이 기술적 사실에 어떻게 닻을 내리고 있는지 설명해야 한다는 견해다.

D2B 인식론적 비자연주의는 (1) 인식적 사실이 기술적 사실에 닻을 내리고 있지 않고, (2) 인식론자가 인식적 사실이 기술적 사실에 어떻게 닻을 내리고 있는지 설명할 필요가 없다는 견해다.

물론 "닻을 내린다"라는 매피의 말은 그저 은유일 뿐이다. 그래서 인식적 사실이 기술적 사실에 닻을 내린다는 말이 무슨 뜻인지 알 필요가 있다. 이 대목에서 앨빈 골드맨과 김재권이 우리에게 조명해 주는 바가 있다. 다음은 평가적 사실과 기술적 사실의 관계에 관해 골드맨이 말한 것이다.

평가적 격위는 자율적으로 세계 속으로 들어오지 않는다. 평가적 격위

> 는 때때로 철학자들이 설명하는 것처럼 언제나 순수한 사실적 사태에 "수반된다."[18]

김재권도 이에 동의한다. 그는 인식적으로 정당화됨이라는 믿음의 평가적 격위가 어떻게 기술적 사실에 관계되어 있는지에 대해 구체적으로 설명하면서 다음과 같이 말하고 있다.

> 만일 어떤 믿음이 정당화된다면, 그 믿음은 어떤 사실적, 비인식적 속성들을 갖기 때문에 정당화되는 것임에 틀림없다. … 그 믿음이 정당화된 믿음이라는 사실은 정당화되고 있는 바로 그 믿음과 무관한 원초적 근본 사실일 수 없다. 정당화되는 믿음에는 반드시 어떤 이유가 있어야 하며, 그 이유는 그 특정 믿음의 사실적인 기술적 속성들에 근거를 두고 있어야 한다.[19]

김재권에 따르면, 만일 믿음의 정당화됨이라는 격위가 이 인용 구절에서 주장된 것처럼 기술적 사실들에 관계되어 있다면, 그것은 기술적 사실들에 수반된다. 이 점에서 골드맨과 김재권은 완벽하게 일치한다. 즉 두 사람 모두 인식적 정당성이 사실적 근거들에 수반된다고 믿는다. 만일 인식적 정당성이 그런 식으로 수반된다면, 골드맨 말로 인식적 정당성은 "세계에 자율적으로 들어가지" 않으며, 김재권의 말로 믿음의 정당성은 "원초적 근본 사실"이 아니다. 이 점은 자연주의와 비자연주의의 차이에 대한 매피의 규정과 멋지게 정합한다. 이제 그에 맞게 우리의 정의를 바꾸어 보자.

D3A 인식론적 자연주의는 (1) 인식적 사실이 기술적 사실에 수

반되고, (2) 인식론자가 인식적 사실이 어떤 기술적 사실에 수반되는지 설명해야 한다는 견해다.

D3B 인식론적 비자연주의는 (1) 인식적 사실이 기술적 사실에 수반되지 않고, (2) 인식론자가 인식적 사실이 어떤 기술적 사실에 수반되는지 설명할 필요가 없다는 견해다.

인식론에서 자연주의와 비자연주의에 대한 이 개념에 따를 때, 문제의 급소는 기술적 사실에 대한 인식적 사실의 수반이다. 김재권이 사용하는 수반 개념은 강수반 개념이다. 어떤 믿음이 정당화될 때마다 그 믿음은 그 믿음의 정당성을 논리적으로 함의하는 일련의 기술적 속성을 예증한다.[20] 인식적 정당성이 그런 식으로 기술적 속성에 수반된다는 데 동의하는 인식론자에게는 인식론의 임무가 명백하다. 즉 필연적으로, 이 속성들을 예증하는 믿음은 모두 정당화되는 믿음이 되는 그런 기술적 속성들이 어떤 것인가를 확인하는 일이 인식론의 임무다.

이 특정한 형태의 인식론적 자연주의가 자연주의에 대한 하먼의 규정을 적용하여 산출해 냈던 일반적인 인식론적 자연주의와 일치하는가? 윌리엄 라이컨(W. Lycan)에 따르면, 만일 우리가 인식론에 대해 자연주의적 개념을 지니고 있다면, 즉

> 만일 우리가 근본적으로 자연적 차이가 없이는 실제로도 차이가 없다고 생각하는 경향이 있다면, 우리는 합리적 믿음과 비합리적 믿음을 구별시켜 주는 것이 도대체 무엇인지 말하려 해야 한다.[21]

자연주의자는 자연적 차이를 기술적 차이로 생각한다. 따라서 라이컨

은 정당화되는 믿음과 정당화되지 않는 믿음의 규범적 차이를 설명하는 기술적 차이가 무엇인지 설명하는 일을 인식론의 임무로 간주하는 것처럼 보인다. 그런데 골드맨과 김재권이 천거하는 기획을 수행하는 것—인식적 정당성이 어떤 기술적 속성들에 수반되는지 설명하는 것—은 바로 라이컨이 인식론자가 하기를 바라는 것을 하는 것이다. 즉 그 일은 정당화되는 믿음과 정당화되지 않는 믿음의 규범적 차이에 대해 기술적 설명을 제시하는 것이다. 그렇다면 D3A와 D3B는 하먼과 라이컨의 인용 구절에 반영된 것으로서 인식론적 자연주의자가 된다는 것이 무엇인지에 대한 일반적 이해에 잘 들어맞는다.[22]

인식적 정당성이 수반하는 기술적 속성들을 확인하기 위해서는 인식론자가 어떤 종류의 분석을 해야 할까? 김재권의 말로는 인식적 차이가 궁극적으로 자연적 차이—즉 기술적 차이—라는 견해는 정당화된 믿음에 대한 분석에 다음 요건을 부과한다.

> 정당화된 믿음의 기준은 인식적 차원의 평가든 다른 종류의 평가든 간에 평가용어나 규범 용어를 전혀 사용하지 않고 기술적 용어나 자연주의적 용어들만으로 표현되어야 한다.[23]

골드맨도 이에 동의한다. 『인식론과 인지』에서 그는 자신이 어떤 종류의 분석에 관심이 있는지에 관해 다음과 같이 말하고 있다.

> 우리는 인식적 격위가 수반하는 사실적 조건 또는 실질적 조건을 알고 싶다. 정당화됨을 생각해 보라. 어떤 믿음이 정당화된 믿음이라는 자격을 갖기 위해 그 믿음에 무엇이 성립해 있어야 하는가? 정당화됨을 결정하는 사실적 표준은 무엇인가?

> 이 물음에 대한 어떤 종류의 답들이 합법적인 답인가? "이성적인" "근거가 훌륭한"과 같은 다른 인식적 평가어를 이용해 답하는 것은 승인될 수 없다. 비평가어나 비평가 조건이 필요하다.[24)]

여기서 골드맨은 다른 누구보다도 훌륭한 참고인이라 하겠는데, 왜냐하면 그는 인식론에 대한 자연주의적 연구 방식의 걸출한 옹호자 가운데 한 사람으로 널리 간주되기 때문이다. 그렇다면 이제 인식적 정당성이 규범적, 즉 기술적 속성들에 수반되고, 인식론자가 수행해야 할 임무는 인식적 정당성이 정확히 어떤 속성들에 수반되는가를 비규범적 용어들로 밝히는 일이라는 견해를 인식론적 자연주의로 규정하는 데 합의하기로 하자.

그렇지만 이제 아래에서 자연주의의 형이상학적 요소와 분석적 요소는 서로 독립적임을 알게 될 것이다. 그래서 두 가지를 따로 설명하는 것이 유용할 것이다. 이런 까닭에 우리는 형이상학적 신조인 인식적 가치에 관한 자연주의와 인식론의 목표에 관한 태도인 분석적 자연주의를 구별할 것이다.

인식적 가치에 관한 자연주의

> 모든 믿음의 인식적 격위는 그 믿음의 기술적 속성들에 수반된다. (어떤 믿음이 정당화될 때마다 그 믿음은 필연적으로, 이 속성들을 갖는 어떤 믿음이라도 정당화되는, 그런 기술적 속성들의 집합을 갖는다.)

분석적 자연주의

> 인식론의 임무는 인식적 정당성이 어떤 비규범적 속성들에

수반되는지를 비규범적 용어들로 밝히는 일이다.

다음 절에서는 유명한 두 인식론자, 즉 로데릭 치섬과 앨빈 골드맨의 인식론적 기획에 대해 논의할 것이다. 골드맨은 일반적으로 인식론적 자연주의의 옹호자로 간주되고, 치섬은 반대자로 간주된다. 따라서 두 사람의 이론이 서로 어떻게 다른지 검토하는 것이 유익할 것이다.

치섬 식 자연주의와 골드맨 식 자연화

제2장에서 보았던 것처럼, 치섬의 기획 가운데 하나는 다음 형식의 인식 원리들을 표현하는 것이다.

> 필연적으로, 만일 믿음 B가 조건 N을 만족시킨다면, B는 인식적 격위 E를 지닌다.

이 원리의 전건에서 조건 N은 비인식적(그리고 사실상 비규범적) 기술로 제시되는 반면에 E는 확실하다, 정당화된다, 합리적 의심을 넘어서 있다와 같은 속성이 대입될 것이다. 치섬의 용어법으로 조건 N은 인식적 평가어의 적용 "기준"을 제공한다. 그런 기준에 관해 치섬은 다음과 같이 말한다.

> 우리는 어떤 규범적 진술의 주장을 보증하는 비규범적 상황—때로 말해지곤 하는 것처럼 규범적 상황이 "수반하는" 비규범적 상황—을 진술하는 기준을 알고 싶어 한다. … 그런 기준은 S로 하여금 F가 있다고 믿는 일이 정당화되게 만드는 조건들에 관해 무언가를 알려 줄 것이다. 문

> 제의 조건들 자체는 규범적 사실은 아닐 것이다. 다시 말해 그 조건들은 어떤 규범적 사실들 존재의 충분조건을 이루는 비규범적 사실들(이를테면 어떤 방식으로 나타남)일 것이다.[25]

치섬에 따르면, 인식적 가치는 비규범적 사실들에 수반된다. 그래서 어떤 믿음이 정당화될 때마다 그 믿음은 그 믿음이 정당화됨이라는 격위를 갖기에 충분한 기술적 속성들 집합을 예증한다.

그렇다면 치섬은 우리가 인식적 가치에 관한 자연주의라 불렀던 신조의 옹호자인 셈이다. 그는 인식적 가치가 "자율적으로" 세계에 들어온다고, 즉 인식적 사실들이 원초적 근본 사실이라고 주장하지 않는다. 오히려 치섬은 인식적 가치와 비규범적 사실들 사이에 매우 강한 논리적 연관이 있다고 믿는다. 그래서 믿음이 정당화될 때마다 그 믿음은 인식적 정당성의 충분조건이 되는 비규범적 조건을 충족시킨다. 요컨대 인식적 정당성은 비규범적 속성들에 수반된다. 그리고 치섬이 전건이 비규범적 조건으로 표현되는 원리를 표현하려고 하므로, 그는 심지어 우리가 분석적 자연주의라 불렀던 신조에도 찬성하는 셈이다. 그래서 그는 정당화된 믿음의 기준이 비규범적 언어로 표현되어야 한다고 생각한다.

다음으로 치섬의 기획과 골드맨의 기획을 비교해 보자. 앞 절에서 우리는 골드맨이 인식적 격위가 비규범적 근거들에 수반된다고 주장하고, 인식적 정당성의 기준을 비규범적 용어들로 진술하고 싶어 하는 것을 보았다. 그렇다면 여기에서는 치섬과 골드맨 사이에 어떠한 의견의 불일치도 찾아볼 수 없다. 그래서 치섬과 골드맨을 갈라놓는 것이 무엇인지 알아보려면 다른 곳을 살펴야 한다. 우리의 주의를 끄는 것은 물론 신빙론에 대한 치섬의 반대와 골드맨의 옹호다. 골드맨은 믿음을 정당화되게 만드는 것이 적절하게 제한을 가한 신빙성이라고 주장한다. 치섬은 이에 동의하지 않는다.[26] 그렇지만 그들의 불일치는 두 사람이 지향하는 인식론의 목표, 즉 비규범적 용어들로 정당화된 믿음을 분석하려는 목표에 관한 불일치가 아니다. 오히려 그들의 불일치는 인식적 정당성이 구체적으로 어떤 비규범적 밑 속성에 수반되는지에 관한 불일치일 뿐이다.

하지만 골드맨은 자연주의 인식론의 대표적 옹호자 가운데 한 사람이다. 그의 대표적 저서인 『인식론과 인지』는 대부분 인지 과학과 인식론의 관련을 확립하는 데 전념하고 있다. 그런가 하면 치섬은 인식론을 자연화하는 일에 못마땅해 하기로 유명하다. 두 사람이 모두 똑같은 분석적 목표를 추구한다고 한다면, 어떻게 이 불일치를 설명할 수 있을까? 이 점은 골드맨이 펠드맨의 비판에 응답하기 위해 썼던 응답을 살펴보면 해명이 될 것이다. 자연주의적 관점에서 볼 때 골드맨의 신빙론은 죄를 잉태한다고 펠드맨은 논한다. 즉 골드맨의 신빙론은 선천적 방법론의 자식이며, 그래서 안락의자 인식론의 사례라는 것이다.[27] 이러한 비난에 응답하면서 골드맨은 자신의 정당화 이론에서 세 단계를 구별한다.

> 첫 번째 단계는 믿음이 정당화된다는 것과 그 믿음이 올바른 정당화 규칙 체계(J-규칙들 체계)에 일치한다는 것 사이의 관계를 지적하는 일이다. 두 번째 단계는 어떤 J-규칙 체계의 올바름의 기준을 밝히는 일이다. 내가 제안한 기준은 과정-신빙론자의 기준이다. 정당화 이론의 세 번째 단계는 (인간에게) 올바른 J-규칙 체계의 내용이 어떤 것인가 하는 것을 세세하게 밝히는 일이다. 그것은 인간의 인지 목록에 어떤 과정들이 있으며, 그 과정들을 (함께) 사용함으로써 우리가 높은 진리 산

> 출 비율에 이를 수 있는 과정이 어떤 과정인가라는 물음에 답하는 일이 될 것이다. 인지 과학이 중요한 역할을 하는 것은 정당화 이론에서 바로 이 세 번째 단계일 뿐이라고 나는 주장한다.[28]

이 기획의 첫 번째 단계에서 골드맨은 다음 동치명제를 정식화한다. 즉 만일 B가 올바른 J-규칙 체계에 의해 허용된다면, 그리고 오직 그 경우에만 B는 정당화된다. 그러나 이 동치명제는 전건이 규범적 개념을 포함하기 때문에 아직 제 구실을 못한다. 두 번째 단계에서 이 개념—J-규칙 체계의 올바름—은 신빙성에 의거해 비규범적 분석이 주어진다. 『인식론과 인지』 서론에서 골드맨은 두 번째 단계에 이르기까지, 그리고 두 번째 단계를 포함하여 자신의 방법론이 "분명히 누군가의 생각에 의한 철학 속"[29]에 있음을 명시적으로 말한다. 이렇게 놓고 보면 치섬과 골드맨은 많은 것을 공통으로 가지고 있음이 드러난다. 즉 두 사람 모두 정당화되는 믿음이 어떤 비규범적 속성들에 수반되는지를 우리가 선천적으로 결정할 수 있다고 믿는다.

그렇지만 치섬과 골드맨의 중요한 차이는 세 번째 단계에서 발생한다. 골드맨은 다음과 같이 논한다.

> 〔인식론과 인지 과학의 협동을 요구하는〕 특수한 역할을 야기하는 것은 (자신의) 이론의 신빙성 특징이 아니라 오히려 (인지) 과정 특징이다. 결정적으로 내성을 통해 파악할 수 없는 것은 사람들이 믿음을 형성할 때 어떤 인지 과정들을 사용하는가 하는 것과 사람들이 그 과정들을 사용하는 데 쓸모 있는 과정이 어떤 것인가 하는 것이다. 그런 과정이 인지 과학에 의해서만 (또는 인지 과학의 도움을 받아서만) 드러날 수 있다는 것은 바로 그 과정들의 본성이다. 이것이 바로 내 인식론 이론—

또는 다른 어떤 과정 정향적 이론—이 경험적 인지 과학들에 특수한 역할을 부여하는 이유다.[30)]

그렇다면 골드맨에 따를 때 정당화 이론으로서의 신빙론은 전혀 다른 두 기획을 포함한다. 그 두 기획이란 첫째는 인식적 정당성을 논리적으로 함의하는 비평가적 근거들에 대한 선천적 분석이고, 둘째는 어떤 신빙성 있는 믿음 산출 과정이 인간들에게 유효한가에 대한 경험적 탐구이다. 후자의 탐구는 안락의자 방법으로 성취할 수 없으므로 인지 과학과의 협동이 요구된다. 그렇다면 자연주의 인식론에 대한 골드맨의 생각은 약간 보수적이다. 그의 기획의 처음 두 단계에서는 안락의자가 인식론자의 안식처로 남는 반면에, 그 안식처를 뒤로하고 떠나야 하는 것은 세 번째 단계에서뿐이다. 왜냐하면 그 세 번째 단계는 인식론자가 인지 과학 실험실로 가서 "사람들이 믿음을 형성할 때 어떤 과정을 사용하는가"에 관해 배워야 할 시간이기 때문이다.

자연주의 인식론에 대한 이러한 생각은 콰인의 생각과는 아주 거리가 멀다. "자연화된 인식론"에서 콰인이 자신의 동료들에게 권하고 있는 것은 규범적 물음에 대한 관심을 버리라는 것, 즉 인식론자의 안락의자를 떠나 그 의자에 먼지가 쌓이게 내버려 두라는 것이었다. 그는 자신의 동료들에게 흰색 실험용 가운을 입고, 이를테면 원인과 결과, 입력과 출력, "다양한 빈도로 나타나는 발광 유형"을 연구할 것을 촉구한다. 골드맨 또한 흰색 실험용 가운을 입는 걸 좋아하지만, 인식론자가 적당한 양의 시간을 안락의자에서 보낸 뒤에 그러는 걸 좋아할 뿐이다. 왜냐하면 그렇게 하지 않을 경우에 골드맨 생각으로는 인식론자가 인지과학 실험실에서 무엇을 찾아야 할지도 모르는 채 서성거리는 꼴이 될 것이기 때문이다. (믿음이 정당화되는 것은 그 믿음이 신빙성 있는 인지 과정에서 발생했다는 사실 때문이라는 것을 미리 결정하지 않는 한, 자신들의 임무가 인지 과정들에 관한 정보를 모으는 것이라는 것을 그들이 어떻게 알 수 있겠는가?) 따라서 콰인에게는 자연화가 규범 인식론의 **제거**를 의미하는 반면에, 골드맨에게는 자연화가 인식론과 인지 과학의 **협동**을 의미한다. 그래서 콰인 식 자연화는 우리가 알고 있는 방식의 인식론의 종말을 제창한다. 반면에 골드맨 식 자연화는 우리가 알고 있는 방식의 인식론을 새로운 방향으로 인도한다.

지금까지의 내용을 요약해 보자. 치섬과 골드맨은 똑같은 분석적 목표를 공유한다. 그들은 모두 "인식적 정당화의 기준은 무엇인가?"나 "인식적 정당성은 어떤 비규범적 속성들에 수반되는가?"라는 물음에 답하고 싶어 한다. 더 나아가 그들은 이 물음에 답하기 위해 채택하는 방법론도 공유한다. 그들은 그 답이 어떤 것이 되든 그 답의 정당화가 선천적이라고 믿는다. 하지만 그들은 서로 다른 기준을 제안한다. 골드맨의 기준은 신빙론자의 기준인 반면에 치섬은 신빙성이 아무런 역할을 하지 않는 복수의 기준을 제안한다. 신빙성의 적절성에 대한 이 불일치는 인식론의 자연화에 관한 또 다른 불일치로 확대된다. 신빙론을 옹호하기 때문에 골드맨은 보수적인 자연화 개념을 좋아한다. 그는 어떤 신빙성 있는 인지 과정이 인간에게 유효한지를 인지 과학이 알려 줄 수 있기 때문에 인식론이 인지 과학과의 협동으로부터 이익을 얻을 수 있다고 생각한다. 반면에 치섬은 신빙성 있는 믿음 산출은 정당화의 필요조건도 충분조건도 아니라고 생각하며, 골드맨 식 협동에 아무런 관심도 없음을 보여 준다.

인식론적 비관주의와 골드맨 식 분석적 자연주의

지금까지 살펴본 것처럼, 인식론적 자연주의는 형이상학적 요소와 분석적 요소가 결합되어 있다. 우리는 분석적 요소를 다음과 같이 특징지었다.

> 분석적 자연주의
>
> 인식론의 임무는 인식적 정당성이 어떤 비규범적 속성들에 수반되는지를 비규범적 용어들로 밝히는 일이다.

치섬과 골드맨 모두 이런 의미의 분석적 자연주의에 찬성한다. 하지만 그들이 이 목표를 충족시키려는 방식에는 흥미로운 차이가 있다. 치섬은 정당화에 충분한 비규범적 조건들을 구체화하는 몇 가지 인식적 원리를 표현하려고 한다. 그렇지만 그는 애써 그런 조건들 모두의 완벽한 목록을 작성하려고 하지 않는다. 그의 목록은 불완전하며, 그래서 정당화되는 모든 믿음이 예증해야 하는 비규범적 핵심 속성들의 집합을 일일이 확인하려 하지 않는다. 요컨대 그의 목록은 정당화의 필요조건이 무엇인지를 말하지 않는다.[31]

한편 골드맨의 분석은 바로 그런 일을 하려고 하는 것이다. 골드맨의 분석은 정당화의 충분조건뿐만 아니라 필요조건까지도 밝히려 한다. 치섬과 달리 골드맨은 정당화의 필요조건과 충분조건(또는 조건들 집합) 모두를 진술하는 분석을 정식화하려 한다. 그래서 만일 어떤 믿음 B가 조건 C를 충족시킨다면, 그리고 오직 그 경우에만 B는 정당화된다. 골드맨에 따를 때 조건 C가 신빙성 있는 믿음 산출에 의해 밝혀져야 함은 말할 것도 없다. 골드맨의 분석은 올바르다면 어떤 믿음의 정당화에 필요한 핵심 속성, 즉 신빙성이 있다는 것을 알려

줄 것이다. 치섬의 기준 목록은 불완전하므로 그런 주장을 포함하지 않는다. 그의 목록은 단지 어떤 믿음의 정당화에 충분한 몇 가지 다른 조건을 제시할 뿐이다.

그럼에도 불구하고 치섬과 골드맨은 정당화 기준을 정식화할 때 규범적 용어를 사용하지 말아야 한다는 점에서 일치한다. 그러나 만일 인식론적 비관주의—정당화의 충분조건을 인식적 용어들을 사용하지 않고서는 표현할 수 없다는 견해—가 올바르다면, 그런 요건은 충족될 수 없으며, 치섬의 기획도 골드맨의 기획도 성공할 수 없다. 다음에서 우리는 비관주의자들이 골드맨의 기획에 관해 회의적인 이유를 먼저 살펴볼 것이다. 그 다음에 왜 그들이 치섬의 기획까지도 성공할 것 같지 않다고 생각하는지 살펴볼 것이다.

첫째, 무한성 문제가 있다. 즉 정당성을 논리적으로 함의하는 서로 다른 비규범적 밑 속성의 수효가 무한할지도 모른다. 만일 그렇다면, 정당화의 필요조건들을 확인하는 일은 그 조건들이 무한하다는 바로 그 사실로 인해 앞이 턱 막히게 될 것이다. 그 경우에 몇몇 치섬 식 원리를 정식화할 수는 있겠지만 골드맨 식 원리는 정식화할 수 없을 것이다.[32]

둘째, 크기 문제가 있다. 설령 밑 속성의 수효가 유한하다 할지라도, 여전히 그 수효가 엄청나게 많아서 그 속성들에 대해 일일이 목록을 작성한다는 것은 끝이 없는 일이 될지도 모른다. 만일 그렇다면, 원리적으로는 인식적 정당화의 필요충분조건 집합이 있겠지만, 실제적으로는 그 집합을 확인할 수 없을 것이다. 그 경우에도 한정된 수효의 치섬 식 원리를 정식화하는 일은 가능하겠지만 골드맨 식 동치명제는 정식화할 수 없을 것이다.

셋째, 통일성 문제가 있다. 밑 속성의 수효가 비교적 적다고 해 보

자. 사실상 밑 속성들이 세 개, 즉 P1, P2, P3만이 있다고 해 보자. 일단 또 다른 밑 속성이 없다는 것을 확신하게 되면, 우리는 다음 동치명제를 정식화할 수 있다.

E1 B는 정당화된다 iff
B는 P1이나 P2나 P3을 예증한다.

하지만 E1이 우리가 이미 알고 있는 것, 즉 P1, P2, P3 외에 다른 밑 속성이 없다는 사실에 덧붙여 무언가 중요한 것을 알려 주는가? 답은 그렇지 않다는 것이다. 만일 세 가지 밑 속성을 통일시키는 무언가가 있다면, 즉 정당화의 필요충분조건인 한 가지 핵심 속성 P*가 있다고 올바로 말할 수 있는 무언가가 있다면, 우리는 좀 더 강력한 다른 동치명제를 다음과 같이 정식화할 수 있다.

E2 B는 정당화된다 iff
B는 P*를 예증한다.

그러한 핵심 속성을 확인하는 일은 대단히 흥미로운 작업이 될 것이다. 만일 그 일에 성공한다면, 우리는 진짜로 흥미로운 동치명제를 정식화하게 될 것이다. 그렇지만 그런 핵심 속성이 없는 경우에 선언명제로 이루어지는 분석항을 지닌 분석을 제시하는 것은 별 정보를 제공하지 못한다. 그 분석은 E1이 옳다는 것, 즉 P1, P2, P3 외에 다른 밑 속성들이 없다는 것을 아는 데 필요한 정보에 대해 아무것도 말해 주지 않을 것이다.[33]

넷째, 확실성 문제가 있다. 어떤 동치명제를 분석으로 제시한 다음에 우리가 도대체 정당성을 논리적으로 함의하는 다른 밑 속성이 없다고 확신할 수 있을까? 다시 말해 형이상학적으로 대단히 복잡한 한쪽 구석 벽 틈에 숨겨져 있어 발견하기 몹시 어려운 독특한 떠돌이 속성들이 없다고 확신할 수 있을까? 만일 그런 속성들의 존재를 배제할 수 없다면, 우리는 결코 정당화된 믿음의 필요조건을 확인시키는 어떤 동치명제를 완전한 확신을 가지고 주장할 수 없다.

인식론적 비관주의와 치섬 식 분석적 자연주의

이번에는 한정된 기준 목록을 만들려는 치섬의 기획에 대해 비관주의자들이 어떻게 의심을 품고 있는지 보기로 하자. 비관주의자들은 치섬의 기획이 이른바 복잡성 문제(problem of complexity)에 직면한다고 논할 것이다. 지각에 근거를 두고 있음이라는 속성을 정당성을 논리적으로 함의하는 비규범적 밑 속성의 후보로 생각해 보자. 이 속성은 별로 좋은 후보가 못됨이 분명하다. 지각에 근거를 두고 있지만 정당화되지 않는 믿음이 많이 있기 때문이다. 증오, 성급함, 조바심, 탐욕, 편향, 거드름, 갈망, 낙담은 그저 지각적 증거를 파기할 수 있는 심리 조건 중의 일부에 불과하다. 달아난 개를 찾다가 내가 분명히 그리 멀리 떨어지지 않은 곳에 어느 정도 내 개처럼 보이는 개를 본다고 해 보자. 조바심이 나고 내 개였으면 하는 소망적 사고로 인해 나는 그 개가 내 개라고 믿는다. 이 믿음은 내가 내 지각적 증거를 사용한 방식 때문에 정당화되지 않는다. 조바심과 소망적 사고로 인해 나는 내 개와 내가 본 개가 그 개를 내 개라고 여기는 일을 정당화할 정도로 충분히 유사하지 않다는 사실을 무시한다.

그렇다면 지각에 근거를 두고 있음이라는 속성에 좀 더 수정을 가할 필요가 있다. 이 일은 그 믿음이 조바심이나 소망적 사고와 같은 것에 의해 파기되면 안 된다는 요건을 추가시킴으로써 할 수 있는데, 그렇게 되면 파기되지 않은 방식으로 지각에 근거를 두고 있음이라는 속성이 마련될 것이다. 자, 이렇게 되면 어떤 믿음이 이 속성을 예증할 때마다 그 믿음이 정당화된다는 것은 거의 틀림없이 옳다. 그렇지만 이 속성은 규범적 요소를 가지고 있기 때문에 우리가 찾고 있는 종류의 속성이 아니다. 그 믿음은 파기되지 않은 방식으로 지각에 근거를 두고 있어야 한다. 따라서 조바심, 소망적 사고 등과 같은 심리적 조건들이 지각에 근거를 둔 믿음을 정당화되지 않는 믿음으로 만들 수 있는 모든 가능한 방식을 일거에 배제하는 기술적 조건을 내놓을 수 있는지 하는 문제가 제기된다.

그렇다면 문제의 요점은 실제로 어떤 믿음의 정당화의 충분조건인 비규범적 속성, 또는 그런 속성들의 연언을 파악하기가 쉽지 않다는 것이다. 그런 속성들 후보 거의 모두에 대해 우리는 어떤 믿음이 그 속성을 갖고 있지만 정당화되지 못하는 상황을 상상할 수 있는 것처럼 보인다.[34] 만일 그런 속성을 밝히는 일이 불가능하다면, 비규범적 전건들을 가진 치섬 식 원리도 비규범적 분석항을 가진 골드맨 식 분석도 가망이 없다. 비관주의자들은 그런 속성을 구체적으로 밝히는 일이 사실상 불가능하다고 믿는다.[35]

인식론적 비관주의와 자연주의

인식론적 비관주의가 얼마나 그럴듯한가? 이 책에서 우리는 인식적 정당성이 수반하는 것에 관해 치섬 식 분석 방식과 골드맨 식 분석 방식을 검토하였다. 이미 살펴본 것처럼, 어느 쪽도 무조건적으로 성공한다고 말할 수 없다. 치섬의 기획과 관련해서는 그럴듯한 비규범적 밑 속성들의 후보가 되는 비규범적 속성이 거의 없다는 사실이 문제다. 그리고 골드맨의 기획에서는 두 가지 문제가 있다. 첫째, 신빙성이 실제로 정당성의 필요조건인가? 둘째, 정당성의 충분조건은 신빙성 혼자가 아니라 기껏해야 파기되지 않은 정당성인 것처럼 보인다. 그렇지만 파기되지 않은 정당성 개념은 규범적 개념이다.[36] 따라서 인식론적 비관주의는 적어도 어느 정도는 그럴듯하다고 말하지 않을 수 없다.

인식론적 자연주의와 비관주의의 관계는 무엇인가? 비관주의는 자연주의를 함의하지 않는다. 그렇다고 배제하지도 않는다. 그리고 자연주의를 옹호할 훌륭한 이유들이 있으므로 비관주의자는 자연주의자가 되어야 한다고까지 말할 수 있다.[37] 만일 비관주의자가 자연주의를 채택하면, 그의 입장은 다음과 같이 기술될 수 있다. 두 믿음이 인식적 격위가 다를 때마다 두 믿음은 인식적 차이를 설명하는 자연적—즉 비규범적—차이가 있어야 한다. 그렇지만 인식적 격위가 수반하는 비규범적 차이들은 우리로 하여금 필요충분조건을 확인할 수 있도록 해 주는 규칙성과 통일성을 나타내 보이지 않는다. 요컨대 우리는 인식적 정당성이 비규범적 밑 속성들에 수반된다는 사실을 알지만, 그것이 그런 속성들에 어떻게 수반하는지에 관해 말할 수 있는 것이 별로 많지 않다.

하지만 이것은 비관주의자에 따를 때 우리가 인식적 정당성의 자연적 근거에 관해 말할 수 있는 것이 아무것도 없다는 말이 아니다. 다음은 지각적 증거에 기초를 둔 정당화에 관해 그들이 내놓을 법한 종류의 분석에 대한 간단한 설명이다.

> 인지 과학에 의해 분석될 수 있는 자연적 과정인 지각은 정당화된 믿음이 발생하는 한 원천이다. 그러나 지각적 과정을 밟는다고 해서 변함없이 정당화된 믿음들이 만들어지는 건 아니다. 지각적 증거는 파기될 수 있다. 따라서 지각과 정당화의 관계는 다음과 같다. 즉 만일 어떤 믿음에 대해 지각적 증거 E를 가지고 있고, E가 또 다른 증거 E*에 의해 파기되지 않는다면, 우리가 그 믿음을 지니는 일은 정당화된다. 내성, 기억, 추리에 관해서도 비슷한 점을 말할 수 있다.

이러한 노선을 따르는 분석을 제안하면서 비관주의자는 인식적 정당성을 자연 세계에 위치시키는 약간의 근거를 포함한다. 그는 정당성이 지각, 내성, 기억, 추리와 같은 자연적 원천을 통해 발생한다고 주장한다. 그렇지만 그는 적어도 하나의 규범적 성분을 보충하지 않고 인식적 정당성의 필요충분조건을 정식화할 수 있다는 것을 부정한다.

자연화된 인식론과 반선천주의

인식론과 인지 과학의 협동에 대해 두 가지 다른 태도가 있는데, 이 두 태도의 차이는 선천적 인식론의 역할에 관한 것이다. 첫 번째 태도는 골드맨의 태도다. 그에 따르면, 선천적 인식론은 합당한 목적이 있다. 그 목적이란 인식적 정당성이 무엇에 수반되는지 결정하는 것이다. 일단 우리가 정당성이 인지 과정들의 어떤 속성들에 수반한다는 사실을 알고 나면, 그 다음에 우리는 인지 과정들의 본성에 관해 좀 더 배우기 위해 인지 과학 쪽으로 가서 인지 과학을 해야 한다.

두 번째 견해는 제임스 매피(J. Maffie)와 힐러리 콘블리스(H.

Kornblith)가 주장하는 견해다. 이들 철학자에 따르면, 선천적 인식론은 합당한 목적을 갖지 못한다. 이 절에서 매피의 견해를 논의하고, 다음 절에서 콘블리스의 견해를 논의하기로 하자.

매피는 다음 논증을 기초로 하여 치섬과 골드맨이 사용하는 선천적 방법론을 거부한다.[38] 선천적 방법들은 과학과 단절되어 있으므로, 선천적 인식론은 사실과 가치라는 인식론적 이원론을 남긴다. 그러한 이원론은 승인될 수 없다.[39] 따라서 선천적 인식론은 거부되어야 한다.

이 논증을 평가하기 위해서는 매피가 "인식론적 이원론"이라는 말로 무엇을 뜻하는지 논의해야 한다. 합리적으로 추측해 보면 아마 다음과 같은 것을 의미할 것이다. 즉 안락의자 인식론은 우리가 가치에 관해 아는 방식과 사실에 관해 아는 방식이 서로 다르다는 사실을 함의한다. 여기에 들어 있는 기본 생각은 인식적 가치의 본성에 대한 지식이 선천적인 반면에 사실에 대한 지식은 후천적, 경험적이라는 것이다.[40]

그렇지만 이것이 왜 그처럼 나쁜 생각이어야 하는가? 글쎄, 선천적 방법들이 무언가를 알게 되는 다소 의심스런 방식이라면 그 생각이 나쁜 생각일 것이다. 하지만 실제로 자연화의 옹호자 가운데 일부가 주장하고자 하는 것이 바로 이 점이라 하더라도, 선천적 지식 일반에 대한 광범위한 습격은 아주 힘든 싸움이 될 거라고 말하지 않을 수 없다. 수학, 기하학, 연역 논리학, 개연성 계산체계, 그리고 가장 기본적인 것으로 타당한 논증과 부당한 논증의 차이를 파악하는 일을 생각해 보라. 그런 문제들에 대한 우리 지식이 선천적 지식이라는 것은 공인된 견해다. 이런 것들 각각의 선천성에 관한 회의주의자는 분명히 선천적 지식의 실례인 것처럼 보이는 것들이 실은 경험적 지식의 실례라는 것을 입증해야 한다. 그렇다면 선천성에 관한 극단적 회의주의자는 성취하기 어렵기로 유명한 부정명제—임의의 p에 대해 p를 선천적으로 아는 것이 불가능하다—를 증명해야 한다.[41] 그런 증명을 하려고 생애를 소비할 수는 있겠지만, 선천적 지식의 가능성에 대한 강력하고도 결정적인 공격이 철학 문헌에서는 아직까지 나타나지 않았다.

그러나 만일 선천적 지식이 가능하다는 견해가 그처럼 나쁜 처지에 있는 것이 아니라면, 매피가 불평하는 이원론, 즉 가치에 관해 아는 방식과 사실에 관해 아는 방식이 다르다는 것에 관해 걱정할 이유가 없다. 그것은 그저 수학의 진리를 아는 방식과 쥐의 짝짓기 습관에 관해 아는 방식이 다르다는 말을 걱정하는 것이나 매한가지다. 그러면 전통적 인식론자들은 안락의자 인식론이 인식론적 이원론을 함의한다는 데 대해 매피에 동의할 것이다. 하지만 매피가 그런 이원론이 나쁘다고 생각하는 반면에 안락의자 인식론자들은 그 점에 동의할 이유가 어디 있는지 모를 것이다. 왜냐하면 그들은 선천적 지식의 가능성에 관해 매피처럼 의심하지 않기 때문이다.

다원주의 논증

콘블리스는 인식론에 대한 자연주의 연구 방식을 다음 세 물음을 도입함으로써 특징짓는다.

Q1 우리는 우리의 믿음에 어떻게 도달해야 하는가?
Q2 우리는 우리의 믿음에 어떻게 도달하는가?
Q3 우리가 실제로 우리의 믿음에 도달하는 과정은 우리가 도달

해야 하는 과정인가?

Q1에 답하려면 훌륭한 인지 과정과 훌륭하지 못한 인지 과정, 즉 정당화된 믿음에 이르게 하는 과정과 정당화되지 않는 믿음에 이르게 하는 과정을 구별할 수 있도록 해 주는 기준을 표현할 필요가 있다. 전통적 인식론자들은 그런 기준이 선천적으로 알려질 수 있을 뿐이라고 믿는다. Q2에 답하려면 심리학자나 인지 과학자에게 자문을 구해야 하는데, 왜냐하면 그들이 우리가 실제로 믿음을 어떻게 형성하는지 연구하는 사람들이기 때문이다. 콘블리스에 따르면, 자연주의자와 안락의자를 좋아하는 사람들의 구별은 두 진영 사람들이 각각 Q1과 Q2의 관계를 어떻게 보는지에 달려 있다. 안락의자 인식론자들은 Q2에 대한 답을 아는 일이 Q1에 대한 답을 찾는 일에 아무런 도움을 주지 못한다고 말할 것이다. 그렇지만 자연주의 인식론을 옹호하는 콘블리스는 먼저 Q2에 대한 답을 알지 않고는 Q1도 답할 수 없다고 생각한다. 그는 다음과 같이 말한다.

> 나는 인식론에 대한 자연주의적 연구 방식이 바로 이 주장에서 성립한다고 여긴다. 즉 물음 1은 물음 2와 독립적으로 대답될 수 없다.[42)]

따라서 콘블리스에 따를 때 Q1에 답하기 위해서는 경험적 연구를 해야 한다. 즉 우리가 우리의 믿음에 도달하는 데 실제로 어떤 절차를 따르는지 분석해야 한다. 하지만 그런 연구가 우리가 우리의 믿음에 어떻게 도달해야 하는가를 발견하는 데 어떻게 도움이 될 수 있을까? 이 문제에 대한 콘블리스의 해결책은 이것이다. 즉 만일 우리가 Q3에 대해 "그렇다"고 답할 수 있다면, 일단 Q2에 대한 답을 알 때 Q1

에 대한 답도 알게 된다. 그리고 Q3에 대한 "그렇다"는 답이 경험적 증거에 기초를 두고 있다면, 우리는 경험적 수단들을 통하여 Q1에 답할 수 있다. 콘블리스는 이 방법을 다음과 같이 요약한다.

> 그렇지만 만일 우리가 도달해야 하는 바로 그 방식으로 믿음들에 도달한다는 것을 미리 안다면, 물음 1에 접근하는 한 방법은 그저 심리학을 하는 일이다. 우리가 실제로 믿음들에 도달하는 과정들을 발견할 때, 우리는 그것에 의해 우리가 믿음들에 도달해야 하는 과정들을 발견하고 있는 것이다. 그렇게 되면 인식론이라는 기획은 경험 심리학으로 대치될 것이다.[43]

다음은 콘블리스의 제안을 설명하는 예다. Q3에 "그렇다"고 답할 경험적 증거가 있다고 하자.

> (1) 우리가 실제로 우리 믿음에 도달하는 과정들은 우리가 도달해야 하는 과정들이다.

그 다음에 Q2에 대한 부분적 답을 결정한다.

> (2) 지각적 과정은 우리가 실제로 믿음에 도달하는 한 방식이다.

(1)과 (2)는 분명히

> (3) 지각적 과정은 우리가 믿음에 도달해야 하는 한 방식이다

를 함의한다. 이런 성격을 가진 논증의 주요 문제는 물론 "도대체 전제 (1)을 승인하는 데 어떤 경험적 증거가 있을 수 있을까?"라는 것이다. 콘블리스에 따르면, 그런 증거의 한 예는 진화론이다. 그런 증거에 기초를 둔 논증을 "다윈주의 논증"(Darwinian argument)이라 부르기로 하자.

다윈주의 논증은 "다윈에게 고무적인 요소가 약간 있다"[44]라는 콰인의 진단에서 출발한다. 여기서 고무적 요소로 가정되는 것은 다음과 같다. 즉 다윈 식 진화 과정은 인간 종의 성공적 번식이라는 결과를 가져왔다. 그런데 이 사실은 우리가 옳은 믿음을 많이 가져야 한다는 것을 의미하는데, 왜냐하면 그렇지 못한 존재는 성공적으로 번식할 수 없기 때문이다. 그래서 과거에 성공적 번식으로부터 발생하여 지금 여기 존재하고 있고, 또 미래에 우리 종을 번식시키는 일에 꼬박 종사하고 있다는 사실로부터 우리는 자연이 콘블리스가 "옳은 믿음들에 유리한 편향"이라고 부르는 것을 우리에게 부여해 왔다고 추리할 수 있다. 그리고 콘블리스에 따를 때 이 점으로부터 우리는 다음과 같이 추리할 수 있다. "만일 우리의 믿음 산출 과정들이 불가피하게 옳은 믿음들에 유리하게 편향되도록 자연이 그렇게 구성되어 있다면, 우리가 믿음에 도달하는 과정은 우리가 도달해야만 하는 바로 그런 과정일 수밖에 없다."[45]

이 논증을 형식적으로 명확히 정식화해 놓고 살펴보기로 하자.

다윈주의 논증

(1) 자연은 우리의 인지 과정들에 옳은 믿음들 쪽으로의 편향을 부여해 왔다.

(2) 만일 자연이 우리의 인지 과정들에 진리 쪽으로의 편향

을 부여해 왔다면, 우리가 믿음을 형성하는 과정은 우리가 형성해야 하는 과정들이다.

그러므로

(3) 우리가 믿음을 형성하는 과정은 우리가 형성해야 하는 과정들이다.

첫 번째 전제는 콰인과 콘블리스에 따를 때 다윈에게서 발견할 수 있는 고무적 요소를 표현한다. 두 번째 전제는 위에서 인용한 콘블리스식 진단을 다시 진술하고 있다. (1)과 (2)로부터 전건긍정논법에 의해 (3)이 따라 나온다. 그리고 일단 (3)을 알고 나면, Q1에 답하기 위해 해야 할 일은 심리학자들에게 자문을 구하는 것뿐이다. 그들은 우리가 실제로 어떤 과정을 통해 믿음을 형성하는지 알려 줄 것이다. 이런 식으로 우리는 Q1에 대해 경험적 수단을 통해 답하려 할 것이다.

콘블리스의 논증은 두 가지 문제를 포함한다. 우선 무엇보다도 전제 (2)가 어떻게 정당화될 수 있는지 의아해할 수 있다. 그 답은 (2)가 그럴듯하려면 우리가 어떤 규범적 전제가정, 즉 우리가 믿음을 형성하는 과정이 진리 쪽으로 편향되어야만 한다는 전제가정을 필요로 한다는 것이다. 만일 진리 쪽으로의 편향이 가치 있는 어떤 것으로 간주되지 않는다면, 우리는

> 만일 자연이 우리의 인지 과정들에 진리 쪽으로의 편향을 부여해 왔다면, 우리가 믿음을 형성하는 과정은 우리가 형성해야 하는 과정이 아니다

보다 (2)를 선호할 이유가 없다. 따라서 두 번째 전제를 정당화하는

데 규범적 전제가정이 필요하므로, 우리는 이 전제가정이 옳다는 것을 어떻게 아는가에 대해 여전히 의아해할 수 있다. 우리는 그것을 경험적으로 아는가, 선천적으로 아는가?

두 번째 문제는 자연이 인지 과정들에 진리 쪽으로의 편향을 부여해 온 정도에 관한 것이다. 우리의 모든 인지 과정이 그러한 편향을 보인다는 것은 확실히 사실이 아니다. 애석하게도 사람들이 믿음을 형성하는 과정 대부분은 그러한 편향을 보이는 과정이 아니다. 일상적으로 믿음을 형성할 때 우리는 소망적 사고, 성급한 일반화, 가짜 권위에의 호소, 동정에의 호소, 무지에의 호소, 그릇된 이분법, 그리고 다른 오류들이 작용하는 것을 무수히 발견할 수 있다. 요컨대 전제 (1)은 거의 옳을 성싶지 않으며, 그래서 다음으로 대치되어야 한다.[46)]

(1*) 자연은 우리의 인지 과정들 약간에 대해 진리 쪽으로의 편향을 부여해 왔다.

물론 (1)을 (1*)로 대치하고 나면, (2)는

(2*) 만일 자연이 우리의 인지 과정들 약간에 대해 진리 쪽으로의 편향을 부여해 왔다면, 우리가 믿음을 형성하는 과정 약간은 우리가 형성해야 하는 과정이다.

그리고 (1*)와 (2*)로부터 얻게 되는 결론은 (3)과 비교했을 때 다소 약한 (3*)이다.

(3*) 우리가 믿음을 형성하는 과정 약간은 우리가 형성해야 하는 과정이다.

그렇다면 상황은 다음과 같다. 비록 우리의 인지 과정 가운데 많은 과정이 훌륭한 과정이라 하더라도, 또 다른 많은 과정은 전혀 훌륭하지 못한 과정이다. 우리가 실제로 사용하는 과정 가운데 어떤 과정이 훌륭한 과정이고 어떤 과정이 훌륭하지 못한 과정인가? 비록 다윈에게서 고무적 요소를 발견할 수 있다 할지라도, 진화론만 가지고서는 어떤 과정이 훌륭하고 어떤 과정이 훌륭하지 못한지 말할 수 없다.

이 장 처음에 우리는 안락의자 인식론을 다음 두 가정에 의존하는 기획으로 규정했다. (1) 우리가 인식론을 할 때 제기하는 물음들은 본성상 소크라테스 식 물음이다. 그래서 그런 물음들에 답하기 위해서는 우리는 우리가 아직 갖고 있지 않은 정보, 즉 경험적 연구를 통해서만 획득될 수 있는 정보에 의존하지 않는다. (2) 인식론의 물음들에 대한 답은 선천적으로 알려질 수 있다. 콰인에 따르면, 인식론이 성공하려면 과학의 일부가 되어야 한다. 그럴 경우에 인식론자는 그들이 안락의자에서 오랫동안 누렸던 안락함을 버려야 할 것이다. 그렇지만 콰인의 논증은 전통적 인식론이 무엇을 하는가에 관해 지나치게 좁은 생각에 의존하고 있으며, 그래서 전혀 강력하지 못하다.

콰인과 달리 앨빈 골드맨은 안락의자에서도 인식론적 통찰을 할 수 있음을 인정한다. 그렇지만 그는 선천적 안락의자 연구를 과학적 연구로 보충할 것을 권한다. 그에 따르면, 인식론자는 인지 과학자나 심리학자들과의 협동으로부터 이익을 얻을 수 있다. 이 제안은 전통적 인식론에 아무런 위협이 되지 않는다. 뿐만 아니라 그런 협동이 성과가 있을 것처럼 보인다면, 전통적 인식론자는 그런 협동을 환영할 것이다. 하지만 인식론과 과학의 협동이 성과가 있음 직한지에 관해 회의주의에 유리한 약간의 근거가 있다. 결국 뭐니뭐니해도 골드맨 식 협동은 신빙론의 성공에 달려 있다. 신빙론이 옳다고 생각하지 않는 사람들은 이 협동 기획에 참가할 이유가 많다는 것을 알지 못할 것이다.

마지막으로 인식론과 인지 과학에는 콘블리스 식 협동이 있다. 콘블리스에 따르면, 인식론을 자연화한다는 것은 경험적 수단을 통하여 규범적 물음에 답한다는 것이다. 우리는 그러한 시도 한 가지—다윈주의 논증—를 살펴보았고, 그 시도가 실패로 끝난다고 판단했다. 물론 이것은 다른 시도들도 성공하지 못하리라는 것을 의미하지 않는다. 사실 우리는 규범적 문제를 경험적으로 해결한다는 착상에 대해 선입관에서 나오는 독단적 적대감을 보여서는 안 된다. 철학적 지식에 이르는 가능한 통로를 어째서 미리 차단하는가? 하지만 철학계에서 지금까지 그런 위업이 어떻게 이루어질 수 있는가를 실증해 보인 사람이 아무도 없었다는 사실은 언급하지 않을 수 없다고 하겠다.

연구문제

1. 인식론의 물음들을 “소크라테스 식” 물음이라고 할 때, 그 말은 무얼 의미하는가?
2. 어떤 의미로 콰인은 인식론을 “자연화”할 것을 제안하는가? 그리고 그런 자연화를 옹호하는 콰인의 논증은 무엇인가?
3. 전통적 인식론의 옹호자들이 콰인의 논증에 대해 어떻게 응답할 수 있을까?
4. 인식적 가치에 관한 자연주의와 분석적 자연주의의 차이는 무엇인가?
5. 어떤 의미에서 로데릭 치섬을 “자연주의자”라 할 수 있는가?
6. 어떤 의미로 앨빈 골드맨은 인식론을 “자연화”할 것을 제안하는가?
7. 인식론적 비관주의자는 분석적 자연주의의 기획을 어떻게 볼 것인가?
8. 힐러리 콘블리스는 자연화된 인식론을 어떻게 특징짓는가?
9. 다원주의 논증의 요점은 무엇인가?
10. 다원주의 논증의 약점은 무엇인가?

연습문제

1. 인식론적 비자연주의와 대조함으로써 인식론적 자연주의에 대해 논의해 보라. 인식론적 비자연주자는 정확히 무얼 주장하는가?
2. 인식론이 인지 과학이나 심리학과의 협동으로부터 이익을 얻을

수 있다는 기본주장에 대해 비판적으로 논의해 보라. 그런 협동이 어떻게 성과가 있을 수 있는지 설명하고, 이 기본주장에 대한 찬반 논거라고 할 수 있는 것을 설명해 보라.

3. 당신은 인식론이 다음 의미에서 과학과 무관한 학문 분야라고 생각하는가? 즉 인식론의 물음들에 답하기 위해서는 우리는 과학적 탐구를 통해서만 얻을 수 있는 정보에 의존하지 않는다. 이 물음에 대해 당신이 올바르다고 여기는 답을 옹호해 보라.

| 주 |

1) Chisholm(1977), 16면 이하.

2) 같은 책, 18면을 볼 것.

3) 그러나 경우에 따라서는 그런 식으로 대답할 수도 있다. 지나가던 행인이 머리에 유탄을 맞고 쓰러진 총격전을 바로 내 앞에서 본다고 가정하자. 그런 상황에서 그 행인의 죽음의 원인을 아는 일은 또 다른 어떤 조사가 필요치 않으며, 반성을 통해 명백해진다.

4) Chisholm(1990), 210면을 볼 것. 인식적 원리들이 선천적인지 하는 문제에 대해 약간 다르게 다루고 있는 것으로는 Chisholm(1989), 72면 이하를 볼 것.

5) "나는 무엇을 아는가?"와 "내가 믿는 일이 정당화된다는 것은 무엇인가?"라는 두 물음에 대한 답은 선천적으로 알 수 있는 것도 필연적 진리도 아니다. 그 답들은 내가 경험적으로 아는 것을 알기 위해, 그리고 내 경험적 믿음 가운데 어떤 믿음이 정당화되는지 알기 위해 내가 경험적 증거에 의존하기 때문에 선천적이지 않다. 그리고 그 답들은 특정 시간에 내가 어쩌다 알게 된 것, 그리고 특정 시간에 내가 믿는 일이 정당화되는 것이 전적으로 우연적 문제이기 때문에 필연적 진리가 아니다.

6) Quine(1969), 71면을 볼 것.

7) 같은 책, 72면.

8) 같은 책, 같은 면.

9) 여기서 문제의 견해는 종종 "현상주의"로 불린다. 현상주의에 관한 간단하면서도 유익한 논문은 Fumerton(1992)를 볼 것.

10) 그러한 번역이 불가능하다고 여기는 콰인의 논거는 그의 번역 비결정성 신조다. 같은 책, 78면 이하와 Quine(1960)을 볼 것.

11) 같은 책, 75면.

12) 같은 책, 83면.

13) 이 점에 대한 훌륭한 논의는 Kim(1988)을 볼 것.

14) 같은 책, 391면.

15) Harman(1977), 17면.

16) Harman(1984), 33면.

17) Maffie(1990), 284면.

18) Goldman(1986), 22면.

19) Kim(1988), 399면.

20) 강한 수반과 약한 수반의 구별에 대해서는 Kim(1984)과 제2장, 31면 이하를 볼 것.

21) Lycan(1988), 128면.

22) 그렇지만 모든 자연주의자가 D3A와 D3B에 찬성하는 건 아니다. 다양한 인식론적 "자연주의"를 개관하려면 Maffie(1990)를 볼 것.

23) Kim(1988), 399면.

24) Goldman(1986), 23면.

25) Chisholm(1989), 42면 이하.

26) Chisholm(1989), 77면 이하를 볼 것.

27) Feldman(1989)을 볼 것.

28) Goldman(1989), 315면.

29) Goldman(1986), 9면.

30) Goldman(1989), 314면.

31) Chisholm(1977), 84면 이하를 볼 것.

32) 여기서 문제의 회의주의가 인식적 정당성을 수반하는 비규범적 속성들이 무한히 존재한다는 사실에 대한 것이 아님을 아는 것이 중요하다. 오히려 요점은 인식론적인 것으로, 만일 그러한 무한성이 존재한다면 우리는 인식적 정당성이 무엇에 수반되는지 알 수 없다는 것이다.

33) 여기서 쟁점이 되고 있는 문제는 이른바 산발 문제(scatter problem)다. 제2장, 38면을 볼 것.

34) 적당히 구체화된 어떤 내성적 속성들은 예외일 수 있다. Chisholm(1989), 62면에서 치섬의 자기-현시 원리를 볼 것.

35) 우리는 극단적인 비관주의자와 덜 극단적인 비관주의자를 구별할 수 있다. 극단적 비관주의자는 정당성을 논리적으로 함의하는 어떤 밑 속성들이 있다는 것을 부정할 것이다. 덜 극단적인 비관주의자는 한정된 수효의 내성적 밑 속성들은 허용하지만, 비내성적 문제에 관한 믿음의 정당성을 논리적으로 함의하는 그런 어떤 속성들이 있다는 것을 부정할 것이다.

36) 제1장, 39면과 제8장을 볼 것.

37) 우리가 자연주의를 인식적 정당성이 기술적 속성들에 수반된다고 주장하는 견해로 특징지었다는 사실이 주어지면, 자연주의를 지지하는 이유들은 인식적 사실이 비규범적 사실에 수반된다는 주장을 지지하는 이유들과 똑같다. 제2장, 31~36면을 볼 것.

38) Maffie(1990), 289면.

39) 이 전제는 매피가 명시적으로 표현한 건 아니지만 분명히 그의 논증 속에 함축되어 있다.

40) 인식적 가치에 관해 아는 것을 우리가 선천적으로 안다는 주장은 특정 믿음이 정당화되는지 아닌지를 우리가 선천적으로 알 수 있다는 주장과 혼동하면 안 된다. 여기서 문제의 주장은 그저 정당화에 관한 일반 원리들이 선천적으로 알려질 수 있다는 것이지 특정 믿음들에 관한 인식적 가치 판단이 선천적으로 알려질 수 있다는 것이 아니다.

41) 게다가 선천적 지식이 가능하지 않다는 것을 도대체 정합성 있게 주장할 수 있는지 하는 문제가 있다. 제3장, 64면 이하를 볼 것.

42) Kornblith(1987), 3면.

43) 같은 책, 5면.

44) Kornblith(1987), 4면과 Quine(1969), 126면을 볼 것.

45) Kornblith(1987), 5면.

46) 콘블리스도 이 문제를 의식하고 있다. 그는 다음과 같이 말한다. "심리학적 탐구가 인식론적 이론화 작업을 대치할 수 있다면, 우리가 믿음을 획득하는 과정과 획득해야만 하는 과정 사이에 완벽한 결합이 있어야 한다. 그러한 완벽한 결합이 없다면, 심리학적 이론화 작업의 결과는 물음 1에 대한 근사치 대답을 제시할 뿐이고, 인식론은 느슨해진 끈을 조이라는 요구를 받게 될 것이다." Kornblith (1987), 5면. 따라서 그가 다윈주의 논증을 건전한 논증으로 간주한 것이 아니라 그저 우리가 경험적 증거를 기초로 하여 어떻게 규범적 결론에 도달하려고 할 수 있는지를 설명하는 한 예로 간주한 것일 뿐이라고 가정해 볼 수 있다.

제 10 장 | 회의주의

사악한 악마와 미친 과학자

첫 번째 성찰에서 데카르트는 철학사에서 아마 가장 걸출한 회의적 논증이라고 할 수 있는 사악한 악마 논증을 끌어들이고 있다. 실제로는 당신이 신체를 가지고 있지 않고 물리적 사물들의 세계가 없을 때, 사악한 악마가 당신으로 하여금 당신이 신체를 가지고 있고, 물리적 사물들의 세계가 있다고 믿도록 속인다고 해 보자. 당신이 신체를 가지고 있고 물리 세계가 있다는 것은 그저 당신에게 그렇게 보일 뿐이다. 사악한 악마의 속임수 때문에 당신의 지각적 경험은 그 세계가 당신이 있다고 생각하는 세계일 경우에 경험할 지각적 경험과 정확히 똑같다. 따라서 당신의 경험에 의존해서는 당신이 이런 식으로 속임을 당하는지 아닌지 말할 수 없다. 그렇다면 당신이 어떻게 물리적 사물들의 세계에 관해서 무언가를 알 수 있을까?

오늘날은 사악한 악마보다 미친 과학자가 훨씬 더 확실한 철학적 악역을 맡고 있다. 따라서 현대 인식론에서는 종종 악마론이 뇌수술과 컴퓨터 공학으로 대치되어 있음을 발견할 수 있다. 지난 밤 당신이 잠자고 있는 동안에 미친 과학자가 당신을 납치해 당신의 머리에서 뇌를 꺼낸 다음, 그것을 살아 있도록 영양분이 공급되는 통 속에 넣고, 강력한 컴퓨터에 연결시켰다고 가정해 보라. 이 컴퓨터는 당신의 전 기억 더미를 해독하고 당신의 성격을 결정한 다음, 아주 그럴듯하게 당신의 일대기를 구성하였다. 이제 당신은 막 이 일대기를 경험하고 이 일대기에 따라 "살아 나갈" 참이지만 당신의 정신 속에서만 그럴 뿐이다. 당신 뇌의 말초신경들을 직접 자극함으로써 그 컴퓨터는 당신으로 하여금 당신이 계속해서 정상적인 삶을 살 수 있을 경우에 가졌을 감각과 똑같은 감각을 갖도록 만들 것이다. 그래서 당신이 납치된 다음날 아침에 당신에게는 모든 것이 전날 잤던 잠자리에서 일어난 것처럼 보일 것이다. 당신은 졸린 채로 일어나 양치질을 하고, 습관대로 아침을 먹은 다음, 인식론 수업을 받기 위해 집을 떠난다. 당신은 수업 시간에 자주 지각을 하곤 했다. 컴퓨터는 그 습관을 고려해 그에 맞게 당신의 뇌를 자극한다. 당신은 수업에 늦게 들어가고, 선생이 데카르트의 사악한 악마 논증에 대해 토론하고 있음을 본다. 여느 때나 다름없이 당신은 그 토론에 적극적으로 참여한다. 당신은 자신이 통 속의 뇌가 아님을 확실히 안다는 견해를 열심히 옹호한다. 아, 애석하게도 당신은 실은 통 속의 뇌다. 당신은 실제로는 수업을 받고 있는 것이 아니며, 잠에서 깨어난 것처럼 보였을 때 실제로는 잠자리에 있었던 것이 아니었다. 일의 진상은 당신(또는 당신에게서 떨어진 것)이 미친 과학자의 실험실 선반 위의 통 안에 내내 떠 있었다는 것이다. 따라서 당신은 그저 잠자리에서 깨어나는 경험을 했을 뿐이고, 지금 학교에서 수업을 받는 경험을 하고 있을 뿐이다. 이 가상의 시나리오에서 이 경험들은 애석하게도 실제 삶과 구별할 수 없도록 컴퓨터가 만들어 낸 환각일 뿐이다.

데카르트의 사악한 악마, 또는 그에 상당하는 현대의 사례로 통 속에 뇌를 수집하는 미친 과학자에 호소하는 논증은 당신이 일상적으로 안다고 생각하는 것을 당신이 알지 못한다는 것을 입증하기 위한 것이다. 사악한 악마에게 속임을 당하는지 아닌지, 또는 통 속의 뇌인지 아닌지 당신이 알 수 있을까? 회의주의자는 당신이 알 수 없으며, 당신이 그걸 알 수 없으므로 당신이 보통 안다고 생각하는 것—예컨대 당신이 신체를 가지고 있다는 것, 당신이 책을 읽고 있다는 것, 당신이 신발을 신고 있다는 것—을 알지 못한다고 논할 것이다.

회의적 논증들

우리가 아는 것과 모르는 것에 대한 논쟁에서 쟁점이 되는 것은 보통 우리가 안다고 여기는 명제들이 훌륭한 이유에 기초를 두고 있는지, 즉 정당화되는지 하는 것이다. 따라서 회의적 논증은 흔히 우리가 믿는 일이 정당화된다고 일상적으로 생각하는 것에 대해 그것을 믿는 일이 **정당화되지** 않는다는 식의 논증인 경우가 많다. 이런 논증은 그 범위에 제한을 가할 수밖에 없는데, 왜냐하면 무제한적 회의주의는 자기 논박적이기 때문이다. 어떤 회의주의자가

(1) 우리가 믿는 일이 정당화될 수 있는 것은 아무것도 없다

고 주장했다고 해 보자. 분명히 (1)이 옳다면 (1) 자체는 우리가 믿는 일이 정당화될 수 없는 명제다. 만일 그 회의주의자가 (1)을 주장했다면, 그는 본인이 인정하는 바에 의해 자신이 믿는 일이 정당화되지 못하는 어떤 것을 주장하고 있는 셈이 될 것이다. 따라서 (1)에 의해 표현되는 극단적 회의주의는 자멸하는 입장이다. 여기서 끌어낼 수 있는 교훈은 회의적 논증이 자신이 요구하는 종류의 정당화에 손상을 입히지 않는 방식으로 표현되어야 한다는 것이다.

그렇다면 정합성 있게 논증을 펴는 회의주의는 그 범위에 제한을 두어야 한다. 그런 회의주의는 지식과 정당화가 회의적 논증이 구성되는 영역 자체에서는 가능할지 몰라도 다른 영역에서는 가능하지 않다고 주장한다. 예컨대 통 속의 뇌 논증은 물리 세계에 관한 경험적 지식의 가능성을 표적으로 삼는다. 결과적으로 그 논증 자체는 경험적 논증이 되는 것을 의도한 것이 아니라 오히려 그 논증의 전제들이 선천적으로 알려질 수 있다는 전제가정에 의존한다.[1]

정당화를 공격함으로써 지식을 공격하는 회의적 논증은 두 가지 필수 단계를 포함한다. 어떤 영역의 지식이 불가능하다는 것을 증명하기 위해서는 그런 논증은 (1) 지식이 N 정도의 정당화를 필요로 하는데, (2) 해당 영역의 명제들이 N 정도만큼 정당화될 수 없다는 것을 입증해야 한다. 예컨대 회의주의자는 물리 세계에 대한 지식이 확실성을 필요로 하는데, 물리 세계에 관한 명제는 결코 확실하지 않다고 논할 수 있다. 또는 그는 그런 지식이 개연성을 필요로 하는데, 우리가 물리 세계에 관해 믿는 것이 개연적이지조차 않다고 논할 수 있다.

지식에 대한 공격은 물리 세계에 관한 믿음들이 어떤 정도로도 정당화되지 않는다는 것을 입증할 필요가 없다. 오히려 문제가 되는 것은 그 믿음들이 정도 N, 즉 지식이 되는 데 필요한 정도만큼 정당화되는지 하는 것이다. 경험적 지식이 확실성을 필요로 한다고 해 보자. 온건한 회의주의자는 우리의 경험적 믿음들이 확실할 수 없기 때문에 지식이 될 수 없다고 추리하지만, 그 믿음들이 어느 정도 정당화될 수 있는 가능성은 허용할 수 있다. 그렇지만 좀 더 극단적인 회의주의자는 그보다 더 나갈 것이다. 그는 자신이 그러모을 수 있는 논증이 물리 세계에 관한 믿음이 어떤 정도로도 정당화되지 않는다는 결론을 입증한다고 논할 것이다.

일정 영역의 지식의 가능성에 반대하는 회의적 논증들은 다음 형식(p로 지식 주장이 도전을 받는 영역의 명제를 나타내기로 하자)을 지닌다.

지식에 대한 공격

(1) p라는 것을 알기 위해서는 p가 정도 N만큼 정당화되어야 한다.

(2) p는 정도 N만큼 정당화되지 않는다.

그러므로

(3) 우리는 p라는 것을 알지 못한다.

첫 번째 전제의 기능은 회의주의자와 비회의주의자의 공통 근거를 확립하는 것이다. 여기서 쟁점이 되는 것은 정의 문제다. 즉 지식이 정당화를 필요로 하는가? 만일 그렇다면 얼마나 필요로 하는가? 회의주의자와 비회의주의자가 일단 지식이 N 정도의 정당화를 필요로 한다는 데 동의하게 되면, 논쟁은 두 번째 전제로 옮겨지는데, 이 전제의 옹호가 지식에 대한 공격의 핵심을 이룰 것이다.

회의주의자는 어떤 영역의 믿음들이 정도 N만큼, 즉 지식이 되기에 필요한 정도만큼 정당화되지 않는다는 것을 어떻게 입증하려 하는가? 문제를 단순화시키기 위해 어떤 영역의 믿음들이 어떤 정도로도 정당화되지 않는다는 것을 증명하기 위해 회의주의자가 어떻게 할 수 있는지 물어보기로 하자. 이것은 전제 (1)을 논의하면서 얽혔던 문제의 실마리를 푸는 이점이 있다. 왜냐하면 지식이 정당화를 필요로 한다는 것을 아예 부정하는 사람들을 제외한다면, 누구도 지식이 적어도 어느 정도의 정당화를 필요로 한다는 사실을 부정하지 않을 것이기 때문이다. 따라서 만일 회의주의자가 어떤 영역에서 정당화가 어떤 정도로도 불가능하다는 것을 증명하는 데 성공한다면, 지식이 정당화를 필요로 한다는 데 합의한다고 할 경우에 그 영역에서 지식이 가능하지 않다는 것을 인정해야 한다. 한편 만일 해당 영역에서 정당화가 결국 실제로 가능하다고 판명된다면, 우리는 지식이 되기 위해 얼마나 정당화가 필요한가 하는 물음으로 되돌아가 그 영역에서 가능한 정당화의 유형이 지식이 되기에 충분한지 검토할 것이다.

그렇다면 어떤 믿음 집합이 어떤 정도로도 정당화되지 않는다는 것을 회의주의자가 어떻게 입증할 수 있을까? 이 물음은 우리로 하여금 정당화 가능성에 반대하는 회의적 논증을 살피게 한다. 정당화를 공격하기 위해 회의주의자는 먼저 암암리에 또는 명시적으로 이른바 전도 원리(傳導 原理, transmissibility principle)에 호소한다. 이 원리는 다음과 같이 진술할 수 있다.

전도 원리

> 만일 내가 p를 믿는 일이 정당화되고, p가 q를 논리적으로 함의한다고 믿는 일이 정당화된다면, 내가 q를 믿는 일도 정당화된다.

이 원리가 "전도 원리"라 불리는 이유는 어떤 믿음의 정당성이 정당하게 믿는 논리적 함의 관계에 의해 다른 믿음으로 전도된다고 주장하기 때문이다.[2] 예컨대 만일 내가 대통령이 워싱턴에 있다고 믿는 일이 정당화되고, 그가 워싱턴에 있다는 사실이 아이다호에 있지 않다는 사실을 논리적으로 함의한다고 믿는 일이 정당화된다면, 내가 대통령이 아이다호에 있지 않다고 믿는 일은 정당화된다.

둘째로 회의주의자는 전도 원리에 의해 경험적 믿음들이 정당화될 수 없다는 결론에 이르게 하는 회의적 가설, 예컨대 당신이 통 속의 뇌(BIV 가설-"brain in a vat"의 약어임)라거나, 당신이 꿈을 꾸고 있다거나, 당신이 사악한 악마에게 속임을 당하고 있다는 가설을 도입한다. 그런 가설 각각은 다음 유형의 가설이다. (1) 해당 영역의 (거의 모든) 믿음이 옳다는 사실과 양립불가능하다. (2) 당신이 그 영역의 믿음들에 대해 갖는 증거와 완전히 양립가능하다. 그런 가설을 사용하고 전도 원리에 호소함으로써 회의주의자는 다음과 같이 논증할 수 있다.

정당화에 대한 공격

(1) 만일 당신이 p를 믿는 일이 정당화되고, p가 회의적 가설의 부정을 논리적으로 함의한다고 믿는 일이 정당화된다면, 당신이 그 회의적 가설을 부정하는 일이 정당화된다.

(2) 당신이 p가 회의적 가설의 부정을 논리적으로 함의한다고 믿는 일이 정당화된다.

(3) 당신이 회의적 가설을 부정하는 일은 정당화되지 않는다.

그러므로

(4) 당신이 p를 믿는 일은 정당화되지 않는다.

이 논증을 논의하기 위해 회의적 가설을 BIV 가설이라 하고, p를 "나는 책을 읽고 있다"라는 명제라 하자. 만일 당신이 BIV라면, 당신은 책을 잡을 손이 없으며, 글을 읽을 눈이 없다. 그래서 만일 당신이 BIV라면, 당신은 읽을 수 없다. 당신은 마치 읽고 있는 듯한 경험을

할 수 있을 뿐이다. 따라서

A 나는 책을 읽고 있다

는 명제는

B 나는 BIV다

라는 회의적 가설이 그르다는 것을 논리적으로 함의한다. 첫 번째 전제는, 당신이 A가 B의 부정을 논리적으로 함의한다고 믿는 일이 정당화되고, 당신이 책을 읽고 있다고 믿는 일이 정당화된다고 할 경우에, 당신이 BIV 가설을 부정하는 일이 정당화된다는 것을 말해 준다.

두 번째 전제는, 당신이 A가 B의 부정을 논리적으로 함의한다고 믿는 일이 실제로 정당화된다고 주장한다. 이 논리적 함의 관계가 빤하다는 사실이 주어지면, 이 전제는 확실히 그럴듯하다. 그러나 만일 전제 (1)과 (2)를 승인해야 한다면, 당신은 다음 상황에 직면하게 된다. 즉 당신이 책을 읽고 있다고 믿는 일이 정당화되고, 그래서 당신이 BIV라는 회의적 가설을 부정하는 일이 정당화되거나, 또는 당신이 회의적 가설을 부정하는 일이 정당화되지 않고, 그래서 당신이 책을 읽고 있다고 믿는 일이 정당화되지 않거나 둘 중 하나다. 회의주의자의 논증(간단히 BIV 논증)에 따르면, 이 두 선택지 가운데 옳은 쪽은 후자다.

회의주의자의 주요 임무는 전제 (3)을 옹호하는 것이다. 그러기 위해서 그는 회의적 가설에 들어 있는 어떤 특징에 호소할 것이다. 당신이 통 속의 뇌일 가능성을 생각해 보라. 미친 과학자는 컴퓨터가 발생시키는 당신의 삶이 당신의 경험에 관한 한 당신의 실제 삶과 구별될 수 없도록 당신의 뇌에 자극을 주는 일을 확실하게 처리한다. 당신이 정상적인 삶의 표시라고 생각해 지적하는 것이 무엇이든 그것은 또한 회의주의자에 따를 때 통 속에서 당신의 삶의 특징이 될 것이다. 따라서 당신이 정상적으로 있다고 여기는 것과 통 속에 있다고 여기는 것을 구별하는 데 당신의 경험은 전혀 도움이 되지 못하는 것처럼 보인다. 그러므로 당신이 BIV가 아니라고 믿는 일은 정당화될 수 없다고 회의주의자는 추리한다. 그리고 당신이 그렇게 믿는 일이 정당화되지 못하므로, 당신이 책을 읽고 있다고 믿는 일 또한 정당화되지 못한다는 결론이 따라 나온다.

회의주의자와 논쟁 시 주안점

비회의주의자가 BIV 논증에 대해 어떻게 응수할 수 있을까? 여기서는 이 문제를 간단히 다룰 것이다. 하지만 그 전에 임의의 회의적 논증을 논박하는 데 무엇이 필요한지 먼저 생각할 필요가 있다. 당신이 명제 A를 믿는데, 회의주의자는 A가 그르다고 믿는다고 해 보자. 더 나아가 회의주의자가 A를 그르다고 여기는 이유는 B라고 해 보자. 그래서 회의주의자는 다음과 같이 논증한다.

> 회의주의자 : 내가 B가 옳다고 믿는 일은 정당화된다. 그러므로 내가 A가 그르다고 믿는 일은 정당화된다.

만일 당신이 A를 믿는 일이 정당화된다고 확신한다면, 당신은 다음과 같이 응수할 수 있다.

당신 : 내가 A가 옳다고 믿는 일은 정당화된다. 그러므로 내가 B가 그르다고 믿는 일은 정당화된다.

당신이 이런 식으로 회의주의자를 논박하는 것이 합리적인지 아닌지는 A와 B의 인식적 경쟁에 관해 당신이 합리적으로 결정할 수 있는 것에 달려 있다. 그리고 여기에는 세 가지 가능성이 있다. 주의 깊게 고찰한 결과 당신은 다음과 같이 결정할 수 있다.

(1) A에 대한 당신의 이유가 B에 대한 회의주의자의 이유보다 낫다.
(2) A에 대한 당신의 이유가 B에 대한 회의주의자의 이유만큼 훌륭하다.
(3) B에 대한 회의주의자의 이유가 A에 대한 당신의 이유보다 낫다.

첫 번째 상황에서 당신은 회의주의자의 도전을 성공적으로 물리치며, 방금 앞의 논증에서 당신이 한 것처럼 계속해서 A를 믿고, A를 기초로 B를 거부하는 일이 충분히 정당화될 것이다. 그렇지만 상황 (2)에서는 당신이 논쟁에서 지게 된다. 왜 그런가를 알려면 당신이 커피를 마시는 것은 암의 원인이 되기 때문에 건강에 해롭지 않을까 생각하고 있다고 해 보라. 이 경우 서로 경쟁하는 두 명제는 다음과 같다.

D 커피를 마시는 것은 위험하지 않다.
C 커피를 마시는 것은 암의 원인이 된다.

이 문제를 조사해 본 뒤 당신은 C에 대한 이유가 D에 대한 이유만큼이나 훌륭하다는 결정을 내린다. 그 경우에 당신은 D도 C도 믿지 말아야 하고, 또 C도 D도 불신하지도 말아야 한다. 오히려 당신이 해야 할 일은 두 명제 모두에 관해 판단을 중지하는 것이다. 따라서 상황 (2)의 경우에 비슷한 결론을 끌어내야 한다. 즉 비록 당신이 B를 믿어야만 하는 것은 아니라 할지라도, A를 믿는 일을 멈추는 것이 당신의 지적 의무일 것이다. 그리고 이것은 상황 (2)에서 당신이 논쟁에 지게 된다는 것을 의미하는데, 왜냐하면 회의주의자가 확립하려고 하는 것은 바로 당신이 A를 믿어서는 안 된다는 것이기 때문이다.

그렇지만 상황 (3)에서는 당신이 훨씬 더 나쁘게 지게 된다. 왜냐하면 그 경우에 당신은 A를 믿어서는 안 될 뿐만 아니라 사실상 A가 그르다고 믿어야 하기 때문이다. 당신이 D를 믿는 것보다 C를 믿는 것이 더 나은 이유들이 있다고 결정한다고 해 보라. 그러면 당신은 D가 그르다고 믿어야 한다. 이 점을 회의주의자와의 논쟁에 적용해 보자. 회의주의자는 B를 기초로 당신의 믿음 A에 반대하는 논증을 편다. 당신은 B에 대한 이유가 A에 대한 이유보다 낫다고 결정한다. 자, 이렇게 되면 그것은 당신이 A가 그르다고 믿어야 함을 의미한다.

이 모든 것이 BIV 논증을 둘러싼 논쟁에서 어떻게 작용하는지 보자. 서로 경쟁하는 두 명제는 다음과 같다.

J 내가 책을 읽고 있다고 믿는 일은 정당화된다.

T 내가 회의적 가설을 부정하는 일은 정당화되지 않는다.

J를 거부하는 회의주의자의 이유는 T다. 이제 앞에서 살핀 바 있는 세 가지 상황을 통해 이 문제를 생각해 보자. 주의 깊게 생각한 후에

당신은 다음과 같이 결정한다.

(1) J에 대한 이유가 T에 대한 이유보다 낫다. 당신은 논쟁에서 이기는데, 왜냐하면 J를 기초로 T를 거부할 수 있기 때문이다.
(2) J에 대한 이유는 T에 대한 이유만큼 훌륭하다. 당신은 논쟁에서 지는데, 왜냐하면 당신이 J를 믿지 말아야 하기 때문이다.[3)]
(3) T에 대한 이유가 J에 대한 이유보다 낫다. 당신은 논쟁에서 나쁘게 지는데, 왜냐하면 당신이 J가 그르다고 믿어야 하기 때문이다.

그렇다면 회의주의자와 비회의주의자의 논쟁은 어떤 것이든 회의주의자에게 이점이 있다고 보아야 한다. 논쟁에서 승리하기 위해 회의주의자는 그저 회의주의를 옹호하는 자신의 이유가 적어도 비회의주의에 대한 이유만큼 훌륭하다는 것을 증명하기만 하면 된다. 하지만 당신이 이기기 위해서는 비회의주의를 옹호하는 당신의 이유가 회의주의에 대한 이유보다 낫다는 것을 증명해야 한다.

G. E. 무어의 반회의주의

무어(G. E. Moore)는 회의주의자와의 논쟁에서 비회의주의자가 승리한다고 주장한 것으로 유명하다. 좀 더 구체적으로 무어는 회의적 논증의 전제들이 그런 논증들이 공격 목표로 삼은 명제들보다 덜 그럴듯하다고 주장했다.[4)] BIV 논증에 적용했을 때 무어의 전략이 어떻게 작동할 것인지 보기 위해 다음 두 명제를 살펴보자.

A 내가 통 속의 뇌가 아니라고 믿는 일은 정당화된다.

B 내가 책을 읽고 있다고 믿는 일은 정당화된다.

무어는 A가 그르면 B도 그를 것이라는 점에서 회의주의자에 동의할 것이다. 결과적으로 쟁점은 B를 기초로 ~A가 거부될 수 있는지, 또는 ~A를 기초로 B가 거부될 수 있는지 하는 것이다. 회의주의자는 후자, 즉 ~A로부터 ~B를 끌어내기 위해 전건긍정논법을 사용한다.

회의적 논증

(1) 만일 ~A라면, ~B.

(2) ~A.

그러므로

(3) ~B.

그렇지만 무어는 회의주의자의 전제—내가 통 속의 뇌가 아니라고 믿는 일이 정당화되지 않는다—가 그가 부정하고 싶어 하는 명제—내가 책을 읽고 있다고 믿는 일은 정당화된다—보다 덜 믿을 만하다고 말할 것이다. 그 다음 무어는 A를 부정하는 것보다 B를 주장하는 것이 더 합리적이라고 주장할 것이고, 그래서 B로부터 A를 끌어내기 위해(즉 B를 기초로 ~A를 거부하기 위해) 후건부정논법(만일 p라면 q, ~q, 그러므로 ~p 형식의 논증)을 사용할 것이다.

무어의 반대논증

(1) 만일 ~A라면, ~B.

(2) B.

그러므로

(3) A.

이제 우리가 ~A(회의주의자의 전제)와 B(비회의주의자의 전제) 사이의 인식적 경쟁을 평가할 때, 회의주의자가 ~A는 적어도 ~B만큼 합리적이라고 주장한다는 점에서 올바르다는 것은 꼭 분명하다고 할 수 없다.[5] 그러므로 회의주의자는 ~A를 지지하는 또 다른 요인을 채택할 필요가 있다. 이 요인에 대한 약어 표현으로 문자 C를 사용해 보자. 그렇게 되면 회의적 논증을 다음과 같이 표현할 수 있다.

확장된 회의적 논증

(1) C.

(2) 만일 C라면, ~A.

그러므로

(3) ~A.

(4) 만일 ~A라면, ~B.

그러므로

(5) ~B.

그러나 일단 B와 ~A 사이의 인식적 경쟁뿐만 아니라 B와 전제들 (1)과 (2) 사이의 인식적 경쟁까지 쟁점이 되고 나면, 회의적 입장은 좀 더 공격을 받기 쉽다. 이제 비회의주의자는 꼭 무어 식 대항책(B를 기초로 ~A를 거부하는 방책)에 의지할 필요가 없는데, 왜냐하면 (1)이나 (2)에 반대할 독자적 이유를 찾을 수 있을지 모르기 때문이다. 다음 몇 절에서는 그런 식의 독자적 이유가 있는지 살펴볼 것이다.

정당화에 반대하는 BIV 논증 논박하기

회의적 논증들에 관한 절에서 살핀 바 있는 정당화에 대한 회의주의자의 공격으로 되돌아가 그 공격을 BIV 논증의 특수한 형태로 다시 진술해 보자.

정당화에 반대하는 BIV 논증

(1) 만일 당신이 책을 읽고 있다고 믿는 일이 정당화되고, 그 믿음이 BIV 가설의 부정을 논리적으로 함의한다고 믿는 일이 정당화된다면, 당신이 BIV 가설을 부정하는 일이 정당화된다.

(2) 당신이 그 믿음이 BIV 가설의 부정을 논리적으로 함의한다고 믿는 일은 정당화된다.

(3) 당신이 BIV 가설을 부정하는 일은 정당화되지 않는다.

그러므로

(4) 당신이 책을 읽고 있다고 믿는 일은 정당화되지 않는다.

앞 절에서 살펴본 것처럼, 이 상태라면 이 논증은 무어의 반응, 즉 (4)의 부정으로부터 (3)의 부정을 추리하는 반응—내가 책을 읽고 있다고 믿는 일이 정당화되므로 내가 BIV 가설을 부정하는 일이 정당화된다고 말하는 반응—을 끌어들인다.[6] 이런 유형의 반응을 피하기 위해서는 회의주의자는 (3)을 지지하는 추가 논증을 제시해야 한다. 그는 내가 통 속의 뇌라는 것을 부정하는 일이 정당화되지 않는다는 자신의 주장을 정당화해야 한다.

이제 회의주의자가 들 수 있는 (3)의 지지 이유 한 가지는 우리의 주관적 관점에서 볼 때 BIV인 경우와 아닌 경우를 구별할 수 없다는 것이다. 조나단 댄시(J. Dancy)는 이 점을 다음과 같이 표현한다.

> 당신이 호소할 수 있는 것은 당신 자신의 경험뿐이고, 그 경험은 어느 쪽 상황이든 똑같기 때문에, 당신에게 어떤 상황이 실제 상황인지 드러날 수 있는 것은 아무것도 없다.[7)]

댄시의 요점을 가능한 한 명료하게 진술하기 위해 고려 중인 두 상황을 다음과 같이 확정해 보자.

정상적 상황

나는 내가 존재한다고 생각하는 바로 그것이며, 나는 책을 읽고 있다.

BIV 상황

나는 통 속의 뇌이며, 내가 책을 읽고 있다고 생각하고 있을 뿐이다.

사실상 나는 눈도 팔도 없으며, 그래서 책을 읽고 있을 수 없다.

댄시의 요점은 어떤 것도 나에게 정상적 상황이든 BIV 상황이든 어떤 상황이 실제 상황인지 드러낼 수 없다는 것이다. 회의주의자는 이것이 사실이므로 내가 통 속의 뇌가 아니라고 믿는 일이 정당화되지 않는다고 논한다. 그에 따라 논증을 표현해 보자.

세 번째 전제를 옹호하는 논증

(1) 어떤 것도 당신에게 어떤 상황이 성립하는지 드러낼 수

없다.

(2) 만일 어떤 것도 당신에게 어떤 상황이 성립하는지 드러낼 수 없다면, 당신이 BIV 가설을 부정하는 일은 정당화되지 않는다.

그러므로

(3) 당신이 BIV 가설을 부정하는 일은 정당화되지 않는다.

비회의주의자는 이런 노선의 추론에 어떻게 응답할 수 있을까? 비회의주의자는 마침 어떤 것도 나에게 어떤 상황이 성립하는지 "드러낼" 수 없다는 주장을 좀 더 면밀히 살펴보라는 충고를 받게 될 것이다. 어떤 사태 P가 나에게 "드러나기" 위해서는 나는 P가 사실로 성립해 있다고 믿을 증거가 필요하다. 예컨대 어떤 탐정에게 X가 Y를 살해했다는 것을 드러내는 것은 X의 유죄를 증명하는 증거, 즉 "X가 Y를 살해했다"를 지지하는 증거다. 그렇다면 (1)을 이런 식으로 해석해 보자.

(1a) 당신은 어떤 상황이 성립하는지에 관해 어떤 믿음을 지지하는 어떤 증거도 가지고 있지 않다.

하지만 (1a)가 그럴듯한가? 그렇지 않은 것처럼 보인다. 어쨌든 우리는 뇌가 정상적 삶에서 나오는 인상이 발생하도록 자극을 받는다는 사실은 말할 것도 없고 시간을 연장해 오랫동안 뇌가 살아남도록 하는 일이 가능한 단계까지 의료 기술이 발전했다고 믿는 데 대해 반대 증거를 많이 가지고 있다. 아마 미래의 어떤 시점에 신경과학이 그런 위업을 이룰지는 모르겠으나 현재 우리가 이용할 수 있는 모든 관련 증거를 기초로 볼 때 현재의 신경과학은 아직 그 지점에 이르지 못했다고 할 수 있다. 그래서 내 증거에 관한 한, 나는 내가 통 속의 뇌가 아니라고, 즉 정상적인 상황이 성립한다고 믿을 훌륭한 이유가 있다. 그러므로 (1a)는 그르다고 결론지어야 한다.[8)]

그렇다면 아마도 전제 (1)은 다음을 말하고 있는 것으로 해석되어야 할 것이다.

> (1b) 당신은 어떤 상황이 성립하는지에 관해 어떤 믿음을 지지하는 결정적 증거를 가지고 있지 않다.

만일 당신이 명제 p에 대한 결정적 증거를 가지고 있다면, 내 증거는 논리적으로 p가 옳다는 것을 보증한다.[9)] p가 그를 때 p에 대해 그런 증거를 갖는다는 건 불가능할 것이다. 이제 나는 내 자신이 BIV가 아니라고 간주하는 내 증거가 결정적 증거가 못된다는 것을 회의주의자에게 확실하게 인정해야 한다. 결국 내가 자신이 BIV가 아니라고 믿는 이유가 무엇이든 미친 과학자가 그의 강력한 컴퓨터를 통해 나를 키우고 있다는 것이 사실일지도 모른다. 그래서 내 증거가 나를 얼마나 잘 정당화하든 그 증거는 내가 BIV가 아님을 나에게 논리적으로 보증하기에 적절할 정도로 나를 정당화할 수 없다.

그러므로 비회의주의자는 (1b)를 승인해야 한다. 그렇지만 그는 다음과 같이 적당히 수정된 두 번째 전제를 승인해야 하는 경우에만 회의적 결론을 승인해야 한다.

> (2b) 만일 당신이 어떤 상황이 성립하는지에 관해 어떤 믿음을 지지하는 어떤 결정적 증거도 없다면, 당신이 BIV 가설을

부정하는 일은 정당화되지 않는다.

이제 비회의주의자가 자신이 BIV가 아님을 믿는 일이 정당화된다고 주장할 때 그는 이른바 일상적 정당화 개념을 염두에 두고 주장을 하고 있다. 그리고 그 개념에 따르면, p라고 믿는 일이 정당화된다는 것은 p라고 믿는 일에 대한 결정적 증거를 요구하지 않는다. 따라서 비회의주의자는 (2b)에 동의할 필요가 없다. 이것은 쟁점이 되는 것이 일상적 의미의 정당화라고 할 경우에 회의주의자의 논증이 그 결론에 대한 강력한 지지 근거를 제공하지 못함을 의미한다. 한편 만일 회의주의자의 목적이 우리가 다른 종류의 정당화—결정적 증거를 요구하는 종류의 정당화—를 결여한다는 것을 증명하는 것이라면, 비회의주의자는 그 결론에 불일치할 필요가 없다. 왜냐하면 비회의주의자는 자신이 그런 의미로 정당화된다고 전혀 주장하지 않았기 때문이다.

지금까지 논의의 결과를 분명히 하기 위해 **오류가능한** 정당화와 **오류불가능한** 정당화를 구별하기로 하자. 회의주의자는 내가 BIV가 아니라고 믿는 일이 정당화될 수 없다는 것을 입증하기 위해 전제 (1)에 호소한다. 하지만 이 전제 자체는 애매하다. (1a)로 해석하면 이 전제는 내가 BIV가 아니라고 믿는 데 대해 오류가능한 정당화를 가질 수 없음을 시사한다. 이미 살펴본 바대로 이 해석은 그르다. 한편 전제 (1)을 (1b)로 해석하면 우리는 내가 BIV가 아니라고 믿는 데 대해 내가 어떤 정도로도 정당화되지 않는다는 결과를 얻지 못한다. 그래서 그 경우에 문제가 되는 것은 그저 내가 회의적 가설을 부정하는 일이 정당화된다고 할 때 그 정당화가 내가 BIV가 아니라는 것을 알기에 충분할 정도로 훌륭한가 하는 것일 뿐이다.

BIV 가설과 파기가능성

앞 절에서 우리는 내 증거가 내가 BIV가 아니라고 믿는 일을 정당화한다고 논했다. 그렇지만 아마 회의주의자는 회의적 가설, 또는 관련된 어떤 명제가 내가 BIV가 아니라고 믿는 데 대한 내 증거를 사실적으로 파기한다고 주장할 수 있다. 1장에서 지식에 대한 정의를 다시 생각해 보라. 거기서 우리는 지식을 사실적으로 파기되지 않은—즉 어떤 옳은 명제에 의해서도 파기되지 않은—정당화되는 믿음으로 정의하였다.[10] 따라서 회의주의자의 논증은 우리의 경험적 믿음을 사실적으로 파기하는 옳은 명제들이 있다는 것을 증명하려는 것으로 볼 수 있다.

하지만 이런 노선의 추론에 따를 때 파기자(defeater)가 정확히 어떤 것일지 보자. 우선 회의적 가설 자체부터 살펴보기로 하자. 문제의 주장은

D1 나는 BIV다

가 나의 정당화된 믿음

R 나는 책을 읽고 있다

를 사실적으로 파기한다는 것이다. D1이 실제로 R을 사실적으로 파기하는지 결정하려면 두 경우, 즉 (1) D1이 옳은 경우와 (2) D1이 그른 경우를 구별해야 한다. D1이 옳다고 해 보자. 그러면 논쟁점이 없어지게 된다. 왜냐하면 D1이 옳으면 R이 그르고, 그래서 비회의주의자가 알려지는 것은 그저 옳은 것이라야 하기 때문에 R은 알려지는

것이 아니라는 데 대해 회의주의자에 동의할 것이기 때문이다. 이번에는 D1이 그르다고 해 보자. 그 경우에 D1은 R을 사실적으로 파기하지 못하는데, 왜냐하면 사실적 파기자는 옳은 것이라야 하기 때문이다.

두 번째 제안은 R을 사실적으로 파기하는 것이 내가 BIV일 가능성이라는 것이다.

D2 내가 BIV라는 것은 논리적으로 가능하다.

비회의주의자는 D2가 옳다는 것을 인정해야 한다. 하지만 그는 D2가 R을 사실적으로 파기하는 것임을 인정할 필요가 없다. 어떤 옳은 명제가 R을 사실적으로 파기하는 것이 되기 위해서는 그것은 S의 증거 체계에 추가된다고 할 경우에 S가 R을 믿는 일이 정당성을 잃는 그런 것이어야 한다. 그리고 D2는 확실히 이 조건을 충족시키지 못한다.[11)]

그러므로 D2는 강화되어야 하는 것처럼 보인다. 다음 안을 생각해 보자.

D3 내가 BIV라는 것은 개연적이다.

D3의 문제는 뻔하다. 다시 말해 D3은 그르다. 따라서 D3은 사실적 파기자로서의 자격을 갖지 못한다. 마지막으로 한 가지 안을 더 생각해 보자. 회의주의자는 여기서 실제로 파기를 하는 것이 다음 명제라고 주장할지도 모른다.

D4 나는 BIV인 경우와 BIV가 아닌 경우를 구별할 수 없다.

이 주장은 어떤 것도 나에게 내가 BIV인지 아닌지 드러낼 수 없다는 주장과 마찬가지로 애매하다. 두 사태를 구별할 수 있으려면 우리는 두 사태 중 어느 쪽이 성립하는지를 가리키는 증거가 필요하다. 따라서 D4를 어떻게 판단해야 할지 생각한다면, 우리는 다음 중에서 결정해야 한다.

D4a 내가 BIV인지 아닌지 하는 물음에 관해서는 나는 어느 쪽으로도 어떤 증거도 가지고 있지 않다.

D4b 내가 BIV인지 아닌지 하는 물음에 관해서는 나는 어느 쪽으로도 어떠한 결정적 증거도 가지고 있지 않다.

앞 절에서 논의한 이유들로 인해 D4a는 그르며, 그래서 사실적 파기자로서의 자격을 갖지 못한다. 한편 D4b는 옳지만, 역시 사실적 파기자로서의 자격을 갖지 못한다. 당신이 p라고 믿는 데 대해 증거 E를 가지고 있는데, E가 p의 진리성을 보증하지 못한다는 사실이 당신에게 알려진다고 해 보자. 그 정보는 당신의 정당화에 아무런 위협을 제기하지 못할 것이다. 왜냐하면 p라고 믿는 일이 정당화된다는 것은 p의 진리성에 대한 보증을 요구하지 않기 때문이다.[12)]

이제 BIV 가설을 좀 더 큰 맥락에서 살펴볼 차례다. 내가 BIV가 아니라고 믿는 데 대한 나의 정당화를 공격하는 회의주의자의 목적은 일상적인 경험적 지식의 가능성을 뒤흔드는 것이다. 최초의 단계는, 만일 내가 자신이 BIV가 아님을 모른다면 회의적 가설(나는 BIV다)이 그르다는 것을 논리적으로 함의하는 것은 무엇이든 모른다고 논증하는 것이다. 다음 단계는 내가 BIV가 아니라고 믿는 데 대해 정당화되지 못하기 때문에 내가 자신이 BIV가 아니라는 것을 알 수 없다는 것을 확립하는 것이다. 앞에서 우리는 회의주의자가 이것을 확립하려고 할 수 있는 두 방식을 구별하였다. 그는 내가 BIV가 아니라고 믿는 데 대해 어떠한 정당성도 없거나, 또는 어느 정도의 정당성이 있다 할지라도 그것을 알기에 충분한 정당성이 못된다고 주장할 수 있다. 앞에서 우리는 BIV 논증이 전자를 논증하는 데 성공하지 못한다고 논했다. 이번에는 후자를 논증하는 데 성공하는지 살펴보자.

BIV 가설과 지식 개념

물리 세계에 대한 지식의 가능성에 반대하는 논증을 펴기 위해 회의주의자가 지식이 정당화와 어떻게 관련되어 있는지에 관한 주장에서 출발한다는 사실을 다시 생각해 보라. 이미 살펴본 것처럼, 나는 내가 BIV가 아니라고 믿는 데 대해 오류가능한 정당화를 지니고 있으므로, 회의주의자는 지식이 오류불가능한 정당화를 요구한다고 주장해야 한다. 일단 이 전제에 합의하게 되면 회의주의자는 다음과 같이 바라는 결론을 도출해 낼 수 있다.

지식에 반대하는 통 속의 뇌 논증

(1) 내가 BIV가 아니라는 것을 알기 위해서는 내가 BIV가 아니라고 믿는 일이 오류불가능하게 정당화되어야 한다.

(2) 내가 BIV가 아니라고 믿는 일은 오류불가능하게 정당화되지 않는다.

그러므로

(3) 나는 내가 BIV가 아니라는 것을 알지 못한다.

일단 이 결론이 확립되고 나면, 회의주의자는 내가 BIV가 아니라는 것을 논리적으로 함의하는 임의의 명제 p에 대해 내가 p라는 것을 모른다고 논증하기 위해 전도 원리에 호소할 수 있다.

비회의주의자는 전제 (1)을 공격함으로써 이 논증을 논박할 수 있다. 그는 첫 번째 전제를 무효화하려 할 수 있고, 그럼으로써 다음 고찰을 통해 전체 논증을 무효화하려 할 수 있다. 회의주의자와 비회의주의자 사이의 논쟁은 지식의 범위에 관한 것이다. 그리고 지식의 범위는 지식의 본성의 기능, 즉 지식이 어떻게 정의되느냐에 달려 있다. 유감스럽게도 논쟁의 양측이 이용할 수 있도록 보편적으로 동의하는 준비된 지식 정의가 없다. 오히려 논쟁을 시작할 때 회의주의자와 비회의주의자는 지식 개념을 어떻게 정의해야 할 것인가에 대해 합의해야 한다. 그리고 여기서 두 가지 가능성이 있다. 회의주의자와 비회의주의자는 우리의 **일상적** 지식 개념, 또는 **수정된** 지식 개념을 가지고 작업하는 데 동의할 수 있다.

우리의 일상적 지식 개념은 관습적인 인식 습속을 통해 자신을 드러내며, 이 습속은 **비회의적**이다. 우리는 자신이 물리 환경에 관해 엄청난 지식 체계를 가지고 있다고 여긴다. 그렇지만 동시에 우리는 그런 지식을 획득할 수 있도록 해 주는 종류의 증거가 결정적 증거라고 여기지 않는다. 오히려 감각들의 오류가능성은 우리의 인식 습속에서 일반적으로 인정되는 요소다. 그래서 일상적 개념에 따를 때 지식은 오류불가능한 정당화가 아니라 오류가능한 정당화만을 요구할 뿐이다.

이제 정당화에 대한 회의주의자의 공격이 전혀 성공적이지 못하다는 사실을 다시 생각해 보라. 그는 일상적인 경험적 믿음이 어떤 정도로도 정당화되지 못한다는 것을 증명할 수 없다. 그는 단지 그 믿음들이 오류불가능하게 정당화되지 못한다는 것을 증명할 수 있을 뿐이다. 결과적으로 만일 회의주의자가 우리가 물리적 대상들에 대한 지식을 가질 수 있다는 것을 부정하고 싶어 한다면, 그는 일상적 개념을 수정된 개념으로 대치해야 하는데, 이 수정된 개념에 따르면 오류불가능한 정당화만이 지식이 되기에 충분한 정당화이다.

그렇지만 이러한 진행은 회의주의자가 논쟁에서 진다는 것을 의미한다. 왜냐하면 회의주의자는 우리가 일상적으로 안다고 생각하는 것을 실은 우리가 모른다고 증명하려고 하기 때문이다. 하지만 만일 이것이 그가 달성하려 하는 것이라면, 그는 우리가 "지식"의 일상적 의미에서 경험적 지식을 갖지 못한다는 것을 증명해야 한다. 이미 살펴본 바대로 그는 그런 일을 할 수 없다. 그는 단지 수정된 의미로 우리가 경험적 지식을 갖지 못한다는 것을 증명할 수 있을 뿐이다. 하지만 만일 그가 입증한 것이 이것이라면, 그는 그가 충족시키려 한 목표를 충족시키지 못한다. 그리고 그 경우에 비회의주의자는 다음과 같은 반응을 보일 수 있다. "글쎄, 당신이 입증한 것은 지식이 오류불가능한 정당화를 필요로 할 경우에 우리가 일상적으로 안다고 생각하는 것을 알지 못한다는 것입니다. 그리고 나는 그 점에 동의합니다. 하지만 내 쪽에서 볼 때 나는 그리 많은 것을 내주지 않았습니다. 왜냐하면 나는 그것이 '지식'이 의미하는 것이라고 할 경우에 내가 경험적 지식을 가진다고는 전혀 주장하지 않았기 때문입니다. 오히려 계속해서 내가 주장했던 것은 지식 개념에 대한 일상적 이해를 가정할 경우에 우리가 경험적 지식을 갖는다는 것입니다. 그리고 확실히 당신은 이 주장이 그르다는 것을 내게 증명하지 못했습니다."[13]

비회의주의자의 주안점이 특별히 앞의 논증과 관련하여 어떤 것인지 살펴보자. 비회의주의자는 전제 (1)에서 결론으로의 이행이 모호하다고 주장할 수 있다. 일상적 의미의 앎을 "안다$_{일}$"이라고 하고, 수정된 의미의 앎을 "안다$_{수}$"라고 하자. 첫 번째 전제가 올바르기 위해서는 그 전제는 수정된 의미의 지식이어야 한다. 그렇지 않으면 비회의주의자는 거기에 동의할 필요가 없다.

(1′) 만일 내가 BIV가 아니라고 믿는 일이 오류불가능하게 정당화되지 않는다면, 나는 내가 BIV가 아니라는 것을 알지 못한다.

그러나 회의적 논증의 결론이 비회의주의자를 교란시키는 것이 되기 위해서는, 즉 의도한 바대로 일상적 지식 주장들을 흔든다는 취지를 갖기 위해서는 그 결론은 일상적 의미의 지식에 관한 것이어야 한다.

(3*) 나는 내가 BIV가 아니라는 것을 알지$_{일}$ 못한다.

그렇지만 (1′)와 (2)로부터는 (3*)가 따라 나오지 않는다. 만일 첫 번째 전제가 수정된 의미의 지식에 관한 것이고, 결론이 일상적 의미의 지식에 관한 것이라면, 그 논증은 부당하다. 그 논증이 타당하기 위해서는 결론 역시 수정된 의미의 지식에 관한 것이어야 한다.

(3′) 나는 내가 BIV가 아니라는 것을 알지$_{수}$ 못한다.

(3*)와 달리 (3′)는 (1′)와 (2)로부터 따라 나온다. 하지만 이미 살펴

본 것처럼, (3′)는 해가 없는 결론, 즉 비회의주의자가 심각하게 걱정할 필요가 없는 결론이다. 우리의 일상적 지식 주장들에 대해 진정으로 위협을 주는 결론은 (3*)이다. 하지만 그 결론은 비회의주의자가 승인하지 않을 수 없는 어떤 전제들로부터도 따라 나오지 않는다.

오류에 의거한 논증

BIV 논증은 경험적 정당화의 가능성을 허물어뜨림으로써 경험적 지식의 가능성을 허물어뜨리고자 하는 것이다. 그렇지만 때로 회의주의자는 정당화에 대한 공격 없이 경험적 지식의 가능성을 허물어뜨리려 한다. 이 절에서는 그런 논증을 검토해 보기로 하자.

확실히 당신은 자신이 수많은 상황에서 오류를 범했다는 것을 안다. 다음은 그 몇 가지 예다. 당신은 자신이 이미 전기요금을 냈다고 생각했지만 실은 내지 않았다. 당신은 지갑에 만 원 이상 들어 있다고 생각했지만 실은 그렇게 들어 있지 않았다. 당신은 냉장고에 아직 우유가 남아 있다고 생각했지만 실은 남아 있지 않았다. 회의주의자는 당신의 현재의 지식 주장들과 관련하여 당신이 자신에게 지식을 가졌다고 간주하는 경우에 다시 잘못을 범하지 않는다고 믿을 어떤 이유가 있는지 물을 수 있다. 그는 만일 당신이 그러한 어떤 이유가 없다면 지금 당신이 경험적 지식을 갖는다고 주장하는 것이 합리적이지 못할 것이라고 논할 것이다.

다음은 이 논증이 진행되는 방식을 설명하는 예다. 당신은 개를 한 마리 가지고 있으며, 흔히 자신이 "저기 내 개가 있다"를 안다고 간주한다고 해 보자. 그렇지만 당신의 지식 주장이 잘못된 것으로 드러나는 상황이 더러 있다. 이런 경우에 당신은 누군가 다른 사람의 개를 자신의 개로 오인한 것이다. 지금 당신은 다시 당신의 개와 함께 산책을 하고 있다. 잠시 당신의 개가 당신의 시야에서 사라졌다가 방금 되돌아왔고, 당신은 다시 자신이 "저기 내 개가 있다"를 안다고 생각한다. 이 대목에서 우리는 두 상황을 비교할 필요가 있다.

S1 당신은 자신이 "저기 내 개가 있다"를 안다고 생각한다. 나중에 그 개는 다른 사람의 개로 밝혀진다. 당신의 지식 주장은 잘못된 것이었다.

S2 지금 당신은 다시 자신이 "저기 내 개가 있다"를 안다고 생각한다.

문제는 당신은 S1에서 모르므로, 그리고 S2는 S1과 유사하므로—두 상황 모두에서 당신으로 하여금 알 수 있는 것처럼 보이게 해 주는 것은 다름 아닌 지각적 증거다—당신이 S2에서 어떻게 알 수 있는지가 분명치 않다는 것이다. 댄시는 이 문제에 대해 명쾌한 설명을 제공한다.

> 당신의 현재 상황에서 이 상황은 당신이 잘못을 범한 상황이 아니라고 말할 수 있도록 당신이 지적할 수 있는 것은 아무것도 없다. 당신이 말할 수 있는 것을 고려해서 보면 그 상황은 당신이 잘못을 범한 상황들과 관련 있는 점에서 유사하다. 그때 당시에 당신이 몰랐었다는 것이 분명한데, 어떻게 지금은 안다고 말할 수 있겠는가?[14]

여기서 문제가 되는 것은 당신이 S2에서 안다고 주장하는 것이 합리적일 수 있는가 하는 것이다. 회의적 논증에 따르면, 당신이 두 상황의 관련 있는 차이를 증명할 수 없는 한 당신이 그렇게 주장하는 것은 합리적일 수 없다.[15] 회의주의자는 당신이 그러한 차이가 있다는 것을 증명할 수 없다고 주장할 것이다. 결과적으로 당신은 당신의 개가 저기 있다는 것을 S2에서 알지 못한다.

오류에 의거한 논증

(1) 만일 내가 S1과 S2가 관련 있는 차이가 있다는 것을 증명할 수 없다면, 내가 S2에서 p라는 것을 안다고 주장하는 것은 합리적일 수 없다.

(2) 나는 S1과 S2가 관련 있는 차이가 있다는 것을 증명할 수 없다.

그러므로

(3) 내가 S2에서 p라는 것을 안다고 주장하는 것은 합리적일 수 없다.

이 논증에 응답하기 위해서 나는 두 상황이 관련 있는 차이가 있다는 것을 증명해야 한다. 회의주의자에 따르면, 나는 그것을 증명할 수 없다. 하지만 비회의주의자는 증명할 수 있다고 주장할 것이다. 다음은 비회의주의자가 그것을 증명하는 방식이다. 나의 현재의 전 경험은 두 가지 것을 가리킨다. 첫째, S1에서 내 믿음은 그른 것이었다. S1로 되돌아가 보면 나는 내가 본 개가 내 개라고 잘못 생각했다. 그러나 나중에 나는 그 개가 다른 사람의 개라는 것을 알았다. 이것은 내가 S1에서는 갖지 않았던 추가 증거다. 그러나 그 증거는 지금은 나의 전체 증거의 일부다. 더 나아가 내가 지금 가진 전체 증거 체계의 부분은 내가 저기 있는 내 개를 보고 있다는 것을 가리키는 지각적 증거다. 따라서 나의 현재 관점에서 볼 때 두 상황에는 차이가 있다. S1에 관해서는 내가 지금 p를 그르다고 간주할 증거를 가지고 있지만, S2에 관해서는 내가 지금 p를 옳다고 간주할 증거를 가지고 있다. 그러므로 전제 (2)는 그르고, 내가 나의 현재 지식 주장을 주장하는 것은 합리적일 수 있다.

회의주의자는 내가 S1에서 가진 증거와 S2에서 가진 증거를 비교하기 때문에 다른 결론에 도달한다. 그리고 이 문제를 그런 식으로 보게 되면 어떠한 관련 있는 차이도 없는 것처럼 보인다. 두 경우 모두에서 내 증거는 어떤 지각적 경험 체계로 이루어진다. 그렇지만 비회의주의자는 문제를 그런 식으로 보는 것은 잘못이라고 주장할 것이다. 왜냐하면 당면 문제는

Q1 내가 S1에서 가졌던 증거와 지금 S2에서 가진 증거 사이에 관련 있는 차이가 있는가?

하는 것이 아니라

Q2 S1에 관한 내 현재 증거와 S2에 관한 내 현재 증거 사이에 관련 있는 차이가 있는가?

하는 것이기 때문이다. 왜 Q2는 적절한 물음이고 Q1은 적절한 물음이 아닌가? 우리 문제를 다시 생각해 보라. S1에서 나는 p라는 것을 안다고 주장했다. 그 주장은 잘못된 것으로 밝혀졌다. 이제 나는 또 다시 p라는 것을 안다고 주장한다. S1에서 내가 잘못을 범했다는 사실이 주어지고, S1과 S2가 유사하다는 사실이 주어지면, 회의주의자

는 내가 현재 지식 주장을 옹호하는 데 대해 이의를 제기한다. 내가 직면한 난점은 내가 S1에서 범한 오류와 비교하여 내 현재 지식 주장을 정당화하는 것이다. 이제 이 도전에 대처하기 위해서는 나는 두 상황 사이의 차이를 지금 파악해야 한다. 나는 내 현재 증거를 기초로 비록 S1에서는 몰랐다 하더라도 지금은 안다고 주장할 수 있는 이유를 설명할 수 있어야 한다. 그러나 이것은 내가 Q1이 아닌 Q2를 다루어야 함을 의미한다.

지금까지 살펴본 것처럼, Q2에 대해서는 만족스러운 답이 있다. 나는 지금 S1에서 p의 허위성에 대한 증거를 가지고 있으며, 또한 S2에서 p의 진리성에 대한 증거를 가지고 있다. 따라서 나는 위에서 제시된 오류에 의거한 논증을 전제 (2)가 그르다는 것을 근거로 거부할 수 있다.

오류에 의거한 논증 수정안

앞 절에서 검토한 논증은 그 힘이 현재 상황과 이미 잘못을 범한 과거 상황을 비교하는 데서 나온다. 회의주의자에 따르면, 나는 두 상황 사이의 관련 있는 차이를 파악할 수 없으며, 그래서 내가 현재 상황에서 안다고 주장하는 것은 합리적일 수 없다. 이에 대한 응답으로 우리는 현재 상황에 관한 증거와 과거 상황에 관한 증거가 다르다고 주장했다. 과거 상황에 관해서 나의 현재 증거는 p가 그른 것이었다는 것을 시사한다. 반면에 현재 상황에 관해서는 내 현재 증거는 p가 옳다는 것을 시사한다. 따라서 나는 그때는 내가 p라는 것을 몰랐다 하더라도 지금은 안다고 주장하는 것이 합리적일 수 있다.

이런 노선의 추론에 고스란히 자신을 맡기는 것을 피하기 위해서는 회의주의자는 자신의 논증의 1인칭 관점을 3인칭 또는 신의 관점으로 대치할 수 있다. 앞 논증에서 쟁점은 내가 지금 가진 증거를 기초로 해서 볼 때 내가 과거 상황에서는 몰랐다 하더라도 현재 상황에서 안다고 주장하는 것이 정당화될 수 있는가 하는 것이다. 앞에서 우리는 그것이 정당화될 수 있음을 보았다. 오류에 의거한 논증의 수정안에서 회의주의자는 그 대신 가상의 사례를 구성해 놓고 우리가 그 경우에 그 주체에 관해 어떻게 말할 것인가 하는 문제를 제기할 수 있다. 적당한 가상 사례를 구성하기 위해 가상의 주체가 똑같이 훌륭한 증거를 가지고 있는 두 명제 p와 q를 도입한 다음, 그냥 p는 그르고 q는 옳다고 약정하기로 하자. 그러면 문제는 그 주체 자신이 안다고 주장할 것인지가 아니라 우리가 그 주체가 안다고 말할 것인지 하는 것이다.

존 틴슨(J. Tienson)이 제시한 다음 사례는 그런 종류의 오류에 의거한 논증을 구성하는 데 적절한 사례다. 횡령 혐의로 블랙과 화이트를 조사하고 있는 형사를 생각해 보라. "힘들고 긴 조사 끝에 그 형사는 블랙이 횡령한 사람이 아니라는 것과 화이트가 횡령한 사람이 아니라는 것에 대해 정확히 똑같은 증거를 갖게 된다. 그런데 실은 블랙은 횡령한 사람이고 화이트는 완전히 결백한 사람이라고 가정해 보라. 이제 두 경우에 〔그 형사의〕 증거가 정확히 똑같다는 가정이 주어지면,… 그 증거가 아무리 훌륭한 증거라 하더라도 그는 화이트가 결백하다는 것을 모른다." [16)]

이 사례의 본질적 요소들을 명확히 밝혀 보자. 문제의 두 명제는 다음과 같다.

p 화이트는 결백하다.

q 블랙은 결백하다.

이 명제들에 관해서는 다음 조건이 성립한다.

(1) q를 믿는 형사의 증거는 p를 믿게 하는 증거만큼 훌륭하다.
(2) p는 옳다.
(3) q는 그르다.

(1), (2), (3)을 기초로 하여 틴슨은 p에 대한 형사의 증거가 아무리 훌륭하다 할지라도 그가 p를 알지 못한다고 결론짓는다. 이 판정의 기초가 되는 이유는 다음과 같은 것처럼 보인다. 그 형사의 증거가 그로 하여금 블랙에 관해 잘못 생각하게 만든다는 사실이 주어지면, 그리고 화이트에 관한 그의 증거가 블랙에 관한 증거보다 나은 것이 아니라는 사실이 주어지면, 우리가 그 형사가 p라는 것을 안다고 주장하는 것은 합리적일 수 없다. 이제 이러한 고찰을 원리 차원으로 전환시키면, 다음 논증을 정식화할 수 있다.

오류에 의거한 논증 수정안

(1) 만일 S가 p라는 것을 알지 못하고, q에 대한 S의 증거가 p에 대한 그의 증거보다 나은 것이 아니라면, S는 q라는 것을 알지 못한다.
(2) S는 p라는 것을 알지 못한다.
(3) q에 대한 S의 증거는 p에 대한 그의 증거보다 낫지 않다.
그러므로
(4) S는 q라는 것을 알지 못한다.

이 논증은 전제 (2) 때문에 오류에 의거한 논증이다. 왜냐하면 S가 p라는 것을 알지 못하는 이유가 S가 p를 믿는 일에서 잘못을 범한다는 사실이기 때문이다. 비록 처음에는 이 논증이 문제의 특수한 사례에 대해서만 회의적 결론을 함축하는 것처럼 보인다 할지라도, 더 반성해 보면 이 논증은 경험적 지식 일반에 관해 회의적 결론을 함축하고 있음이 드러난다. 당신이 경험적 증거를 기초로 하여 믿는 임의의 명제 q에 대하여 q에 대한 당신의 증거와 정확히 똑같은 증거를 기초로 그른 명제 p를 믿는 상황이 가능하다. 따라서 방금 제시된 논증은 당신이 경험적 증거를 기초로 믿는 명제라면 어떤 것에라도 적용된다.

이 논증에 대해 비회의주의자는 어떻게 응답할 수 있을까? (2)와 (3)은 가정상 옳으므로 그는 (1)을 공격할 수밖에 없다. 다음은 전제 (2)가 그럴듯하다는 사실을 허물기 위해 그가 들 수 있는 사례다.

> 화요일 오전 10시다. 세인트 클라우드 주립대학 교수단이 정규 학과회의에 참석하기 위해 모여든다. 회의용 탁자를 둘러싸고 S의 동료 학자들이 모인다. 그의 맞은편에 JB가 있다. 또는 그에게 그렇게 보인다. 그런데 S는 JB에게 완벽하게 JB 흉내를 낼 수 있는 쌍둥이 형제 TB가 있다는 사실을 모르고·있다. 그리고 실제로 오늘 학과회의에 참석하기 위해 온 사람은 JB가 아니라 TB다. 따라서 S가 "저기 JB가 있다"고 믿을 때 그는 잘못을 범하고 있다. TB 옆에는 MA가 앉아 있으며, 그래서 그는 또한 "저기 MA가 있다"고 믿는다.

다음 논증을 사용하여 비회의주의자는 다음과 같이 논증할 수 있다 (p를 "저기 JB가 있다"라 하고, q를 "저기 MA가 있다"라 하자).

비회의주의자의 반대논증

(1) S는 q라는 것을 안다.

(2) q에 대한 S의 증거는 p에 대한 그의 증거보다 낫지 않다.

(3) S는 p라는 것을 알지 못한다.

그러므로

(4) 만일 S가 p라는 것을 알지 못하고, q에 대한 S의 증거가 p에 대한 그의 증거보다 낫지 않다면, 그는 q라는 것을 알지 못한다.

이 반대논증은 회의주의자를 처리하는 G. E. 무어 전략의 훌륭한 예다. 두 논증의 대립은 우리가

K 나는 이 사람이 내 동료 학자 MA라는 것을 안다

와 같이 아주 기본적이고 간단한 성격의 일상적 지식 주장과

P 만일 S가 p라는 것을 알지 못하고, q에 대한 S의 증거가 p에 대한 그의 증거보다 낫지 않다면, 그는 q라는 것을 알지 못한다

라는 회의주의자의 원리 사이에서 선택해야 함을 보여 준다. 그리고 여기에서 비회의주의자는 이 장 앞부분에서 우리가 검토했던 종류의 선택에 직면한다. 그는 자신이 다음 세 상황에서 어떻게 생각하는지 결정해야 한다.

(1) K에 대한 이유들이 P에 대한 이유들보다 낫다.

(2) K에 대한 이유들이 P에 대한 이유들만큼 훌륭하다.

(3) P에 대한 이유들이 K에 대한 이유들보다 낫다.

앞에서 지적했던 것처럼, 비회의주의자가 논쟁에서 지지 않기 위해서는 그는 (1)이 맞다고 판정해야 한다. 여기서 그 판정이 올바를 것인지 하는 문제는 또 다른 고찰을 추가하기 전까지는 미해결의 문제로 남겨 놓을 것이다. P는 추상적인 일반 원리고, K는 구체적인 특수 명제다. 추상적인 일반 원리를 승인할 경우에 수반되는 위험은 구체적인 특수 명제를 승인할 경우에 수반되는 위험보다 크다. 이러한 고찰은 비회의주의자에게 희망을 제공해야 하는데, 왜냐하면 이 고찰로 인해 P에 대한 이유들이 적어도 K에 대한 이유들만큼 훌륭하다는 걸 회의주의자가 증명하는 일이 그렇게 쉽지만은 않을 수 있다는 의심이 커지기 때문이다.

연구문제

1. 어째서 회의적 논증들이 그 범위에서 무제한적일 수 없는가?
2. 회의주의자는 지식 주장들을 어떻게 공격하는가?
3. 주어진 영역의 명제 p에 대해 우리가 p라는 것을 믿는 일이 정당화되지 않는다는 결론을 회의주의자가 어떻게 도출해 내는가?
4. 회의주의자와의 논쟁에서 지지 않기 위해 비회의주의자가 완수해야 하는 것은 무엇인가?
5. G. E. 무어는 회의주의에 대해 어떻게 반대 주장을 펴는가?
6. 비회의주의자는 "어떤 것도 내가 BIV인지 아닌지 나에게 드러낼 수 없다"는 회의적 전제에 대해 무엇을 근거로 이의를 제기할 수 있는가?
7. 내가 BIV일 수도 있기 때문에 내가 BIV가 아니라고 믿는 데 대한 나의 정당화가 사실적으로 파기된다고 주장하는 회의적 논증에 대해 비회의주의자가 어떻게 응답할 것인가?
8. "오류에 의거한 논증"은 무엇인가?
9. 비회의주의자가 그 논증에 어떻게 응답할 수 있는가?

연습문제

1. 다음 논증에 대해 검토해 보라.
   "당신은 자신이 BIV라는 것을 배제할 수 없다. 그러므로 당신이 책을 읽고 있다고 믿는 일은 정당화되지 않는다."

2. 다음 논증에 대해 검토해 보라.

“당신은 자신이 BIV라는 것을 배제할 수 없다. 그러므로 당신은 자신이 책을 읽고 있다는 것을 알지 못한다.”

3. 다음 논증에 대해 검토해 보라.

“나는 내가 신체를 가지고 있다는 것을 분명하게 지각할 수 있다. 그러므로 나는 BIV가 아니다.”

4. 당신은 자신이 BIV가 아니라고 간주하는 가장 훌륭한 이유를 무엇이라고 생각하는가?

5. 오류에 의거한 논증의 수정안에 대해 검토해 보라. 이 논증에 대해 가장 훌륭하게 답하는 방식이라고 생각하는 것을 설명하고, 그 답이 성공적이라고 생각하는지 말해 보라.

| 주 |

1) 물리적 대상에 대한 경험적 지식 외에 회의주의자들이 이의를 제기하는 지식 영역은 과거, 미래, 타인의 정신에 대한 지식이다. 다른 영역의 지식에 관한 회의주의에 대한 간단한 개관은 Fred Feldman(1986), 23면 이하를 볼 것.

2) 게티어는 1963년에 나온 그의 유명한 논문 「정당화된 옳은 믿음은 지식인가?」에서 회의적 목적에서는 아니지만 비슷한 원리를 사용하고 있다. 전도 원리는 "폐쇄 원리"(closure principle)로 불리기도 한다. Klein(1992)과 Dancy(1985)를 볼 것.

3) 만일 (2)가 사실이라면, 결국은 J가 옳을 수도 있을 것이다. 하지만 요점은, 설령 실제로 J가 옳다 할지라도 당신이 그것을 옳다고 믿는 일이 정당화될 수 없을 것이라는 것이다.

4) Moore(1922), 228면과 (1953), 120~126면을 볼 것.

5) 한편 무어-유형의 비회의주의자가 B는 ~A보다 더 합리적이라고 주장하는 점에서 올바르다는 것 또한 분명하지 않은데, 이것이 바로 무어의 논증이 누구나 동의하는 합의를 이끌어 내지 못하는 이유다.

6) 여기서 논의할 수는 없지만 회의주의자를 논박하는 대안의 방식은 전도 원리를 거부하는 것, 즉 전제 (1)을 거부하는 것이다. 이 전략에 대한 간단한 논의는 Klein(1992a)을 볼 것.

7) Dancy(1985), 10면.

8) 이 구절은 (1a)에 반대할 다른 이유가 없다는 것을 시사하는 것으로 오해해서는 안 된다. 사실 나는 내가 BIV라는 것을 불신할 이유를 많이 가지고 있다. BIV 시나리오는 그것의 실제 발생을 매우 있을 성싶지 않은 일로 만드는 심각한 과학적, 법률적, 재정적, 실제적 난점들을 포함한다.

9) 제1장, 11면 이하를 볼 것.

10) 제1장, 17면 이하를 볼 것.

11) 만일 회의주의자가 이 대목에서 자신의 주장을 강요하려 한다면, 우리는 앞 절 말미의 논증을 다시 내놓을 수 있다.

12) 제기될 수 있는 또 다른 문제는 다음과 같다. D1, D2, D3, 또는 D4가 내 경험적 믿음에 대한 증거를 증거적으로 파기하는가? 만일 그렇다면 통 속의 뇌 논증

은 결국 내 경험적 믿음들이 정당화되지 못한다는 것을 입증한다. 이 물음에 답하기 위해서는 우리는 고려 중인 잠재적 파기자들 각각에 대해 또다시 물어야 한다. 만일 그 파기자가 내 증거에 추가된다면, 내가 나의 경험적 믿음들, 예컨대 "내가 책을 읽고 있다"와 같은 믿음에 대해 정당성을 상실하는가? 먼저

D1 나는 BIV다

를 생각해 보라. D1은 내가 증거를 갖고 있는 명제가 아니다. 따라서 D1은 내가 책을 읽고 있다고 믿는 증거를 파기하지 않는다. 내가 BIV라는 것은 개연적이라고 주장하는 D3 역시 마찬가지다. 한편

D2 내가 BIV라는 것은 논리적으로 가능하다

는 나에게 명백한 명제다. 하지만 D2의 인식적 취지는 내가 책을 읽고 있다고 믿는 데 대해 갖는 증거를 파기하려는 데 있지 않다. D2는 그저 그 증거가 결정적 증거가 아니라는 것, 즉 그 증거가 나에게 오류불가능한 정당화를 제공하지 못한다는 것을 말하려는 취지를 가질 뿐이다. 똑같은 추론을 D4b, 즉 내가 BIV인지 아닌지 하는 문제에 관해 나는 어떠한 결정적 증거도 가지고 있지 않다는 명제에도 적용할 수 있다. 그렇다면 내가 BIV일 가능성과 관련하여 내가 책을 읽고 있다고 믿는 데 대한 나의 정당화를 파기하는 명제들은 있지 않은 것처럼 보인다.

13) Fred Feldman(1986), 33~35면을 볼 것.

14) Dancy(1985), 12면.

15) 같은 책, 13면.

16) Tienson(1974), 289면 이하.

| 참고문헌 |

Alston, William

1989 *Epistemic Justification: Essays in the Theory of Knowledge*(Ithaca, N.Y. Cornell Univ. Press).

1992 "Foundationalism," in Dancy & Sosa(1992), 144~147면.

1993 Review of Ernest Sosa, *Knowledge in Perspective: Selected Essays in Epistemology*(Cambridge: Cambridge Univ. Press, 1991).

Armstrong, David

1973 *Belief, Truth and Knowledge*(Cambridge: Cambridge Univ. Press).

Audi, Robert

1988 *Belief, Justification, and Knowledge*(Belmon, Cal.: Wadsworth).

1993a "Contemporary Foundationalism," in Pojman(1993), 206~213면.

1993b "Fallibilist Foundationalism and Holistic Coheren tism,"in Pojman (1993), 263~279면.

Bender, John W.

1989 *The Current State of the Coherence Theory: Critical Essays on the Epistemic Theories of Keith Lehrer and Laurance BonJour, with Replies*(Dordrecht: Kluwer Academic Publishers).

Blanshard, Brand

1939 *The Nature of Thought*(London: Allen & Unwin).

BonJour, Laurance

1985 *The Structure of Empirical Knowledge*(Cambridge, Mass: Harvard Univ. Press).

1989a "Reply to Steup," *Philosophical Studies 55*: 57~63면.

1989b "Replies and Clarification," in Bender(1992), 276~292면.

1992 "A Rationalist Manifesto," *Canadian Journal of Philosophy*, Suppl. Vol. 18, ed. Philip Hanson & Bruce Hunter, 53~88면.

Bradley, Raymond, & Swarz, Norman

1979 *Possible Worlds*(Indianapolis: Hackett).

Casullo, Alfred

1992 "A Priori - A Posteriori," in Dancy & Sosa(1992), 1~3면.

Chisholm, Roderick

1966 "Freedom and Action," in K. Lehrer (ed.), *Freedom and Determinism* (Atlantic Highlands, N.J.: Humanities Press), 11~44면.

1977 *Theory of Knowledge,* 2nd ed.(Englewood Cliffs, N. J.: Prentice Hall).

1982 *The Foundations of Knowing*(Minneapolis: Univ. of Minnesota Press).

1989 *Theory of Knowledge,* 3rd ed.(Englewood Cliffs, N. J.: Prentice Hall).

1990 "The Status of Epistemic Principles," *Nous* 209: 209~215면.

Churchland, Paul

1984 *Matter and Consciousness*(Cambridge, Mass.: MIT Press).

Cohen, Stewart

1984 "Justification and Truth," *Philosophical Studies 46*: 279~295면.

Conee, Earl, & Feldman, Richard

1985 "Evidentialism," *Philosophical Studies 48*: 15~44면.

Clay, Marjorie, & Lehrer, Keith

1989 *Knowledge and Skepticism*(Boulder, Colo.: Westview Press).

Dancy, Christopher, & Sosa, Ernest

1992 *A Companion to Epistemology*(Oxford: Blackwell).

Dancy, Jonathan

1985 *Introduction to Contemporary Epistemology*(Oxford: Blackwell).

Davidson, Donald

1983 "The Coherence Theory of Truth and Knowledge," in Dieter Henrich(ed), *Kant oder Hegel*(Stuttgart: Klett Cotta), 423~438면.

Feldman, Fred

1986 *A Cartesian Introduction to Philosophy* (New York: McGrawHill).

Feldman, Richard

1985 "Reliability and Justification," *Monist 68*: 159~174면.

1988a "Epistemic Obligations," *Philosophical Perspectives* 2: 235~256면.

1988b "Subjective and Objective Justification in Ethics and Epistemology," *Monist 71*: 405~419면.

1989 "Goldman on Epistemology and Cognitive Science," *Philosophia 19*: 197~208면.

1993 "Proper Functionalism," *Nous 27*: 34~50면.

Firth, Roderick

1967 "The Anatomy of Certainty," *Philosophical Review 76*: 3~27면.

Foley, Richard

1987 *The Theory of Epistemic Rationality*(Cambridge, Mass.: Harvard Univ. Press).

1992 "Roderick Chisholm," in Dancy & Sosa(1992).

Fumerton, Richard

1980 "Induction and Reasoning to the Best Explanation," *Philosophy of Science 47*.

1988 "The Internalism/Externalism Controversy," *Philosophical Perspectives 2*: 443~459면.

1992 "Phenomenalism," in Dancy(1992), 338~342면.

1993 "A Critique of Coherentism," in Pojman(1993), 241~245면.

Gettier, Edmund

1963 "Is Justified True Belief Knowledge?" *Analysis 23*: 121~123면.

Ginet, Carl

1975 *Knowledge, Perception, and Memory*(Dordrecht: Reidel).

1985 "Contra Reliabilism," *Monist* 68: 175~187면.

Goldman, Alvin

1979 "What Is Justified Belief?" in Pappas(1979), 1~23면.

1986 *Epistemology and Cognition*(Cambridge, Mass.: Harvard Univ. Press).

1989 "BonJour's *The Structure of Empirical Knowledge*," in Bender (1989), 105~114면.

1991 "Epistemic Folkways and Scientific Epistemology," in *Liasions: Philosophy Meets the Cognitive and Social Sciences*(Cambridge, Mass.: MIT Press).

Greco, John

1992 "Virtue Epistemology," in Dancy & Sosa(1992), 520~522면.

1993 Review of John Bender(ed), *The Current State of the Coherence Theory: Critical Essays on the Epistemic Theories of Keith Lehrer and Laurance BonJour, with Replies*(Kluwer 1989), *Nous 27*: 111~113면.

1994 Review of Jonathan Kvanvig, *The Intellectual Virtues and the Life of the Mind*(Savage, Md.: Rowman & Littlefield, 1992), *Philosophy and Phenomenological Research 54*: 973~976면.

Grice, H. P., & Strawson, P. F.

1956 "In Defense of a Dogma," *Philosophical Review 65*, Reprinted in Sleigh(1972), 73~88면.

Hare, Richard

1952 *The Language of Morals*(Oxford: Oxford Univ. Press).

Harman, Gilbert

1977 *The Nature of Morality*(New York: Oxford Univ. Press).

1984 "Is There a Single True Morality," in David Copp/David Zimmerman (eds.), *Morality, Reason and Truth*(Totowa: Rowman & Allanheld).

Heil, John

1992 "Belief," in Dancy & Sosa(1992), 45~48면.

Hetherington, Stephen Cade

1992 *Epistemology's Paradox: Is a Theory of Knowledge Possible?* (Savage, Md.: Rowman & Littlefield).

Horgan, Terence(ed.)

1983 Spindel Conference on Supervenience, *Southern Journal of Philosophy 22*: supp.

Horwich, Paul

1992 "Theories of Truth," in Dancy & Sosa(1992), 509~515면.

James, William

1909 *The Meaning of Truth*(New York: Longmans Green).

Kant, Immanuel

1781 *The Critique of Pure Reason*, trans. N. Kemp Smith(London: Macmillan, 1964).

Kim, Jaegwon

1984 "Concepts of Supervenience," *Philosophy and Phenomenological Research 45*: 153~177면.

1988 "What Is Naturalized Epistemology?" *Philosophical Perspectives 2*: 381~405면.

Klein, Peter

1985 "The Virtues of Inconsistency," *Monist 68*: 105~135면.

1992a "Contemporary Scepticism," in Dancy & Sosa(1992), 458~462면.

1992b "Certainty," in Dancy & Sosa(1992), 61~64면.

Kornblith, Hilary

1987 *Naturalizing Epistemology*(Cambridge, Mass.: MIT Press).

1989 "The Unattainability of Coherence," in Bender(1989), 207~214면.

Kripke, Saul

1972 *Naming and Necessity*(Cambridge: Cambridge Univ. Press).

Kvanvig, Jonathan L.

1992 *The Intellectual Virtues and the Life of the Mind*(Savage, Md.: Rowman & Littlefield).

Lehrer, Keith

1974 *Knowledge*(Oxford: Oxford Univ. Press).

1989 "Coherence and the Truth Connection: A Reply to My Critics," in Bender(1989), 253~275면.

1990 *Theory of Knowledge*(Boulder, Colo.: Westview Press).

Lehrer, Keith, & Paxson, Thomas

1969 "Knowledge: Undefeated Justified True Belief," *Journal of Philosophy 66*: 225~237면.

Lewis, C. I.

1929 *Mind and the World-Order*(New York: Charles Scribner's Sons).

1946 *An Analysis of Knowledge and Valuation*(LaSalle, Ill.: Open Court).

Locke, John

1959 *An Essay Concerning Human Understanding*, ed. A. C. Fraser(New York: Dover).

Luperfoy, Steven

1992 "Knowledge and Belief," in Dancy & Sosa(1992), 234~247면.

Lycan, William

1988 *Judgment and Justification*(Cambridge: Cambridge Univ. Press).

Maffie, James

1990 "Recent Work on Naturalizing Epistemology," *American Philosophical Quarterly 27*: 281~293면.

Moore, G. E.

1912 *Ethics*(Oxford: Oxford Univ. Press).

1922 *Philosophical Studies*(London: Routledge & Kegan Paul).

1953 *Some Main Problems of Philosophy*(London: Allen & Unwin).

Moser, Paul

1985 *Empirical Justification*(Dordrecht: Reidel).

1989 *Knowledge and Evidence*(Cambridge: Cambridge Univ. Press).

1992 "Gettier Problem," in Dancy & Sosa(1992), 157~159면.

Neurath, Otto

1932 "Protokollsätze," *Erkenntnis 3*: 204~214면.

Pappas, George(Ed.)

1979 *Justification and Knowledge*(Dordrecht: Reidel).

Plantinga, Alvin

1993a *Warrant: The Current Debate*(Oxford: Oxford Univ. Press).

1993b *Warrant and Proper Function*(Oxford: Oxford Univ. Press).

Pojman, Louis P.(Ed.)

1993 *The Theory of Knowledge: Classic and Contemporary Readings* (Belmont, Cal.: Wadsworth).

Pollock, John

1986 *Contemporary Theories of Knowledge*(Savage, Md.: Rowman & Littlefield).

Post, John F.

1992 "Infinite Regress Argument," in Dancy & Sosa(1992), 209~212면.

Putnam, Hilary

1981 *Reason, Truth, and History*(Cambridge: Cambridge Univ. Press).

1983 "There Is At Least One A Priori Truth," in *Realism and Reason, Philosophical Papers, Vol. 3*(Cambridge: Cambridge Univ. Press).

Quine, W. V.

1953 "Two Dogmas of Empiricism," in *From a Logical Point of View* (New York: Harper & Row), 20~46면.

1960 *Word and Object*(Cambridge, Mass.: MIT Press).

1969 "Epistemology Naturalized," in *Ontological Relativity and Other Essays*(New York: Columbia Univ. Press), 69~90면.

Ross, W. D.

1988 *The Right and the Good*(Indianapolis: Hackett).

Russell, Bertrand

1912 *The Problems of Philosophy*(Oxford: Oxford Univ. Press).

Sacks, Oliver

1987 *The Man Who Mistook His Wife for a Hat and Other Clinical Tales* (New York: Harper & Row).

Sainsbury, R. M.

1988 *Paradoxes*(Cambridge: Cambridge Univ. Press).

Schlick, Moritz

1959 "The Foundation of Knowledge," in A.J. Ayer(ed.), *Logical Positivism*, (Glencoe, Ill.: The Free Press). 원래 초고는 1934년 *Erkenntnis 4*에 "Über das Fundament der Erkenntnis"란 제목으로 실렸다.

Sellars, Wilfrid

1963 "Empiricism and the Philosophy of Mind," in *Science, Perception and Reality*(London: Routledge & Kegan, Paul), 127~196면.

Shope, Robert K.

1983 *The Analysis of Knowing: A Decade of Research*(Princeton, N. J.: Princeton Univ. Press).

1992 "Propositional Knowledge," in Dancy & Sosa(1992), 396~401면.

Skyrms, Brian

1986 *Choice and Chance*(Belmont, Cal.: Wadsworth).

Sleigh, R. C.

1972 *Necessary Truth*(Englewood Cliffs, N. J.: Prentice Hall).

Sosa, Ernest

1986 "Presuppositions of Empirical Knowledge," *Philosophical Papers 15*: 75~87면.

1991 *Knowledge in Perspective*(Cambridge: Cambridge Univ. Press).

Steup, Matthias

1989 "The Regress of Metajustification," *Philosophical Studies 55*: 41~56면.

Stroud, Barry

1989 "Understanding Human Knowledge in General," in Clay & Lehrer (1989), 31~50면.

Swank, Casey

1988 "A New and Unimproved Version of Reliabilism," *Analysis 48*: 176~177면.

Tienson, John

1974 "On Analyzing Knowledge," *Philosophical Studies 25*: 289~293면.

Van Cleve, James

1985 "Epistemic Supervenience and the Circle of Beliefs," *Monist 68*: 90~104면.

1990 "Supervenience and Closure," *Philosophical Studies 58*: 225~238면.

Wright, Lawrence

1994 *Remembering Satan: A Case of Recovered Memory and the Shattering of an American Family*(New York: Alfred A. Knopf).

| 인명찾기 |

| 주제찾기 |

[ㅇ]

[ㅈ]

[ㅌ]